Bernd Roeck
Als wollt die Welt schier brechen

Kometenerscheinung über Augsburg im Jahr 1621

Bernd Roeck

Als wollt die Welt schier brechen

Eine Stadt im Zeitalter
des Dreißigjährigen Krieges

C.H.Beck

Mit 62 Abbildungen im Text

2. Auflage. 2018

© Verlag C.H.Beck oHG, München 1991
Druck u. Bindung: Beltz Grafische Betriebe GmbH, Bad Langensalza
Umschlagabbildung: Detail aus dem Gemälde ‹Lot und seine Töchter›
von Albrecht Altdorfer, Kunsthistorisches Museum, Wien
Umschlaggestaltung: Uwe Göbel, München
Gedruckt auf alterungsbeständigem, säurefreiem Papier
(hergestellt aus chlorfrei gebleichtem Zellstoff)
Printed in Germany
ISBN 978 3 406 72803 7

www.chbeck.de

Inhalt

Vorwort zur Neuausgabe 3

Erstes Kapitel
Weltbilder 9

Zweites Kapitel
Eine frühneuzeitliche Gesellschaft 67

Drittes Kapitel
Die Kultur des Späthumanismus 125

Viertes Kapitel
Vom Kriege 165

Fünftes Kapitel
An den Strömen Babylons 204

Sechstes Kapitel
«Gott mit uns!» 239

Siebentes Kapitel
Zwischen zwei Frieden 280

Epilog 319

Anhang 323

Abkürzungen 324 – Anmerkungen 325 –
Verzeichnis der häufiger zitierten Literatur 370 –
Personenregister 377 – Ortsregister 383 – Bildnachweis 387

Vorwort zur Neuausgabe

Für viele riecht das Wort «Archiv» allein nach Tinte und schmeckt nach Staub. Es läßt an «Ablage» und «Aktenmeter» denken, an Pergamentberge und an labyrinthische Magazingrüfte – Räume jenseits der Zeit, deren schwere Stille allein durch die schlurfenden Schritte des Archivars unterbrochen wird. Aber so ist es nicht. Mit gutem Grund sind die Keller von Archiven verschlossene Bezirke, zugänglich allein ihren Hütern, denn sie bewahren Kostbarkeiten ohnegleichen. Sie speichern Erinnerung, hegen furchtbare und schöne Geheimnisse. Die Papiermassive, die sich in ihnen türmen, bestehen aus letzten Spuren gelebter Leben. Sie erzählen von Arbeit und Träumen, von Festen und Gewalt oder, mit Jacob Burckhardt, von Jubel und Jammer. Zusammengenommen sind sie das Gedächtnis der Menschheit.

Auf einer Weltkarte der Archive hätte das der süddeutschen Stadt Augsburg eine herausgehobene Signatur. Es sind nicht die zwölf Regalkilometer, die es aus der Masse städtischer Archive herausheben, und auch nicht die Tatsache, daß die hier bewahrte Überlieferung bis ins 11. Jahrhundert zurückreicht. In Italien gibt es weit ältere und viel umfassendere Urkundensammlungen. In Venedigs Archivio di Stato erstrecken sich über 70 Regalkilometer, von den unendlichen Beständen des Vatikan mit seinen über 180 000 Manuskripten gar nicht zu reden und auch nicht von den Archiven der großen europäischen Metropolen.

Was Augsburg auszeichnet, ist seine überaus reichhaltige Überlieferung zur frühneuzeitlichen Geschichte, die es ermöglicht, nicht nur Festtage und dramatische Ereignisse, sondern auch den Alltag der Menschen, die in den Mauern der Reichsstadt lebten, nachzuzeichnen. Die seit 1346 in nahezu lückenloser Folge erhaltenen Steuerbücher gestatten es, wenigstens in groben Umrissen (vgl. S. 92 f.) die Entwicklung der Vermögensverhältnisse der Bürgerschaft zu erfassen. Die Einnahmen- und Ausgabenrechnungen des Rats bieten Einblick in die Stadtfinanzen, zahlreiche Chroniken erzählen von wichtigen und weniger wichtigen Ereignissen. Handwerkerakten erschließen die Arbeitswelt des größten Teils der Bürgerschaft. Unter Historikerinnen und Historikern berühmt ist die «Urgichtensammlung». Hinter dem fremdartig wirkenden Wort – es kommt vom mittelhochdeutschen «giht», Aussage, Bekenntnis, Geständnis – verbirgt sich ein einzigartiger Quellenschatz: Jahr für Jahr Hunderte von ausführlichen Verhören von Leuten, die wegen der verschiedensten Delikte in die Fänge der Justiz geraten waren. Das Spektrum ihrer tatsächlichen oder vermeintlichen Untaten reicht von Diebstahl und Wirtshausprügelei bis zum Mord, von Prostitution und Schatzsuche mit Hilfe magischer Mittel (S. 58–61) bis hin zu Hexerei (S. 196–203).

Das vorliegende Buch erzählt den Dreißigjährigen Krieg ‹von unten›. Es nutzt die reichhaltige Überlieferung, um zu rekonstruieren, wie sich ein Elementarereignis der europäischen Geschichte, eben der Dreißigjährige Krieg, auf die Menschen jener Zeit auswirkte. Wir fragen nach den Folgen für die Wirtschaft der Stadt, die im 16. Jahrhundert eine der großen Finanzmetropolen Europas gewesen war, beobachten Veränderungen der Lebensverhältnisse und die Festigung und Verhärtung konfessioneller Mentalitäten. Wir verfolgen die Todesspuren, die Seuchen und Hunger, die fahlen Begleiter der großen Heere, durch die Gassen der Stadt zogen. Und wir versuchen, uns der Umrisse von Weltbildern zu vergewissern, auf die das Erlebnis des Krieges traf. Am Anfang unseres Berichts steht der Blick auf friedlichere Jahre, die noch vom verlöschenden Geist des Religionsfriedens bestimmt waren. 1555 hatte man ihn in eben jenem Augsburg geschlossen, das nun bis zur Neige erfahren mußte, was Krieg wirklich heißt.

Dieses Buch hat einen seiner Zwecke erfüllt, wenn es bewußt macht, daß der Dreißigjährige Krieg – wie jeder Krieg – nicht allein aus Staatsaktionen und Feldzügen bestand, sondern sehr konkretes Leid von sehr konkreten Individuen zur Folge hatte. Die Geschichte, die darin erzählt wird, sollte darüber hinaus Verachtung gegenüber jenen lehren, die glauben, man müsse ein gottgefälliges Paradies auf Erden errichten und dürfe dafür zuvor auf Erden die Hölle entzünden. Bedenkt man die Folgen der Entscheidungen mancher Fürsten – Fundamentalisten vom Schlage eines Maximilian von Bayern, Hasardeuren von der Art eines Christian von Anhalt und schlichten Frommen wie Kaiser Ferdinand –, sollte jegliche Sympathie für Potentaten dieser Art verfliegen. Ihr Gewissen mochte rein sein, ihre Hände aber waren mit Blut besudelt. Ob der Gott, auf den sich die Kriegsgurgeln beriefen, Katholik war, Calvinist oder Lutheraner, war übrigens 1648 so unklar wie 1618.

Die Belagerung Augsburgs im Winter 1634/35 durch kaiserliche und bayerische Truppen markierte einen absoluten Tiefpunkt der Stadtgeschichte. Abertausende fielen dem Hunger in der eingeschlossenen Stadt zum Opfer, in ihrer Verzweiflung scheinen die Augsburgerinnen

Vorwort zur Neuausgabe

und Augsburger selbst Menschenfleisch heruntergewürgt zu haben … Zwei Zahlen resümieren, was ihre Stadt durchmachte: Vor dem Krieg zählte sie gut 45 000 Einwohner, nach Aufhebung der Belagerung waren es wenig mehr als 16 000 (S. 286 f.). Die einstige europäische Stellung der Wirtschaftsmetropole Augsburg war für immer gebrochen; auch in kultureller Hinsicht hatten die Zeiten größten Glanzes ihr Ende gefunden.

Eine Vermutung, die das vorliegende Buch nicht weiter verfolgt, ist, daß die aller Radikalität ferne Mentalität der Augsburgerinnen und Augsburger von heute ein Erbe der dunklen Jahre zwischen 1618 und 1648 ist. Sie hatten ja vorgeführt, welch schreckliche Folgen Intoleranz und das Streben nach religiöser Reinheit und Einheit zeitigen können. Lange, nämlich bis zum Ende der reichsstädtischen Zeit 1806, währte die Erfahrung der Parität, die der Westfälische Frieden für Augsburg wie für einige andere Städte verfügt hatte. Toleranz wurde Gebot. Im Rat der Stadt konnte keine Konfession die andere überstimmen, selbst kleinere Ämter wurden doppelt, katholisch wie lutherisch, besetzt. Man lernte, Kompromisse auszuhandeln, vielleicht auch, die jeweils anderen zu respektieren. Noch heute neigt man am Lech gewiß nicht zu Extremen. Ob wohl der Umstand, daß Augsburg noch 1933 weit unter Landes- und Reichsdurchschnitt Nazis wählte, nicht allein dem hohen Arbeiteranteil unter den Bürgerinnen und Bürgern geschuldet ist?

Wenn einem Buch, das 1991 zum ersten Mal erschien, eine Neuausgabe in unveränderter Form gewährt wird, bedarf dies der Rechtfertigung. Sie liegt vor allem darin, daß die Darstellung tatsächlich sehr weitgehend auf ungedruckten Quellen gegründet ist. Deren ‹Wahrheit› ist sozusagen ewig; allein die Qualität der Interpretation unterliegt Veränderungen. Die positiven Reaktionen auf die erste Ausgabe des Buches und der weitere Gang der Forschung haben zudem gezeigt, daß die Grundlinien des Werks keiner Revision bedürfen. Wer tiefer in den Gegenstand eindringen möchte, sei auf die Habilitationsschrift des Verfassers verwiesen, die 1989 im Verlag Vandenhoeck & Ruprecht erschien.[1]

Eine neue Gesamtdarstellung der Augsburger Stadtgeschichte zur Zeit des Dreißigjährigen Krieges liegt bislang nicht vor. Dafür entstand eine Reihe von Einzelstudien zu Themen, die in diesem Buch behandelt werden. Wer sich mit der Augsburger Kultur des Späthumanismus befaßt, wird zu einem Sammelwerk zum Thema greifen, in dem die Referate einer Tagung von 2006 publiziert sind.[2] Unentbehrlich ist Jörg Künasts Geschichte des Augsburger Buchdrucks.[3] Eine der wichtigsten, im vorliegenden Buch oft zitierten Quellen zur unmittelbaren Vorgeschichte des Dreißigjährigen Krieges, die Chronik des Georg Kölderer, liegt inzwischen in einer mustergültigen Edition vor.[4] Daneben wurde die «Hauschronik» des Architekten Elias Holl neben anderen wichtigen Quellen zur Augsburger Baukunst der Zeit und einem wohl nahezu vollständigen Werkverzeichnis neu herausgegeben.[5] Zum Westfälischen Frieden und den rituellen Erinnerungen an ihn verfaßte – mit besonderem Akzent auf Augsburg – die französische Historikerin Claire Gântet wegweisende Untersuchungen.[6] Ebenfalls in großem Umfang auf Augsburger Material stütze ich mich selbst mit dem Versuch, mögliche psychische Folgen des Kriegserlebnisses zu ermitteln.[7] Eine kollektive Traumatisierung läßt sich, wie es scheint, selbst mit dem üppigen Augsburger Material nicht nachweisen, und schon gar nicht für das ganze Deutschland. Daß sich national gesinnte, auch völkische und schließlich nationalsozialistische Historiker der Geschichte des «Kriegs aller Kriege» für ihre revisionistischen Ziele und ihre absurde Rassenpolitik bedienten, steht auf einem anderen Blatt.[8]

Was die allgemeine Geschichte des Krieges und der Epoche betrifft, sind zwei monumentale Studien hervorzuheben: zum einen Peter Wilsons Standardwerk von 2009, das inzwischen auch in deutscher Übersetzung vorliegt, zum anderen Geoffrey Parkers ambitionierter Versuch nachzuweisen, daß das 17. Jahrhundert eine globale Krise erlebte.[9] Parker kann zeigen, daß die «Kleine Eiszeit», ein Niedergang der Durchschnittstemperaturen seit den 1560er Jahren, keineswegs ein rein europäisches Phänomen war. Dieser Hintergrund der Ereignisse in und um Augsburg bleibt in der vorliegenden Darstellung ausgeblendet. Hätte ich sie aufs neue zu konzipieren, wäre den von Parker nachgewiesenen Zusammenhängen Aufmerksamkeit zu widmen.[10]

Noch immer fehlt eine ‹Bildgeschichte› des Krieges. Es ist auffällig, daß die frühneuzeitliche Kunst angesichts des Erlebnisses von Tod und Gewalt weitgehend, wenngleich nicht völlig, verstummt.[11] Ebenso unverkennbar konzentrieren sich die Graphiken und Gemälde, die zwischen Mittelalter und Moderne das wahre, furchtbare Bild des Krieges zeigen, auf die Zeit zwischen etwa 1630 und 1660. Erst mit den ‹Desastres de la guerra› Francisco de Goyas, also im 19. Jahrhundert, werden kritische, anklagende Stellungnahmen von Künstlern häufiger. Der süddeutsche Raum brachte mit den Radierungen des auch in Augsburg tätigen Malers Hans Ulrich Franck (vgl. S. 264 f.) überragende Beispiele für eine Perspektive auf den Krieg hervor, die es zuvor in dieser Form nicht gegeben hatte. Francks eindrucksvolle, «schöne» Serie erinnert aber auch daran, daß Bilder ebenso wie Texte, und seien sie auch so lebensstrotzend und aussagekräftig wie jene, die sich aus den Klüften des Augsburger Archivs bergen lassen, niemals ‹Wirklichkeit› erfahren lassen. Betrachten und Lesen ist immer etwas anderes als Erleben. Was Hunger und Hexenbrand, Schlachtentod und Pest tatsächlich bedeuteten, läßt sich allenfalls erahnen.

Im Vorwort zur ersten Auflage dieses Buches war Dankesschuld abzutragen, die hier wiederholt sei. Sie galt den Mitarbeiterinnen und Mitarbeitern der Augsburger Archive und Bibliotheken, darunter dem damaligen Archivdirektor Dr. Wolfram Baer (†) und Dr. Helmut Gier, seinerzeit Leiter der Augsburger Staats- und Stadtbibliothek, daneben Kollegen und Freunden, namentlich Etienne François (heute Berlin). Gerne erinnere ich mich an die Zusammenarbeit mit Dr. Karin Beth, die das Manuskript einfühlsam und engagiert lektorierte. Die Zusammenarbeit mit dem Haus C.H.Beck, die mit dem vorliegenden Buch begann, währt mittlerweile fast ebenso lange wie der Krieg, von dem es berichtet, nämlich bald drei Jahrzehnte. Es mag der Hinweis genügen, daß sie dessen völliges Gegenteil war – reich an gemeinsam erarbeiteten Büchern und, damit verbunden, fruchtbaren Diskussionen. Dem damaligen Verleger, Dr. h. c. Wolfgang Beck, sei mithin nicht nur für das Vertrauen gedankt, einem von sperrigen Statistiken und umfangeichen Nachweisen schweren Werk zur Geburt als Buch zu verhelfen, sondern auch für die lange, ungetrübte Zeit nach Publikation dieses ersten gemeinsamen Projekts. Um seine Wiederauflage haben sich Dr. Stefanie Hölscher und Beate Sander verdient gemacht.

Zürich, Ende Februar 2018

Anmerkungen

1 Bernd Roeck, Eine Stadt in Krieg und Frieden. Studien zur Geschichte der Reichsstadt Augsburg zwischen Kalenderstreit und Parität, Göttingen 1989.
2 Gernot Michael Müller (Hrsg.), Humanismus und Renaissance in Augsburg. Kulturgeschichte einer Stadt zwischen Spätmittelalter und Dreißigjährigem Krieg, Berlin 2010.
3 Hans-Jörg Künast, ‹Getruckt zu Augspurg›. Buchdruck und Buchhandel in Augsburg zwischen 1468 und 1555, Tübingen 1997.
4 Benedikt Mauer, «Gemain Geschrey» und «teglich Reden». Georg Kölderer – ein Augsburger Chronist des konfessionellen Zeitalters, Augsburg 2001.
5 Eva Haberstock, Der Augsburger Stadtwerkmeister Elias Holl (1573–1646). Werkverzeichnis, Petersberg 2016; vgl. auch Julian Jachmann, Die Kunst des

Augsburger Rates 1588–1631. Kommunale Räume als Medium von Herrschaft und Erinnerung, Berlin/München 2008.
6 Claire Gântet, Une paix civique à Augsbourg. Mémoire monumentale, mémoire culturelle, in: Peter Schöttler/Patrice Veit/Michael Werner (Hrsg.), Plurales Deutschland – Allemagne plurielle. Festschrift für Étienne François – Mélanges Étienne François, Göttingen 1999, S. 110–117; dies., Les Commémorations de la paix de Westphalie et les modalités luthériennes d'un 'faire corps' à Augsbourg (milieu du XVIIe – fin du XVIIIe siècle), in: Gilles Bertrand/Ilaria Taddei (Hrsg.), Le Destin des rituels. Faire corps dans l'espace urbain, Italie – France – Allemagne. Il destino dei rituali. Faire corps nello spazio urbano, Italia – Francia – Germania, Rom 2008, S. 263–279.
7 Bernd Roeck, Der Dreißigjährige Krieg und die Menschen im Reich – Überlegungen zu den Formen psychischer Krisenbewältigung in der ersten Hälfte des 17. Jahrhunderts, in: Bernhard Kroener u. a. (Hrsg.), Krieg und Frieden, Militär und Gesellschaft der Frühen Neuzeit, Paderborn 1996, S. 146–157 (Nachdruck in: Peter C. Hartmann/Florian Schuller [Hrsg.], Der Dreißigjährige Krieg. Facetten einer folgenreichen Epoche, Regensburg 2009 [²2018], S. 146–157).
8 Vgl. Bernd Roeck, Gewalt, Hunger, Tod – Strategien der psychologischen Krisenbewältigung, in: Spektrum der Wissenschaft (erscheint im Sommer 2018).
9 Peter Wilson, Der Dreißigjährige Krieg. Eine europäische Tragödie, Darmstadt 2017; Geoffrey Parker, Global Crisis. War, Climate Change and Catastrophe in the Seventeenth Century, New Haven/London 2013.
10 Vgl. Bernd Roeck, Der Morgen der Welt. Geschichte der Renaissance, München 2017, S. 836 f.
11 Bernd Roeck, The Atrocities of War in Early Modern Art, in: Joseph Canning/Hartmut Lehmann/Jay Winter (Hrsg.), Power, Violence and Mass Death in Premodern and Modern Times, Aldershot/Burlington VT 2004, S. 129–140.

Erstes Kapitel

Weltbilder

Der Doktor erschrak über einen heftigen Windstoß, ein ungestümes Brausen; eine Stimme rief: «Wohlauf, deines Herzens Lust, Sinn und Begehr wirst du sehen.» Da bemerkte er vor seinem Haus einen mit buntgefleckten Drachen bespannten Wagen; die Stimme ermunterte: «So sitz auf und wandere.» Es ging zum Himmel hinauf, die Räder der Kutsche wurden zu Feuerreifen und trugen den Doktor in die Mondnacht. Man fuhr höher und höher. Die Stimme erklärte das Bild der Welt: «Siehe, dies auf der linken Hand ist das Ungerland, item, das ist Preußen. Dort drüben ist Sicilia, Poln, Dennemarck, Italia, Teutschland...», und bald waren auch die anderen Kontinente zu erkennen. Am dritten Tag, so berichtet der Doktor, «sah ich Constantinopel und im persischen und constantinopolitanischen Meere sah ich viel Schiff und Kriegsheer hin und wider schweben. Es war mir aber Constantinopel anzusehen, als ob kaum drei Häuser da wären und die Menschen als einer Spannen lang... so ich nun mein Gesicht jetzt hier, jetzt dorthin warf, gen Aufgang, Mittag, Niedergang und Mitternacht, so regnete es dann an einem Orte, an dem andern donnerte es, hie schlug der Hagel, am andern Ort war es schön.» Alle «ding», die auf der Welt geschähen, habe er wahrgenommen, fährt der Erzähler fort; schildert den Weg an den Rand des Himmels, zu den Wolken, in die gleißende Helligkeit der von Osten nach Westen laufenden Sonne, in die Lufträume der Geister: Die Erde erschien von dort oben wie der Dotter im Ei, wie eine Linse im Ozean.

Die Episode aus der ‹Historia von Dr. Johann Fausten› zeigt Vorstellungen des späten 16. Jahrhunderts, ein *Weltbild* im eigentlichen Sinn: die Erde, schwimmend im Meer; die sich bewegende Sonne; die Geister in der Luft unter dem Himmel. Dann schimmern zeitgeschichtliche Beobachtungen durch: Schiffe, Kriegsheere im persischen und «constantinopolitanischen Meer» – ein Gedanke an die Türkenkriege, an die Kämpfe christlicher Flotten und Heere gegen den «Erbfeind».

Dieses Panoramas kann sich Dr. Faustus zu seiner Zeit nur durch Mephistopheles' Hilfe bemächtigen; die Dimension der Vogelschau war

Augsburgs Stadtzentrum, 1626. Ausschnitt aus dem Vogelschauplan des Wolfgang Kilian

der Epoche verschlossen und allein Gegenstand mythischer Sehnsucht. Die Spätergeborenen haben es, wie immer, leichter. Ihnen steht mittlerweile nicht nur der Flugapparat zur Gewinnung der Perspektive vom Himmel aus zu Gebote; was dem Zeitgenossen des 16. Jahrhunderts Zukunft war, ist ihnen Vergangenheit, und seine Gegenwart scheint ihnen in der Tat überschaubar vom «persischen Meer» bis nach Dänemark. Kriege hier und dort, diplomatische Verhandlungen einschließlich ihrer Ergebnisse – das gewinnt aus der Rückschau Gleichzeitigkeit, Zusammenhang, Kontur, wie es keiner der Mitlebenden erfassen konnte.

So ist es in mancher Hinsicht Entfernung, was die historische Erzählung für die Konzeption ihrer Bilder braucht. Alles kommt auf die Perspektive an. Wie unser Doktor in seinem geradezu manieristisch erdachten Drachenwagen – «diese Würmer waren an Flügeln braun und schwarz, mit weiß gesprenkelten Tüpfeln, der Rücken auch also, der Bauch, Kopf und Hals grünlich, gelb und weiß gesprenkelt» – kann der Historiker über die Geschichte fliegen, den Standort, die Beleuchtung wechseln, von Kleinasien nach Stockholm, von Wien nach Paris blenden oder sich im Alltagsleben einer Stadt oder eines Dorfes verlieren. «All ding» wie Dr. Faustus wird er freilich nie erfahren können.

Der Punkt, von dem aus dieses Buch die Welt des 16. und 17. Jahrhunderts zu erfassen sucht, ist in Süddeutschland, genauer gesagt in Schwaben, dort, wo sich die Flüsse Lech und Wertach vereinigen. Da liegt Augsburg, die Stadt, von deren Leben zu berichten ist: von den Geschicken ihrer Bürger in einer unruhigen Epoche, zwischen der zweiten Hälfte des 16. und der ersten Hälfte des 17. Jahrhunderts.

Augsburg war zur Zeit von Dr. Fausts Fahrt «in das Gestirn hinauf» eine europäische Großstadt; die meisten Bürger waren Protestanten, ein gutes Drittel allerdings hing der katholischen Religion an. Handwerker – vor allem Weber und andere Textilhandwerker –, eine dünne Schicht schwerreicher Kaufleute und Patrizier, dann Taglöhner und andere arme Teufel, Bettler, Vaganten bestimmten das soziale Leben der Reichsstadt. Sie lag an einer der wichtigsten Handelsstraßen vom Heiligen Römischen Reich nach Italien.

Die Augsburger, als gute Christen, verfügten nicht über ein von diabolischen Mächten bewegtes Himmelsgefährt wie der Doktor Faustus, aber sie versuchten doch, sich aus einer gleichsam geistigen Himmelsperspektive der Physiognomie ihres Gemeinwesens zu versichern. Schon 1525 schuf der Goldschmied Jörg Seld ein «Luftbild» der Reichsstadt, andere taten es ihm nach. Die schönste Vogelschauvedute fertigte der Kupferstecher Wolfgang Kilian im ersten Viertel des 17. Jahrhunderts.

Weltbilder

Die Menschen darauf scheinen in der Tat nicht mehr als «einer Spannen lang», es hat den Anschein, als ob da – zum Bild erstarrt – ein Stück Alltagsleben der frühen Neuzeit bewahrt sei. Der Vogelschauplan ist riesig, zu seinem Druck benutzte Kilian acht Platten. Man könnte gewissermaßen das Fernrohr zu Hilfe nehmen und das Dasein darauf genauer betrachten. Der Stecher hat die Straßen und Gassen überproportional verbreitert, um die Gebäude möglichst ganz darstellen zu können. Der hier reproduzierte Ausschnitt zeigt das Zentrum der Stadt. Rathaus, Perlachturm, daneben gerade noch den am Ende des 16. Jahrhunderts errichteten Augustusbrunnen. Er sollte an Kaiser Augustus, den Gründer der Stadt, erinnern.

Wir sehen hohe Häuser, gerade in den zentralen Regionen Augsburgs. Man hat die alten Bauten oft aufstocken müssen, um Wohnraum für eine rasch zunehmende Bevölkerung zu schaffen. Nach genauem Baureglement ragen ab und zu Erker in die Straßen hinaus, an den Hauptstraßen vor allem sind Läden zu erkennen, wo die Handwerker ihre Produkte anboten. Man kaufte damals von der Straße aus, betrat das Geschäft gewöhnlich nicht.

Der Plan läßt nicht erkennen, daß ein großer Teil Augsburgs – die Oberstadt, dazu Teile der Frauenvorstadt, die auf unserem Bildausschnitt nicht mehr erfaßt wird – auf einer Anhöhe angesiedelt ist, während das «Lechviertel» (und die Jakober Vorstadt) tiefer liegen, in der Ebene des Lech. Das Rathaus steht genau an der Hangkante, seine hintere Fassade – Kilian bildet sie auf seiner von Osten gedachten Darstellung ab – hat ein Geschoß mehr als die Front zur Oberstadt hin.

Machen wir einen Spaziergang durch Kilians Augsburg, wie es sich auf dem Ausschnitt der großen Vedute darstellt! Wir könnten den Weg beim Gögginger Tor beginnen, das im 19. Jahrhundert abgerissen wurde und vorher nach Südwesten, ins Oberland, führte. Außer zu Kriegszeiten wurden die Tore beim ersten Morgenlicht geöffnet. Vor dem Graben, der über eine gemauerte Brücke gequert werden konnte, warteten dann schon ganze Menschentrauben: Bauern, die Landprodukte verkaufen wollten, Geschäftsreisende, Bettler, Juden, die für ihren Besuch in der Reichsstadt einen Paß benötigten; dazu Gaukler, Prostituierte, zwielichtige Gestalten, auf welche die Torwächter besonderes Augenmerk haben sollten.

Man könnte nun entlang der heutigen Annastraße – damals der Steuerbezirk «Unser Frauen Brüder» – spazieren, einer vornehmen Wohngegend mit zahlreichen Patrizier- und Kaufmannshäusern; links läge das ehemalige Annakloster mit seiner Kirche und der Grabkapelle der Fug-

Kornschranne und Weberzunfthaus bei St. Moritz, davor der Merkurbrunnen. Kupferstich von Simon Grimm, 1676

ger, dem ersten Renaissancebau auf deutschem Boden, dabei ein Zentrum des deutschen Protestantismus. Luther hatte hier 1518 gewohnt. Daneben befanden sich einige wichtige Bildungseinrichtungen: der mit einem astronomischen Turm versehene Bibliotheksbau, anschließend das 1531 gegründete Gymnasium (Abb. S. 133). Hinter den Häusern der sich sanft nach Osten schwingenden Straße waren Innenhöfe, oft auch – zur Stadtmauer hin – Ziergärten, manche mit Brunnen, Wasserspielen, kleinen Pavillons.

Nehmen wir an, unser Quartier läge in Seneca Schreibers Gasthaus am Weinmarkt. Dann wäre es am bequemsten, gleich den Weg zum Heumarkt zu nehmen – Kilian zeigt, daß dort einige Bauern mit ihren Karren stehen, die mit Stroh und Heu beladen sind. Man brauchte dieses Material für das Nachtlager, vielleicht auch für das Vieh, das selbst in der Großstadt bei vielen noch im Stall stand. Wir würden den Heumarkt links liegen lassen und gingen hinüber zur Kornschranne (Kilian hat auf seinem Plan daneben die Nummer 113 gesetzt). Die Vedute zeigt, wie die mit schweren Getreidesäcken beladenen Fuhren vor dem kleinen Bau warten. Dort herrschte an den Schrannentagen viel Betrieb: Die Rufe der Fuhrleute mischten sich mit dem Lärm, den die eisenbeschlagenen Räder der Getreidekarren auf dem Pflaster verursachten, Kornführer, Bauern, Amtleute der umliegenden Herrschaften brachten das «liebe traidt», wie man respektvoll sagte. Bäcker und Hausleute handelten um das Korn, dessen Menge und Qualität von städtischen Beauftragten, den vereidigten «Kornmessern», genau überprüft wurden.

Hier, an der Kornschranne neben der Moritzkirche, war das eigentliche Zentrum der Reichsstadt. Ihr gegenüber – Kilian hat auf seinem Plan die Nummer 249 dazugeschrieben – war das Zunfthaus der Weber, Mittelpunkt des wichtigsten Gewerbes der Stadt. Als Kilian seinen Plan schnitt, war dieses Gebäude gerade von Matthias Kager, dem Augsburger Stadtmaler, mit Fresken geschmückt worden. Das Gedränge hier war gewiß noch größer als an der gegenüberliegenden Schranne. Man hatte die gewobenen Tuche zur «Geschau» – zu einer eingehenden Qualitätskontrolle – zu bringen; hier wurden Preise festgelegt, handelten die Weber mit Wollhändlern und anderen Kaufleuten, sprach man über die Ordnungen, welche die Arbeit der Weber regelten. Zu Beginn des 17. Jahrhunderts, um 1610, wurden in Augsburg etwa zwei Millionen Tuche gefärbter und roher Barchent, dazu noch eine halbe Million Weißbarchent jährlich gewoben: Diese Zahlen mögen den Umfang der Geschäfte andeuten, die im Weberhaus abgewickelt werden mußten. Vor allem ging es darum, wie die Tuche abgesetzt werden konnten. Die hohen Produktionszahlen beweisen eigentlich vor allem, daß zuviel Tuch hergestellt wurde, der Markt konnte die Produkte der Weber kaum noch aufnehmen, und das ganze ausgehende 16. und beginnende 17. Jahrhundert erlebt eine zunehmende Verarmung dieses wichtigsten Wirtschaftszweigs der Reichsstadt.

Das Handwerk war die eine Säule der Augsburger Ökonomie. Die zweite war der Handel, der seinerseits für exportabhängige Gewerbe wie das der Weber entscheidende Bedeutung hatte. Bei den Kaufleuten und dem Patriziat ballten sich überhaupt die großen Vermögen.

Den Handelsstand symbolisierte ein Brunnen, den Kilian gegenüber der Moritzkirche abbildet. Adrian de Vries hatte die bekrönende Figur des Gottes Merkur geschaffen; eine Inschrift auf dem Sockel mahnte den Betrachter, über allem Gewerbefleiß die Ethik des reellen Kaufmanns nicht zu vergessen.

Vom Merkurbrunnen aus sah man nach Norden zur mächtigen Front des von Elias Holl 1615 bis 1620 errichteten Rathauses. Daneben befanden sich der Fischmarkt und der Perlachturm, der Stadtturm mit den Sturmglocken, Zentren der politischen Macht. Gegenüber dem Rathaus waren Kaufleute- und Herrenstube, die Versammlungsorte der oberen Stände. Auf der Straße dorthin – Kilians Vedute zeigt das nahe der Nummer «14» – war der Brotmarkt: Da hatten die Bäcker ihre Karren aufgestellt, namentlich jene, die aus dem schwäbischen und bayerischen Land in die Reichsstadt kamen, um ihre Ware feilzubieten.

Bierbrauer Tuchscherer

Handwerker und städtische Bedienstete aus dem ‹Eidbuch› der Reichsstadt Augsburg

Hier also ging es ums «tägliche Brot»: Die Preise dieses wichtigen Grundnahrungsmittels waren an die Preisentwicklung des Getreides gebunden und auf diese Weise – ebenso wie für andere wichtige Güter – aufs genaueste reglementiert. Der Rat veröffentlichte, gelegentlich im Abstand weniger Tage, Listen, auf denen die Preise für die verschiedenen Getreidesorten verzeichnet waren; dazu wurde vermerkt, welches Gewicht das Brot auf der Grundlage dieser Angaben haben mußte. Je nach Getreidepreis wurden so größere oder kleinere Brote gebacken. Man versteht, warum die Chronisten gelegentlich notieren, die Zeiten seien schlecht und das Brot klein gewesen. In guten Jahren wurde am Brotmarkt eine ganze Fülle verschiedener Sorten angeboten: Weißbrot für Leute mit vollem Geldbeutel, Rögglein, Brezen, Fastenzelten, Rotes Brot, Semmeln...

Zu Seneca Schreibers Gasthaus indessen mußte man sich von St. Moritz nach rechts wenden. Bis 1632 stand hier noch das mittelalterliche Tanzhaus (Kilians Nr. 48), der gesellige Treffpunkt der höheren Stände, bevor Herren- und Kaufleutestube oder Rathaus einen Teil seiner Funktionen übernahmen. Noch im 17. Jahrhundert feierte dort auch der «gemeine Mann» seine Hochzeiten, zu denen gegen Bezahlung die Stadtpfeifer aufspielten. Kilian zeigt, wie gerade ein vierspänniges Gefährt den Weg am Tanzhaus vorbei sucht: Vermutlich hat es Salzscheiben geladen,

Torschließer   Tuchstreicher

kommt es doch aller Wahrscheinlichkeit nach vom Jakober Tor im Osten der Stadt, von Bayern her; der Salzstadel war unweit des Weinmarktes, wo auch Seneca Schreibers Gasthaus ist. Gleich daneben wurde der vorwiegend aus Süden kommende Wein auf seine Qualität hin geprüft und mit einem Steuersiegel versehen. Die Fassade des danach benannten Siegelhauses schloß den Weinmarkt ab und bildete zugleich eine wirkungsvolle Kulisse für den Herkulesbrunnen des Adrian de Vries, von dem manche annehmen, er stehe für die kräftig Handarbeit verrichtende «gemain» der Reichsstadt.

Bevor das Gasthaus erreicht wird, kommt man allerdings noch an einem Palast vorbei, der gewiß den meisten Besuchern des frühneuzeitlichen Augsburg als wichtige Attraktion der Stadt gezeigt wurde: den – wie es untertreibend hieß – «Fuggerhäusern». Vornehme Reisende durften die Prunkräume besuchen. Kaiser, Könige, Fürsten nahmen dort Logis. Es gibt Inventare, dazu Berichte von Zeitgenossen, die etwas vom Glanz der Marmorböden, von mit Wandteppichen geschmückten, freskierten und stuckierten Sälen mitteilen. Der Fuggerpalast, eigentlich ein Konglomerat von Gebäuden, das einen ganzen Baublock umfaßte, zählte zum Reichsten und Schönsten, was das frühneuzeitliche Deutschland an Wohnkultur zu bieten hatte.

Stellt Kilians Plan gewissermaßen die Bühne dar, auf der unsere Geschichte spielt, so bedarf es anderer Quellen, will man in die Köpfe der Menschen sehen. Eine solche Quelle dürfte weitgehend in einem Gebäude entstanden sein, das am unteren Rand unseres Kartenausschnittes zu erkennen ist. Der in zurückhaltenden Formen der Augsburger Frührenaissance gestaltete Bau ist noch erhalten, am Rande des Lechviertels, dort, wo die Barfüßerbrücke in die Jakober Vorstadt führt: das reichsstädtische Pfründhaus. In diesem Pflegeheim lebte, seltsamerweise schon seit seiner Jugend, ein Mann, von dem wir außer dem Namen – er hieß Georg Kölderer – nicht viel mehr wissen, als daß er der Sohn eines im Lechviertel tätigen Sattlers war, nicht ganz unvermögend gewesen sein muß, und daß er 1607 starb.

Dieser Kölderer war ein an allem Weltgeschehen höchst interessierter Mann. Er beschaffte sich Flugschriften und «Neue Zeitungen» aus ganz Europa, hörte sich auf den Straßen Augsburgs um, spürte dem «geschray» des gemeinen Mannes nach. Viel erfuhr er «über den Tisch» seiner Herren, der Kaufleute Weis – eine Firma, für die er als Schreiber oder in anderer Funktion arbeitete. Er muß daneben Tage und Nächte in seiner Pfründenstube gesessen und geschrieben haben: Georg Kölderer war ein manischer Autor, ein Mensch, der im Schreiben lebte, sich die Welt ordnete, indem er sie zu Papier machte. Die mit brauner Tinte bestrichene Gänsefeder muß unermüdlich über die Seiten gekratzt haben, oft in fliegender Eile, wenn sich die Ereignisse draußen überstürzten. Dann wurden zwanzig und mehr Folioblätter nacheinander mit seinen Aufzeichnungen gefüllt.

1576, mit Beginn der Regierungszeit Kaiser Rudolfs II., setzt der Text ein – über drei Jahrzehnte, bis zum Tod, hält Kölderer durch. Tausende von Seiten kamen so zustande. Es ist paradox: In diesem Stoß Papier tritt uns ein Mensch entgegen, der, was sein äußeres Schicksal anbelangt, praktisch anonym bleibt – zugleich aber dürfte es wenige Zeitgenossen geben, über deren Anschauungen, deren Weltbild, ja selbst deren Träume (denn auch darüber teilt sich Kölderer mit) vergleichbar viel bekannt ist. Vor dem europäischen Horizont – den Türkenkriegen, dem Kampf zwischen Spanien und England, dem Aufstand der Niederlande, dem Bürgerkrieg in Frankreich – werden «Augsburger Geschichten» geschildert. Da geht es um Wunder und Himmelszeichen, Mißgeburten, aber auch um Ratspolitik, um den Alltag der bikonfessionellen Gesellschaft. Zum Glück für die «werte posteritet», für die er sein Werk verfaßt hat (also für uns), nimmt der Autor kein Blatt vor den Mund, kommentiert, oft gallig und sarkastisch, was um ihn herum geschieht. Über den eigenen Standpunkt läßt er den Leser niemals im Zweifel, wendet sich zornig an ihn als an ein imaginäres Gegenüber: «Ists nit gurr alls gaul? Mauß wie muetter?»

Was Kilian als Graphiker für unser ‹Bild› von Augsburg bedeutet – das stellt Kölderer in vieler Hinsicht als Chronist dar. In den sechs (von ursprünglich acht) unter der Signatur «2° Cod. S. 39–44» der Augsburger Stadtbibliothek abgelegten Folianten findet sich ein Weltbild verdichtet. Die Chronik interessiert weniger, weil sie von bestimmten Ereignissen berichtet, sondern weil sie den Geist erkennen läßt, auf den diese Ereignisse wirkten, die Brille, durch die sie wahrgenommen wurden. Denn wie die Zeitgenossen des Schreibers andere Kleider trugen, anderes aßen und tranken, von anderen Geräuschen und Gerüchen umgeben waren als wir, wichen auch ihre Gefühle und Verhaltensweisen von den unseren ab. In Georg Kölderer und den anderen Berichterstattern, die unsere Schilderung von Kapitel zu Kapitel in wechselnder Besetzung begleiten, begegnen wir «anderen Menschen», Fremden, die wenig gemein haben mit uns, die wir noch in ihren Ländern und Städten leben. Es ist nützlich, sich diese manchmal bizarr, exotisch scheinende Andersartigkeit klarzumachen – wie verschieden sind die kosmologischen Vorstellungen des Dr. Faustus (oder des Hippolytus Guarinonius, den wir noch kennenlernen werden) von den unseren. Die *dramatis personae* unseres Berichts sind geistig nicht weniger weit von uns entfernt als zeitlich.

Die zentrale Frage dieses Buches ist: Wie erfuhren diese «Fremden» die Katastrophe des Dreißigjährigen Krieges? Das heißt auch: Auf welchen Alltag, auf welche Normalität, welche Denkweisen traf er? Zuerst muß also vom Frieden geschrieben werden, dann erst vom Krieg. Als er, um 1620, Augsburg erreichte, traf er auf eine Gesellschaft, die zwar bislang keineswegs in innerer Harmonie gelebt hatte – man zankte sich über Religion, hatte ums tägliche Brot zu kämpfen, bedachte Außenseiter wie Juden, «Hexen», Magier mit wenig Nächstenliebe –, doch erst im großen Krieg merkte man, was der Frieden gewesen war. Einige Schlaglichter auf das, was über die Stadt seit dem zweiten Jahrzehnt des 17. Jahrhunderts kommen wird, mögen die Dimensionen verdeutlichen.

Die abstrakten Werte der Bevölkerungsverluste – von über 40 000 im Jahr 1618 auf etwa 16 500 zwanzig Jahre später – stehen für Tote, für Berge von Leichen im eigentlichen Sinn. So gab es Zeiten, wo die Augsburger Totengräber nicht mehr wußten, wo sie die Opfer einer Pestepidemie verscharren sollten, kamen doch auf dem Friedhof, wo man auch den Spaten ansetzte, halbverweste Körper zum Vorschein. Nur gegen eine Gehaltsaufbesserung waren die Arbeiter dazu zu bewegen, weiterzumachen. Quellen der Kriegszeit berichten glaubhaft, daß es während einer Belagerung zu Kannibalismus gekommen sei, wie man sich von Viehhäuten und Tierkadavern ernährte.

So konnte das wirkliche Gesicht der Epoche aussehen. Was Chroniken und andere Quellen berichten, entspricht gelegentlich frappierend der bildlichen Überlieferung, bestätigt, was Callot, Hans Ulrich Franck und andere Zeitgenossen an Schrecklichem aufgezeichnet haben. Auch wenn das Kampfgeschehen nicht alle Gebiete Deutschlands in gleichem Ausmaß berührte – für die Bewohner des Reiches wurde der Dreißigjährige Krieg zum Krieg aller Kriege. Bis heute hat keine gewaltsame Auseinandersetzung auf deutschem Boden mehr Opfer gefordert als er.

Die Geschichtsschreibung hat sich bis heute zweifellos mehr damit beschäftigt, wie Schlachten und Kriege verlaufen sind, welche Ursachen sie hatten und wer aus welchen Gründen siegte, als mit der Frage nach den Auswirkungen auf die Bevölkerung, auf jene meist Namenlosen also, welche die Zeche zu bezahlen hatten. Über die Kriegsgötter und Eisenfresser vom Schlage eines Wallenstein, Tilly, Mansfeld läßt sich leichter etwas erfahren als über die Geschicke Hunderttausender, vielleicht Millionen von Menschen, die dem Krieg und den Seuchen und Hungersnöten, die er mit sich brachte, zum Opfer fielen. Das liegt zwar auch an den Quellen – denn Staatsaktionen hinterlassen nun einmal mehr Papier als das armselige Leben der Massen. Aber es ist zugleich eine Frage der Perspektive, vielleicht auch der Dramaturgie der historischen Darstellung, der nun einmal die Erzählung von Abläufen und ‹Entscheidungen› näher liegt als die Beschreibung von Strukturen, die Beschäftigung mit oft nur statistisch faßbaren Schicksalen.

Jene Gebiete Mitteleuropas, die zwischen 1618 und 1648 Schauplatz des großen Krieges waren, zum Teil verwüstet und entvölkert wurden, haben zudem seit nahezu einem halben Jahrhundert keine kriegerische Auseinandersetzung mehr erlebt. Derselbe Kontinent, der bis dahin nur selten den Frieden gekannt hat, zählt heute zu den stabilsten Regionen der Welt – weil es eine historische Erinnerung an vergangene Kriege gibt, weil man meint, sich die Folgen eines künftigen ausmalen zu können, vor allem aber, weil kein Zweifel darüber besteht, daß neue Waffensysteme eine kriegerische Auseinandersetzung für alle Beteiligten zu einem unkalkulierbaren Risiko werden lassen.

Die sicherheitspolitischen Debatten gerade des letzten Jahrzehnts haben zugleich dazu geführt, daß die wissenschaftliche Auseinandersetzung mit der Frage, wie sich das Erlebnis von Kriegen und Katastrophen auf den Menschen auswirkt, breites Interesse fand. Wer diese in erster Linie von amerikanischen Psychologen geführte Diskussion verfolgt, wird über eines nicht im Zweifel gelassen: Es kommt bei vielen Überlebenden zu mehr oder weniger gravierenden Störungen von Verhaltensweisen und der geistigen Tätigkeit. So sind viele Opfer der Überzeugung, ganz allein im Zentrum des Geschehens zu stehen, sie sehen vor allem sich selbst der ganzen Wucht des Unglücks ausgesetzt. Wer trotz vorangegangener Bedrohung der Auffassung gewesen war, persönlich unverwundbar zu sein – eine typische Haltung, ein psychischer Schutzmechanismus in Zeiten bevorstehenden Unheils –, der erkennt diese seine Erwartung nun plötzlich als unzutreffend. Tod und Schrecken werden zu beklemmender Wirklichkeit. Im Zusammenbruch der gewohnten Ordnung fühlen sich die Menschen verlassen, in ihrer Hilflosigkeit angesichts des Unbeherrschbaren erleben sie dramatische Stimmungsschwankungen. Zwischen Furcht und Übermut, Überlegenheitsgefühl und Hilflosigkeit, dem Gefühl, der Katastrophe ausgeliefert zu sein, und der Vorstellung, durch ein Wunder überlebt zu haben, ist der Betroffene hin und her gerissen. Manche wiederum finden in der Meinung, das Allerschlimmste müsse nun vorüber sein, zu grenzenlosem Optimismus. Dieser Zustand aber hält nur kurz an. So stellte man fest, daß die meisten einer Katastrophe Entkommenen schwer demoralisiert sind, apathisch, passiv und emotionslos; sie bewegen sich mechanisch, unterwerfen sich widerspruchslos dem Willen anderer. Vielfach verlieren sie die Orientierung – die Opfer können ihren Standort in Raum und Zeit nicht annähernd richtig bestimmen, Orte und Dinge gewinnen eine transitorische Bedeutung, Details des Alltagslebens entschwinden der Erinnerung. Diese Menschen werden bindungslos, fühlen sich getrennt von ihrer gesellschaftlichen Umwelt. Bei vielen bleibt das Leben von Furcht bestimmt. Sie meinen, das Unglück könne jederzeit erneut über sie hereinbrechen: «Die Katastrophe wird zur quälenden Erinnerung», schreibt der englische Psychologe James A. Thompson, «und wird wieder und wieder durchlebt.» Die Überlebenden bleiben oft seelisch höchst verwundbar, voller Schuldgefühle, schon insofern Katastrophen stets das Egoistische, den ‹Wolf› im Menschen, ans Licht bringen.

Die Geschichte des Dreißigjährigen Krieges läßt in der Tat solche Verhaltensweisen gelegentlich erkennen – oft indessen, so scheint es, weichen die Reaktionen der Menschen des 17. Jahrhunderts auch erheblich von dem ab, was man über das Verhalten des «modernen» Überlebenden einer Katastrophe weiß. Natürlich können solche Vergleiche nicht zu weit getrieben werden: Da «die lebentige stim und geredte wort ... wie der wint» vergehen, uns nur Geschriebenes überliefert ist (um die Worte eines Kölner Chronisten der Mitte des 16. Jahrhunderts zu ge-

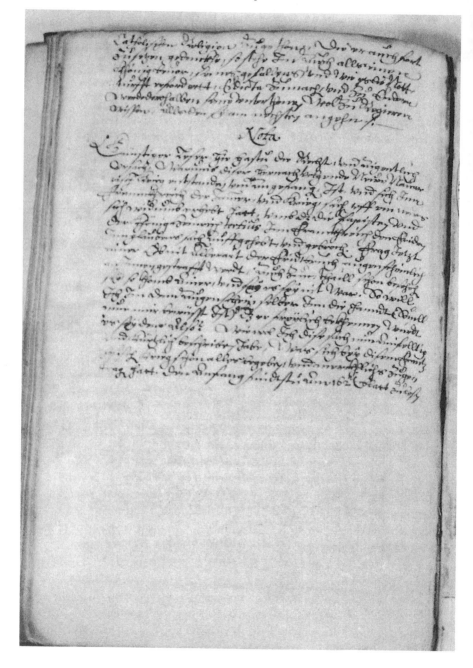

Doppelseite aus der Chronik des Georg Kölderer, Notizen zum Jahr 1586

Aigenttliche Bildnus des Jetzigen
Pabstes Sixti quinti.

Aintachtinuster Vatter. Wir wollen ew. heiligkait nit
lassen vnbericht, das ein fürsts herr vnnser hertzog
Carl von Aschaffingen vnd andere mehr dieses daruo[n]
[...] Inn vnerh. [...] erfaren. Das wir [...]
[...] gespart. Die literatur ganz vnd gar ales sch-
[...] vnd [...] die nicht articul. [...]
her gegangen nach E.H. begeren. Wollen ew. einen [...]
in [...] nottein. Das [...] die verpotten.
[...] vns soll nichts erwinden es die laster der [...]
[...] in [...] auff fuerdern, vnd lne
[...] für [...].

Obschon dann stättlich starck der
mit vnuer[...] macht vnd
gewalt vrgiert wirt. Nichtem-
inner werden wir [...] verwidern
vnd will hald [...] gegen den [...]
[...] ritter [...] christenn [...]
[...] wider [...] mit [...]
Schaut ein leib vnd bel. Demnach
und [...] meinen wir [...]
begnist greyst seynd [...] in [...]
[...] mit ein[...]
[...]. Geben [...] oder agnus.

Schwer ist schon mit [...] nidert,
[...] will, hat vns die stain-
nicht belast: private [...]
[...] gesell[...] die gesanten vnd [...]
[...] vnd die [...]
schicken mit [...]
vorwisen.

Si hatt mit ainander jetzt ain rettschlag villi
Ehre. Ir[...] christi wirt ein[...] der
Herzkomen guerder, vnd [...] aller darinn
[...], der [...]
sein gutten [...]. Darumb hegt [...]
für vns, ir plözt darin, sy[...] der [...] von [...]
[...]. Dann [...] wunschen [...]
[...] Ir ein [...], [...] schreyb.

brauchen), müssen wir uns mit winzigen Fragmenten von Gefühlen und Reaktionen bescheiden und mit aller Vorsicht versuchen, Verhaltensweisen unserer fremden Vorfahren zu beschreiben.

Die Erkenntnisse der psychologischen Forschung, die beispielsweise Überlebende von Erdbeben, Überschwemmungen und Sturmkatastrophen, aber auch der Atomexplosionen von Hiroshima und Nagasaki untersucht hat, sind freilich auch deshalb nützlich, weil sie Kategorien und Begriffe bereitstellen, an denen historische Phänomene definiert werden können. Wer sich etwa mit der Vorgeschichte und dem Ablauf des Dreißigjährigen Krieges befaßt, wie dies in dem vorliegenden Buch geschehen soll, wird feststellen, daß ein von amerikanischen Forschern erarbeitetes Ablaufschema für die «psychologische Geschichte» von Katastrophen hervorragend auf die historische Situation anwendbar ist. Die Autoren unterscheiden Phasen der Bedrohung *(threat)*, der «Warnung» *(warning)*, der Katastrophe selbst *(impact)*, des Rücklaufs *(recoil)* und die Phase nach Eskalation der Katastrophe.

Kommen wir auf Georg Kölderer, auf den Typus des frühneuzeitlichen Menschen, den er repräsentiert, zurück. Seine Chronik, beidseitig eng beschriebene Blätter, in schweres Pergament gebunden, läßt zunächst die geographische Welt des Autors erkennen. So hat er meist penibel vermerkt, von woher Nachrichten in seine Stube gelangt sind – ob es nun das Reden der Leute war, Hinweise anonymer Informanten, von denen nur die Initialen mitgeteilt werden, oder die großen europäischen Nachrichtenzentren. Gelegentlich lesen wir von «wochenlichen brieff», Informationen, die Kölderer wahrscheinlich über das Handelshaus Weis regelmäßig erreichten.

Analysiert man die Aufzeichnungen Kölderers etwas genauer, schälen sich bald Umschlagplätze für die Ware ‹Neuigkeit› heraus. Im Osten Danzig, Prag, Wien, im Norden Hamburg, im Westen Köln und Lyon, im Süden Venedig sind die am häufigsten genannten Herkunftsorte von Informationen; auch Nürnberg war ein Nachrichtenzentrum. Englische und skandinavische «Zeyttungen» kamen vor allem aus Hamburg, Lyon scheint der Umschlagplatz für Neuigkeiten aus dem spanisch-portugiesischen Raum gewesen zu sein. Über Antwerpen hörte man Neues aus Nordfrankreich und den Wirtschaftszentren der Niederlande, Prag und Venedig meldeten das Geschehen im türkisch-südeuropäischen Raum. Oft nahmen die Meldungen nicht den direkten Weg: Den für ihn als überzeugten Protestanten höchst erfreulichen Bericht von der Niederlage der spanischen Armada im Jahr 1588 erfuhr Kölderer beispielsweise über Köln. Und vom Kaperkrieg Francis Drakes gegen die Spanier meldet eine «Zeitung» aus Sankt Gallen.

Oft hat unser Autor nicht nur Flugschriften und anderes abgeschrieben, sondern gleich in seine Chronik eingeklebt, dazu Porträts der Hauptpersonen, Darstellungen von Belagerungen und anderem Kriegsgeschehen. Gelegentlich findet sich eine unbeholfene Federzeichnung: Mißgeburten, unerhört große Fische, seltsame Pflanzen.

Nun ist kaum anzunehmen, daß Kölderer die Welt, aus der ihm seine Informationen zuwuchsen, im Kopf hatte. Seine Welt, jedenfalls als halbwegs exakt umschreibbarer Raum, war eine recht kleine Welt. Einige Ungenauigkeiten – so verlegt er einmal Landshut an die Donau, in die Nähe von Linz – verraten, daß seine geographischen Vorstellungen bereits irgendwo im bayerischen Herzogtum enden. Wahrscheinlich ist er nie oder selten gereist; von weiter entfernt gelegenen Ländern hat er keine Vorstellung mehr. Zeitgenössische Reisende, so der Augsburger Arzt Leonhard Rauwolff, hatten von schrecklichen Fabelwesen zu berichten, die dort ihr Unwesen trieben, etwa Eidechsen mit drei Köpfen und schillernden Rückenschuppen.

Bis ins 17. Jahrhundert (und wohl für viele Menschen noch darüber hinaus) behielt die Welt jenseits der vertrauten Kulturräume ein märchenhaftes, phantastisches Aussehen. Grundlage dieser Vorstellungen waren noch in der Neuzeit antike Beschreibungen. Megasthenes, ein Autor, der um die Wende vom 4. zum 3. vorchristlichen Jahrhundert schrieb, berichtete von Schlangen mit Fledermausflügeln, von ebenfalls geflügelten Riesenskorpionen. Er wiederholt Herodots Geschichten von nach Gold grabenden Riesenameisen oder von Leuten ohne Mund, die vom Geruch gebratenen Fleisches, von Obst- und Blumendüften lebten. Ktesias, ein anderer Schriftsteller des Altertums, siedelte im fernen Indien Pygmäen an, die gegen Kraniche kämpften, Skiapoden, Menschen mit nur einem riesigen Fuß, der ihnen bei Bedarf als Sonnenschirm diente. Und er schreibt von den «Kynokephaloi», Menschen mit Hundeköpfen, die auch wie Hunde bellten, von Leuten ohne Kopf, dafür einem Gesicht zwischen den Schultern, von anderen, die acht Zehen und ebensoviele Finger hätten und so große Ohren, daß sie ihre Arme bis zu den Ellbogen und den Rücken damit bedecken könnten. Solche Erzählungen – oft aus indischen Märchen kommend – fanden Eingang in die mittelalterliche Überlieferung, z. B. über den berühmten ‹Alexanderroman›, der 1499 zuerst und später noch mehrere Male auch gedruckt wurde.

Eine große Rolle für das «Erdbild» der anbrechenden Neuzeit hatte der Mythos von einem großen christlichen Königreich fern im Osten gespielt – dem Reich des «Presbyters Johannes», dessen sagenhafte Existenz bis ins 17. Jahrhundert einen Schatten wirft. Dieses mächtige Reich im fernen Osten gewann mitunter Züge eines irdischen Paradieses, das nach den Vorstellungen aller Autoren schließlich nach Sonnenaufgang liegen sollte: Nach der Genesis hatte Gott ja einen Garten Eden im Osten gepflanzt, und noch im 16. Jahrhundert war es daher üblich, dort das Paradies zu lokalisieren. Die Suche nach diesem Garten Eden oder dem Reich des Presbyters hatte viele Entdeckungsreisen stimuliert, und im Abendland hatte man auf die Hilfe des mythischen Königs gegen die Sarazenen und andere Gegner gehofft. Das ferne, phantastische Reich im Osten steht geradezu symbolisch für einen zentralen Aspekt des mittelalterlichen und des frühneuzeitlichen Denkens: für die Überzeugung – ob sie nun Befürchtungen oder Hoffnungen erregte – daß alles jederzeit eine grundlegende Wende nehmen könnte, daß Katastrophen wie Rettung unversehens eintreten mochten. Die mythische Macht verbürgte die Tatsache der Reversibilität der Geschichte, in der damit zu Verzweiflung ebensowenig Anlaß bestand wie zu auftrumpfender Selbstsicherheit.

Mit der Entfaltung realistischerer Vorstellungen vom Aussehen der Erde verschwanden die Fabelwesen oder der Presbyter Johannes nicht einfach, sie wurden nur in immer weiter entfernte Gegenden gedrängt. Das Reich des Presbyters etwa wanderte nach Abessinien, und das Paradies dachte man sich schließlich an der äußersten Spitze Afrikas.

Georg Kölderer, das ergibt sich aus einer Passage seiner Chronik, wußte um die Kugelgestalt der Erde: Er schreibt von einem Kometen, der dem «Lauf» (!) der Sonne so schnell nachgefolgt sei, «dz er inn kurtzer zeit die ganz *erdtkugell* umbschwayfft und gelauffen». Aber im übrigen war, so jedenfalls ist zu vermuten, jenseits seiner kleinen Augsburger Welt ein geheimnisvoller Raum voller Wunder. Die sensationell aufgemachten Flugschriften, die «newen zeyttungen», die von dort kamen, meldeten davon; gelegentlich gelangten Gaukler, fahrende Sänger und Artisten in die Stadt, erzählten von dieser entfernten Welt oder brachten gar leibhaftige Wunder mit, um sie ihrem staunenden Publikum zu zeigen.

So wunderte sich der biedere Bierbrauer Jerg Siedeler über eine «schild crotten schalen» oder den Kopf eines «Meerdrachen», die ihm ein reisender Savoyarde ins Haus brachte; ungeheures Aufsehen erregte ein «eliphant», der im Jahre 1629 in Augsburg auftrat. Drei Chronisten erzählen, unabhängig voneinander, über dieses kolossale Ereignis. Der Sensationswert des Tieres läßt sich ziemlich genau beziffern: 5 Kreuzer

Eintrittsgeld waren zu bezahlen, mehr, als etwa die weit überwiegende Zahl der Weber und Bauarbeiter Augsburgs damals jährlich an Steuern zu geben hatte. Der Dickhäuter führte allerhand Kunststücke aus – so konnte er etwa mit dem Rüssel ein Glas Wein aufnehmen. Seine Reise durch Europa läßt sich bezeichnenderweise recht genau verfolgen: Er kam aus den Niederlanden (wo er wohl mit einem Schiff aus Indien oder Afrika angelangt war), wurde dann in Frankfurt und Nürnberg gezeigt. Von Augsburg reiste er nach Memmingen weiter, später tauchte er in Rom auf und erregte auch dort großes Aufsehen. Wenczeslaus Hollar hat eine Radierung von ihm gefertigt und so seine äußere Gestalt verewigt. Man erging sich angesichts des grauen Ungeheuers in Betrachtungen über die Größe des Herrn, der sich hier nicht nur als Schöpfer der Regel, sondern zugleich als Herr der Ausnahme, des Mirakels, zeigte. Er war ein außergewöhnliches Artefakt der Allmacht Gottes, die sich im Monströsen besonders nachdrücklich erwies. Doch darf vermutet werden, daß nicht nur solche metaphysischen Implikationen, sondern schlichte Neugier die Bewohner des frühneuzeitlichen Europa dazu brachten, sauer ersparte Kreuzer als Eintrittsgeld zu opfern.

Wenig, schon gar nicht das, was heute als ‹große Geschichte› erscheint, hat in Augsburg und anderswo vergleichbares Aufsehen erregt wie der Elephant von 1629 (und etwas später dessen Artgenosse «Hänsken», ebenfalls ein Publikumsmagnet). Der Ruhm der Elefanten belegt bei aller Kuriosität des Beispiels, wie selten ‹Sensationen› in die Umgebung des vormodernen Bürgertums einbrachen, welchen Eindruck deshalb das Besondere, von weither Kommende machte.

Auch in gedruckter Form gelangte die ‹große Welt› seltener in den Alltag der Menschen, als die zahlreichen Texte, die Kölderer in seiner Chronik verarbeitet hat, vermuten lassen. Bücher besaßen ohnedies nur die wenigsten, schon wegen der hohen Preise, die an die Grenzen der finanziellen Möglichkeiten der meisten rührten. Wenn Inventare gelegentlich von Erzeugnissen der Schriftkultur berichten, handelt es sich an der Wende zum 17. Jahrhundert meist um religiöse Texte oder Erbauungsschriften, Kalender mit astrologischen Ratschlägen, jedenfalls höchst selten um schöne Literatur. Allein die humanistisch gebildeten bürgerlichen Eliten verfügten über reiche Bücherschätze. Man las, so man lesen konnte, wenige Bücher intensiv, also wieder und wieder; erst das 18. Jahrhundert wird einen tiefgreifenden Wandel der Lesegewohnheiten erleben, hin zur extensiven Lektüre vieler Bücher.

Vermutlich ist die Zahl der Lesekundigen am Ende des 16. Jahrhunderts gegenüber der Reformationszeit zurückgegangen; damals hatte der

Eine von den Augsburger Amtsbürgermeistern beschlagnahmte pornographische Flugschrift der Zeit um 1626

Nürnberger Patrizier Christoph Scheurl geurteilt, daß «der gemeine mann ... jetzt in einem Tage mehr lese als sonst in einem Jahr». Das war sicher übertrieben; indessen kam der «gemeine mann» ja nicht allein durch eigene Lektüre mit der Schriftkultur in Kontakt. Gelegentlich lassen die Quellen auf die Existenz einer sehr verborgenen Lesekultur schließen, die aus verschiedenen Gründen das Licht der Öffentlichkeit scheute – sei es, daß man in Zeiten konfessioneller Unterdrückung geheime Lesezirkel bildete, sei es, daß man sich im Wirtshaus an greulichen

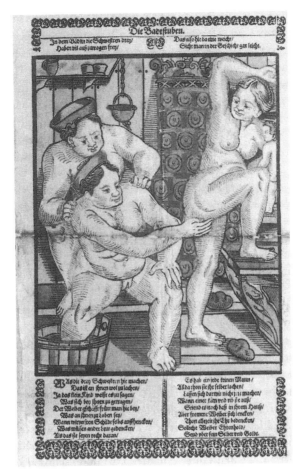

Schauergeschichten oder gar pornographischen Texten ergötzte. Das reichsstädtische Zensuramt führte einen zähen Kampf gegen diese «geheime Öffentlichkeit»: Das Öffentliche – das *publicum* – gehörte dem Staat, unterlag seiner Kontrolle; seit den Wirren der Reformationszeit wurden die Obrigkeiten von der Angst vor politischen und konfessionellen Diskursen beherrscht, aus denen sich – so meinte man – leicht Aufstände entwickeln konnten.

Wenig bekannt ist über die Auflagen der Flugschriften und Einblattdrucke, die in die Reichsstadt gelangten. Ein Augsburger Weber, den sein Handwerk nicht mehr ernährte und der seinen Lebensunterhalt deshalb durch das Schreiben und Singen von Liedern aufzubessern suchte, gab einmal an, 35 «zeittungen» im Württembergischen und zehn in Augsburg verbreitet zu haben – eine der wenigen aus dieser Zeit, dem Beginn des 17. Jahrhunderts, überhaupt bekannten Zahlen. Wenn einmal ein paar hundert Flugschriften in einer Großstadt verbreitet werden konnten, war das sicher die große Ausnahme. Was von solchen Druckerzeugnissen geblieben ist in Bibliotheken und Archiven, stellt freilich nur einen geringen Rest dar. Diese Schriften sind gewöhnlich ‹verbraucht› worden, wenn sie von Hand zu Hand wanderten, vielleicht in Bierwirtschaften und anderen Spelunken vorgelesen, vorgesungen wurden.

Wie weit weg waren zudem die Ereignisse, von denen diese Texte berichteten! Die Reisegeschwindigkeiten waren in der Epoche Kölderers nicht anders als in der Zeit Julius Caesars oder Karls des Großen. Hundert Kilometer in 24 Stunden voranzukommen, das war, gleich mit welchem Verkehrsmittel, eine kaum zu überbietende Höchstleistung. Für die etwa fünfhundert Kilometer von Augsburg nach Venedig brauchte die Post im günstigsten Fall acht Tage, und es gelang nur mit erheblichem Kostenaufwand, diese Frist wesentlich zu verkürzen. Immerhin soll es gelungen sein, eilige Nachrichten von Nürnberg nach Venedig in vier Tagen zu übermitteln. Aber ob die gelegentlich genannte Zahl, daß außerordentliche Eilboten in der Lage gewesen sein sollen, täglich 230 bis 300 Kilometer zu bewältigen, wirklich zutrifft? Da muß man sich schon Eilstafetten vorstellen, bei denen die schweißbedeckten Pferde alle zwanzig bis dreißig Kilometer gewechselt wurden. Überhaupt war die Reise mit dem Pferd oder Maultier ein Luxus, den sich nicht jeder leisten konnte. Und Pferde brauchten als ‹Treibstoff› Hafer, immerhin ein Getreide, das jedenfalls den Unterschichten vorrangig selbst als Nahrungsmittel diente. Man hat errechnet, daß ein Pferd auf einer Reise von etwa hundert Kilometern ungefähr die gleiche Menge Hafer verbrauchte, die es auch ziehen konnte (was wiederum ein Hinweis auf die enormen Schwierigkeiten ist, welche die Versorgung einer Großstadt mit Getreide mit sich bringen mußte).

So reisten die meisten – bis ins Eisenbahnzeitalter – zu Fuß. Dabei dürfte eine Tagesleistung von etwa dreißig bis vierzig Kilometern zu erreichen gewesen sein.

Schließlich ist daran zu erinnern, daß man mit dem Schiff noch am schnellsten und sichersten vorwärtskam. So brauchte im Mittelalter ein Boot für die Strecke Metz–Trier eine Nacht, während man auf dem Landweg etwa zwei Tagereisen benötigt hätte; das war in der frühen Neuzeit kaum wesentlich anders. Bei einer Strömungsgeschwindigkeit des Rheins von etwa zwei Metern pro Sekunde war eine Reisegeschwindigkeit von sieben Stundenkilometern möglich (mithin eine Leistung von etwa 170 Kilometern in 24 Stunden, wenn man flußabwärts reiste). Den Lech hat man bis ins 19. Jahrhundert zum Flößen genutzt.

Schwierig ist es, Angaben für die Hochseeschiffahrt zu machen, die einigermaßen generelle Gültigkeit beanspruchen können. Hier spielen Strömungen und Wind eine entscheidende Rolle. Beispielsweise dauerte es um die Mitte des 16. Jahrhunderts etwa drei Monate, von Acapulco (Südamerika) nach Manila auf den Philippinen zu reisen, während für die nautisch schwierigere Rückreise sechs bis acht Monate gerechnet werden mußten. Von Italien nach Nordafrika mochte man bei günstigen Verhältnissen in zwei Tagen gelangen; im Mittelmeer reiste man gewöhnlich nur zwischen dem 26. Mai und dem 14. September, um die Winterstürme zu vermeiden. Um 1500 brauchte eine Galeere von Venedig nach Jaffa etwa fünf Wochen, für die 1600 Kilometer nach Candia auf Zypern war man bei gutem Wind etwa 18 Tage unterwegs.

Aus der Diskrepanz zwischen der Sehnsucht nach Kenntnis der Welt und den alltäglichen Mühen, die das Reisen machte, entstanden mythische Hilfsmittel für die Fortbewegung. Ein Märchen Perraults erfand im 17. Jahrhundert die Siebenmeilenstiefel; durch Drehen eines Ringes oder mit Hilfe finsterer Mächte, so meinte man, sollte es möglich sein, im Flug die Entfernungen zu überwinden. Solche Wünsche waren zugleich soziale Utopien: In diesen Märchen und Traumbildern finden wir Gegenprojektionen zu einer Wirklichkeit voller Fesseln rechtlicher und mehr noch ökonomischer Art. Haus, Familie, Schollenbindung, Leibeigenschaft, dann für einen großen Teil der Menschen in Stadt und Land der rastlose Kampf ums tägliche Brot zwangen in einen engen Kreis, der nicht ohne weiteres zu verlassen war. Dagegen stand die Leichtigkeit, an einem Ring zu drehen und über die Berge in ein fernes Paradies zu fliegen, als schönster Traum, den man sich denken konnte...

So waren die Menschen des Mittelalters und der Neuzeit vergleichsweise *isoliert*. Entfernungen waren für sie gewissermaßen größer als für die Zeitgenossen von Eisenbahn, Auto und Flugzeug, die Schwierigkeiten und Kosten der Fortbewegung unvergleichlich. Die Welt «draußen» muß in der Phantasie unfaßbare Dimensionen gewonnen haben: Man ahnte weite Räume voller Wunder. Die Seltenheit des Besonderen, der vergleichsweise dünne Nachrichtenstrom können zur Erklärung der «Wundersüchtigkeit» des Zeitalters beitragen. Kölderers Chronik ist voll von Schilderungen unerhörter Dinge, die man heute nie und nimmer des Aufschreibens für wert erachten würde. Blutrote Sonnenuntergänge,

Himmelserscheinungen über einer frühneuzeitlichen Stadt. Anonymer Holzschnitt des 17. Jahrhunderts

Wolkenbildungen, ja selbst «katzenlermen alhie in ainer nacht» werden festgehalten, desgleichen so seltsame Berichte wie der eines «Hamsterregens». In Norwegen, so notiert Kölderer, sollen Hamster vom Himmel gefallen sein, die sich sogleich am gerade in Reife stehenden Getreide gütlich getan hätten. Vermutlich würde man einen modernen Historiker für verrückt erklären, verstiege er sich zu einer derartigen Behauptung. Und was würde man sagen, wenn ein Autor aus Blütenstaub Schwefelregen, aus einer Wolkenbildung eine ganze Bilderfolge konzipierte? Ein Chronist teilt zu 1633 mit, wachhabende Bürger hätten am Himmel einen Regenbogen gesehen, dann «3 todten köpf, hernach ein kürisier mit ganzer rüstung zu pferdt, mit dem im lauff daß pferd gefallen, welchem alsbalden ein engel mit feurigem schwerdt gefolget... leztlich seyen ein schöner cavallier mit einer langen alemode mapotte erschinen, welcher den mandel ausgebreitet habe und alles verschwunden.»

Solche Berichte sind zu häufig, als daß sie allein nur auf persönliche psychische Anlagen zurückgeführt werden könnten; sie wurden von Chronisten aller Konfessionen mitgeteilt. So zeichnete der hochgebildete

Benediktinerpater Reginbald Moehner in sein Geschichtswerk gar Wunderzeichen ein, die in einer bayerischen Landstadt zu sehen gewesen waren.

Ähnlich dem Bleigießen am Silversterabend, so könnte man meinen, müssen die Menschen der frühen Neuzeit das Spiel der Wolken beobachtet haben – daraus mögen jene phantastischen Gebilde entstanden sein, welche wir in ihren Erzählungen beschrieben oder gar abgebildet finden. Freilich: ganz so einfach liegen die Dinge nicht. So ist nicht etwa von *Wolken* zu lesen, die einen «engel mit feurigem schwerdt» geformt hätten, sondern eben davon, daß am Himmel ein solcher Engel zu sehen gewesen sei; Moehner zeichnet «übernatürliche» Erscheinungen, nicht physikalisch erklärbare Phänomene, die offenbar klar identifizierbare Bilder formten. Wie konnte es zu solch – für modernes Denken – abstrusen Phantasiegebilden kommen?

Der italienische Historiker Piero Camporesi hat vor einem Jahrzehnt versucht, dafür eine recht überraschende Erklärung zu geben. Er wies darauf hin, daß die schlechte Ernährung und das Beimengen von giftigen, halluzinogenen Kräutern oder schlechten Getreidesorten ein wesentlicher Faktor für das Aufkommen zahlreicher Wunder- und Geistergeschichten gewesen sei. «Das Phänomen erscheint außergewöhnlich und unter vielen Gesichtspunkten erschütternd. Es ist, als ob sich ein Zauber über weite Gemeinden herabgesenkt und sie behext oder eingeschläfert hätte, als ob die Massen Beute eines kolossalen, einschläfernden Schwindelanfalls, durch eine auf dem Feld wachsende und vertraute Droge bewirkt, und Opfer einer kollektiven Verblödung geworden wären...» Er erinnert an die Wirkung des Tollkorns oder Taumelkorns, das eine Art Trunkenheitszustand hervorgerufen habe, an das vor allem in Roggenanbaugebieten verbreitete «Antoniusfeuer», an toxische Delirien, und er kann darauf verweisen, daß sich die Menschen der Frühneuzeit gelegentlich auch opiumhaltiger Destillate bedienten. Und er zitiert aus einem Text des ausgehenden 16. Jahrhunderts, in dem ein Meister seinen Gesellen zur Rede stellt, weil dieser nicht arbeitet. Auf die Frage nach dem Grund entspinnt sich folgender Dialog:

> Geselle: «... weil ich fühle, wie mein Kopf
> Sich dreht grad' wie ein Wirbelwind... seht Ihr nicht,
> Daß ich ganz zittrig bin, vom Tollkorn betäubt?»
> Meister: «O wie ungeheuerlich ist das, wenn einer davon ißt,
> Erscheint er danach verrückt,
> Toll, berauscht und töricht...»

Daß Hunger, Mangel vielleicht auch schlechte oder giftige Ingredienzien der Nahrung gelegentlich jene Wahngebilde erzeugt haben, die wir in Chroniken und Diarien wiederfinden, mag durchaus zutreffen (auch wenn wir einem englischen Historiker, der den neuzeitlichen Hexenwahn u. a. auf «dünne Gebirgsluft», die Halluzinationen hervorgerufen habe, zurückführt, nicht glauben mögen). Aber ob jene Schreckensszenarien, die manche Sozialhistoriker von den «Massen» der frühneuzeitlichen Gesellschaft entwerfen, wirklich zutreffen? Da wird der Historiker zu einem modernen Hieronymus Bosch: neben den «Verkrüppelten, den Blinden, den Skrofulösen, den mit Fisteln und Wunden Bedeckten, den Schorfigen, den Krüppeln, den Gelähmten, den Kropfigen, den Dickbäuchigen und den Wassersüchtigen» bewegen sich in der Geisterwelt dieser Autoren auch «Stumpfsinnige und Schwachsinnige, Verrückte und Wahnsinnige, ‹Tollkorn-Vergiftete› und ‹Opium-Vergiftete›, chronische und zeitweilige Säufer, vom Wein – oder noch unglaublicher – vom Brot Betrunkene». Es gibt einige Argumente gegen die These, daß «alles, was den kollektiven dämonischen und nächtlichen Vorstellungshorizont der Generationen des vorindustriellen Zeitalters ausmachte», aus der Welt des Hungers, des Mangels und der Frustration «als illusionistische Kompensation für die existentielle Entfremdung» entstehe. So sind es eben nicht Zeiten von Hungerkrisen, aus denen die meisten Wundergeschichten überliefert sind, und es sind keineswegs die «Massen», in deren vom Tollkorn verwirrten Hirnen die seltsamsten Phantasiegebilde entstehen. Augenzeugenberichte kommen gerade auch aus der Feder wohlhabender und gutgenährter Bürger (zu denen etwa unser Georg Kölderer zählte). Und der «dämonische und nächtliche Vorstellungshorizont» scheint keineswegs das Denken allein der proletarisierten Unterschichten in Stadt und Land geprägt zu haben – die Intellektuellen, Priester und feinsinnige Humanisten, woben ebenso an diesen seltsamen Denkgebilden wie Handwerker und Patrizier. In Augsburg könnte eine Geistergeschichte, die an keinem geringeren Ort als im Fuggerpalast spielt, den Beweis dafür abgeben.

Wir wollen weiter unten nochmals auf diese Fragen zurückkommen. Ungeachtet dessen, ob man die vielleicht doch etwas zu phantasievollen Vorstellungen Camporesis und anderer Autoren teilen möchte, so ist immerhin ein Grundfaktum zu bedenken, wenn man sich den Horizonten des fernen 17. Jahrhunderts nähern möchte: Die Realität hatte mit großer Wahrscheinlichkeit in den Augen der Zeitgenossen dieser Epoche einen ambivalenten Charakter. Perspektiven wurden nicht mit Hilfe der euklidischen Geometrie erklärt, die Grenzen zwischen Illusion und Realität, zwischen Traum und wirklicher Lebenswelt verliefen verschwommener, als wir das nach Jacob Burckhardts epochemachender Konzeption der Moderne wohl annehmen würden. Dabei sind wir vielleicht zu der Aussage in der Lage, *daß* diese Scheidelinie unklar war, Genaueres ist schwer zu formulieren. Und vor allem ist darauf hinzuweisen, daß auch das Erlebnis der Welt eine soziale Dimension hat – *den* Menschen der Frühneuzeit gab es nicht. Es gab auch nicht die Dichotomie von hungernden, in magischen Vorstellungen befangenen Massen und aufgeklärten, intellektuellen Eliten, die noch dazu bestrebt waren, ihre Herrschaft zu festigen, indem sie die Kultur dieser «Massen» eliminierten. Innerhalb der Eliten finden wir im 16. und 17. Jahrhundert beispielsweise ebenso Leute, die an Hexen glaubten, wie andere, die dergleichen als Wahngebilde ablehnten. Viele der angeblich aus dem Volk kommenden Vorstellungen von den Möglichkeiten der Magie oder der Existenz von Hexen und anderen Geistern enthüllen sich bei näherem Hinsehen als Rudimente ‹gelehrter› Vorstellungen, die auf ihren Wegen von oben nach unten mannigfache Transformationen erfahren hatten und weiter umgebildet wurden, wenn sie vom Geist der Theologen und anderer Intellektueller wieder aufgegriffen, niedergeschrieben, gedeutet wurden.

An eine wichtige, grundlegende Voraussetzung des mittelalterlich-frühneuzeitlichen Weltbildes ist indessen zu erinnern, sie ist elementarer, von allgemeinerem Charakter als der Hunger, der auf die eine oder andere Weise natürlich auch die Weltwahrnehmung beeinflußt haben mag. Ich meine die *Reizarmut* der frühneuzeitlichen Umwelt. Sie war es, die einen Schildkrötenpanzer, einen Elefanten, dann eben auch ein Wolkengebilde zur Sensation werden ließ. Gewiß, in einer Reichsstadt von der Größe Augsburgs war immer noch mehr Kommunikation möglich als auf dem Land; hier schnitten sich Wirtschaftswege und Nachrichtenverbindungen. Und es bedarf keiner Erläuterung, daß unter den schwierigen Reisebedingungen der Zeit das Bürgertum immer noch die beweglichste Schicht war – vielleicht abgesehen von entwurzelten Existenzen, fahrendem Volk, von dem noch zu berichten sein wird. Doch was man draußen sah und was an Bildern und Texten greifbar gewesen ist, war nicht im geringsten zu vergleichen mit der unüberschaubaren Fülle an Information und Unterhaltung, die dem modernen Menschen zugänglich ist. Vor allem die Tatsache, daß die Welt der frühen Neuzeit (und anderer Epochen vor Erfindung der Photographie) eine *bilderarme* Welt war, dürfte von größter Bedeutung für die Art, wie man sie sah und interpretierte, gewesen sein. Die Fülle der in den Museen erhaltenen

Gemälde und Graphiken täuscht über diese Tatsache hinweg; denn wann und wo sah der «gemeine Mann» im 16. Jahrhundert schon Bilder? In der Kirche natürlich, vielleicht auch auf Häuserfassaden oder Stadttoren, dann noch auf Prozessionsfahnen und bei prunkvollen Einzügen hochgestellter Persönlichkeiten. Aber schon in den Wohnungen der Bürger waren Bilder höchst seltene Objekte – zu den Palästen des Patriziats und des Adels mit ihren Kabinetten und Wunderkammern hatte man kaum Zutritt. Nicht einmal Kupferstiche oder Holzschnitte waren verbreitete Inventarstücke.

Ein Grund für die große Seltenheit von Bildern dürfte der vergleichsweise hohe Preis solcher Dinge gewesen sein. Ein Kupferstich konnte schon einmal zehn Kreuzer und mehr kosten, dafür mußte mancher eine halbe Woche arbeiten; die Kosten schließlich für ein Ölbild, oft mehrere hundert Gulden, mochten dem Jahresverdienst eines einigermaßen wohlhabenden Handwerkers entsprechen. Selbst in der Dienstwohnung der patrizischen Proviantherren der Reichsstadt Augsburg fand sich als einziges Bild eine gemalte «dafel, die figur charitas».

Was an und in öffentlichen Gebäuden und Kirchen dennoch zu sehen war, so steht zu vermuten, muß einerseits das Publikum ungleich tiefer beeindruckt haben als Betrachter, für die das Erlebnis des Bildes – sei es auch nur des in der Zeitung gedruckten Photos oder des auf den Fernsehschirm projizierten Films – tägliche Gewohnheit ist. Als Konsequenz der Bilderarmut der vorphotographischen Zeit ergibt sich zunächst, daß die Menschen den sie umgebenden Raum anders wahrnahmen als wir; besonders deutlich wird das etwa an der Art, wie unbeholfen manche Maler und Zeichner noch im 17. Jahrhundert mit der Zentralperspektive umgehen: Die Projektion dreidimensionaler Zusammenhänge auf eine Ebene, die Raumillusion, war ungewohnt.

Von größter Bedeutung war indessen, daß die Menschen ihre Umwelt weitgehend *direkt* erfuhren, die Vermittlung von Wahrnehmungen über Bilder weniger wichtig war. Das hatte Folgen. Zum einen muß ein Bild – wenn es denn begegnete – besonders eindrucksvoll, überzeugungsmächtig gewirkt haben, es zog intensives Interesse auf sich, gewann eine eigene Existenz, die sich nicht im rein Physischen erschöpfte. Es gibt immer wieder Belege dafür, daß mancher Darstellung in der Auffassung noch der frühen Neuzeit eine geistige, nachgerade magische Wirklichkeit zugebilligt wurde. Negativ erweist sich das im Bildersturm, in der Zerstörung des Kunstwerkes oder – weniger dramatisch – in der Ablehnung, die etwa dem religiösen Bild entgegengebracht wird. Kölderers Aufzeichnungen lassen solche Skepsis immer wieder erkennen, etwa, wenn er gegen «papistische» Götzenbilder wettert. Wenn er andererseits Kupferstiche in seine Chronik einklebt – Porträts, Belagerungsdarstellungen und anderes – oder Zeichnungen hinzufügt, läßt sich vermuten, daß es hier nicht allein um zweckfreie Illustration ging. Das Bild konstituiert Wirklichkeit, schon deshalb, weil es einen Sachverhalt «offenlich» mitteilt. Sein Druck hat gewöhnlich die obrigkeitliche Billigung, als Massenmedium liegt ihm die (zumindest hypothetische) Anerkennung einer Mehrheit zugrunde. Der Inhalt der grellen, sensationell aufgemachten «zeyttung» kann schon deshalb Wahrheit oder Wahrscheinlichkeit beanspruchen.

Indessen bestimmten eben weder Texte noch Bilder die Phantasie des «gemeinen Mannes» in besonderer Weise. Die Reizarmut der frühneuzeitlichen Welt muß die geistige Schöpfung jener seltsamen Gebilde, die wir in den Chroniken der Zeit so häufig geschildert finden, begünstigt, ja überhaupt erst ermöglicht haben. Anders gesagt: Die Schwelle, ab der etwas als außergewöhnlich und damit als aufschreibenswert erachtet wurde, war ziemlich niedrig. Für die Unterscheidung des Besonderen vom Normalen galten andere Kriterien, ein Umstand, der überhaupt erst erklärt, wie ein Bericht über «selzames katzenlermen» in eine ernsthafte Chronik geraten konnte – und natürlich erst recht die Wirkung eines Elefanten. Der Auftritt dieses «grauen Ungeheuers» in der kleinen Welt einer frühneuzeitlichen Stadt muß um so wirkungsvoller gewesen sein, als die Mehrzahl der Schaulustigen weder durch Beschreibungen noch durch Texte auf das vorbereitet war, was sie erwartete.

Sonst suchte sich die Phantasie andere Anknüpfungspunkte. Die Menschen der Epoche müssen Gedanken und Blick freigehabt haben für ständige intensive Beobachtung ihrer Welt. Typisch, wie Kölderer einmal schreibt, am Himmel habe sich leuchtendes Gewölk gezeigt, dies habe einen «überwunderbaren» Schimmer gegeben, so daß man eine Erscheinung erwartet habe – aber es sei schließlich doch nichts geschehen.

Man wartete also auf Bilder und Zeichen, sah sie, weil man sie sehen *wollte*; glaubte der Wundererzählung, dem reißerischen Flugblatt, weil man sich die Wirklichkeit dieser Sensationen vorstellen konnte, sie für wahrscheinlich hielt. Glauben und Erzählung, schließlich eigene Wahrnehmung des relativ Außergewöhnlichen in einer ‹einfachen› Welt müssen sich wechselseitig bestärkt haben. Im Abstand von der technisch schlechterdings nicht oder nur unzureichend reproduzierbaren Erscheinung bemächtigte sich die Phantasie des Vergangenen, gestaltete es aus und bekräftigte die Plausibilität des Wunderbaren.

Das Augsburger Archiv überliefert eine etwas skurrile Geschichte, welche die Entstehung einer frühneuzeitlichen Sensation ausnahmsweise einmal nachvollziehen läßt. Sie spielt im Jahr 1617, als der Drucker Lucas Schultes in das Strafamt der Reichsstadt zitiert wurde, weil er eine von der Zensur nicht genehmigte Meldung verbreitet hatte: Über Augsburg habe sich der Himmel geöffnet, ein «feuriger Track» – ein Drache – sei herniedergeflogen, «welcher», wie es in der Flugschrift heißt, «schröcklich feur auff die erden gespüben». Das Treiben des Ungeheuers wurde detailliert geschildert – vom «schröcklichen pfausen» des Drachen wird berichtet, wie er sich «hin und wider kehrt», bis die Interpretation der Erscheinung folgt: Krieg, Aufruhr und «vil blutvergiessung» kündige das Auftauchen des Monstrums an. Auf näheres Befragen gab der Drucker an, die Geschichte sei ihm von einigen Webern berichtet worden – «und weilen es bei nächtlicher weil [nachts] geschehen, könne er nichts wüssen, ob es sich allso begeben habe».

Man ahnt, wie der «feurige Track» entstanden ist: Aus Reden und Hörensagen entstand eine Nachricht, die Schultes ausschmückte, illustrierte, druckte: aus der versponnenen Interpretation einer Nachtwolke oder eines Kugelblitzes entstand so, schwarz auf weiß dokumentiert, ein sicher von vielen geglaubtes Wunder. Geglaubt auch deshalb, weil man auf das Himmelszeichen hin disponiert war – wie sagt doch Tommaso Campanella: die Natur sei «weise und dämonisch», in der «Luft erahne man die künftigen Dinge».

Die Flugschrift läßt schließlich eine weitere Voraussetzung der Wundererwartung der Epoche erkennen. Die Drachenerscheinung *bedeutet* etwas, sie weist auf kommende Ereignisse voraus: Im Auftauchen des Ungeheuers wird ein Fingerzeig Gottes auf den Weg der Geschichte erkennbar. Es kündigt Katastrophen an, mahnt zu christlichem, gottgefälligen Leben – das ist die Moral der Geschichte, eine Moral, die fast immer als Fazit am Ende solch greller Schauergeschichten zu lesen ist. Wohl folgten die Verleger hier obrigkeitlichen Erwartungen, deckten den pädagogischen Mantel über die Texte, die schlicht Sensationsgier befriedigen sollten. Indessen läßt sich nicht bestreiten, daß die Konditionierung der Leser gut gelungen sein muß: Das Denkmodell findet sich auch in privaten Aufzeichnungen, handschriftlichen Chroniken etwa, sehr häufig – Seiten über Seiten werden der Erörterung der Frage gewidmet, was bestimmte Erscheinungen bedeuten und welche Folgerungen daraus zu ziehen sind. Ein ganzes Literaturgenre lieferte das Handwerkszeug für die Exegese von Erscheinungen. Besondere Aufmerksamkeit wurde «Monstern» und Fabelwesen gewidmet. Neben den Kosmographen André Thevet (1502–1590), Sebastian Münster (1489–1552) und Johann

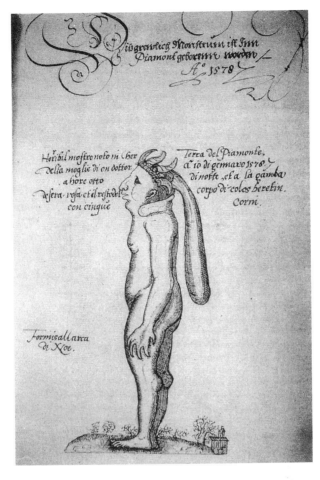

Monster. Zeichnung in Georg Kölderers Chronik, 1578

Herold, dessen ‹Heydenweldt› – weitgehend eine Übersetzung des Diodorus Siculus – 1554 erschien, ist vor allem der Basler Conrad Wolffhart zu erwähnen. Wolffhart (er nannte sich nach Humanistenmanier Lycosthenes) veröffentlichte 1557 ein Werk mit dem Titel ‹Prodigiorum ac ostentorum chronicon›, eine Art Enzyklopädie der Zeichen, Wunder und Monstrositäten. Die Holzschnitte in diesem vielgelesenen Buch folgen weitgehend Vorbildern in der Weltchronik des Hartmann Schedel und der ‹Cosmographia› Sebastian Münsters. Lycosthenes begriff die *monstra* und Wunder als Werke Gottes, die dieser «syd anbeginn der welt ... den mentschen zur anmahnung, schrecken, mit sondern bedeutungen und nachgedencken fürgepracht».

Man hat daran erinnert, daß in jenen Werken, welche «Monster» als Vorzeichen, als Fingerzeige Gottes, deuten, ein Rückschritt gegenüber der humanen Auffassung des heiligen Augustinus, die das gesamte Mittelalter dominiert hatte, deutlich werde. Augustinus, in dessen ‹Gottesstaat› die ganze Vielfalt der Wunder des Ostens Erwähnung findet – Skiapoden, Pygmäen, Kynokephaloi und anderes –, meinte, alle menschlichen Wesen stammten von Adam ab, seien Geschöpfe Gottes, mögen sie «an Leibesgestalt, Farbe, Bewegung oder Stimme uns noch so fremdartig vorkommen». Und er stellte fest: «Gott ist der Schöpfer aller und weiß am besten, wo und wann es angebracht ist oder war, etwas zu schaffen; er versteht sich auch darauf, bald aus gleichen, bald aus verschiedenen Teilstücken das Teppichmuster des schönen Weltalls zu weben. Aber wer das Ganze nicht zu überschauen vermag, wird durch die vermeintliche Häßlichkeit eines Teilstücks beleidigt, weil er nicht erkennt, wozu es paßt und worauf es sich bezieht.»

Während Augustinus auch Hermaphroditen erwähnt, die es – wie er meint – zu allen Zeiten gegeben hätte, kommentiert unser Augsburger Chronist Kölderer dergleichen als «erzaigung und straff uber die grausam unzucht», und ähnliche Interpretationen finden sich häufiger in seiner Chronik. Er steht damit beispielhaft für den Wandel in der Einstellung gegenüber solchen Erscheinungen (mag es sich dabei nun um wirkliche Mißgeburten oder um Gebilde der Phantasie gehandelt haben). Die Wurzel dieses Paradigmenwechsels lag wohl zunächst – so paradox das klingt – im Wunsch, sich den Erscheinungen der Natur über einen wissenschaftlichen Zugriff zu nähern. Das konnte bedeuten, über die Aussagen Augustinus' hinaus *Begründungen* zu finden für die in den Monstern manifest werdenden Abweichungen von der Normalität, verlangte eine Logik, die in der Lage war, dergleichen in seinen Ursachen zu fassen. Es war selbstverständlich, hier auch Ursachen metaphysischer Art in Erwägung zu ziehen. Das kam ohnedies den moralisierenden Tendenzen des 16. Jahrhunderts entgegen – das konfessionelle Zeitalter war gewiß mehr als andere Epochen geneigt, am Himmel und auf Erden göttliche Mahnungen zu erkennen; aber darüber hinaus hielt man praktisch alles im Prinzip für sinnvoll, deutbar – spektakuläre Phänomene wie Monster, Regenbogen, Kometen, Erdbeben ebenso, wie – für unsere Begriffe – recht unscheinbare Dinge. Kölderers Chronik bietet unzählige Beispiele, gleicht über weite Strecken dem Versuch, das «Bilderrätsel Welt» einer schlüssigen Deutung zuzuführen.

Das schönste Beispiel vielleicht (und wieder ein Beleg für die Andersartigkeit des Besonderen in der frühen Neuzeit) ist seine Interpretation einer seltsamen Blume, die im Juli 1589 für den Preis von zwei Gulden auf dem Augsburger Markt zum Verkauf angeboten wurde. Es handelte sich um einen Türkenbund, wie an einem «klain gipffelin, wie sonst die türckhischen hüett haben», zu erkennen war. Er fertigte sogar – «so vill ich kundt hab» – eine Federzeichnung an und fügte sie seiner Chronik ein. Im August, teilt der Chronist mit, sei die Blüte abgefallen – ein für seine Auslegung sehr wichtiger Umstand. «Mein ringfüegs bedenckhen gib ich, dz es des türckhischen reichs fal anzaig», folgert Kölderer, «wiewol die h. schrifft zuvor gnueg darvon sagt unnd clar am tag ist.»

In der äußeren Gestalt der Blume, ihrem Welken enthüllte sich für den schreibenden Handwerkersohn der Gang der Geschichte. Dabei ging es natürlich nicht nur darum, Hinweise auf eine ‹aktuell› bevorstehende politische Entwicklung – den Zusammenbruch der Türkei – zu gewinnen. Die Vorstellung vom Untergang des türkischen Reiches implizierte für jeden einigermaßen gebildeten Protestanten einen sicheren Hinweis darauf, daß überhaupt das Ende der Zeiten bevorstehen müsse. Viele meinten, im Türken neben dem Papst den endzeitlichen Widersacher Gottes zu erkennen: Der Türkenkrieg, der gerade im letzten Jahrzehnt des 16. Jahrhunderts heftig aufflammte, galt manchen als apokalyptisches Ringen, nach dem die Geschichte enden würde.

Die Blume wurde so zum Vorzeichen des Jüngsten Tages. Das war eine Interpretation, die sich zu zahlreichen Prophezeiungen des ausgehenden 16. Jahrhunderts stellen ließe. Komplizierte Zahlenspekulationen oder merkwürdige Naturerscheinungen – so wurde 1587 aus Danzig von einem Hering berichtet, dessen Schuppen die Schrift: «IVDICIVM», Gericht, bildeten – zeigten, daß bedeutende Entwicklungen bevorstanden.

Allen diesen Versuchen, in die Zukunft zu schauen, lag die Hypothese zugrunde, daß Gott sich «wunderbar» in der Welt zu erkennen gebe (wie es Kölderer einmal ausdrückt); das bedeutete zugleich, daß diese Welt sinnvoll, geordnet war, ihr Gesetz in Gottes Willen hatte. Nichts war somit prinzipiell bedeutungslos. In der Gestalt der Dinge, im Zusammentreffen von Himmelserscheinungen und Katastrophen mit politischen Entwicklungen artikulierten sich Mitteilungen Gottes. Denn wenn die Welt als Ganzes sinnvoll war, mußte das nicht auch für ihre Bestandteile gelten? Es ist leicht einzusehen, daß solche Vorstellungen aus einer Ordnungskonzeption resultierten: aus dem Bestreben, das scheinbare Chaos der Dinge und Ereignisse als zusammenhängendes Ganzes zu begreifen, dessen Kohärenz die Gottheit gewährleistete.

Solche Gedanken wird man vor allem in der Theologie erwarten, aber es besteht kein Zweifel, daß sie in weiten Kreisen Allgemeingut waren. Nicht nur Kölderers Chronik ist von der ersten bis zur letzten Seite von dieser Logik bestimmt.

Drei Jahre nach Kölderers Tod, 1610, erschien ein Buch, das den höchst seltsamen Titel ‹Die Grewel der Verwüstung menschlichen Geschlechts› trug; dessen Verfasser hörte auf den nicht weniger bombastischen Namen Hippolytus Guarinonius – ein katholischer Arzt und Naturforscher aus dem tirolischen Hall –, der darin die nach seiner Ansicht verderbten Verhältnisse anprangerte und seine Zeitgenossen zu frommem, bußfertigem Leben anhielt. Dieses heute ziemlich vergessene Werk ist nicht nur eine erstrangige Quelle zum Alltagsleben der frühen Neuzeit, es läßt zugleich Umrisse eines Weltbildes erkennen, die den Vorstellungen des Augsburger Chronisten Kölderer weitgehend entsprechen, obwohl Guarinonius von anderer Konfession war. Betrachten wir seine Kosmologie etwas eingehender; sein Bildungsniveau ist gewiß etwas höher als das des Augsburgers, indessen war auch er kein ‹Fachmann›, kein Theologe: Man kommt so einem wenn nicht populären, so doch vermutlich unter der Bildungsschicht des frühneuzeitlichen Europa recht verbreiteten Weltbild auf die Spur.

Auch für ihn ist die Natur Werkzeug Gottes: sie ist sein «bawmeister», sorgt für Ordnung, die «nichts dann die vernunfft in allen sachen ist», ja stellt sich «eins theils gar als «Gott selbst» dar, eine das Pantheistische streifende Auffassung, die wohl auf Aristoteles zurückzuführen ist. Die Natur ist «unverweslich» wie der Himmel, und sie ist gut; allein die «boßheit» des Menschen bedingt Verschlechterungen. Daß Gott sich durch Zeichen in der Welt zu erkennen gebe und auch in das natürliche Geschehen eingreife, glaubte Guarinonius ebenso wie Kölderer, der an einer schönen Stelle seiner Chronik seine Überzeugung mitteilt, Gott könne selbst die Sonne stillstehen lassen «auff der frommen gebett».

Die Sonne dachten sich beide Autoren, ebenso wie Dr. Faustus, als bewegt, Kopernikus' heliozentrisches Weltbild lehnten sie also ab, oder – was wahrscheinlicher ist – es war ihnen nicht bekannt. Die «Grewel» lassen das Fortleben der biblischen Theorie vom Stufenbau des Kosmos erkennen. Im Inneren der Erde – für Kölderer eine «kugell», für Faust ein Eidotter – befindet sich die Hölle, darüber ist die Himmelssphäre.

Guarinonius weiß es genauer: Am Anfang der Welt, für ihn etwa 3000

v. Chr., entstanden an sechs Tagen die folgenden Schöpfungen: zuerst «allerley geister höher und niederer ordnung», von denen ein großer Teil durch die Auflehnung Luzifers in die Vorhölle gestoßen worden sei – von hier aus müssen nach seiner Vorstellung also jene Geister und Gespenster kommen, die in das Alltagsleben der Menschen eingreifen, sie zu Schwarzer Magie und allerlei Greueltaten verführen. Im Himmel seien diese finsteren Geschöpfe durch eine «unaussprechliche meng von heiligen» ersetzt worden (wir erinnern uns, daß sich für Dr. Faust auch im Himmel «Geister» nicht näher spezifizierter Art befanden, dort, «wo die Luft war»).

Über der Erde wölbten sich die zwölf Himmel, darunter das Firmament, die «niedern himmeln». Daran haften in seiner Vorstellung die Sterne, deren hellste, aber nicht größte, Sonne und Mond sind. Für Faust war die Sonne größer als die Erde, während er meint, die Sterne seien etwa halb so groß wie die Erde und ein Planet etwa ebensogroß.

Guarinonius findet unter dem Firmament die vier Elemente Feuer, Luft, Wasser und Erde, die «Geschöpfe» Regen, Tau, Reif, Schnee, Blitz, Donner und Wind, schließlich die Fauna und Flora der Erde. Hier differenziert der Autor des ‹Faust›:

«Das Gewölk, so wir unten in der Welt gesehen, ist so fest und dick wie eine Mauer und ein Felsen, klar wie ein Cristall, und der Regen, so davon kommt, bis er auf die Erden fällt, so klar, daß man sich darin ersehen kann. So beweget sich das Gewölk am Himmel so kräftig, daß es immer lauft, von Osten gen Westen, und nimmt das Gestirn, Sonn und Mond mit sich. Daher, wie wirs sehen, kommt, daß sie vom Aufgang zum Niedergang lauft... So muß der Mond des Nachts, wenn die Sonne untergehet, sein Licht von ihr empfangen, darum scheint er zu Nacht so hell; wie es dann auch unter dem Himmel so hell ist, und also zu Nacht am Himmel der Tag ist, und auf Erden finster.»

Man kann sich so das aus biblischen Lehren und aristotelischen Positionen gewonnene *Weltbild* belesener Leute der Zeit um 1600 vorstellen; der Vergleich der Vorstellungen des «Faustus» mit jenen des Tiroler Arztes Hippolytus Guarinonius erweist wohl einige bezeichnende Unterschiede (in der Himmelfahrt des Dr. Faust spricht der Autor beispielsweise von «Geistern», während der Katholik Guarinonius Heilige im Himmel plaziert), die Grundstrukturen aber sind doch ziemlich ähnlich. Wir sehen die Konturen hergebrachter, sehr alter Vorstellungen, in die allenfalls schlaglichtartig Elemente neuzeitlicher Erfahrung einbrechen – jedenfalls lassen sich so die interessanten, wenngleich etwas umständlichen Überlegungen des ‹Faust›-Autors zur Bewegung der

Himmelskörper deuten. Er verband sie flugs mit der ‹Alltagserfahrung› der davonziehenden Wolken. Dabei entsteht, nebenbei bemerkt, immer noch ein Bild voll beeindruckender Poesie. Grundzug dieser und anderer Weltbilder aber ist die Vorstellung einer kosmischen Hierarchie und Harmonie, und es läßt sich nachweisen, daß die Zeitgenossen sich die Ordnung und Harmonie des Alls als Analogie zur gesellschaftlichen Ordnung dachten. Darin war ein Idealbild menschlichen Daseins vorweggenommen; die Entdeckung der Gesetze des Himmels deutete so auf eine gesellschaftliche Utopie. Kepler vertrat die Auffassung, der Bau des Kosmos, von absoluter Vollkommenheit, sei gemäß den Grundtönen der Musik eingerichtet. Die Gesetze dieser Harmonie glaubte der Astronom im Großen wie im Kleinen zu finden, und die Gestalt des Menschen, von Gott nach seinem eigenen Bild geschaffen, galt ihm als Schlüssel zur Erkenntnis der Körperwelt. Wenn die Gottheit als erste Ursache gedacht wurde, als der Demiurg, der das Geschehen bewegt und jederzeit darin eingreift, bezeichnete diese Überlegung zugleich eine absolute Grenze wissenschaftlicher Einsichten. «Kunst, Verstand und Glauben reimbt sich nicht zusammen», schreibt Guarinonius, «die Glaubenssachen muß man glauben und nicht wissen oder verstehen.»

Praktische Folgerungen hat Guarinonius aus dieser einleuchtenden Abgrenzung kaum gezogen. Denn da er «glaubte», waren ihm diese nicht weiter hinterfragbaren Grundlagen seines Weltbildes *gewiß*, und das hatte er wohl mit den meisten seiner Zeitgenossen, gleich welcher Konfession, gemeinsam. «Wissenschaftliche» Methoden und Erkenntnisse hatten sich so stets vor der Religion zu rechtfertigen, ihre Wahrheit wurde nach ihrer Übereinstimmung mit der Lehre der Bibel oder den Positionen der kirchlichen Tradition beurteilt. Daß man an die Möglichkeit glaubte, natürliche Erscheinungen für die Erkenntnis Gottes und damit der Zukunft nutzbar machen zu können, ist nur ein Beleg dafür; die wohl bekanntesten Beispiele finden sich in der frühneuzeitlichen Ökonomieliteratur und insbesondere in Kalendern, die Hinweise nicht nur auf die günstigen Zeiten für Aussaat, Ernte, Aderlaß und anderes gaben, sondern auch Voraussagen ermöglichen sollten. Im ‹Calendarium› des Johannes Coler von 1591 – einem der verbreitetsten Werke der Epoche – lesen wir beispielsweise zum Tag S. Pauli Bekehrung:

«Auff den pfleget man grosse achtung zu haben / ist das Wetter an dem tage schön hell und klar / so sol ein gut jahr zu hoffen sein. So er aber neblicht ist / sol ein Sterben folgen. Regnets / so sols tewre zeit bedeuten / und wenns windig ist / sol Krieg und Auffruhr folgen...»

Die Blüte der *Astrologie* hatte dieselben geistigen Voraussetzungen.

Gebildetere Leute waren zwar der Auffassung, die Sterne hätten für sich keine Macht, es sei vielmehr Gott, der sich ihrer bediene, um auf die Menschen zu wirken («Astra regunt homines, sed regit astra Deus», schreibt Költerer), aber auch dies widersprach nicht der Überlegung, daß ihre Konstellationen etwas über das Schicksal der unter ihnen Lebenden aussagen könnten. Man notierte mitunter gewissenhaft Geburtszeit und die damit korrespondierenden Sternbilder der Neugeborenen, ergab sich doch daraus mancher Hinweis auf ihren Charakter und ihr künftiges Schicksal. Dazu bedurfte es freilich bereits differenzierterer mathematischer Kenntnisse, wie sie etwa der Augsburger Arzt Dr. Philipp Hoechstetter besaß. Dessen Diarium, eine wichtige Quelle zur Geschichte des Dreißigjährigen Krieges, ist voll von astrologischen Notizen. Den geheimnisvollen Kräften, welche die Gestirne ausstrahlten, schrieb man sogar Einfluß auf Art und Charakter der Menschen ganzer Städte und Regionen zu. Augsburg als Stadt des Augustus war nach dessen Sternzeichen Ort des *Steinbocks*: «Und zeigt derselben Constellation», schreibt der Chronist Achill Pirmin Gasser in der Einleitung zu seiner monumentalen Chronik, «auff die Planeten Martem und Mercurium, von welchem auch / als Regenten diß Orths / die Innwohner der Astrologen Meynung nach / ire Inclination und Eygenschafft haben sollen / sonderlich weil sie auch under dem Zeichen des Steinbocks gelegen ist.» Man hat, nebenbei bemerkt, auf solche Zusammenhänge angespielt, als man den Steinbock als Ornament am Augustusbrunnen verwendete und ihn auch am Herkulesbrunnen anbrachte. Der Umgang mit der kryptischen Kunst der Sterndeutung gewann so gelegentlich spielerischen Charakter, wurde Mittel, Gelehrsamkeit zu demonstrieren und sich ihrer zu Andeutungen zu bedienen.

Der Glaube daran, daß die Astrologie wirklich Schlüsse auf Schicksal, auf Zukunft ermögliche, war – obwohl es Skeptiker gab, die von der Sterndeutung nichts hielten – Allgemeingut. Außer der ‹wissenschaftlichen› Astrologie bestanden indessen volkstümliche Formen der Himmelskunde, die vor allem von Zigeunern und anderen fahrenden Leuten, von Scharlatanen und Spaßvögeln betrieben wurden. In Augsburg versuchte sich zu Beginn des 17. Jahrhunderts der Handschuhsticker Jacob Muscheler mit dem Geschäft des «Planetenlesens» – für eine Prognose erhielt er immerhin ein bis zwei Kreuzer, schon etwas mehr als nur ein Trinkgeld. Man hat wegen Betrugs gegen ihn ermittelt und dabei herausgefunden, daß er sich zu seinem Geschäft einer recht einfachen Methode bediente: Die Buchstaben des Namens der Person, die ihr Schicksal wissen wollte, und die Buchstaben des Namens ihres Vaters erhielten jeweils eine Zahl zugeteilt; Muscheler teilte diese Zahl durch 9 oder 28 – «was allsdann fir ain Zal überbleibe, dieselb zeige aines jeden planeten oder himels zaichen, indeme es geboren, an: darauf er dan die bedeitung aus seinem buech abgelesen».

‹Planetenbücher›, von denen der Handschuhsticker offenbar eines besaß, waren im 16. und 17. Jahrhundert verbreitete Hilfsmittel populärer Sterndeutung. Wenn man lesen konnte – Jakob Muscheler war offenbar dazu in der Lage –, boten sie primitive Rezepte für den Blick in die Zukunft an. Die Berechnungen, die auf der Grundlage der Namen der jeweiligen Kunden veranstaltet werden mußten, halfen, ein Problem zu beseitigen, das sich jeder Astrologie, wie sie die Fachleute betrieben, unweigerlich stellen mußte: den meisten Menschen der frühen Neuzeit waren Geburtsdatum und erst recht Geburtsstunde unbekannt. Das aber waren eigentlich unverzichtbare Daten, wenn man etwas über den Lebensweg eines Erdenbürgers aus den Sternen lesen wollte.

Wer in die Zukunft schauen wollte, hatte indessen noch andere Möglichkeiten. Sonntagskinder, so war die Meinung unter dem Volk, konnten das etwa mittels einer «Parille», einer Glaskugel, deren Farbenspiel manche Aufschlüsse über kommende Schicksale ermöglichte; dahinter stand wiederum eine kausalem Denken fremde Art, die Dinge zu verknüpfen: äußere Ähnlichkeiten, Konvergenzen von Farben und Formen mit bestimmten Sachverhalten sollten Einsichten darüber eröffnen. Das Farbenspiel der Parille deutete auf die Zukunft, bunter Schimmer wies auf einen verborgenen Schatz hin. Eine Augsburger Krämersfrau schloß aus Schatten in der Kugel auf das Geschick einer Liebesbeziehung. Der Blick in die Parille war von Zaubersprüchen begleitet – «Ismael, Gabriel, Uriel wöllest mir heut firstellen, was ich an dich beger» –, dann erschienen Bilder im Glas, vielleicht ein Paar, das sich freundlich die Hände reichte oder böse Blicke wechselte, je nachdem, ob Liebe da war oder nicht. Andere brachten es fertig, Diebe zu ermitteln oder gar gestohlenes Gut wieder herbeizuschaffen.

So war die Zukunft für viele alles andere als offen. Während die intellektuellen Eliten Europas sich allmählich von der Überzeugung, die Sterne hätten wirkliche Macht über menschliche Geschicke, zu lösen begannen – man denke an Giordano Brunos Schrift ‹Spaccio de la bestia trionfante› von 1584 –, maß wohl die ganz große Mehrheit der Bevölkerung dem, was am Himmel geschah, nicht weniger Bedeutung bei als anderen Zeichen in der Natur. Ob man die eigentliche Wirkkraft den Sternen selbst zugestand oder sie – wie Kölderer und andere dies taten – als Mittel oder Zeichen göttlichen Willens ansah, spielt letztlich keine große Rolle. Entscheidend ist, daß aus dem Glauben an die aus der kosmischen Ordnung begründbare Zeichenhaftigkeit der Welt zugleich die Auffassung spricht, dieser Ordnung ausgeliefert zu sein; was soll menschliches Handeln, menschlicher «Witz» gegen die Allmacht Gottes ausrichten, die sich selbst in einer welkenden Blume beweist?

Gewiß, es ist möglich, die Zeichen und Wunder zu deuten, ihre Aussage in das Kalkül des eigenen Handelns miteinzubeziehen – aber welcher Spielraum ist der Initiative noch zugestanden? Doch wohl vor allem jenes Stück Freiheit, das auf der Unschärfe, der möglichen Fehlerhaftigkeit der Interpretation beruht; an diesem Punkt ist die Geschichte noch am ehesten ‹offen›. Daß Gottes Wort und die von ihm eingerichtete und gelenkte Natur Schicksale mitteilen, steht wohl außer Zweifel, nicht aber, was im einzelnen daraus zu lesen ist, welche Folgerungen schließlich zu ziehen sind.

Für die politische Geschichte des 16. und 17. Jahrhunderts ist dennoch die Bedeutung des skizzierten Denksystems kaum zu unterschätzen. Wenn der Himmel und überhaupt die Natur als ungeheurer Zeichenkomplex begriffen wurden, ließen sich die bedeutungsschweren Bilder und der Gang der Geschichte immer irgendwie zusammenreimen, auch wenn sich manches ‹Vorzeichen› oft erst im nachhinein als solches enthüllte. Kriege und andere schreckliche Ereignisse erkannte man als unter dem Zeichen ‹gefährlicher› Sternkonstellationen stehend (wie 1618, am Beginn des Dreißigjährigen Krieges, ein Komet am Himmel schweben wird); man versuchte dann, aus der Gestalt des Schweifsterns Rückschlüsse auf das, was er ankündigte, zu ziehen: Melanchthon erkundigte sich einmal angstvoll bei Ludwig Camerarius, ob ein bestimmter Komet zur «schwertförmigen» Klasse zu zählen sei. Und noch vom Ende des 16. Jahrhunderts ist eine Kometendarstellung überliefert, die einen solchen Schweifstern als Schwert interpretiert.

Geschichte wurde so in einem ganz wörtlichen Sinn als vom Himmel gelenkt begriffen. Dies reduzierte zugleich Verantwortlichkeiten der Erdenmenschen, der Könige, Fürsten und anderer Obrigkeiten. Die Bibel und die Natur liefern eben Begründungen, der Sinn des Geschehens wird auf eine rationaler Analyse nicht mehr zugängliche Ebene verlagert. Die Politik der Herrschenden, die Wirklichkeit der sozialen Ordnung sind damit zugleich sehr weitgehend der Kritik entzogen.

Was bedeutete auch die kurze Zeitspanne, die das Leben währte, angesichts der Ewigkeit, die ‹danach› kam? Hunger, Krankheit, Krieg, dramatische wirtschaftliche Ungleichheit – das alles war schon deshalb zu ertragen, weil man wußte, daß es im großen Fluß der Zeit nicht von

Dauer sein würde. So läßt sich eher verstehen, warum Georg Kölderer und andere seiner Zeitgenossen meinten, der Jüngste Tag stehe vor der Tür, ja, dies geradezu meinen *wollten*. In der eschatologischen Erwartung wird die Hoffnung darauf manifest, daß sich alles vollenden werde, daß Gott den gordischen Knoten der historischen Verwirrungen mit einem Schlag durchhauen werde. Doch ist zu bedenken, daß die in dem geschilderten Weltbild begriffenen Barrieren gegen Kritik und Auflehnung wohl hoch waren, aber doch nicht hoch genug, um alles ruhig zu halten. Gewiß war die Normalität des «langen 16. Jahrhunderts» eine Normalität der gesellschaftlichen Stabilität, der Legitimität bestehender Herrschaftsverhältnisse – aber es fehlte nicht an lokalen Aufständen, hier und da aufflackerndem Widerspruch. Das ist zwar bemerkenswert und ein großes Thema mancher Historiker, die sich traditionell mehr für Aktion interessieren als für Ruhe, und es ist auch richtig, daß über Flugschriften verbreitete Nachrichten von Volksaufständen und Revolution das Lebensgefühl der herrschenden Schichten nicht unwesentlich geprägt haben. Gemessen an den Bedrückungen, welchen sich das frühneuzeitliche Europa ausgesetzt sah, war es allenthalben erstaunlich still. Die Risse in der gesellschaftlichen Ordnung, so könnte man auch sagen, lassen sich zwar durch exakte historische Analysen sichtbar machen, mit Gewalt aufbrechen werden sie indessen erst sehr viel später, 1789 in Frankreich, in anderen Ländern erst im 19. und 20. Jahrhundert. Es muß nicht daran erinnert werden, daß diesen Vorgängen ein Säkularisierungsprozeß, eine ‹Entzauberung› der Welt vorausgehen wird, was die Umbrüche gewiß nicht verursacht, aber doch sehr weitgehend ermöglicht hat. Während die Revolutionen der Moderne politische und soziale Veränderungen von Grund auf bezwecken, *tabula rasa* und völliger Neubau nachgerade grundlegend sind für einen modernen Begriff von Revolution (ohne daß dergleichen normalerweise verwirklicht werden kann), ging es in Unruhen alten Typs stets nur um höchst begrenzte Ziele – etwa um billiges Brot, um die Reduzierung von Abgabelasten, religiöse oder konfessionelle Fragen (wenngleich es bekanntlich eine weitergehende theoretische Diskussion schon im 16. Jahrhundert durchaus gibt).

Die Begrenztheit politischer Ziele, so scheint es, war durch die Vorstellung einer determinierten Zukunft mitbedingt. Warum sollte man sich gegen eine gottgewollte, mit eiserner Konsequenz ablaufende Entwicklung stemmen? So wurde in der «verzauberten» Welt der Frühneuzeit nie die Legitimität von Herrschaftsverhältnissen, allenfalls die Legitimität von Handlungsweisen in Frage gestellt.

Auch gab es Sündenböcke, die der Gesellschaft und den Obrigkeiten die Schuld für mancherlei Übel abnahmen: Sie trugen schon zur «Erklärung» des mißlichen Umstands bei, daß es überhaupt so unerfreuliche Dinge wie Teuerungen, Seuchen, Kriege und andere Widrigkeiten gab. Man konnte dafür die kreatürliche, durch die Erbsünde vorgegebene Schlechtigkeit des Menschen ins Feld führen, doch schien evident, daß konkrete Übel auch konkrete Verursacher haben mußten. Da war der Falschmünzer, dem man die Schuld an Geldentwertungen gab – obwohl Inflationen bekanntlich vielschichtige Voraussetzungen haben; der Bauer oder der Bäcker, in denen die Verantwortlichen für Korn- oder Brotteuerungen gesehen wurden, obwohl Mißernten, Spekulanten oder auch nur ungenügende Vorratsbildung der Obrigkeit den Mangel verursacht haben konnten. Und da waren natürlich die Juden, jene Minderheit, in deren vermeintlicher Unreinlichkeit die Zeitgenossen beispielsweise den Grund von Pest und Seuchen zu finden glaubten – obwohl die Juden auch nicht sauberer oder unsauberer waren als die Christen.

Minderheiten und andere Personen oder Personengruppen haben komplexeren Ursachenbündeln voraus, daß sie als Schuldige greifbar, also auch bestrafbar oder zu beseitigen sind. Und es scheint allgemein zuzutreffen, daß jede Gesellschaft Schuldige, Sündenböcke eben, braucht, um sich für Unheil rächen, auf einfache Weise überhaupt gegenüber dem sonst Unbeherrschbaren aktiv sein zu können; und auch, um sich durch die Identifikation Schuldiger der eigenen Unschuld zu versichern.

Besonders gut geeignet als Sündenböcke waren jene bedauernswerten Zeitgenossen, denen unterstellt werden konnte, sie hätten sich mit den finsteren Mächten des ersten Schöpfungstages verbunden, um Böses zu tun, der Gesellschaft zu schaden: Hexen und Magier, von denen nach allgemeiner Überzeugung die Welt der frühen Neuzeit voll war. Kölderer meinte, allein in Augsburg müsse es 8000 Hexen geben, zu einer «Rumppelmeß» in der Umgebung hätten sich 29 400 Unholdinnen eingefunden; und von einem Unwetter teilt er mit, man sage, «die hexen hettens gemacht». Als er dies niederschrieb, 1587, häuften sich die Berichte von Hexenhinrichtungen; in der Umgebung der Reichsstadt loderten die Scheiterhaufen, und auch in Augsburg selbst bekam man es mit der Angst. Um 1590 war der Höhepunkt der Hysterie erreicht. Wie dann ein Verfahren in Gang kommen konnte, zeigt ein etwas späterer Fall: Auf dem Dachboden eines Handwerkerhauses raschelt, trappelt es, man traut sich nicht hinauf: Sind es Hexen oder nur Katzen? Ein Zimmermann berichtet der Obrigkeit, ein gewisser Hauser, sein Nachbar, schreie wie von Gott verlassen, man solle seiner Seele helfen und rufe seiner Frau zu: «O weib, was zeuchest mich»; andere sagen, er irre um Mitternacht auf der Gasse umher und jammere, die Hexen wollten ihn holen...

Die Obrigkeit konnte solche Berichte nicht einfach ignorieren. Man stellte Nachforschungen an. Die Protokolle lassen etwas von der düsteren, unheilschwangeren Atmosphäre ahnen, die im letzten Jahrzehnt des 16. Jahrhunderts geherrscht haben muß: Die Hausers, wohl arme Leute, wohnten im Lechviertel in einem Haus, in dessen erstem Stock vier alleinstehende Frauen lebten. Eine davon hatte eine Schwester gehabt, die im bischöflichen Städtchen Dillingen wegen Hexerei verbrannt worden war. Das machte sie – wie andere Verwandte von «Hexen» auch – von vornherein verdächtig, und es scheint, daß sich der entweder geisteskranke oder zumindest hypochondrische Ehemann der Hauserin von dem gespannten Klima in der Hausgemeinschaft beeinflussen ließ (vielleicht sprach er auch nur dem Alkohol in überreichem Maße zu). Man fand ihn einmal im Zimmer sitzend, zwei brennende Kerzen vor sich auf dem Tisch und drei in der Hand; seiner Frau reichte er die Ofengabel mit der wenig freundlichen Aufforderung, sie solle damit ausfahren – das Weib wußte sich nicht anders zu helfen, als ihren neurotischen Gemahl ihrerseits mit seltsamen Zaubermitteln zu traktieren. So legte sie ihm in der Jesuitenkirche St. Salvator geweihte Gegenstände unters Bett und hing darüber einen Wacholderzweig auf, der mit geweihtem Wachs und einem Zettel, auf dem Texte des Johannes-Evangeliums standen, umwikkelt war und offenbar apotropäische Wirkung entfalten sollte.

Sie konnte von Glück sagen, daß sie ungeschoren davonkam – trotz der Denunziationen der Nachbarn, welche die Hauserin offenbar für eine Hexe hielten. Die Ankläger, das ist recht bemerkenswert, stammten aus derselben sozialen Schicht wie die vermeintliche Unholdin; die Obrigkeit griff die Sache mit gehöriger Zurückhaltung auf, man hat die Hauserin schließlich freigelassen. Ähnliche Resultate zeigten die meisten Augsburger Hexenverfahren, auch jene, die zur Zeit der europäischen ‹Panik›, der Zeit um 1590, stattfanden. Ohne die allgemeine Stimmung dieser Jahre, das ist sicher, wäre es in Augsburg damals kaum zu Verfolgungen gekommen. Das Volk identifizierte Hexen, weil es Hexen identifizieren *wollte*. Der Fall der Anna Hauser ist insofern ein winziges Beispiel aus einer massenpsychologischen Welle.

Vergleichbare Konfliktkonstellationen begegnen im übrigen immer wieder: Anzeigen kommen aus dem engen familiären Umkreis, vielleicht noch aus der Nachbarschaft; Spannungen, Beziehungskrisen gehen der Bezichtigung mit dem Kapitalverbrechen ‹Hexerei› voraus. So 1608 im

Fall des Metzgers Onophrius Hefele, der sich ständig mit seiner Ehefrau stritt und wüste Drohungen ausstieß. Besonderen Unwillen erregte er, weil er oft ein Bett bei seiner Mutter dem ehelichen Schlafgemach vorzog – wohl, um dem ständigen Streit zu Hause zu entgehen. Das hätte schlimme Folgen für ihn haben können, denn seine eigene Frau bezichtigte ihn schließlich, mit dem Teufel im Bunde zu stehen. Wie im Fall der Hauserin spielten auch in seinem Fall Katzen eine Rolle – sie gewannen im emotionalen Kontext der Beschuldigungen Indiziencharakter. Die Amtsbürgermeister jedenfalls fragten im Verhör: «Ob nit bey tag und nacht katzen zu ime khomen? Ime khain rhue lassen? was es für katzen seyen?» – worauf der vermeintliche Hexer die wohl überzeugende Antwort gab, es gebe eben «mehrer katzen in metzgers heiseren als etwa anderstwo».

Katzen, Raben (wie noch zu schildern sein wird) und andere sonst gewöhnliche, unverdächtige Dinge und Gegenstände gewannen so aus einem Umfeld psychischer Spannungen und der Disponiertheit, der Fixierung auf das Hexenmuster spezifische Bedeutungen. Agatha Eckhart, die im selben Jahr wie der Metzger Hefele in ein Hexereiverfahren verwickelt wurde, hatte am Ende des 16. Jahrhunderts ihren Mann verlassen und war aus dem Dorf Erlingen in ein «gmechle» ins Augsburger Ulrichsviertel gezogen; wohl als Hausarme fristete sie hier als Spinnerin ihr Dasein. Ihrem Mann nun fiel es ein, sein entlaufenes Weib für Potenzprobleme verantwortlich zu machen, wie er überhaupt ein abergläubischer Geselle gewesen zu sein scheint, ging er doch – wie sich aus einem der erhaltenen Verhörprotokolle schließen läßt – in seinem Dorf «zum warsager», auch scheint er länger schon nicht ganz gesund gewesen zu sein, denn er hatte im Siechen- und im Blatterhaus gelegen. Besondere Indizien dafür, daß seine Frau eine Hexe sein sollte, konnte er nicht mitteilen (außer, daß er einmal im Zimmer seiner Frau Lärm und Geschrei vernommen hatte und das mit Verletzungen in Verbindung brachte, welche die Eckhartin später aufwies). Einmal bemerkte er einen seltsamen Gegenstand in ihrer Truhe – eine Art Kugel. Als er das Ding in die Hand nimmt, so schilderte der Eckhart den Bürgermeistern, sei Agatha «grimmigelichen auß der stuben und der truhen zue» gesprungen, «erwischt also die salben kugel vor mir. Alß ich aber gefragt, was sy darmit thue, vermeldt sy, ich mieß es nit wißen.»

So fragte man die Verdächtige: «Was sy für ein aschenfarben salbenkugel, eines wellschen palls groß, in ihrer druhen gehabt? Wo sys bekhomen? Was sy damit gemacht?»

Und sie antwortete: «Von kainer salbenkugel wisse sy nichts, habe dergleichen salb nie gehabt, aber ain venedische saiffen kugel, darmit man die hend wescht», die sei ir geschenkt worden, und sie habe diese Seife «in ir trichle gelegt und hernacher allgemach mit dem hendweschen verbraucht».

Aus der Seife – freilich einer ‹exotischen› venezianischen Seife – konnte also flugs Hexensalbe werden.

Die Hexenverfahren des ausgehenden 16. und beginnenden 17. Jahrhunderts, die darin begegnende Disponiertheit, Sensibilität für Spuren des Höllischen vermitteln eine Vorstellung davon, wie sich die Menschen der Epoche zwischen zwei Extremen fühlen mußten. Hier, «unter ihnen», in doppeltem Sinne, finstere Mächte aus Vorhölle und Hölle, in deren Mitte der Teufel lauert – ein höchst aktiver, Seelen für sein Reich begehrender Fürst der Finsternis; dort, «über» allem, die «unaussprechliche meng von heiligen», von der Guarinonius schreibt, dann die Gottheit. Der Himmel, eine Welt strahlender Helligkeit, absoluter Schönheit und voll harmonischen Wohlklangs, ist in jeder Hinsicht Gegenbild zum Herrschaftsbereich des Teufels. Dessen Zeit ist die Nacht, und noch lange wird es für höchst gefährlich gehalten, sich bei Dunkelheit aus dem Haus zu begeben. Nächtens begangene Verbrechen wurden mit besonderer Härte bestraft; den Augsburger Scharwächtern wurde eingeschärft, in der Nacht besonders auf verdächtige Leute achtzugeben, darauf zu sehen, «ob ir inn der nacht inn der verbottnen zeit, jemandt sehendt oder fundent, gefährlich zu geen, mit oder on wehr, das arkhwonig were...».

Als besonders gefährlich galt die mitternächtliche Stunde, die bevorzugte Zeit für das Treiben des Bösen und seiner Helfer war. Das illustriert Andreas Gryphius' Sonett ‹Mitternacht›:

«Schrecken / und Stille / und dunckeles Grausen / finstere Kälte bedecket das Land
Itzt schläfft was Arbeit und Schmertzen ermüdet / diß sind der traurigen Einsamkeit Stunden...
Wetzet ein bluttiger Mörder die Klinge? wil er unschuldiger Hertzen verwunden?
Sorget ein Ehren-begehrend Gemütte / wie zu erlangen ein höherer Stand?
Sterbliche! Sterbliche! lasset diß dichten! Morgen! Ach Morgen!
Ach muß man hinzihn!
Ach wir verschwinden gleich als die Gespenste / die umb die Stund uns erscheinen und flihn...»

Und wie das Leuchten der Sonne, das Licht des Tages zu Gleichnissen Gottes werden, ist das Dunkel Abbild und Raum des Bösen zugleich. «Schauerliche Erscheinungen, Gespenster, Kobolde, Zaubereien und kollektive Halluzinationen, die von unbeherrschbaren Poltergeistern verursacht wurden, störten die Nächte (die heikel und unruhig waren wie die Tage) der Menschen der ‹neuen› Zeit – unerwünschte Zugaben an Schaudern und Grauen, die zum Schrecken der Pest, des Hungers und des Krieges hinzukamen...» (Camporesi). Aborte – «heimliche Gemächer» – hielt man für beliebte Aufenthaltsorte böser Geister und bemühte sich, sie nur tagsüber aufzusuchen. Zur Angst vor der Finsternis gesellte sich das Indiz des Geruchs, denn wie man den Gefilden der Seligen Gerüche nach Nektar und Ambrosia zuschrieb (und den Leichen von Heiligen, als Vorahnung ihrer himmlischen Herrlichkeit, Wohlgeruch), so dachte man, daß das Böse entsetzlich stinken müsse. Der Teufel jedenfalls soll nach Schwefel, Moschus und anderen unaussprechlichen Dingen gerochen haben.

In einem besonderen nächtlichen Ereignis, im *Hexensabbat*, der extremen Verneinung Gottes in schrecklicher Form, kulminierte die antichristliche Symbolik. Wohl für die meisten Zeitgenossen des 16. und 17. Jahrhunderts waren die in der theologischen Literatur, vom ‹Hexenhammer› bis zu den Schriften des Jesuiten Martin Delrio, vorgeprägten Wahnbilder Realität. Das stellte sich etwa so dar: der Ausritt zunächst; die Hexe vollzieht ihn auf Böcken, Schweinen, Hunden und anderem Getier, auf dem Besen oder der Ofengabel, die mit «Salbe» geschmiert werden. Mit dem Ruf: «Auf und davon, hui, oben hinaus und nirgend an!», gehe es hinaus zum nächtlichen Tanzplatz, wo das satanische Fest stattfindet – erleuchtet von Kerzen, die dienstbaren Hexen im Hinterteil stecken. Es gibt ekelhafte und furchterregende Speisen: Jauche, Essig, Fäkalien, die Leichen kleiner Kinder; manchmal freilich die üppigsten Dinge vom Tisch der Reichen, doch niemals Salz, Brot oder Wein, die der Kirche heilig waren. Dann der Tanz: ein Reigen, wobei die Tanzenden im Kreis die Gesichter nach außen wenden, Paare, die sich nicht ansehen, sich mit den Rücken zueinander bewegen. Alles ist ‹negativ›. In der Mitte des Tanzplatzes steht eine Hexe mit einer Kerze auf dem Kopf und illuminiert die Szenerie, Sackpfeifen, Trommeln und andere Instrumente machen die Musik. Dem Teufel, dem Fürsten der Finsternis, wird göttliche Verehrung gezollt: «Satan unser, der du bist in der Hölle...», klingt das «Anti-Vaterunser» durch die Nacht; der Böse läßt sich von der Schar der Hexen auf obszöne Weise huldigen, das Fest artet in eine wüste allgemeine Orgie aus, Buhlteufel treiben es mit den Hexen. Allerhand greuliche, sowohl «sodomitische» wie «natürliche» Unzucht werde vollzogen, zwischen den Brüsten, unter den Achseln, «hinter und fürwärts», wie es in einem zeitgenössischen Gerichtsprotokoll heißt.

Das Bild des infernalischen Hexensabbats kennt zahlreiche Variationen, grauenhafte Details, Hervorbringungen einer abstrusen Phantasie, die sich gelegentlich an ihrer eigenen makabren Obszönität zu berauschen scheint. Den Theologen war es offenbar bisweilen ein intellektuelles (und sinnliches) Vergnügen, sich auf scholastische Manier mit immer weiteren Einzelheiten der Hexenlehre und der Geschichte des Teufels vertraut zu machen.

Nach ihrer Auffassung nahm Satan oft Menschengestalt an (wie das ein «Luftgeist» bewerkstelligen könne, hat erst die Aufklärung diskutiert). Er näherte sich – etwa als Kavalier oder Jägersmann – den Frauen, die er zum Beischlaf zu verführen suchte. Die Buhlschaft mit dem Bösen war nach allgemeiner Überzeugung Bestandteil des höllischen Pakts, den jeder, der sich erfolgreich Schwarzer Magie bedienen wollte, eingehen mußte. Das Glied des Teufels sei kalt wie Eis, wurde gesagt, und Folterknechte in ganz Europa preßten die Bestätigung dieses Details unzähligen (gemordet wurden vielleicht hunderttausend) Opfern ab. – Festzuhalten ist, daß sich Satan mitunter auch zu einer schönen Frau materialisierte und auf diese Weise Männer zu umgarnen suchte, die für diesen «Pakt» mit dem Leben bezahlen mußten. Man hat beileibe nicht nur alte Weiber verbrannt.

Kurz: Der Teufel galt, wie es Georg Kölderer ausdrückt, als «tausent künstler»; was er indessen anrichte, geschehe allein aus «verhencknus gottes». So gebietet die Allmacht des Herrn dem Treiben Satans Einhalt, er handelt eben im Rahmen des unerforschlichen Weltplans; das böse Prinzip stellt die kosmische Ordnung nicht in Frage, es ist ihr wesentlicher Bestandteil. In der Vorstellung Kölderers erscheint dieser Antagonismus wie ein realer Kampf zwischen der Armee des Teufels, zu der er neben Hexen den Papst, die Türken und «Hilfsteufel» rechnet, und der Streitmacht Gottes: «Im gegen spil, da man from ist und gottesgefellig lebte, hatt er auch seine guette engell und knecht, die dem babst, türckhen, teüffell und seinen glidern [etwa den Hexen], wa sy zu weitt begonnen und greyffen wöllen, auß seinem befelch steuren, wöhren und abtreiben.»

Solange also unfromm – gottlos – gelebt wird in der Welt, hat der Böse durch Gottes Willen Einfluß, und was er anrichtet, geschieht, um die Menschen durch Züchtigung zu erziehen. So haben sie die Wahl, sich

Gottes Gebot zu fügen oder sich dagegen aufzulehnen – sei es, wie Kölderer meint, um «höchster wellt ehr» willen, sei es, um materielle Vorteile zu gewinnen.

Freilich war es ja nicht gleich nötig, sich Satan zu verschreiben, wenn man in alltäglichen Bedrängnissen etwas gewinnen wollte. So gab es auch in Augsburg viele Leute, die in Praktiken der Weißen Magie bewandert waren; Anna Hauser, die der offensichtlichen Besessenheit ihres Mannes entgegenzuwirken trachtete, war augenscheinlich in solchen Künsten erfahren: Ihre Zaubermittel sollten die «Krieger» des Guten herbeizwingen, damit diese den Mächten der Finsternis Einhalt geböten; im Hintergrund wird stets die universale Dialektik zwischen Gott und Satan evident, wobei nicht sicher ist, ob man in der Tiefe des Herzens wirklich ganz auf die göttliche Allmacht setzte oder nicht doch von einem dualistischen Weltbild ausging – das Ringen um die Seelen also irgendwie als ‹offen› empfand. Sonst hätte es ja nahegelegen, sich in fatalistischer Bescheidung dem Willen des Herrn zu ergeben.

Die Anwendung magischer Riten signalisiert, daß man Gottvertrauen, Beten und andere gottgefällige Verhaltensweisen nicht für ausreichend hielt, um bestimmte Ziele zu erreichen. Gebete sind Bitten, Magie beabsichtigt *mehr*, wenn möglich Zwang. Daraus ergaben sich bestimmte Erfordernisse. Man hatte genau bestimmte Umstände von Zeit und Ort der magischen Handlung zu beachten, die Riten mußten exakt festgelegten – genauer gesagt: überlieferten – Regeln folgen. Am Rande sei bemerkt, daß die meisten Magier, die uns im 16. und 17. Jahrhundert innerhalb der Augsburger Stadtmauern begegnen, dergleichen auf dem Land gelernt zu haben scheinen, vielleicht auch von umherziehenden Zigeunern. Um 1600 erfreute sich eine im Dorf Ettringen im Wertachtal lebende Frau namens Els einer offenkundigen Beliebtheit als Magierin. Mehrere Quellen deuten unabhängig voneinander darauf hin, daß man aus der Reichsstadt zu dieser «weisen Frau» pilgerte, um sich in allerlei Bedrängnissen helfen zu lassen oder gar geheimnisvolle Künste zu erlernen.

Dennoch läßt sich nicht ohne weiteres behaupten, die Techniken der Magier und weisen Frauen ließen nur uralte «Volkskultur» erkennen. Zunächst wurden vielfach eindeutig christliche Gebete in den Ritus integriert, die Handlungen, die zu vollziehen waren, hatten oft den Charakter christlicher Opferhandlungen, von «guten Werken», mit denen weniger ein böser Geist gezwungen, als Gott erweicht werden sollte, etwas für den Bittenden zu tun. Der Vagabund Hans Griß etwa hatte 1611 einem Soldaten, dem eine Silberkanne gestohlen worden war, neben

Segenssprüchen empfohlen, einem Armen ein Stück Brot, Schmalz und einen halben Kreuzer zu geben – der Dieb werde das Gut dann bis zur zwölften Mittagsstunde zurückbringen. Auf die Frage, wenn seine christlichen Segenssprüche eine solche Wirkung hätten, wozu es dann noch der milden Gaben bedürfe, meinte Griß, dies sei «darumb geschehen, damit gott im himel durch dis allmosen desto mehr sein seegen gebe». So gründeten seine Künste – «keine teüfelskünsten», wie er ausdrücklich betonte – auf dem traditionellen Begriff katholischer Werkgerechtigkeit. Das Opfer sollte indessen in ritualisierter Form vollzogen werden (sei es auch nur, daß eben Segenssprüche fehlerlos und in bestimmter Abfolge zu rezitieren waren), darin bestand die *Kunst* des Magiers, damit usurpierte er zugleich eine Rolle, die prinzipiell mit der des Priesters in Konkurrenz trat. Zauberei sollte naturgemäß stärkere Effekte zeitigen als bloßer Gottesdienstbesuch oder Gebete.

Nicht deshalb aber bekamen Griß und andere Leute seines Schlages Schwierigkeiten mit der Obrigkeit. Lag doch stets der Verdacht nahe, daß sich die Zauberer und weisen Frauen nicht einfach «natürlicher» Mittel (wie man formulierte), sondern «hochverbottner» bedienten: sich also auf die Seite des Teufels schlugen, um das zu erreichen, was durch Gebet und christliches Leben nicht zu gewinnen war. Ein Weberknapp, der sich erbot, verlorene Gegenstände wieder herbeizuzaubern, geriet in den Verdacht, mit dem Teufel zu paktieren – in der Tat scheint er dem «bösen Feind» jeweils einen Teil der Belohnungen, die er erhielt, vor einem Augsburger Stadttor vergraben zu haben. Auch konnte es vorkommen, daß im Zusammenhang mit Diebstahlszauber so finstere Verfluchungen wie die folgende gemurmelt wurden: «Ins teufels namen, du schelm und du dieb, hab weder rast noch ruehe, biß das du mir stellest mein sachen zu...» – das riet 1599 die Wahrsagerin Maria Obermaier einem Weber, dem ein Barchenttuch gestohlen worden war; dazu sollte der Geschädigte Branntwein anzünden.

Diese und andere pittoreske Geschichten – ein bestimmter Bestand des Augsburger Stadtarchivs, die sogenannte «Urgichtensammlung», ist voll davon – dürfen aber nicht dazu führen, die Existenz von Sekten, von geheimen Vereinigungen, die nächtens Bacchanalien feierten, schwarze Messen zelebrierten oder mit finsteren Ritualen gefährliche Zaubereien begingen, einfach für bare Münze zu nehmen. Gewiß gibt es Texte, die Gerüchte über orgiastische Versammlungen, über nächtliche Kultfeiern wiedergeben; und es mag sogar sein, daß sich darin Erzählungen über wirkliche Fruchtbarkeitsriten, Feldkulte und allerlei Zaubereien mit Vorstellungen vom Hexensabbat und anderen düsteren Zeremonien vermischten. Aber es ist kaum möglich, die verschiedenen Schichten dieses historischen ‹Palimpsestes› voneinander zu schälen. Vieles, was hier überliefert ist, wird dichterischer Phantasie oder den Zwangsvorstellungen eifernder Theologen entsprungen sein und sollte seinen Platz eher in einer Geschichte der Psychopathologie des konfessionellen Zeitalters haben als in einer faktenorientierten Sozialhistorie. Mehr mag man aus all diesem darüber lernen, wie fremd die städtischen, höfischen Intellektuellen der Welt der Bauern gegenüberstanden: Mit «ihren langen Schritten und ihren Katzenaugen» sollen sie sich durch die Nacht bewegen, mit ihren Mänteln gespenstisch sanft, wie Eulen, fächelnd; sie werden «Söhne des Teufels», Drachen genannt und mit Nachttieren verglichen. In dieser Dämonisierung wird am deutlichsten die Distanz sichtbar, welche die frühneuzeitliche Stadt vom Land trennte – in manchen Texten gleichen die Bauern eher Tieren als Menschen, begegnen geradezu als Nachfolger der Satyrn des Altertums (daß solche Erzählungen auch die Phantasie moderner Historiker sehr befruchtet haben, steht auf einem anderen Blatt).

Ob andererseits die hier vertretene Meinung zutrifft, daß nämlich die Stadt gegenüber dem Land ein Raum der Rationalität, der – vergleichsweise – deutlicher fortgeschrittenen *Entzauberung* der Welt war, insofern damit die Befangenheit in Magie und abergläubischen Praktiken gemeint ist, dies wird weiterer Diskussion bedürfen.

Einiges Bizarre bietet unser städtischer Raum schließlich auch. Zum Zaubern bediente man sich jedenfalls keineswegs immer nur so alltäglicher, den Gedanken an die Werkgerechtigkeit reflektierender Dinge wie Brot oder Schmalz, um den magischen Ritus auszuführen: Da waren auch Mutproben zu bestehen, die Initiationsformen gleichkamen. Bestimmte Künste konnte man anscheinend nur bei Verfemten lernen, die in vertrautem Umgang mit den Geschöpfen der Nacht standen, etwa beim Scharfrichter. Leichenteile, vornehmlich dann, wenn sie von Hingerichteten stammten, galten als besonders wirksame Zaubermittel. Manche bedienten sich bei Einbrüchen einer «Diebeskerze», einem Licht, das aus dem Fingerchen eines Neugeborenen gefertigt wurde und, solange es brannte, den Missetäter unsichtbar machen sollte. Hier war die Grenze zur verbotenen Schwarzen Magie längst überschritten.

Wahrscheinlich sind die ‹christianisierten› magischen Riten jüngeren Datums, sie dürften aus den Einwirkungen der Konfessionalisierung des Alltags – die einer intensiveren Christianisierung gleichkam – herrühren. Schon die Gegenstände, die für manche Zaubereien erforderlich waren, deuten auf die Herkunft der Riten vom Land, lassen erneut die Umrisse jener Art der symbolischen Weltdeutung erkennen, die es ermöglichte, Zukunft gedanklich vorwegzunehmen. Der metaphysische Bezug der Dinge hatte anscheinend eine Grundlage in überlieferten, vermutlich uralten Vorstellungen, in von Phantasie getragenen Assoziationsketten, die an die äußere Form der Sachen anknüpfen konnten.

Als ein im Augsburger Lechviertel lebender Teppichwirker 1609 den Kräutler Hans Ehemann bat, einen in seinem Haus wesenden Geist zu bannen, bediente der sich für seine Beschwörungen beispielsweise der Mistel eines Haselstrauchs und der Zunge einer weißen Natter. Diese Gegenstände legte er in einen Kreis, den er mit Kreide auf den Boden der Handwerksstube gezeichnet hatte; außerdem zündete er neun Kerzen an, die durch Kreidekreuzlein vor dem Zugriff des Unholds geschützt werden mußten. Das alles hatte jeweils am Donnerstag stattzufinden; die Beschwörungen wurden mittels christlicher Gebete vorgenommen: «Herr, erbarme dich unser, Christe, erbarme dich unser, herr, hebe dein angesicht auf unns und sey uns gnedig... o herr Jesu Christ, bleib bey mir heut auf die nacht, das ich diesen geist uberwinden kan...»

Das weißgewandete Gespenst – ehemals eine Hexe, die, wie der Geisterbeschwörer berichtete, einen ihrer Söhne im Lech ertränkt hatte – habe um einen vergrabenen Schatz gewußt; es sei höchst gefährlich, es zum Gehorsam zu zwingen – ein einziges falsches Wort und es drehe dem Zauberlehrling den Hals um. Bei der zweiten Beschwörung, die sich bis zwei Stunden über Mitternacht erstreckt habe, sei es dramatisch zugegangen: Der Geist sei zornig umhergelaufen, habe «nit vil gueten bschaid ausgeben», Feuer gespien und ihm dabei ein Loch in den Mantel gebrannt... «er seines thails habe ihn gwaltig geförchtet».

Ärgerlicherweise wurde der wagemutige Kräutler kurz nach dieser Seance denunziert, in die Eisen gelegt und konnte deshalb den Geist nicht mehr dazu bringen, das Versteck des Schatzes zu verraten. Das gelinge nämlich immer erst bei der dritten Beschwörung, sagte er den Ratsherren.

Die Rituale, die Ehemann anwandte, lassen sowohl christliche Elemente erkennen als auch Einzelheiten, die auf ältere, «volkstümliche» Überlieferungen verweisen. Neben den Gebeten, die der Kräutler sprach, den Kreuzen, die ihn schützen sollten, spielte die Zahl Drei – und damit der Bezug auf die Dreifaltigkeit – eine Rolle (neun Kerzen, Beginn der Beschwörung um neun Uhr). Der Natternzunge dagegen billigte der Volksglaube apotropäische Wirkungen zu, ebenso der Mistel; weiterhin glaubte man, daß unter Misteln tragenden Haselstauden weiße Nattern lebten und dort Schätze zu finden seien. Schlangen waren überhaupt die Schatzwächter par excellence.

Die Gegenstände, derer sich Hans Ehemann bediente, waren auf diese Weise durch ein Netz von sympathetischen Bezügen sowohl miteinander als auch mit dem Ziel des magischen Rituals verbunden, nämlich einerseits das Gespenst zu beherrschen und andererseits mit dessen Hilfe einen Schatz zu finden. Ganz offensichtlich verpflanzte der Geisterbeschwörer diese Teile seiner magischen Techniken vom Land, aus der Natur, in die städtische Umwelt, löste sie aus ihrem ursprünglichen Zusammenhang. Dabei hoffte er anscheinend, Wirkungen zu erzielen, indem er die nach seiner Vorstellung von den Dingen ausgehenden geheimnisvollen Kräfte bündelte und mit den Effekten des christlichen Gebets kombinierte. Die Denkstruktur, die sich hier zeigt, ähnelt in einem Punkt der astrologischen Interpretation: nämlich daß bestimmte Anordnungen von Objekten zu einer genau festgelegten Stunde spezifische Wirkungen zeitigen. Im Gegensatz aber zum Astrologen, der die Konstellation deutet, wobei der von der Kraft der Gestirne bestimmte Mensch sich diesen mehr oder weniger unterworfen sieht, nimmt der Magier die Konstellation selbst vor. Er beeinflußt seine Welt, gestaltet sie (zumindest meint er, sie zu gestalten).

Die Möglichkeit zu ‹zaubern›, die Widrigkeiten des Lebens durch Rituale und Segenssprüche zu bezwingen, stand dem frühneuzeitlichen Menschen nicht weniger offen, als an die Kraft des Gebetes zu glauben. Man darf nicht unterschätzen, was dies für die psychische Stabilität der Betroffenen bedeutet haben muß: In jeder – auch einer schier ausweglos scheinenden – Situation gab es eine Chance, war auf Gott oder auch den Teufel zu zählen. Der magische Ritus bewies natürlich oft seine Wirksamkeit, etwa, wenn eine Krankheit zufällig tatsächlich überwunden werden konnte (bei psychosomatischen Leiden zeitigte das Ritual wohl auch ‹direkt› Effekte, indem es zur seelischen Stabilisierung des Kranken beitrug). War etwas gestohlen worden, bestand die Hoffnung, es wieder herbeizaubern zu können; wurde eine Liebe nicht erwidert, mochte man immer noch auf die zwingende Kraft der Magie bauen. Schließlich, auch dies läßt sich aus den seltsamen Zaubergeschichten lernen, gab es im Prinzip immer und für alles Begründungen. Selbst für das Scheitern magischer Anstrengungen fanden sich stets plausible Gründe: Da die Riten äußerst kompliziert waren, konnte nie ausgeschlossen werden, daß ein Fehler unterlaufen war, der alles zunichte gemacht hatte.

Letztlich war auch durch Magie nur etwas zu erreichen, wenn Gott dies zuließ; gewisse Formen der Magie wurden ja noch im 16. Jahrhundert als «natürlich», gottgegeben und damit erlaubt betrachtet. Der Magier sah sich freilich stets an einer kritischen Grenze, wenn er sich fragte, ob er noch im Rahmen der göttlichen Zulassung handelte oder ob er sich bereits auf die ‹Gegenseite› – zum Teufel – geschlagen habe. Die Überlegung, daß nämlich Satan auch nur Macht habe, insofern Gott ihm diese zugestand, lag den meisten wohl eher fern. Wer von den zahllosen Zauberern und weisen Frauen, die uns in den Quellen begegnen, tatsächlich den Pakt mit dem Bösen gesucht hat, sei dahingestellt: wahrscheinlich nur sehr wenige.

Wenn Hans Ehemann die Frage, «ob er die geister nit im namen des bösen feinds beschwere unnd andere verbottene wörtter, characteres und zaichen darzue brauche», entschieden verneinte, dann war dies eine vermutlich zutreffende Antwort. Die weiteren Aussagen, die er im Verlauf seines Verfahrens machte, legen diesen Schluß nahe. Sie bringen zugleich die Auflösung der rätselhaften Gespenstergeschichte.

Die Augsburger Ratsherren hatten eingehende Nachforschungen angestellt und herausgefunden, daß einige Behauptungen des Magiers nicht der Wahrheit entsprachen. Das Brandloch im Mantel hatte sich der Delinquent, wie man feststellte, keineswegs von einem Geist, sondern bei einem Wirtshausbesuch geholt; Nördlinger Bürger, denen er Schätze gefunden haben wollte, existierten nicht; und eine Nachfrage in Ehemanns Geburtsort ergab, daß man den Geisterbeschwörer dort von Jugend an für einen Geisteskranken, einen «wanwizigen und armen menschen» gehalten hatte. Er behauptete wohl, sich auf solche Praktiken zu verstehen, habe sie von einem Pfarrer im Ansbachischen namens Lemble erlernt – was erneut die merkwürdige Verschränkung christlicher und im Kern heidnischer Elemente noch im nachreformatorischen volkstümlichen Christentum erklären könnte. Doch angesichts weiterer Fragen und Vorhaltungen brach das Lügengebäude des Geisterbanners in sich zusammen: Es sei alles miteinander nichts, gab er im vierten Verhör, Mitte März 1610, zu, er habe alles «erdichtet», nie einen Geist gesehen – «sondern seie mit forcht bei den liechtern gesessen und wer bedacht gewesen, da er köndt, sich haimblich hinwegg zu machen».

Selten genug läßt sich eine frühneuzeitliche Gespenstergeschichte bis zu diesem Punkt verfolgen, was gelegentlich zu seltsamen Ansichten in der Forschung geführt hat. Im Fall Hans Ehemanns ergibt sich aus den Akten freilich noch mehr: die Umrisse der Lebensgeschichte des Delinquenten, der, was noch anzumerken ist, Augsburg verlassen mußte, sonst aber nicht weiter behelligt wurde. Danach verliert sich seine Spur.

Die Vita des Magiers führt etwas weg von den Geisterstunden in den

Winternächten des Jahres 1609. Sie ist, weil sie typisch gewesen sein dürfte für das Dasein einer breiten Schicht im frühneuzeitlichen Deutschland, zugleich geeignet, gesellschaftliche Hintergründe magischen Handelns und der mitunter in düstere Endzeitstimmung mündenden Prognostik deutlich werden zu lassen: sie führt gleichsam ins Elend der Epoche. Vielleicht ist es allzu vordergründig, wenn man darin Voraussetzungen erkennen möchte für Versuche, durch Magie den Alltag zu zwingen oder eine kristalline Ordnungskonzeption gegen das Chaos der Wirklichkeit zu stellen oder überhaupt das Schicksal vom Willen Gottes bestimmt und im «Lauf» der Sterne vorgezeichnet zu sehen. Doch läßt sich zumindest nicht übersehen, daß die Eschatologie der Zeit um 1600 reale Gründe in tristen sozialen und politischen Entwicklungen haben konnte, die Augsburg betrafen wie praktisch jede Region des Heiligen Römischen Reiches. Ehemanns Leben war ein Resultat solcher Entwicklungen und ist deshalb hier von Interesse.

Er wurde 1562 im fränkischen Gunzenhausen als Sohn eines Handwerkers geboren. Eine Schneiderlehre brachte er ebensowenig zu Ende wie eine Lehre im Büttnerhandwerk, weil er – so drückte er sich aus – «darbey so sehr hunger leiden miessen». Im Alter von 13 oder 14 Jahren riß er aus, zog mit Zigeunern durch Deutschland und Böhmen. Als Siebzehnjähriger kehrte er zerlumpt und mittellos in seinen Heimatort zurück. Zum Leben reichte es auch hier nicht: Einige Jahre später finden wir ihn – mit Frau, denn er hatte nach dem Tod des Vaters geheiratet – erneut auf Wanderschaft. Man lebte vom Schafhüten im Eichstättischen, verdingte sich zum Weinlesen im Ries und im Ansbacher Land, gelegentlich scheint das Paar bis zum Rhein gezogen zu sein. Im Winter kamen sie bei einem Verwandten, einem Hafner, unter. Später führten sie ihre Wege weiter nach Süden: so verdingte sich Hans als Kuhhüter im bayerischen Pfaffenhofen. Hier geriet er mit der Obrigkeit in Konflikt, weil er «Planeten gelesen» – also astrologische Wahrsagerei betrieben hatte. Irgendwann, zu Beginn des 17. Jahrhunderts, muß es dem bald Fünfzigjährigen gelungen sein, Einlaß in die Reichsstadt Augsburg zu finden.

Wie Hans Ehemann zogen in der zweiten Häfte des 16. Jahrhunderts Tausende und Abertausende durchs Reich und durch Europa. Vor den Stadttoren müssen Haufen zerlumpter Bettler und Vaganten ein gewohntes Bild gewesen sein. Ein Schneider aus dem Dorf Apfeltrach zum Beispiel lungerte nach einem Bericht der Stadtknechte aus dem Jahr 1579 samt «weyb und 4 kinder» acht Jahre am Richtplatz vor dem nördlichen Augsburger Stadttor herum – «wann wir sie schon hinaußfiern», meinten die Knechte, «so seindt sie in einer stundt wider herinnen». Schon

1553 hatten die Almosherren etwa dasselbe geschrieben: «Je mehr [Bettler] hinaus gefuert, je mehr sich augenscheinlich die zunam deß petlens tags und nachts erzeugt [erzeigt].» Manche Stadtknechte führten die Bettler zwei- und dreimal am Tag aus der Stadt, sperrten sie beim vierten Mal ins «Narrenhaus» (ein spezielles Gefängnis) – doch kämen dieselben Delinquenten schon am nächsten Tag wieder zum Tor herein. Man erfahre, daß sie «bey etlichen burgern alhie irn underschlaipf» hätten.

Nahezu zehntausend Ausweisungen wurden so in einem einzigen Jahr allein in Augsburg gezählt. Wem es gelungen war, den Stadtknechten zu entwischen und den Kundschaftern nicht aufzufallen, der trieb sich in der Stadt herum, fand vielleicht – wie die gerade zitierte Quelle belegt – in einem Bürgerhaus Unterschlupf, wohl bei Leuten, die den unteren sozialen Schichten angehörten und über einen kleinen Mietbeitrag froh sein mußten.

Die Bettler und Vaganten störten in den Augen der Obrigkeit die Harmonie der christlichen Stadt. Sie bildeten innerhalb der großen Kommunen eine eigene Subkultur, deren deutlichster Ausdruck die in den Akten gelegentlich greifbaren Spitznamen waren: Da gab es den «Grätzi», den «Igel», den «schwarzen Beck»; manche wußten im Verhör nur ihren Vornamen anzugeben.

Daß das «Bettelunwesen» – wie man sich ausdrückte – eine auffällige, als neu empfundene Erscheinung war, belegen Quellen aus vielen Regionen Europas, Landsverordnungen gegen «streunendes Gesindel», Bettelordnungen, Almosenrechnungen und anderes erweisen die Armenfrage als chronisches Problem der Jahrzehnte vor dem Dreißigjährigen Krieg. Diese namenlosen Massen werden zu einem guten Teil die Soldaten der großen Heere stellen. Schließlich wurden diese Menschen – nicht einmal ihre Zahl läßt sich halbwegs genau ermitteln – von Hunger und Krankheiten als erste getroffen. In den Sterbestatistiken der Epoche spielen sie keine Rolle, da ihr Tod in der Regel nicht aktenkundig geworden sein dürfte – doch ist nicht zu bezweifeln, daß in den großen Hungerkrisen (etwa der besonders schlimmen von 1570/71) sie als erste nichts mehr zu essen hatten.

«Krise», das war am Ende des 16. Jahrhunderts nicht an Statistiken ablesbar, das waren Bettler, Vaganten, Hungertote, das waren steigende Preise, Nachrichten von spektakulären Firmenzusammenbrüchen; schließlich Meldungen von Kriegen und Katastrophen. Daraus wird das Gefühl entstanden sein, in schlechten Zeiten zu leben, schlechteren jedenfalls, als sie die Eltern und Voreltern gesehen hatten. Die Erinnerung an «gute, alte Zeiten» hatte damals durchaus ihre Berechtigung – genauso wie diejenigen, die den Dreißigjährigen Krieg erlebten, später wußten, daß ihre Eltern es besser gehabt hatten. Das Lebensgefühl einer Epoche ist eben immer relativ, es definiert sich aus dem Vergleich mit der Vergangenheit.

Nun lassen die Quellen in der Tat keinen Zweifel daran, daß es dem «gemeinen Mann» im großen Durchschnitt am Ende des 16. Jahrhunderts schlechter ging als etwa noch um dessen Mitte. Da war vor allem ein zwar im Vergleich zu modernen Zeiten geringer, in der Summe aber doch deutlicher, gelegentlich dramatischer Anstieg der Preise für die wichtigsten Nahrungsmittel und Gebrauchsgüter festzustellen, das, was die Wirtschaftshistoriker später als die «Preisrevolution» bezeichneten. So hat man errechnet, daß der Lohn eines Augsburger Maurergesellen noch um 1500 etwa dem eineinhalbfachen Betrag seiner Lebenshaltungskosten entsprach, daß er also Rücklagen für Notzeiten bilden konnte. Das war hundert Jahre später nicht mehr der Fall: nun reichte die Entlohnung nicht einmal mehr zum Erwerb des Lebensnotwendigsten aus, nur noch etwa drei Viertel des Unterhalts konnte der Maurer von einem durchschnittlichen Lohn bestreiten. Um sich und seine Familie ernähren zu können, mußte er entweder Nebentätigkeiten verrichten oder aber seine Frau oder seine Kinder zur Arbeit schicken.

Den Bauhandwerkern und Taglöhnern ging es am Ende des 16. Jahrhunderts wohl besonders schlecht. Indessen gibt es genügend Anzeichen dafür, daß auch andere Handwerke schwer zu kämpfen hatten. In Augsburg waren das besonders die Weber, die mit über zweitausend Meistern gewissermaßen das Rückgrat der einheimischen Wirtschaft bildeten. In einer Quelle des frühen 17. Jahrhunderts erfährt man beispielsweise, daß der überwiegende Teil der Almosenempfänger aus dem Weberhandwerk kam; die Weber bezahlten weit weniger Steuern als der größte Teil ihrer Mitbürger (und hatten so wahrscheinlich auch weniger Besitz), sie wohnten schlechter und in typischen «Unterschichtvierteln». Davon wird noch zu berichten sein.

Selbst in traditionell wohlhabenden Handwerksberufen gab es Spannungen zwischen einer reichen «Oberschicht» und der großen Zahl der weniger wohlhabenden Meister und Gesellen, so bei den Metzgern, Bäckern und selbst den Goldschmieden. Während es einigen Metzgern gelungen war, durch Viehhandel reich zu werden und weit über das Niveau der meisten ihrer Kollegen hinauszuwachsen, gab es unter den Goldschmieden Meister, die mit Silber handelten oder auch als «Verleger» tätig waren – sie übernahmen, oft für auswärtige Fürsten, Großaufträge, zu deren Ausführung sie weitere, sonst eigentlich selbständige Handwerker heranzogen. Manche Bäcker dagegen scheinen ebenso wie die Weber an einer Art «Überproduktionskrise» gelitten zu haben; wenigstens ein Teil der Meister dieses Handwerks muß zeitweilig Mühe gehabt haben, das Brot an den Mann zu bringen oder überhaupt das erforderliche Kapital zum Einkauf des immer teurer werdenden Getreides zu erwirtschaften.

Und auch innerhalb der wirtschaftlichen Elite Augsburgs muß es zu gravierenden Vermögensumschichtungen gekommen sein. Allein in der Zeit zwischen 1556 und 1584 sind über siebzig Konkurse Augsburger Firmen nachzuweisen, eine Kette von Zusammenbrüchen, die sich in das nächste Jahrhundert fortsetzt und einen spektakulären Höhepunkt in der Zahlungseinstellung des Hauses Marx und Matthäus Welser im Jahre 1614 erreicht.

Die Ursachen für diese krisenhaften Vorgänge lassen sich schwerlich in wenigen Sätzen beschreiben. Während der Verlust von Absatzmärkten, die problematische Bindung an zu mächtige Schuldner (etwa die spanische und die französische Krone, die ihrerseits zeitweilig zahlungsunfähig waren) wichtige Gründe für die Schwierigkeiten der Kaufmannschaft gewesen sind, Waffengänge wie der Unabhängigkeitskampf der Niederlande oder die Hugenottenkriege in Frankreich Geschäftsverbindungen störten, scheint die schlechte Lage vieler Handwerker und Lohnarbeiter vor allem eine Ursache gehabt zu haben: die enorme Bevölkerungszunahme, welche das ganze 16. Jahrhundert hindurch anhielt. Diese demographische Entwicklung, durch nahezu regelmäßig wiederkehrende Seuchen und Hungersnöte gelegentlich gebrochen, aber nie beendet, führte dazu, daß insgesamt die Nahrungsmittel und andere Ressourcen knapp wurden – also die Preise dafür stiegen. Getreideanbaugebiete ließen sich ebensowenig beliebig ausweiten wie Weideflächen für Vieh. Und nicht einmal die Wälder lieferten mehr genügend Holz – zeitweilig kam es somit zu einer Art ‹Energiekrise› (und übrigens zu gelegentlich höchst kuriosen Vorschlägen dubioser Alchemisten, wie dem abzuhelfen sei).

Besonders in den Städten, in die das Volk auf der Suche nach Arbeit, Nahrung und sozialer Sicherheit strömte, spitzte sich die Situation zu, wurde es buchstäblich immer enger. Wer den Plan einer beliebigen europäischen Stadt vom Anfang des 16. Jahrhunderts mit einem an dessen Ende vergleicht, wird meist feststellen, daß die Zahl der Häuser, die mehr als ein oder zwei Stockwerke haben, beträchtlich gestiegen ist. Handelt es sich um eine sehr genaue Vedute – wie die prächtige Vogelschauansicht, die Wolfgang Kilian 1626 von Augsburg angefertigt hat –, wird man zudem zahlreiche Anbauten, das Schwinden der Grünflächen, vielleicht auch armselige Holzhütten als Wohnstätten der angewachsenen Bevölkerung erkennen. Man weiß heute, daß vielerorts die Unterschichten zunahmen, die Verteilung der Vermögen zusehends ungleicher wurde. In Augsburg zahlten zu Beginn des 17. Jahrhunderts weniger als zehn Prozent der Bürger über neunzig Prozent der Vermögenssteuern; ähnliche Feststellungen dürften auch für andere Städte zutreffen – nicht für alle, denn nicht alle Teile Deutschlands und Europas waren von der ungünstigen wirtschaftlichen Entwicklung in gleichem Maße betroffen wie die süddeutsche Metropole.

Daß alles, vom Holz über das Brot bis zur Miete, teurer wurde, daß man dafür mehr bezahlen mußte, als noch die Eltern und Großeltern hatten aufbringen müssen, das war den Leuten am Ende des 16. Jahrhunderts durchaus bewußt. Auch wurde allgemein geklagt, daß die Einkommen mit dieser Entwicklung nicht Schritt hielten. Auf verschiedenste Weise wurde allenthalben versucht, die Krise zu meistern: Man erschwerte den Zugang zu den Handwerken, beschränkte Gesellenzahlen, verlängerte die Ausbildungszeiten und erhöhte die Gebühren, die bei der Einschreibung in die Zünfte und Handwerke aufzubringen waren. Viele städtische Obrigkeiten verfuhren zusehends restriktiv, wenn Anträge auf Erteilung des Bürgerrechts gestellt wurden. Aber die tieferliegenden Ursachen der Krise waren so nicht zu beseitigen; auch nicht dadurch, daß die Räte und Regierungen durch unrealistisch niedrige Preistaxen und rigorose Marktkontrolle versuchten, die Lebenshaltungskosten künstlich zu senken. Das wirtschaftliche System der frühen Neuzeit war einfach nicht in der Lage, den demographischen und sozialen Veränderungen, wie sie sich in der zweiten Hälfte des 16. Jahrhunderts vollzogen, wirkungsvoll zu steuern. Die Staaten und Städte kurierten an Symptomen, verwalteten den immer drückender werdenden Mangel – Mangel an Arbeit und Mangel an Brot.

Die Zahl der Menschen, die ständig am Rande des Existenzminimums, buchstäblich von der Hand in den Mund, leben mußten, scheint sich tatsächlich bis in die Anfangsjahre des Dreißigjährigen Krieges hinein ständig vergrößert zu haben. Ohne feste Arbeit, zogen sie im Land umher, in der Hoffnung auf ein Auskommen, auf Almosen, auf die eine oder andere Gelegenheit, der Not wenigstens für kurze Zeit zu entgehen. Wie Hans Ehemann strebten sie in die großen Städte: Hier gab es noch am ehesten die Chance, Arbeit zu finden; hier auch lockte ein verhältnismäßig dichtes soziales Netz, lockten die milden Gaben der Bürger.

Jene düstere Zeitbetrachtung, die man bei den Intellektuellen Europas am Ende des 16. Jahrhunderts feststellen kann, hatte also durchaus reale

Voraussetzungen in krisenhaften wirtschaftlichen und sozialen Entwicklungen. Die Endzeiterwartung, die ein wesentliches Element dieser geistigen Atmosphäre war, scheint besonders im protestantischen Europa verbreitet gewesen zu sein. Den Grundton hatte schon Luther angeschlagen, als er im Widmungsbrief zur Danielübersetzung von 1530, derjenigen Bibelstelle, welche die Vision der Abfolge der Weltreiche beinhaltet, schreibt: «Es ist alles aus und erfullet, das romisch reich ist am ende, der Turcke auffs hohest komen, die pracht des Babsttums fellet dahin, und knacket die Welt an allen ende fast, als wolt sie schier brechen und fallen.» Wahrscheinlich hat dieser Text Kölderer inspiriert. «Es hebt doch alberaytt schon an, zu allen ortten zue krachen, als zum gewisen anzaigen, das der jüngste tag seer nahe, und ... vor der thür ist», notiert er in der Einleitung zum letzten Brief seiner Darstellung – «nun mehr kain frist oder lengerer verzug zu erwarten ist.»

In solchen eschatologischen Erwartungen wurden Kölderer und andere durch die Eskalation der Auseinandersetzung mit den Osmanen bestärkt, die bereits im Vorfeld des «Großen Türkenkriegs» (ab 1593) zu beobachten war. Zahlreiche «Newe Zeyttungen» berichteten von Greueltaten der Ungläubigen, von den Kämpfen der Truppen Kaiser Rudolfs II. – oft im Stil moderner Illustrierten mit maßlos übertriebenen Sensationsgeschichten, die durch grobe Holzschnitte bebildert waren. Augsburg war ein Zentrum für Druck und Verbreitung von Publikationen dieser Art; auch über die Reichsstadt am Lech klang die Türkenglocke, mahnte zum Gebet für die christlichen Soldaten. Und gewiß registrierte man in der süddeutschen Reichsstadt, daß immer wieder mit schweren Ketten gefesselte Gefangene aus den Toren geschafft wurden – Straftäter, die der Rat auf die venezianischen Galeeren oder «an die ungarische gränz», in den Türkenkrieg also, schickte: handfeste Belege für den Kampf gegen den «Erbfeind christlichen Namens» am Rand des Abendlandes.

Zweites Kapitel

Eine frühneuzeitliche Gesellschaft

Es war keine gewöhnliche Auseinandersetzung, die mit dem Türken ausgefochten wurde. Flugschriften stilisierten sie zur welthistorischen Aufgabe, zum «Heiligen Krieg», dessen Heros der Kaiser war. Keine Frage allein der Staatsräson war es, der türkischen Aggression zu begegnen: Zur Disposition stand das Seelenheil der Fürsten, deren Christenpflicht es war, das Reich Gottes auf Erden zu erhalten. Und es ging um das Heil eines jeden, ob er nun in Ungarn kämpfte oder daheim für den Erfolg der christlichen Waffen betete. Wie Seuchen, Hungersnöte, ‹normale› Kriege und andere Plagen hat man den Türkenkrieg als göttliches Verhängnis empfunden; als eine der Strafen, durch welche der Herr in gerechtem Zorn die sündige Menschheit züchtigte. Die Stände des Reiches fanden im Türken noch einmal den gemeinsamen Gegner, den *Erbfeind*, der politische Energien absorbierte; dessen Existenz so zu einer gewissen inneren Stabilisierung dieses seltsamen Staatsgebildes führte.

Der Augsburger Religionsfrieden, 1555 geschlossen, hatte – was aber erst der historische Rückblick erweist – tatsächlich eine tragfähige Grundlage für die innere Ordnung Deutschlands geschaffen, trotzdem oder vielleicht weil er zentrale Probleme ausgeklammert, durch Kompromißformeln vernebelt hatte. Die Epoche inneren Friedens, die er dem Reich schuf – die längste Friedensperiode der neueren deutschen Geschichte überhaupt! –, darf indessen nicht darüber hinwegtäuschen, daß es sich um eine Zeit stets bedrohter Stabilität handelte, in der sich die Voraussetzungen der Katastrophe des Dreißigjährigen Krieges lange schon erkennen lassen. Der Frieden verhalf in den Territorien des Reiches dem Recht der Landesherrn zur Gültigkeit, die Konfession ihrer Untertanen zu bestimmen («cuius regio, eius religio», wie man später sagte). Die bestehenden Strukturen gemischt-konfessioneller Reichsstädte wurden sanktioniert. Wer sich der Verfügung seiner Obrigkeit über die Religion nicht unterwerfen wollte, hatte das Recht, unter bestimmten Bedingungen auszuwandern; eine nicht zum Reichsabschied von 1555 zählende Erklärung König Ferdinands – die sogenannte declaratio Ferdinandea –

Der Perlachplatz in Augsburg am Ende des 16. Jahrhunderts: Perlachturm, Fischmarkt und altes Rathaus, links die alte Metzg, rechts die Herrenstube. In der Bildmitte der 1593 errichtete Augustusbrunnen. Gemälde von Elias Schemel, Ende des 16. Jahrhunderts

sicherte eingeschränkte Bikonfessionalität in geistlichen Territorien. Keime künftiger Konflikte beinhaltete einmal der Ausschluß nichtlutherischer Glaubensgemeinschaften wie der Calvinisten, Zwinglianer und Täufer, weiterhin der in seiner Geltung freilich umstrittene «Geistliche Vorbehalt»: die Bestimmung, daß ein geistlicher Fürst, der zum Protestantismus übertrat, Land und Herrschaftsrechte verliere.

Bereits in den letzten Jahrzehnten des 16. Jahrhunderts kam es zu ernsthaften Konflikten um die Auslegung des Religionsfriedens. Wer die deutsche und europäische Szenerie in dieser Zeit beobachtete, der mußte, wenn nicht den Jüngsten Tag, so doch Krieg vor der Tür sehen. Bereits 1581 kam es zu einer inneren Krise in der Reichsstadt Aachen, zu Unruhen, die weit ins Reich wirkten: Hier hatten die protestantischen Bürger die Mehrheit im Großen Rat gewonnen, waren aber durch kaiserliche Mandate gezwungen worden, Rat und Stadtämter zu quittieren.

Schon dieser Konflikt ging im Kern um den Städteartikel des Religionsfriedens, um die Frage, ob Städte wie Reichsfürsten ihr Bekenntnis ändern konnten.

1582 wurde ein Reichstag nach Augsburg ausgeschrieben – der letzte in der Reihe glanzvoller und politisch bedeutender Versammlungen, welche Augsburg im 16. Jahrhundert zu einem Zentrum der Reichspolitik hatten werden lassen. Es war einer jener «Türkenreichstage», die das ausgehende 16. und beginnende 17. Jahrhundert geprägt haben: Ziel des Kaisers war es hier in erster Linie, Mittel für den Kampf gegen die Osmanen zu mobilisieren. An der Aachener Angelegenheit entzündete sich eine prinzipiellere Auseinandersetzung über die Rechte der Städte auf solchen Versammlungen, die sich auch nach dem Reichstag von 1582 fortsetzte. Von noch grundsätzlicherer Natur war die Diskussion über die Frage, ob sich protestantische Reichsstände den «maiora», den von katholischen Mehrheiten gefaßten Beschlüssen unterwerfen müßten. An diesen Debatten lassen sich zusehends Meinungsverschiedenheiten ablesen, die allmählich zu einer Lähmung der Reichsorgane führten.

Obwohl schließlich die begehrte Türkenhilfe mehrheitlich bewilligt wurde – die Städte allerdings sanktionierten die Steuerbeschlüsse nicht –, gilt der Reichstag von 1582 doch als Beginn «einer neuen Konfliktphase in der Reichspolitik» (Winfried Schulze). Es sei nur daran erinnert, daß noch im selben Jahr ein Konflikt um die Besetzung des Kölner Erzstuhls ausbrach – entgegen dem Geistlichen Vorbehalt des Augsburger Religionsfriedens war der Kurfürst und Erzbischof Gebhard Truchseß von Waldburg zum protestantischen Glauben konvertiert (der Grund dafür lag im Wunsch, eine adelige Stiftsdame heiraten zu können). 1583 schon brachte Bayern mit spanischer Waffenhilfe einen eigenen Kandidaten, Herzog Ernst, zur Regierung.

Die gewaltsame Durchsetzung des Geistlichen Vorbehalts in der Kölner Angelegenheit, die verschärfte Konfrontation auf dem Reichstag, die Debatte um die «maiora» – dies alles kennzeichnet die spannungsgeladene Atmosphäre bereits der achtziger Jahre des 16. Jahrhunderts; ein weiterer Konflikt, mit dem sich die Reichsversammlung auseinanderzusetzen hatte – der Streit um die Magdeburger Session –, sollte noch Konsequenzen haben, die in die direkte Vorgeschichte des großen Krieges weisen.

Die Augsburger selbst sahen dem Reichstagsspektakel mit gemischten Gefühlen zu. Hans Fugger schrieb etwas resignativ an den Grafen von Salm, wenn der Herr diesen Reichstag sehen und vergleichen würde können «gegen den, so anno 48 und 49 gewest, so würd' ihn gedunken,

er seh' jetzo ein klein Dörflein, da damalen eine große Stadt gewest».
Und er resümiert in einem Wortspiel: «Es ist in summa alles in Abnehmung und erzeigen sich leider alle Sachen mehr zur Böserung als zur Besserung...»

Das ist eine recht vielschichtige Bewertung der Zeitläufte; daß einem Fugger der «geharnischte Reichstag» besser geschmeckt hat als das Treffen von 1582, ist nicht weiter verwunderlich – wohl schon deshalb nicht, weil Kaiser Karl V. damals den zünftischen Rat der Reichsstadt Augsburg durch eine vorwiegend patrizische Obrigkeit ersetzt und dazu Maßnahmen eingeleitet hatte, welche die Zurückführung der Bürger zum alten Glauben bewirken sollten. Doch dürfte in Fuggers Äußerung darüber hinaus die Beobachtung anklingen, daß das Heilige Römische Reich überhaupt an Glanz und Beständigkeit verloren hatte. Und wieder bemerken wir jene so pessimistische Zeitstimmung, die häufig in den Quellen greifbar ist – nicht nur der politische Horizont verdüsterte sich, auch die wirtschaftliche Lage entwickelte sich vielerorts und gerade in Augsburg tatsächlich hin zur «Böserung».

Bei genauerer Analyse finden sich einige weitere Hinweise darauf, daß die Lebensverhältnisse der breiten Mehrheit der Bevölkerung in der zweiten Hälfte des 16. Jahrhunderts sich verschlechtert haben müssen. Es wurde nicht nur, wie erwähnt, schlechter gewohnt, allem Anschein nach nahm auch die Zahl der Armen oder am Rande des Existenzminimums wirtschaftenden Bürger zu. Dies läßt sich aus dem Anwachsen der unteren Steuergruppen schließen.

In den Haushalten, deren Mittel oft kaum zum Essen ausreichten, überlebten im Durchschnitt immer weniger Kinder. Wahrscheinlich ist – nicht nur in Augsburg – in der zweiten Hälfte des 16. Jahrhunderts die Zahl der pro Ehe durchschnittlich gezeugten Kinder gesunken.

Kurz nach dem Reichstag von 1582 stiegen die Lebensmittelpreise drastisch an. Die Statistik der Sterblichkeit reflektiert die Teuerung deutlich – 1585 war der Höhepunkt erreicht, damals zählte man an die dreitausend Todesfälle, mehr als das Doppelte gegenüber normalen Jahren. Es gehe den Leuten schlechter als selbst während der letzten großen Teuerung von 1570/71, meinten die für die Verteilung des Almosens zuständigen Ratsherren.

Der Augsburger Rat war natürlich nur begrenzt in der Lage, diesen Entwicklungen entgegenzusteuern. Um 1580 hatte sich der Haushalt gerade erst von den Folgen des unglücklichen Augsburger Engagements im Schmalkaldischen Krieg erholt – Resultat offenbar einer entschiedenen Sparpolitik.

Wie sah der Haushalt Augsburgs um diese Zeit aus?

Im Zentrum der Finanzverwaltung standen zwei große Behörden, das Einnehmeramt und das Baumeisteramt. Bei den Einnehmern liefen die meisten Stadtgefälle zusammen; am Ende des 16. Jahrhunderts waren das in erster Linie Verbrauchssteuern – das «Ungeld» – und an zweiter Stelle Vermögenssteuern: Von fahrender Habe und Bargeld waren in Augsburg 0,5 Prozent des Besitzes an Steuern zu entrichten, 0,25 Prozent waren es von Immobilienbesitz – ohne Progression; eine erhebliche Summe, nämlich 150 fl., war als «Sparhafengeld» steuerfrei. Die reichsten Bürger waren gegen die Zahlung von 750 fl., der sogenannten «Reichen Steuer», befreit, die genaue Höhe ihres Vermögens anzugeben.

Zu Beginn des 17. Jahrhunderts machten die Erträge aus den verschiedenen Ungeldern etwa 60 Prozent der Gesamteinnahmen des Einnehmeramtes aus, während aus der Steuer ungefähr ein Viertel der Einkünfte kam. Wenig ins Gewicht fielen Münzgewinne, Strafgelder, Mieten aus im Besitz der Stadt befindlichen Häusern und Läden, Torzölle und dergleichen. 1580 überwiesen die Einnehmer dazu allein 23 507 fl. an Zinsleistungen – das waren fast 15 Prozent ihrer Ausgaben, eine Summe, die sich bis zum Beginn des 17. Jahrhunderts erheblich reduzierte (1607 lag sie bei 12 350 fl. oder 4,3 Prozent der Ausgaben).

Die Reichsstadt hatte wie andere Finanzverwaltungen der frühen Neuzeit kein Gesamtbudget, was es sehr schwierig macht, sich ein Bild von ihrer wirklichen finanziellen Lage zu verschaffen. Das öffentliche Almosen beispielsweise wirtschaftete mit Kirchenspenden, den Einkünften aus Kapital und Immobilienbesitz noch im 16. Jahrhundert weitgehend selbständig. Erst später wurden regelmäßige Überweisungen zur Deckung von Defiziten nötig. Und auch das Proviantamt, das für die Holz- und Lebensmittelversorgung der Reichsstadt zuständig war, hatte bedeutende Einkünfte aus dem Verkauf von Vorräten – auch wenn diese Verkäufe in Notzeiten zu Preisen weit unter dem Marktwert erfolgten, um die Bevölkerung zu unterstützen. Sogar das Baumeisteramt, das wesentliche Summen von den Einnehmern erhielt, hatte für sein Budget besondere Einnahmen etwa aus dem Verkauf von Fischen oder Baumaterialien. Selbst aus den Abrechnungen der für das Haushaltswesen Augsburgs zentralen Ämter lassen sich so im besten Falle nur allgemeine Tendenzen ablesen.

Das Baumeisteramt, die größte Behörde der Reichsstadt und – anders, als der Name vermuten läßt – keineswegs nur für das Bauwesen zuständig, erhielt 1580 beispielsweise etwa 131 000 Gulden von den Einnehmern. Über 29 000 fl. (oder 22,2 Prozent) wurden davon für das Bauwesen ausgegeben, 26 900 fl. lassen sich Militärausgaben zurechnen (20,6 Prozent). Das Proviantamt bekam für den Kauf von Schmalz, Getreide und die Bewirtschaftung der städtischen Waldungen 21 265 fl. Der Rest verteilte sich auf Zahlungen an «Spione», Kosten für Schenkungen und Bestechungen, für die öffentliche Sauberkeit, für die Stadtfischer.

Nicht alle Bediensteten der Reichsstadt – zur Zeit des Augsburger Reichstags einige Hundert – bezogen ein Gehalt, das für ihren Lebensunterhalt ausreichte. So waren etwa der für das öffentliche Bauwesen zuständige Stadtwerkmeister oder der Stadtgießer durch ein regelmäßiges Honorar an die Kommune gebunden, wirtschafteten aber daneben selbständig. Und die mit der «Geschau» – der Qualitätsprüfung von Handwerksprodukten – beauftragten Leute erhielten für ihre Tätigkeit nur wenige Gulden.

‹Spitzenverdiener› in den Diensten der Reichsstadt waren die Ratsjuristen, der Stadtarzt, die Professoren des Gymnasiums, die Prädikanten. Ein promovierter Jurist konnte es bis auf 500 fl. im Jahr bringen, die Prädikanten brachten es auf Gehälter zwischen 325 fl. und 400 fl.

Dann kamen ‹Bürokraten› wie der Gerichtsschreiber (Gehalt am Anfang des 17. Jahrhunderts: 350 fl.) oder der Steuerschreiber (285 fl.). Der Münzwardein der Reichsstadt verdiente 200 fl., der Zeugwart 224 fl., der Verwalter der Unschlittvorräte 210 fl. Bis zu 100 fl. erhielten der Stadtzimmermann und der Brunnenmeister, am Ende der Gehaltsskala standen die Ratsdiener, der Stadtuhrmacher, die Schreiber anderer Behörden, die Stadtpfeifer (wobei einer der letztgenannten es auf immerhin 150 fl. brachte). Je 1500 fl. – das war schon mehr als ein «Honorar» – erhielten die Stadtpfleger. Im Haushaltsjahr 1580 wandte die Reichsstadt nahezu 13 000 fl. für ihre Bedienten auf; etwa 5700 fl. wurden an Gehältern für Schulmeister und Prädikanten ausgegeben.

Die Zahlen können zugleich Maßstäbe für den Wert des Geldes liefern. Man mag daran ermessen, was Vermögen von einigen hunderttausend Gulden, wie sie in Augsburg zu dieser Zeit vorkamen, bedeuteten. Mancher Handwerker dürfte im Jahr nicht mehr als fünfzig, sechzig Gulden verdient haben; das reichte dann während normaler Zeiten zum Leben hin – in Teuerungsperioden freilich schon nicht mehr. Gerade Taglöhner, Bauarbeiter, auch das Gesinde erhielten indessen oft einen Teil ihres Lohnes in Naturalien; sei es, daß sie auf ihren Baustellen mit Essen zu den verschiedenen Mahlzeiten des Tages versorgt wurden, sei es, daß sie am Tisch ihres Arbeitgebers verköstigt wurden. Auch viele der städtischen Bediensteten, deren Gehaltszahlungen aus den mehrere hundert Seiten dicken, ledergebundenen «Baumeisterbüchern» des

Eine frühneuzeitliche Gesellschaft

Augsburger Archivs zu erschließen sind, bekamen gelegentlich – wie etwa aus den Bestallungsurkunden hervorgeht – Holz, Fische, Schmalz und andere Lebensmittel als Teil ihrer Entlohnung.

Langfristig ergaben sich bei diesen Gehaltszahlungen kaum Steigerungsraten, ihre Bedeutung nahm angesichts wachsender Haushaltsvolumina sogar zusehends ab. Wichtiger wurden die Aufwendungen der Reichsstadt für das Militärwesen: 1615 machten die Ausgaben dafür 22,7 Prozent bzw. 59295 fl. aus, 1622 sind in den Baumeisterrechnungen gar 129113 fl. (oder 29,1 Prozent) genannt – ganz analog der kritischer werdenden politischen Entwicklung.

Auffällig sind weiterhin die Steigerungen, welche der Etat des Proviantamtes erfuhr. 21625 fl. hatten die Baumeister 1580 dafür ausgegeben, 36000 fl. sind es 1595 und gar 67000 fl. im Jahr 1615. Dem entspricht ein wachsender Anteil dieses Postens an den Gesamtausgaben der Baumeister. Ähnlich wie die (nicht immer relativen, meist jedoch absoluten) Zuwachsraten des Bauetats spiegeln diese Werte verstärkte Aktivitäten des Rates auf dem Gebiet der Sozial- und Versorgungspolitik wider, Unternehmungen, die nicht zuletzt disziplinierenden Charakter gewannen. Schließlich befand sich die Augsburger Obrigkeit zur Zeit des Reichstages von 1582 in keiner einfachen Situation. Außenpolitisch, also auch gegenüber Kaiser und Reich, hatte man wenig Spielraum: Mochte es die Oligarchie, mehrheitlich katholisch, auch mit dem Kaiser halten wollen – sie mußte auf die Stimmungen in der weit überwiegend protestantischen Bevölkerung Rücksicht nehmen und zudem mit den lutherischen Ratsherren zurechtkommen.

Die Bürger dachten damals nicht gerade freundlich über ihre Obrigkeit. Als man wegen des Reichstags neue Soldatenzwinger errichtete, war dies – wie der Bierbrauer Jerg Siedeler in seiner Chronik schreibt – dem «gemeinen mann sehr zuwider». Daß der Rat fremde Kriegsknechte geworben hatte, deutete nach Meinung dieses Gewährsmannes nur auf die Befürchtung, eine Bürgertruppe werde es mit der «gemein mehr, dann mit iren aigen herren» halten.

Ein besonderer Kritikpunkt blieb stets die Verfilzung der Ratsoligarchie. Es seien, meinte einer vorwurfsvoll, «vatter, süne, brüeder und vettern im rhat, also das man wol sagen müg: es sey ein erbare freundschaft und nit ein erbarer rat». Tatsächlich zeigt die Geschichte Augsburgs schon im 16. Jahrhundert – und diese Beobachtung trifft gewiß auch für andere Städte zu – immer deutlichere Tendenzen zur Oligarchisierung, zur Konzentration der Macht in den Händen einer kleinen Elite. Innerhalb dieser Führungsgruppen bestand ein engmaschiges Netz, das

Der Perlachplatz in Augsburg nach der Umgestaltung durch Elias Holl. Links der ‹Neue Bau›, daneben Perlachturm, Rathaus, Augustusbrunnen und Herrenstube. Kupferstich, Mitte 17. Jahrhundert

aus Verwandtschaft, Verschwägerung, wirtschaftlichen Beziehungen gewoben war. So wurden die Geschicke Augsburgs seit der Mitte des 16. Jahrhunderts im wesentlichen von drei Familien bestimmt: Die Fugger und Teile des Welser-«Netzes» bildeten eine katholische Fraktion, eine Gruppe um die Familie Seitz und andere Mitglieder der Familie Welser vertraten eine protestantische Politik. Doch waren dies Gruppierungen innerhalb einer Oligarchie, die ziemlich homogen strukturiert war. Es waren nahezu ausschließlich reiche, zumindest sehr wohlhabende Leute, welche die Macht in Augsburg ausübten; Patrizier, die von Latifundien und Großhandel lebten, sich in der Stadt Häuser oder Paläste in den vornehmen Wohnvierteln leisteten.

Institutionelle Zentren der Macht waren der Kleine und der Geheime Rat. Seit den Verfassungsänderungen aus der Zeit Karls V. saßen im Kleinen Rat sieben Handwerker, drei Vertreter der Kaufleute, 31 Patrizier und vier «Mehrer der Gesellschaft» (letztere kann man als eine Art «Zwischenschicht» zwischen Kaufleuten und Patriziern kennzeichnen:

Es handelte sich um meist schwerreiche Vertreter von Handel und Finanz, die durch Einheirat ins Patriziat die Gleichstellung mit dem ersten Stand erreicht hatten). Im Kleinen Rat, bei dem die entscheidenden legislativen und politischen Befugnisse lagen, hatten also die Patrizier das Sagen. Da Neuwahlen, wenngleich aufgrund eines komplizierten Systems, nach dem Prinzip der Selbstergänzung durchgeführt wurden und zudem die Verteilung der Stände in der Regimentsordnung festgelegt war, schrieben sich diese Verhältnisse über Generationen fort.

Der Kleine Rat repräsentierte eine Plutokratie: Die hier vertretenen katholischen *Patrizier* entrichteten zu Beginn des 17. Jahrhunderts eine Vermögenssteuer von durchschnittlich 240 fl. – und selbst wenn man die schwerreichen Fugger als Sonderfälle ausklammert, waren es immer noch um die 200 fl. Die protestantischen Geschlechter brachten es auf 110 fl. im Schnitt. Einer der drei *Mehrer* bezahlte damals 580 fl. und damit mehr als das Doppelte des reichsten Vertreters des protestantischen Patriziats; die Steuerleistungen der *Kaufleute*, durchschnittlich 313 fl., zeigen, daß es ebenfalls die ökonomische Spitzengruppe dieses Standes war, die in den Rat hatte aufsteigen können. Wie hoch die Vermögen gewesen sein müssen, wird deutlich, wenn man die Steuerleistungen der *Gemeindevertreter* im Kleinen Rat unter die Lupe nimmt: Sie machte im Mittel nur etwa zehn Gulden aus.

Hatte der Kleine Rat das letzte Wort über die großen Linien der Politik, wurden die laufenden Geschäfte von einer Art Ausschuß dieses Gremiums erledigt: dem «Geheimen Rat». Man darf sogar davon ausgehen, daß oft die wegweisenden Vorentscheidungen in vielen Angelegenheiten hier gefällt wurden, so daß die eigentliche Macht im Kreis dieser sieben Ratsherren konzentriert war – ausschließlich Patriziern, die ihrerseits von den Patriziern des Kleinen Rats gewählt wurden. Zwei Geheime Räte, gleichsam als *primi inter pares*, wurden als Stadtpfleger zu «heubtern und vorgeern» des Rats, zu den eigentlichen Repräsentanten Augsburgs, bestimmt. Sie trugen zugleich den Titel «kaiserlicher Rat», deutlicher Beweis für den Umstand, daß die Reichsstadt als unmittelbares Glied des *Sacrum Imperium* nur dem Kaiser und dem im Reichstag konkret werdenden Gesamtverband des Reiches untertan war.

Für die Vollstreckung der Ratsbeschlüsse waren die *Bürgermeister* zuständig. Anders als ihre Amtsbezeichnung vermuten läßt, hatten sie praktisch die Funktion von ‹Polizeichefs› in einem umfassenden Sinne: Ihnen oblag vor allem die Sorge um die innere Ordnung, die Aufsicht über Gassenknechte, Markt- und Schrannenaufseher, über Spione und Nachtwächter. Sie hatten die ersten Verhöre von verdächtigen Leuten vorzunehmen, bei Feuersbrünsten die Löscharbeiten zu organisieren. Alljährlich wurden sechs Bürgermeister ernannt, drei von ihnen waren Patrizier, und je ein weiterer kam aus den übrigen Ständen.

Neben dem Kleinen und dem Geheimen Rat sowie dem Stadtgericht zählte noch der Große Rat zu den obersten Gewalten der Reichsstadt. Dieses Gremium hatte dreihundert Mitglieder, davon allein 140 Handwerker. Daneben waren achtzig Kaufleute, 36 Mehrer und 44 Patrizier im Großen Rat vertreten. Er stellte nicht nur eine Art ‹Pflanzschule› für höhere Ämter dar – die meisten Karrieren in der reichsstädtischen Politik begannen hier; mehr noch war er ein wichtiges Integrationsinstrument. Hier versammelte sich schließlich ein halbwegs repräsentativer Querschnitt der reichsstädtischen Gesellschaft, Leute, die zudem – anders, als dies bei den Mitgliedern des elitären Kleinen Rats der Fall war – in den verschiedensten Gegenden Augsburgs wohnten. Freilich, auch unter den Handwerkern finden wir fast nur Ratsherren mit vergleichsweise hohen Vermögen, wenn dieser Besitz auch nicht im entferntesten an jenen der oberen Stände heranreichte. Es war gewissermaßen die ‹Oberschicht der Mittelschicht›, die sich im Großen Rat traf, oft wohl die Honoratioren engerer Lebenskreise. Die integrierende Funktion dieses Gremiums kann kaum hoch genug eingeschätzt werden. Bereits ihr Eid verpflichtete die Ratsherren dazu, die Politik der Obrigkeit zu verteidigen, dem, was der Kleine Rat gebiete, zu folgen – zugleich aber auch «verbotne rotungen unnd geferliche versamblungen, emporungen unnd widerwillen» anzuzeigen, ob sich dergleichen nun offen oder «haimblich inn wynckhlen heusern» zutrug. Mit anderen Worten: zusätzliche Denunzianten zu den bezahlten Kundschaftern, die der Rat ohnedies unterhielt, um sich über die Stimmung unter der Bevölkerung auf dem laufenden zu halten und von möglichem Aufruhr rechtzeitig zu erfahren.

Es ist erstaunlich, in welch vielgestaltiger Weise bei genauerer Betrachtung der städtischen Gesellschaft und ihrer Obrigkeit integrierende und stabilisierende Mechanismen sichtbar werden. Dem «Aufstand des gemeinen Mannes», seit dem großen Bauernkrieg von 1525 eine der furchterregenden Vorstellungen für jede Obrigkeit, standen zahlreiche bewußt konzipierte, aber auch gewissermaßen mental wirksame Hindernisse entgegen. Die frühneuzeitliche Stadt kannte mit großem Aufwand organisierte Institutionen der Versorgung – in Augsburg beispielsweise in Gestalt des Proviantamtes – oder der Armenpflege. Nur teilweise auf der ethischen Grundlage der Werkgerechtigkeit, mehr aus dem protestantischen Geist gemeindlicher Fürsorge, getreu dem Gottesgebot der Nächstenliebe, funktionierte in Augsburg ein Almosenwesen, das von den Zeitgenossen als vorbildlich angesehen wurde. Dazu kam jenes differenzierte, fein verästelte System innerer Überwachung und Kontrolle, das an der Existenz besoldeter Spitzel nicht weniger Konturen gewinnt als an den verdeckten und auch von der Forschung bisher kaum bemerkten Funktionen des Großen Rates. Dabei waren nicht nur die Ratsherren, sondern alle Bürger gehalten, ‹Verbrechen›, Verfehlungen anzuzeigen und insbesondere von den stets befürchteten Zusammenrottungen Mitteilung zu machen. Das galt auch für – nach modernem Verständnis – privateste Angelegenheiten; wer etwa bemerkte, daß sein Nachbar oder Freund sein Geld vertrank, seine Frau verprügelte oder fluchte, hatte das zu melden. Denn die Verfehlung eines jeden einzelnen Mitglieds der «Heilsgemeinschaft» Stadt brachte Unglück über die gesamte Korporation, indem sie Gottes strafende Gerechtigkeit herausforderte: Darin fanden andererseits die Schicksale der Gemeinschaft jeweils ihre Erklärung. Hunger, Krieg, Seuchen konnten als Resultat der anthropologisch vorgegebenen Schlechtigkeit der Menschen gelten, als Folge einer durch Gottes Allmacht gewährleisteten universalen Dialektik von Schuld und Strafe.

Es ist kaum zweifelhaft, daß solche Auffassungen mehr waren als gleichsam ideologische Verbrämung realer Machtpolitik. Gewiß, dieses Denken kam der Stabilisierung von Herrschaftsverhältnissen zugute – doch dürften die Obrigkeiten der frühen Neuzeit nicht weniger an die Wirklichkeit dieser Zusammenhänge geglaubt haben als ihre Untertanen. Es läßt sich daher denken, daß die Zusammenarbeit der Bürger mit ihrem Staat aus der Befürchtung erfolgte, sich andernfalls vor Gott schuldig zu machen; oder – wenn man den Nachbarn gewähren ließ – dem Hereinbrechen von göttlichen Strafen in Gestalt von allerlei Unbill Vorschub zu leisten.

Schließlich ist nochmals an die Vorstellung eines hierarchisch geordneten Weltganzen – das auch das Bild einer festgefügten Gesellschaftsordnung umfaßt – zu erinnern. Darin hat alles, vom Stein, von Pflanze und Tier bis zu den Sternen seinen Platz; der Mensch ist inmitten und sieht sein gesellschaftliches Dasein, wie es ihm in Ständekurien, in Prozessionen, im Zeremoniell ideal vor Augen geführt wird. Darüber hinaus finden sich innerhalb dieser Strukturen weitere, feinere Abstufungen – ein Goldschmied hielt sich für etwas Besseres als ein armer Weber, und der wiederum sah als Handwerksmeister herab auf den Taglöhner und erst recht auf die Menschen am Rande der Gesellschaft, auf Schinder, Henker, Totengräber.

Widerspruch, Zusammenrottung, Aufruhr galten als Verneinung der von Gott gewollten Ordnung. Im Prinzip also lehnte sich gegen Gott auf, wer sich gegen seine Obrigkeit stellte. Wenn aber Gott selbst die Auflehnung guthieß, wenn es dabei um Gottes Wort ging?

Gottes Wort, Religion – das spielte in vielen, vielleicht den meisten Aufstandsbewegungen der frühen Neuzeit eine bedeutende Rolle. Die aufständischen Bauern hatten sich 1525 auf das «göttliche Recht» berufen, als sie sich gegen die traditionelle Ordnung stellten; im Kampf der Niederlande gegen die Spanier, in den zahlreichen Bürger- und Bauernrevolten des ausgehenden 16. und des 17. Jahrhunderts, dann in der englischen Revolution finden sich Beispiele. Es bedurfte einer starken Rechtfertigung, eines Arguments, das aus der angegriffenen Ordnung selbst genommen werden konnte, um die Auflehnung wagen zu können.

Ein solches Argument fanden die Augsburger am 25. Dezember 1584. Es regnete nämlich an diesem Tag, dazu blies ein heftiger Wind über die Dächer der Stadt. Es sei dies, schreibt Georg Kölderer, ein «gezeugknus grosses traurens, dz der langg gewonnte cristag also verkertt würdt vom kindt des verderbens zu Rom». In der Tat: Man hatte Weihnachten um zehn Tage vorverlegt, überhaupt den Kalender revidiert. Das hatte in Augsburg (und in anderen Städten des Reiches) Unruhen verursacht, Widerspruch gegenüber den Obrigkeiten, die sich zu dieser Maßnahme verstanden hatten. Die Überlieferung erlaubt es, hier einmal gewissermaßen die Anatomie einer Revolte zu betreiben, der Frage nachzugehen, wie es dazu kam, daß alle mentalen, machttechnischen und sozialen Schranken gegen den Angriff auf die Ordnung für einen Augenblick fielen.

Die Kalenderreform, die im Oktober 1582 durchgeführt werden sollte, hatte eigentlich rein praktische Gründe gehabt, Gründe, die sich nachrechnen ließen: Um die allmählich gewachsene Differenz zwischen dem astronomischen und dem bürgerlichen Jahr auszugleichen, sollten zehn Tage übersprungen werden, auf den 4. der 15. Oktober folgen. Die sinnvolle Idee hatte nur einen Makel: Sie kam von Papst Gregor XIII. und gewann so für die Bewohner protestantischer Gebiete einen unangenehmen konfessionellen Beigeschmack. In Augsburg wurde zunächst vor dem Reichskammergericht um die Einführung des Gregorianischen Kalenders prozessiert; aber selbst einige Protestanten stimmten schließlich der Einführung der neuen Zeiteinteilung zu: Wie sollte man in der Reichsstadt nach einem anderen Kalender leben und arbeiten als im katholischen Umland, wie mit altgläubigen Partnern Handel treiben?

Ungeachtet dessen, daß andere protestantische Städte den Gregorianischen Kalender als ‹politische› Sache akzeptiert hatten und daß auch im Rat die Mehrheit für die Annahme der Neuerung wuchs, entwickelte sich in der Stadt – alle Quellen zeigen das – eine gespannte Atmosphäre. Wortführer des Widerstands waren die Prädikanten, besonders der Superintendent Dr. Georg Müller, der es wagte, die Ratsherren, die sich für den «bäpstischen» Kalender erklärt hatten, der Tyrannei zu bezichtigen und sie Heuchler zu nennen. Schmähschriften, «Pasquille», kursierten in der Stadt; es ging darin nicht nur um den Kalender, sondern gleich auch noch gegen die «feigen säckhe, burger… und kauffleith»; eine Lästerschrift meinte:

«Wir von einer gemaindt haben jetzt lang zugesehen, meine Herren, von wegen des Babstes erlognen Newen Kalender, was er für einen Fridt macht in der Stadt Augsburg, und nit ein Pfaffenstadt daraus mache. Würdt er nit abgeschafft, so wöllen wir von der Gemein starckh genueg sein und in Weckh thuen. Deß geben wir meinen Herren zu bedenckhen, daß sie sich selbst vor Schaden wöllen behüeten, damit wir noch lenger in Friden bey einander möchten hausen. Würdt ein feuer dardurch uffkhommen so sehet Ihr zue, die datzuo helffen: sonderlich die Teufelskhünder die Jesuwider – Denen wöllen wir wider helffen abbrechen was sy bawet haben mit samt irem Anhang, Gott woll davor sein, und ein christliche Oberkaitt.»

Ein hochinteressanter Text. Der anonyme Autor appelliert in seinem nun in der Tat aufrührerischen Schreiben, das ist bezeichnend, an Gott und eine christliche Obrigkeit; seine Attacke richtet sich gegen jene, die seiner Meinung nach gegen die Ordnung handeln, aus Augsburg eine «Pfaffenstadt» machen wollen. Der Papst, das darf man voraussetzen, galt dem guten Lutheraner als Antichrist, die Jesuiten als Agenten des Bösen – er nennt sie «Teufelskinder»; sie seien schuld, wird vorsorglich argumentiert, wenn es in der Stadt zum Aufruhr komme. An vielen Stellen scheinen die genossenschaftlichen Traditionen des bürgerlichen Selbstverständnisses durch, jenes innerhalb der hierarchischen Struktur der Gesellschaft der Frühneuzeit ein alternatives politisches Prinzip: «Wir von einer gemaindt», «so wöllen wir… starkh genueg sein»…

Auch bezieht er sich auf ein Ereignis, das die Verschärfung der konfessionellen Spannungen geradezu symbolisch verdichtet: die Errichtung des Jesuitenkollegs St. Salvator, das gerade – im März 1582 – eröffnet worden war. Standen mit dem Kolleg und dem Gymnasium der Jesuitenpatres nun dem alten protestantischen Gymnasium bei St. Anna katholische Bildungsstätten gegenüber, hatten auch die Protestanten ihren Bildungsanspruch nochmals bekräftigt: Im selben Jahr 1581, in dem der

Grundstein für das Jesuitengymnasium gelegt worden war, hatte man mit dem Bau eines eigenen Kolleggebäudes begonnen; Anfang Dezember 1583 konnte dieses Institut für Stipendiaten Augsburgischer Konfession ebenfalls seiner Bestimmung übergeben werden.

Da wird die Steigerung konfessioneller Konkurrenz an Baudaten ablesbar. Die Jesuiten spielten in den folgenden Jahrzehnten neben den Kapuzinern eine wichtige Rolle für die Verschärfung des Tones, in dem die Konfessionsgruppen miteinander umgingen. Die Einführung eines astronomisch korrekten Kalenders hätte kaum so erregte Reaktionen in der Reichsstadt ausgelöst, hätte sie nicht zu einer Zeit stattgefunden, als es an spannungsverschärfenden Faktoren in keiner Weise fehlte – vom Auftreten der Jesuiten bis zur Anwerbung einer fremden Soldtruppe, von plötzlich anziehenden Lebensmittelpreisen und zunehmender Mortalität bis zu den gewiß auch in der Bürgerschaft der Reichsstadt verbreiteten Nachrichten von den Kontroversen auf dem Augsburger Reichstag, von der zunehmenden Konfessionalisierung der Politik.

Die Situation spitzte sich zum Jahresende 1583 hin zu, als der Rat ein Fähnlein Knechte anwarb; weitere tausend Mann wurden im März 1584 in Sold genommen. Die Ratsmajorität fühlte sich jedenfalls stark genug, nicht nachzugeben. Zu Beginn des Jahres 1584 hatte man – gegen das Herkommen, das dieses Recht dem evangelischen Ministerium ließ – zwei Prädikanten auf freigewordene Stellen berufen und damit einen weiteren Konflikt vom Zaun gebrochen, der die Stadtpolitik noch über Jahre beschäftigen sollte. Als endlich ein Reichskammergerichtsurteil die Rechtmäßigkeit der Kalenderreform bestätigte, griff der Rat durch und ordnete an, die Bürger hätten sich fortan nach dem neuen Kalender zu richten. Die meisten Ratsherren fügten sich; Widerstrebende wurden ihrer Ämter entsetzt. Die Prädikanten dagegen riefen weiterhin zur Verweigerung auf. Ihre Haltung blieb entscheidend für den weiteren Verlauf der Dinge. Am 3. Juni 1584 riefen sie von ihren Kanzeln herab dazu auf, das bevorstehende Himmelfahrtsfest nach dem alten Kalender zu feiern, somit am bevorstehenden Donnerstag. Der Rat dagegen ließ ausrufen, es sei verboten, an diesem Tag die Läden zu schließen. Und man entschied, gegen den Kopf des Widerstands vorzugehen, den Superintendenten Dr. Müller. Am 4. Juni teilte man ihm mit, er habe unverzüglich die Stadt zu verlassen.

Das brachte das Faß zum Überlaufen. Auf unserer Karte ist der Weg, den Dr. Müller aus der Stadt nehmen mußte, zu erkennen: von St. Anna, am linken oberen Bildrand, hinüber zum Gögginger Tor (Nr. 72). Auf dieser kurzen Wegstrecke hielt eine aufgebrachte Menschenmenge die

Eine frühneuzeitliche Gesellschaft

Die Entführung des Superintendenten Dr. Müller, 25. Mai 1584. Holzschnitt, um 1584

Kutsche an, in der Müller mit seiner Familie fortgeschafft werden sollte – die Aktion war nicht ‹im geheimen› geblieben, selbst Gott gab gleich seinen Kommentar zu dem unerhörten Vorfall: Er legte einen «Halo» – einen Dunstschleier – um die Sonne, der zwei Ringe erkennen ließ. Unser Kupferstich zeigt die Himmelserscheinung sehr detailliert (wenngleich die Perspektive nach Westen geht und die Sonne zu der Tageszeit, als man Müller entführen wollte, noch im Osten gestanden haben muß). Gut sind die plakativ geschlossenen Läden zu erkennen.

In der Jakober Vorstadt, dem Viertel der Armen, der Tagwerker, Weber und Metzger, rottete sich eine Menge von vielleicht einigen tausend Leuten zusammen. Rasch ließ der Rat die inneren Stadttore sperren; durch sie konnte die Oberstadt halbwegs abgeschirmt werden. Doch Verrat öffnete das Barfüßer Tor, man stürmte das Zeughaus und brachte sich in den Besitz von Waffen. Vor dem Jesuitenkolleg kam es zu einem Auflauf, dann ging es zum Rathaus. Eilig war ein Sicherheitskordon zusammengezogen worden: Da standen die Söldner mit Musketen, glimmenden Lunten. Schüsse fielen. Einer davon traf den Stadtvogt am Arm, ein Weber soll eine tödliche Kugel erhalten haben.

Ein falscher Befehl, eine Provokation hätte jetzt zu einem Blutbad geführt. Augsburgs Geschichte, seine Herrschaftsordnung – nein, das stand hier nicht zur Disposition. Der Aufstand wäre von den geschulten Söldnern gewiß ohne weiteres niedergeschossen worden. Statt dessen

ergriffen die Prädikanten die Initiative: Sie beruhigten die Menge. Vereinzelt wurden noch Barrikaden errichtet, am Nachmittag des 4. Juni löste sich indes die Spannung. Wenn ein anonymer Pasquillant schrieb:
 «Es wird nimmermehr guet, nun hab der herr stattpfleger Rechlinger ein schifflein voll pluet, und der herr stattvogt ist geschossen, aber noch nitt recht troffen, es geht weiter so –», dann erfüllten sich solche Hoffnungen nicht. Es blieb bei vereinzelten Schmähschriften, die protestantischen Chronisten – so Kölderer oder der Bierbrauer Jerg Siedeler – schrieben sich ihre Ressentiments mit galliger Feder vom Herzen. Der Rat verhandelte mit Ausschüssen der protestantischen Bürgerschaft, um den Streit beizulegen; benachbarte Reichsstände halfen dazu. Wohl wurde der reformierte Kalender für alle Bürger verbindlich gemacht, doch konnten die Prädikanten eine Erklärung verlesen, in der sie ihre Haltung darlegten. Der Rat seinerseits bekundete, der protestantischen Konfession keinen Abbruch tun zu wollen. Das alles waren halbe Lösungen, wie sich bald zeigen würde – zumal die Frage unentschieden blieb, bei wem das Recht liegen sollte, vakante Prädikantenstellen zu besetzen.

Obwohl man unter Vermittlung einer kaiserlichen Kommission zu dem Kompromiß kam, dem evangelischen Ministerium ein Vorschlagsrecht einzuräumen, wobei das endgültige Berufungsrecht beim (vorwiegend katholischen) Geheimen Rat liegen sollte, schwelte der Konflikt weiter. Viele Bürger blieben beim Jahreslauf des alten Kalenders, immer wieder kam es zu Strafverfahren wegen Feiertagsarbeit, weil die Protestanten von Sonn- und Festtagen eben einen anderen Begriff hatten.

Streitigkeiten über die Feiertagsregelungen des «bäbstischen» Kalenders konnten recht kuriose Formen annehmen. Noch im Januar 1607 bekam es der Weber Adam Bach mit der Obrigkeit zu tun, weil er ein ‹Schandgemälde› gefertigt haben sollte. Der Protestant hatte einen Zettel am Laden einer katholischen Huckerin befestigt und darauf geschrieben:

«Lieber huckherin es kan wol sein
wie thustu so hüpsch spinnen fein,
wol an dem alten heiligen tag...»

Das bezog sich auf Feiertagsarbeit am Weihnachtstag 1606. Die Untersuchungen des Rates ergaben, daß Jacobina Nickhlin, die Tochter eines ebenfalls protestantischen Huckers, die Gelegenheit genutzt und noch einige deftige Verse gegen die Kapuziner hinzugefügt hatte. Und sie hatte den Zettel um die Darstellung eines am Galgen hängenden Kapuziners bereichert...

Nach dem Aufstand von 1584 blieben die Dinge in der Schwebe. Eine Gruppe von protestantischen Bürgern zog sogar das Exil vor und agierte nun bei Reichsständen ihrer Konfession gegen die Verhältnisse in Augsburg.

1586 versuchte der Rat erneut, durch einen harten Schlag reinen Tisch zu machen. Die Prädikanten, nach wie vor Kristallisationskerne des Widerstands, wurden ihrer Posten enthoben, aus der Stadt gewiesen und durch angepaßte Nachfolger ersetzt.

Die Empörung unter der evangelischen Bürgerschaft war groß und, wie es scheint, ziemlich einhellig. Man sprach von «Miedlingen», von «Bauchdienern, Fressern und Säufern» – und boykottierte die Gottesdienste. Dieser sogenannte «Prädikantenstreit» läßt sich sogar graphisch veranschaulichen (s. Seite 337). Das Diagramm zeigt die Kirchenspenden für das Augsburger Almosen, nach ihrer Verteilung in den Stadtdritteln. Die Spendenerträge gingen geradezu dramatisch zurück, weil man – wie der Schreiber des Almosenamtes an den Rand der Abrechnung zu Juli/August 1586 notiert – «zu den neuen predigkantten biß her nitt vast in die kürchen kome». Im St.-Jakobs-Drittel waren vorher etwa 24 fl. gesammelt worden, jetzt waren es noch 13 fl., bei St. Ulrich war ein Rückgang von 138 fl. auf 28 fl. zu registrieren und im Drittel von St. Stephan standen 24 fl. noch ganze 7 fl. gegenüber. Wenn die Einbrüche im Drittel von St. Jakob dennoch verhältnismäßig glimpflich ausfielen, obwohl der Aufstand von 1584 von hier aus begonnen hatte, ist dies dadurch zu erklären, daß in diesem Bereich auch die Sammelerträge der katholischen Dompfarrei verbucht wurden.

Wie wichtig die Einnahmen aus diesen Kirchensammlungen waren, läßt sich am Gesamtbudget des Almosens erkennen: Normalerweise machten diese Spenden mehr als ein Viertel der Einkünfte aus, bis zum Haushaltsjahr 1587/88 war dieser Anteil auf etwas über fünf Prozent zurückgegangen.

Gut zu erkennen ist, daß zu Weihnachten und zu Ostern besonders viel gespendet worden ist – und gerade, wenn man die «Türmchen», welche die Spenden zu Ostern darstellen, vergleicht, zeigt sich, wie der Predigtboykott allmählich nachgelassen zu haben scheint (die Erträge der Weihnachtssammlungen, stets höher als die der Osterzeit, ziehen nach).

Gewiß, man half sich mit Bibellesungen in den heimischen vier Wänden; der Rat ging dagegen vor. So wurde 1590 eine Frau verhört, weil sich ein Kreis von etwa zwanzig Personen regelmäßig bei ihr einfand – sie las aus der Bibel, aus des ‹Habermans betbüechlin›, aus Luthers

Hauspostille. Es «wöll dz wort gottes ein frey willig herz haben», meinte sie gegenüber den Ratsherren und fügte hinzu: «Dz hab sy gegen den yezigen predigern bey ir nie finden können.» Lasse man ihr Gewissensfreiheit, wolle sie im übrigen der Obrigkeit in allem gehorsam sein. Diese Denkfigur begegnet im konfessionellen Zeitalter immer wieder: die Trennung von Verhalten, vom «sich accommodiren», vom Gewissen; die Behauptung der wirklichen Freiheit des Christenmenschen.

Natürlich war die Situation für gläubige Protestanten äußerst problematisch, ja eigentlich unhaltbar. Im Sommer 1589 kam es in der Jakober Vorstadt zu einer Rauferei zwischen zwei Webern – man hatte sich darüber gestritten, ob die Prädikanten das reine Wort Gottes lehrten. Als der eine das bestritt, hatte der andere entgegnet; es seien gute Prädikanten, und man möge seinetwegen Weihnachten auf Pfingsten legen und Pfingsten auf Weihnachten, ihn bekümmere das nicht, «da man im nur das wort Gottes rain predigte». Auch sein Kontrahent brachte seinen Nachwuchs den verabscheuten «Mietlingen» zur Taufe. Wenn er über Land wandere, hungrig und durstig sei – so meinte er allerdings wenig freundlich –, und ein Dieb oder Mörder bringe ihm Speise und Trank, «so wurd er doch ersettigt, ob gleich die jene nit frumb weren...».

So oder so mußte der Konflikt bewältigt werden, war doch kaum anzunehmen, daß die Mehrheit der Protestanten die Sakramente in ähnlicher Weise als «geistige Mahlzeit» auffaßte, wie der Weber in der Jakober Vorstadt. Der aus den Verhörprotokollen des Rates rekonstruierbare Dialog gibt im übrigen einen treffenden Kommentar zum Verlauf unseres Diagramms, das ein Bröckeln der Boykottfront zeigt – die neuen Prediger ständig abzulehnen, ging schon deshalb nicht, weil man ihrer als Priester bedurfte.

Erst 1591 war ein unter anderem von Straßburg und Nördlingen vermittelter Vergleich unterschriftsreif. Wohl blieb danach das Berufungsrecht für Prediger und Kirchenpfleger beim Rat, doch sollte die Gemeinde künftig aus den drei Ständen je einen Adjunkten zu einem Kirchenpflegergremium hinzuwählen dürfen. Bei diesem Gremium lag das Vorschlagsrecht, das zugleich die Kandidaten einer eingehenden Prüfung unterziehen sollte. Neben diesen und einigen anderen Zugeständnissen war entscheidend, daß der Rat bereit war, die neu eingestellten Prädikanten zu prüfen und die Unfähigen unter ihnen zu entlassen. Im Laufe des Jahres 1592 – das läßt das Diagramm sehr gut erkennen – normalisierten sich die Höhe der Kirchenspenden und der Besuch des Gottesdienstes wieder.

Der Kalenderstreit und die Auseinandersetzungen um die Berufung

Eine frühneuzeitliche Gesellschaft

der Prädikanten blieben prägende politische Erfahrungen für die Augsburger Ratsoligarchie. Die «furia» des «gemeinen volkes» hatte gezeigt, daß es innerhalb der scheinbar so festgefügten Ordnung der reichsstädtischen Gesellschaft Risse gab. 1584 standen nicht mehr diverse «Beziehungsnetze» aus dem Kreis der Eliten selbst in begrenztem Konflikt gegeneinander, die «gemein» erhob sich gegen ihre Obrigkeit. Deutlicher noch als die dramatische und deshalb historisch ‹sichtbare› Eskalation des Konflikts zeigt der über mehr als ein halbes Jahrzehnt anhaltende Predigtboykott das Ausmaß des latent vorhandenen Protestpotentials.

Noch 1584 hatte die kaiserliche Kommission eine Befragung veranstaltet, welche die Ursachen der Erhebung ans Licht bringen sollte. Da wurde nicht allein über den neuen Kalender oder über die Bedrückung des evangelischen Wesens, über die Vertreibung Dr. Müllers und andere konfessionelle *gravamina* geklagt, die Befragung förderte auch ein beträchtliches Ausmaß an sozialem und politischem Konfliktstoff zutage. Man klagte über die Verfilzung der Ratsoligarchie; ein Patrizier vermutete, «muetwill unnd armuet, so gern gesechen, das es alles uber und uber gangen», sei am Werk gewesen. Besonders aufschlußreich ist die ausführliche Stellungnahme des Patriziers und Großkaufmanns David Weiß:

«Item, der gemein mann beschwere sich, nachdem ein yeder burger sein vermügen zu versteuren schuldig, bring man doch in erfarung, das alle Fugger miteinander ex pacto nuer 2000 goldfl geben ... sonnst geb ein yeder burger, so über 150 000 oder 160 000 guldin vermüg, ein benannte statt steuer, nemlich 600 goldfl unnd sey kein Fugger alhie, der nit auch so vil geben könde. So kauffen die herren Fugger vil heüser an sich, brechen dieselben ab, machten lustgärtten daraus, dadurch den armen burgern ire underkommen geschmelert unnd entzogen ...»

Klagen über Steuerungerechtigkeit, über die Bevorzugung des Hauses Fugger, die Schmälerung des Wohnraumes durch die Anlage luxuriöser Gärten – diese Kritikpunkte verweisen darauf, daß es dem vielzitierten «gemeinen Mann» nicht nur um Religion ging im Konflikt mit der Obrigkeit – auch wenn man zugestehen könnte, daß in Weiß' Aussagen die Eifersucht des eingesessenen Patriziers gegenüber den emporgekommenen Landwebern mitschwingt. Als der reformierte Kalender eingeführt wurde, war dies tatsächlich nur der letzte, auslösende Faktor, dem bereits zahlreiche spannungsverschärfende Ereignisse vorausgegangen waren. Das alles traf auf eine Gesellschaft, die von großen sozialen Verwerfungen gekennzeichnet war, Folge einschneidender wirtschaftlicher

Veränderungen. Vieles davon war für den einzelnen ebenso unbeherrschbar, wie die eigentlichen Wurzeln dieser Entwicklungen kaum verstanden wurden. Man stellte fest, daß alles teurer wurde, daß es keine Arbeit gab, bemerkte nicht nur Massenarmut, sondern zugleich demonstrativen Reichtum und kritisierte bezeichnenderweise augenscheinlichen Gartenluxus. Was die Dinge dennoch im Lot hielt, wurde angedeutet: ein geschlossenes Weltbild, Vorstellungen von göttlicher Allmacht, nach denen die Wirklichkeit und ihre Herrschaftsverhältnisse legitim waren, weil sie als gottgewollt erschienen. So unerträglich die Einzelheiten dieser Realität auch sein mochten: als *ungerecht* wurde sie so bald nicht empfunden, und man hätte sich wegen der Einführung eines neuen Kalenders auch kaum aufgelehnt, wäre der Vorgang nicht von den Theologen, den Kommunikatoren des Protests, als gegen Gottes Ordnung interpretiert worden. Deren zentrale Rolle wird wiederholt greifbar. Ihre Äußerungen, das war das Wesentliche, legitimierten für die «gemain» den Widerstand.

In den dramatischen Vorgängen des 4. Juni 1584 kulminierte zugleich mehr oder weniger unbewußt jene diffuse Unzufriedenheit mit der wirtschaftlichen Entwicklung, die in den Quellen häufig nachweisbar wird. In der katholisch dominierten Ratsoligarchie stand den Revoltierenden vor allem ein konkreter ‹Feind› gegenüber, von dem eine Änderung der Verhältnisse eingefordert werden konnte. Wenn gelegentlich gesagt wurde, es wäre gut, im Rat eine «gleichheit» herzustellen, dann war damit freilich nicht soziale, sondern konfessionelle Gleichberechtigung gemeint.

Die verfassungsrechtliche Auseinandersetzung macht einen eigenen, wichtigen Aspekt des Kalenderstreits aus. Damit erreichte ein Dauerkonflikt innerhalb der Reichsstadt einen Höhepunkt, der mit der Reformation entstanden war und erst 1648, durch den Westfälischen Frieden, gelöst werden konnte: Welche Rechte sollten Konfessionsgruppen – ob sie nun Mehrheit oder Minderheit waren – besitzen? Welcher Einfluß war, konkret, der Glaubensgemeinschaft, der kirchlichen Gemeinde, gegenüber der politischen Obrigkeit zuzugestehen? Und: War es denkbar, die Freiheit der Bürger einer christlichen Stadt einfach als ‹innere›, als Freiheit des Gewissens, zu definieren?

Soweit sich überhaupt etwas über die soziale Zusammensetzung der militanten Gegner der Kalenderreform sagen läßt, fällt auf, daß viele Metzger und daneben Weber unter den Revoltierenden des 4. Juni waren, Leute aus der Jakober Vorstadt. Über die Strukturprobleme gerade auch dieser Handwerke wurde bereits berichtet – von der dünnen Oberschicht des Metzgerhandwerks, den «Ochsenbaronen»; von der Armut der Weber. Aber es war nicht nur Armut, mehr noch das Gefühl, in die Mühlsteine der Entwicklung zu geraten, soziale Positionen einzubüßen, der *Ehre* verlustig zu gehen. Ein Vorgang aus der Zeit nach der Beilegung des Prädikantenstreits – im Jahr 1596 – läßt in seltener Deutlichkeit die Umrisse dieser Konfliktsituation erkennen.

Der Weber Georg Kappel war beleidigt worden: Zwei Wollhändler hatten ihn einen «dieb und schelm» geheißen, weil er angeblich Schulden nicht bezahlt hatte. Um dem Handwerk den «schandtfleckhen» zu nehmen, verteilte Kappel daraufhin einige anonyme Pasquille in der Stadt, eines war direkt an die Stadtpfleger gerichtet. Einige Weber machten große Schulden und würden immer reicher, schreibt Kappel, besäßen eigene Häuser und zögen in großer Pracht auf den Markt; die meisten Weber indessen bezahlten ihre Schulden bei den Wollhändlern pünktlich, die Kaufleute hingegen betrögen mit dem Gewicht und lieferten schlechte Ware. Und die Vertreter der Weber hielten es mit den Kaufleuten – «und beist kain wolf den anderen». Die Weber würden durch den Kaufmannsstand ausgebeutet, ins Verderben gebracht. Aber sollten diese armen Weber deshalb ehrlos sein? Die Beleidigung als «dieb und schelm» mache doch die Ehre des gesamten Handwerks zunichte – man dürfe «die arme nit also zwingen und dringen». Deshalb bittet er den Stadtpfleger um Hilfe – «als ain vatter derer aller..., so ir schutz und hilff bey eueren gnaden suchett...».

Der wirtschaftsgeschichtliche Hintergrund dieses Briefes ist bekannt: Der wohl durch Überproduktion bedingte Preisverfall für Textilien hatte viele Weber nicht nur ins Almosen gebracht, sondern auch gezwungen, zum Erwerb der wichtigsten Rohstoffe für ihre Tätigkeit Schulden zu machen. Oft war erst am Ende der Woche das Geld wieder verdient, das man schon Montag gebraucht hatte. Erst 1583 hatte der Rat ein erneutes Mandat gegen das Schuldenmachen erlassen; auch dies kann gewiß als spannungsverschärfendes Element im Vorfeld des Kalenderstreits festgestellt werden. Während einige wenige wohlhabende Weber aus diesem Teufelskreis ausbrechen konnten – etwa, indem sie selbst Handel trieben und Geld verliehen, verstrickte sich die große Mehrheit des Handwerks immer tiefer in das Unglück. Von den Kaufleuten bedrängt, von einigen Großproduzenten in ihren Absatzchancen bedroht, war es unvermeidlich, daß – wie es Kappel geschah – schließlich selbst die Ehre in Frage gestellt wurde, das für bürgerliches Selbstverständnis schlechthin wesentlichste Gut, ein zentraler Wert in der städtischen Gesellschaft. Und vermutlich hier, nicht weniger im psychologischen Bereich als in der tristen wirtschaftlichen Realität, lagen die ganz entscheidenden Voraussetzungen dafür, daß viele Handwerker gleichsam das ‹Angebot› der Prädikanten, Widerstand zu leisten, aufgriffen.

In den folgenden Jahrzehnten war der Rat, aufgrund einer günstigen Entwicklung der öffentlichen Finanzen, zusehends in der Lage, ‹Sozialpolitik› zu betreiben. Noch funktionierte das öffentliche Armenwesen, wurden Lebensmittel importiert und, wie noch zu berichten sein wird, während Teuerungen subventioniert an die Bürgerschaft ausgegeben. Vielfach blieb es beim Kurieren an Symptomen – so verbot man das Leihen bei den außerhalb der Stadt lebenden Juden und errichtete, ab 1602, ein eigenes Leihhaus, in dem Pfänder zu Geld gemacht werden konnten.

Spektakuläre Ausmaße im eigentlichen Sinne nahm die Ratspolitik schon zu Beginn der neunziger Jahre des 16. Jahrhunderts an – mit einem groß angelegten Bauprogramm, das nicht nur der Verschönerung der Stadt, der Selbstdarstellung der Oligarchie diente oder Bedürfnissen der Verwaltung und Versorgung nachkam: Es ging gezielt darum, den unterbeschäftigten Bauleuten Arbeit zu verschaffen.

Die Bitten des Maurerhandwerks, der Unterbeschäftigung abzuhelfen, datieren schon aus früherer Zeit. 1562 hatten die Almosherren empfohlen, Hausarme an öffentlichen Bauunternehmungen arbeiten zu lassen; 1577 wird in einer Petition «unnderthenig und flehenlich» darum gebeten, zu bewilligen, daß die Maurer «alle unnd jede arbaitt, da wir dieselbige bekhomen unnd antreffen mögen», annehmen dürften. 1593 endlich konnte Georg Kölderer notieren, es sei «des bauens... allenthalben kain ende» gewesen. Am Turm von St. Ulrich wurde gearbeitet, ein neues Manggebäude entstand. Im Juli begann man mit den Arbeiten an der Aufstellung eines «neuen, grossen rörkasten(s) mit des kaiser Augustus Octavianus, auch der 4 wasser götter billttnus» auf dem Platz vor dem Perlachturm.

Die Errichtung des «Augustusbrunnens», der ein Hauptwerk süddeutscher Bronzekunst werden sollte, bildete den Auftakt für eine ganze Reihe weiterer Maßnahmen. Als repräsentative Kulisse für den Brunnen, der an den Gründer der Reichsstadt, den römischen Kaiser Augustus, erinnerte, entstand später ein in Formen der italienischen Hochrenaissance gestalteter Bau. Die alte «Metzg», das Zentrum des Fleischhandels, wurde an den Fuß des Perlachberges verlegt (auf unserem Kartenausschnitt Nr. 140). «Ach, wie verendert sich alles inn Augspurg so seer», klagte Kölderer, «gott woll daß ettwas guetts bedeut...»

Nicht weit von der Metzg entfernt war inzwischen ein neues Zunft-

Der Augustusbrunnen. Kupferstich von Lucas Kilian, 1598

haus für die Augsburger Bäcker entstanden, am nördlichen Stadtrand wurde ein Gießhaus gebaut: Hier hat man die meisten der großartigen Bronzebildwerke hergestellt, welche die neuen Gebäude und Brunnen der Stadt schmücken sollten. Auf den Brunnen des Augustus folgte der

Die Michaelsgruppe an der Ostfassade des Zeughauses. Kupferstich von Lucas Kilian, 1607

bereits erwähnte, dem Gott Merkur und damit dem Kaufmannsstand gewidmete Brunnen, dann, am Weinmarkt, der Herkulesbrunnen. In dessen Umgebung errichtete der gerade neu eingestellte Stadtwerkmeister Elias Holl ab 1604 das «Siegelhaus», noch während unweit davon das städtische Waffenarsenal – das Zeughaus – im Bau war. An seiner Fassade wurde eine Bronzegruppe aufgestellt, die manchen als militante Verkörperung der Gegenreformation erschien: der «Colossus» des Erzengels Michael, wie er Satan in die Hölle tritt. Kölderer fühlte sich dabei an die Unterdrückung seiner Glaubensgemeinschaft erinnert.

Weitere Zentren urbanistischer Aktivität wurden die Regionen um die

Eine frühneuzeitliche Gesellschaft 91

Schlittenfahrt und «Mummereien» vor dem alten Rathaus und der Herrenstube, im Hintergrund St. Moritz. Radierung von Wilhelm Peter Zimmermann, 1618

Barfüßerbrücke, das Gebiet um St. Anna. Weit über hundert Gebäude müßte ein Œuvreverzeichnis Elias Holls umfassen. Der Stadtwerkmeister, dessen Jahresetat gelegentlich auf bis zu 15 000 fl. anstieg, hatte zeitweilig zusammen mit seinem für den Wasserbau zuständigen Kollegen die Arbeit von fünfhundert Leuten zu organisieren. Manchmal wurde an sieben, acht Baustellen gleichzeitig gearbeitet: nicht nur an den repräsentativen Prachtbauten der christlichen Idealstadt, sondern auch an Mühlen, Hammerwerken, Wachhütten, einem neuen Posthaus, Stadttoren, einem Gefängnis und weiteren Zweckbauten der verschiedensten Art. Bei «nacht und liecht» habe der Architekt Holl manchmal arbeiten müssen, erinnert sich einer seiner Maurergesellen, und neben dem Bett habe er stets eine Schreibtafel hängen gehabt, um Einfälle und Lösungen für Probleme augenblicklich festhalten zu können...

1615 schließlich wurde der Grundstein für einen neuen Rathausbau gelegt. Eine Kopie der Inschrift, mit der man darauf den geplanten Bau und seine Urheber feierte, ist im Nachlaß Elias Holls überkommen: «Vrbis. Vindel. Patriae Ornamento Atq. Svblevandae Opificvm Penvriae» wird als Zweck der Baumaßnahme formuliert – «zum

Schmuck der Heimatstadt und zur Behebung der Not der Bauleute». Bis 1620 würde man daran arbeiten. Es sollte ein monumentales Gebäude werden, von Dimensionen, die jeden in Augsburg bisher gekannten Rahmen sprengen sollten.

In den Jahren des Rathausbaus hatte die Reichsstadt eine Bevölkerung von vielleicht 45 000 Menschen und war, nach Köln und mit Nürnberg, eine der größten Städte des Heiligen Römischen Reiches. Die ökonomische und soziale Struktur der Metropole kann für diese Zeit anhand einiger wichtiger Quellen ziemlich genau rekonstruiert werden; 1610, 1615 und 1619 wurde die waffenfähige Bevölkerung gemustert – die erhaltengebliebenen Listen geben Aufschlüsse über Berufe, Gesellenzahlen, Alter der Gemusterten. Ihren eigentlichen Wert entfalten diese Quellen indessen erst in Verbindung mit einer anderen Quellenreihe, den Steuerbüchern. Von der zweiten Hälfte des 14. bis zum Beginn des 18. Jahrhunderts liegt diese Serie vor – Jahr für Jahr Tausende von Einträgen ergeben die ökonomische Lebenslinie der Stadt, vermitteln Einblicke in die soziale Physiognomie der Augsburger Gesellschaft.

Freilich – so klar und eindeutig das Zahlenwerk der Steuerbücher wirkt, ist es nicht, und es muß kurz auf die methodischen Probleme, die sich bei der Interpretation ergeben, hingewiesen werden.

Die wichtigste Bestimmung der Augsburger Steuerordnung war – wie bereits angesprochen –, daß Barvermögen mit 0,5 Prozent seines Wertes jährlich zu versteuern sei, während von Immobilienbesitz nur 0,25 Prozent aufgebracht werden mußten. In den Steuerbüchern aber ist nicht aufgeschlüsselt, welcher Art das Vermögen war, für das gesteuert wurde. Wir wissen also nicht, ob sich hinter einer Steuerleistung von – sagen wir 1 fl. – ein Barvermögen von zweihundert Gulden oder ein Haus im Wert von vierhundert Gulden verbarg.

Eine weitere Schwierigkeit besteht darin, daß reiche Bürger durch eine Sonderzahlung von 750 fl. davon befreit waren, die genaue Höhe ihres Vermögens anzugeben; die Fugger hatten – was zur Zeit des Kalenderstreits, wie wir uns erinnern, kritisiert wurde – noch weitergehende Sonderrechte erlangt. Und wie es ohne zusätzliche Quellen unmöglich ist, etwas über die absolute Höhe der Steuervermögen auszusagen, ist es nicht einfach zu bestimmen, wer unter die *Armen* der Reichsstadt zu rechnen ist.

Der Begriff «Habnit», der für Leute angewandt wurde, die keine Vermögenssteuer entrichteten (sie hatten nur eine obligatorische Kopfsteuer von 36 Pfennigen zu zahlen), sagt nicht unbedingt etwas aus, war doch ein «Sparhafengeld» von bis zu 150 Gulden steuerfrei. Selbst unter den

Armen der Fuggerei bezahlte im Jahr 1618 über ein Viertel eine Vermögenssteuer, vier von ihnen sogar mehr als einen Gulden. Wer einen Gulden Steuer bezahlte, konnte demnach entweder wirklich arm sein, den Betrag etwa für sein Arbeitsgerät, für Webstühle beispielsweise, entrichten, oder er hatte 150 Gulden im Sparstrumpf, dazu steuerfreien Goldschmuck und Immobilienbesitz im Wert von 400 fl....

Um das Problem zu verdeutlichen, ein Stück «Alltagsgeschichte»: Besuchen wir die Wohnung eines Augsburger Handwerkers aus der Zeit um 1600; damals entrichtete er 15 kr. Vermögenssteuer. Das zufällig erhaltene Inventar seiner Wohnung ermöglicht eine recht genaue Rekonstruktion seiner Lebensumstände.

Unser Mann hieß Matthes Burkhart und wohnte mit seiner Frau in der Jakober Vorstadt, unweit des Jakober Tores. Er war Metzger. Sein Tagwerk begann er, im Morgengrauen, im Schlachthaus, oder, wenn nicht Schlachttag war, in der «Metzg» am Perlachplatz. Er hatte von dort vielleicht zehn Minuten nach Hause, kam möglicherweise zum Mittagsmahl heim – bereits um zehn Uhr, nach unseren Begriffen also ‹vormittags›. Das Leben im Haushalt der Burkharts spielte sich vor allem im einzigen beheizbaren Raum, der Stube, ab. Hier wurde demnach auch gegessen, hier hatte Frau Euphrosina ihrem Mann auf einem Dreifuß das Mahl bereitet. Ein großes Arsenal von Pfannen, Töpfen und anderem Gerät aus Zinn, Kupfer und Messing stand der Hausfrau zur Verfügung. Gegessen wurde von Holz- und Zinnschüsseln, getrunken aus irdenen, mit Blech oder Zinn beschlagenen Bechern oder «drünckhgleßlen». Man hatte wohl meist Wasser, Milch, Bier auf dem Tisch, Wein war teuer. Von Gabeln ist in Burkharts Inventar nicht die Rede. Löffel und die Finger ersetzten dieses Instrument der Zivilisation.

Man drängte sich um einen alten Eichentisch, saß auf fest montierten Bänken, wohl in der Nähe der Feuerstelle. Für den Hausvater und vielleicht einmal einen Gast standen als Ehrenplätze zwei Stühle zur Verfügung. Stellen wir uns in den Ecken noch Töpfe mit Milch, Mehlkübel, Schmalzhafen, Essigkrug und andere Vorratsgefäße vor, dazu vielleicht mit Pergament oder ölgetränktem Papier verschlossene Fenster, durch die der wohl immer etwas dämmrige Raum Licht empfing. Man lebte vornehmlich mit dem Tageslicht. War es einmal nötig, wurden (ziemlich kostspielige) Talgkerzen angezündet. Es gab keine Vorhänge an den Fenstern, von Bildern oder anderen Kunstwerken teilt das Inventar nichts mit.

Das Tagwerk war für unseren Metzger spätestens mit Sonnenuntergang beendet. Im Winter hat man schon um vier oder fünf Uhr ‹nachmittags›, wenn von St. Jakob her die Vesperglocke klang, das Abendessen eingenommen. Mußte geheizt werden, erfüllte beißender Rauch die Stube, wirklich warm war es nur in unmittelbarer Nähe der Feuerstelle.

Das Inventar nennt noch einen «Badteller»: Gelegentlich wusch man sich also – sei es vor dem Zubettgehen, sei es morgens. Die Schlafkammer jedenfalls befand sich gleich neben der Stube. Hier dominierte eine «alt aichen pettstatt mit einem ganzen himmel», ein Himmelbett also, das vor Wanzen und anderem von der Holzdecke herabfallendem Getier schützte. Geschlafen wurde auf Stroh, das mit einem Leinentuch überzogen war.

Zahlreiches, teilweise bemaltes Mobiliar in dieser Kammer nahm eine Fülle von Hausrat und Kleinkram auf: von Zipfelhauben, «Nachtküttel» bis zum Samtgewand, von Silberknöpfen, Münzen bis zum «preuttigams kranz» und zu Schneuztüchlein. In einer Ecke stand ein Kinderbett, ein zweites fand sich unter dem Dach. Hier war ein weiterer Raum, wo ein Bett stand und einige Strohsäcke lagen. Da mochten die Ehehalten der Burkharts schlafen. Neben allerlei Werkzeugen, Ochsenstricken, Heugabeln, Walkhölzern und anderem Hausrat fand sich hier eine «alte callender dafell».

Dann der Stall: da waren noch ein Stuhl, eine Mistgabel, ein Hennengatter und anderes Gerät; Land in der Stadt. Hier wurde allenfalls Kleinvieh gehalten. Ochsen und Rinder weideten draußen vor dem Jakober Tor. Matthes Burkhart wohnte günstig zu diesen Weidegründen.

Soweit die Fragmente der Lebenswelt eines Augsburger Metzgers der Zeit um 1600. Von diesem ganzen Dasein ist ein dürrer Eintrag im Steuerbuch geblieben: 15 kr. Wird man der vergangenen Wirklichkeit dahinter gerecht, wenn man unserem Metzger nach seiner Steuerleistung der «unteren Mittelschicht» zuordnet? Wie auch immer man die verführerisch reiche, scheinbar Zahl für Zahl interpretierbare Quelle der Steuerbücher verwendet – man sollte daran denken, daß sich daraus zunächst in erster Linie die Umrisse eines *ökonomischen* (und nur sehr begrenzt eines sozialen) Schichtenmodells ergeben, es weiterhin gewiß nicht möglich ist, die Schichtengrenzen nach Kreuzerbeträgen zu definieren. Es gibt eine Reihe von Verfahren, mit deren Hilfe es möglich ist, wenigstens einige Unsicherheitsfaktoren auszuschalten. So kann man nach der Verteilung der Steuerleistungen innerhalb der städtischen Bevölkerung fragen, nach dem Grad der Konzentration der Steuervermögen also (bzw. nach dem Maß ökonomischer Gleichheit); manchmal wird es möglich sein, andere Quellenbestände, welche vielleicht die Aussagekraft der Steuerlisten verbessern, heranzuziehen. Ein gutes Beispiel

Eine frühneuzeitliche Gesellschaft

bietet ein 1622 angelegtes Verzeichnis, in dem Haushalte vermerkt sind, die subventioniertes Getreide von der Kommune haben wollten – wohl nicht alle waren arm. Da aber durch die Gassenhauptleute der Reichsstadt jeweils die ökonomischen Verhältnisse der Antragsteller überprüft wurden, dürfte sich die Zahl der Schwindler einigermaßen in Grenzen gehalten haben. Ermittelt man die Steuerleistungen der in dieser Liste genannten Leute, ergibt sich, daß immerhin 14,1 Prozent der Antragsteller mehr als 1 fl. bezahlten (Grundlage der Erhebung waren 945 der ca. 6000 genannten Haushalte).

Wieviele Arme aber gab es dann im Augsburg des Jahres 1618? Betrachten wir zunächst die Steuerleistungen der Augsburger Bürger in ihrer Gesamtheit (vgl. die folgende Tabelle). Danach bezahlte mit 48,5 Prozent nahezu die Hälfte der Censiten keine Vermögenssteuer; unter 1 fl. lag immer noch ein gutes Viertel der Haushalte. Unter diesen 75 Prozent der Steuerzahler muß sich der größte Teil der Armen befunden haben. Eine Quelle von 1625 teilt mit, daß es damals in Augsburg etwa 3500 Almosenempfänger gegeben habe – Personen, die allerdings noch durch eigene Arbeit zu ihrem Lebensunterhalt beitragen würden; außerdem, so wurde geschätzt, gäbe es noch etwa 1700 Alte und Kranke, die ausschließlich aus öffentlichen Mitteln und milden Gaben versorgt würden. Diese fünftausend Personen bildeten den ‹Kern› der Stadtarmut. Dazu ist noch eine kaum genau zu ermittelnde Zahl von Bettlern ohne Bürgerrecht zu rechnen – jenes «muessig gehend, faule, gottlos... gesindlen», von dem in den Quellen oft pauschal die Rede ist. Geht man von der Zahl der Stadtverweise aus, könnte es sich um vielleicht weitere tausend Personen gehandelt haben.

Steuerleistungen der Augsburger Bürger 1618

«Habnit»	4240	48,5 Prozent
1–15 kr.	1152	13,2 Prozent
16–30 kr.	614	7,0 Prozent
31–60 kr.	587	6,7 Prozent
1 fl. 1 kr.–10 fl.	1140	16,5 Prozent
10 fl. 1 kr.–100 fl.	577	6,6 Prozent
bis 500 fl.	118	1,35 Prozent
über 500 fl.	10	0,01 Prozent

Die Zahl der nicht wohlhabenden, gerade am Rande des Existenzminimums wirtschaftenden Personen aber war zweifellos wesentlich höher. Berücksichtigt man die aus anderen Quellen gewonnenen Erkenntnisse –

danach dürfte der Anteil der Armen unter den «Habnit»-Steuerzahlern bis zu maximal 90 Prozent ausgemacht haben –, wären etwa dreitausend bis viertausend Haushalte zu diesem weiteren Kreis der Stadtarmut zu rechnen. Darin lebten etwa zwischen 13 000 und 18 000 Menschen.

Diese Zahlen sind nicht ganz ohne Parallelen, doch läßt sich feststellen, daß – gemessen gerade an kleineren, vorwiegend vom Handwerk geprägten Städten – der Anteil der «Unterschicht» an der Bevölkerung in Augsburg deutlich niedriger war. Wie kam das? Zunächst muß daran erinnert werden, daß sich Augsburg in einer Beziehung von den meisten frühneuzeitlichen Großstädten unterschied – nämlich durch seine ausgeprägte gewerbliche Monostruktur. Das weitaus wichtigste Gewerbe war das Weberhandwerk. Etwa zweitausend Steuerhaushalte zählten dazu (21,5 Prozent), mit großem Abstand gefolgt von den übrigen Textilberufen, die meist mehr oder weniger von den Konjunkturen der Weberei abhängig waren. Genaue Analysen haben gezeigt, daß es den meisten Webern zu Beginn des 17. Jahrhunderts wirtschaftlich schlecht ging; der Anteil der unteren Steuergruppen ist dementsprechend hoch: 1268 oder 67,3 Prozent entrichteten keine Vermögenssteuer, die Zahl der unter 1 fl. steuernden Haushalte lag insgesamt bei nahezu 94 Prozent. Drei Viertel der Almosenempfänger, so hieß es schon im 16. Jahrhundert, seien Weber; praktisch das ganze Handwerk wird 1622 subventioniertes Getreide begehren.

Der wahrscheinlich wichtigste Grund für die schlechte Lage der Weber – deren Unzufriedenheit sich ja gerade im Kalenderstreit entladen hatte – war, daß der Markt ihre Produkte anscheinend nicht mehr aufnehmen konnte. Die Millionen von Barchenttuchen, die Jahr für Jahr auf den Stühlen der Augsburger Weber produziert wurden, fanden keine Abnehmer. Die Weber bezahlten nicht nur weniger Vermögenssteuern als die übrigen Augsburger, ihre Haushalte waren kleiner, sie hatten weniger Kinder und lebten, was ihre Hauszinszahlungen andeuten, schlechter. Nur die Tagwerker bezahlten noch weniger Miete als die Weber. Sie stellten – zusammen mit den im Bauhandwerk beschäftigten Leuten – eine weitere umfangreiche Gruppe der städtischen Unterschicht. Selbst das großangelegte Bauprogramm scheint also ihre Lage nicht wesentlich gebessert zu haben.

Die schlechte Lage des bedeutendsten Handwerks der Stadt muß sich, was allerdings im einzelnen kaum zu präzisieren ist, in verschiedener Weise negativ auch auf andere Gewerbe ausgewirkt haben. Wer am Rande der Armut lebt, konsumiert wenig, baut beispielsweise kein Haus: Ein wichtiger Grund für die schlechte private Baukonjunktur in

Augsburg dürfte nicht zuletzt in der bedrängten Lage des «Schlüsselhandwerks» der Reichsstadt gesehen werden können. Die durch die Konkurswelle in der zweiten Hälfte des 16. Jahrhunderts angezeigte schwierige gesamtwirtschaftliche Entwicklung veranlaßte viele im Großhandel engagierte Bürger, ihr Geld in ‹sichere› Immobilien zu stecken – sie, und mit ihnen ihr Vermögen, wanderten ins Umland. Noch bedeutungsvoller aber für die Verarmung breiter Schichten war ein strukturelles Problem, mit dem jede Großstadt der vorindustriellen Zeit zu kämpfen hatte: die Versorgung einer großen Bevölkerung. Die geringen Erträge der Dreifelderwirtschaft, die Probleme der Vorratshaltung, vor allem aber die Schwierigkeit, aus größeren Entfernungen Nahrungsmittel und andere Güter des täglichen Bedarfs herbeizuschaffen – das alles wirkte sich natürlich für demographische Verdichtungsräume nachteilig aus. Anders als in kleinen Landstädtchen, half das eigene Stück Acker in einer Metropole wie Augsburg in Zeiten der Teuerung nur den Wenigsten über das Gröbste hinweg – die breite Masse der Stadtbevölkerung war auf den Markt angewiesen, manchmal auf das caritative System. Die eigene Henne oder Kuh, wie der Metzger Burkhart, hatte nur eine kleine Minderheit hinter dem Haus.

Ein weiteres Charakteristikum der Händlerstadt – wie Max Weber den Augsburger Typ nennt – kam hinzu: Viele Handwerke, insbesondere die Weber, produzierten nicht für den lokalen Markt, sondern waren auf die Abnahme ihrer Produkte durch Kaufleute angewiesen. Das schmälerte ebenso ihre Gewinne wie der Rohstofferwerb, wenn er über den Handel erfolgen mußte, und führte zu zahlreichen Konflikten. Typisch ist etwa die Lage, in der sich der Weber Georg Kappel befand und die ihn zu seinen verzweifelten Pasquillen trieb.

Kaufleute, «Mehrer» formten die Physiognomie auch der wirtschaftlichen Oberschicht. Wie bedeutend diese Elite die Augsburger Wirtschaft prägte, mag aus der mit Hilfe des Computers durchgeführten Analyse der Verteilung der Steuervermögen hervorgehen. Teilt man die Gesamtsumme in zehn gleiche Teile und fragt, wieviel Prozent der Steuersumme jeweils von einer Gruppe der Steuerzahler aufgebracht wurden, ergibt sich für 1618, daß allein 91,9 Prozent der Steuern von den wohlhabendsten zehn Prozent der Bürgerschaft kamen (bei absoluter ökonomischer Gleichheit unter den Bürgern wären logischerweise von jeweils zehn Prozent der Steuerzahler auch zehn Prozent der Steuersumme aufgebracht worden). Die nächsten zehn Prozent wurden von weiteren 5,3 Prozent der Bürger bezahlt, das Gewicht der übrigen Gruppen geht schließlich gegen Null (vgl. die Graphik auf Seite 340).

Ökonomisch standen die Mehrer an der Spitze der städtischen Gesellschaft. Sie bezahlten im Durchschnitt über 207 fl. Steuern – das entsprach etwa der doppelten Steuerleistung der Patrizier und fast der dreifachen der Kaufleute. Es gab in Augsburg keinen einzigen verarmten «Mehrer», doch immerhin zwei Patrizier und vier Kaufleute, die 1618 nur die «Habnit»-Steuer entrichteten. Wie hoch die durchschnittliche Steuerleistung der Mehrer über der unter Handwerkern üblichen lag, zeigen einige Vergleiche: An der Spitze der Handwerke standen die Wirte und Bierbrauer, der (nicht stubenfähige) Handel und die Goldschmiede – letztere bezahlten im Schnitt etwas mehr als 8 fl., während die Wirte und Bierbrauer als wohlhabendste Gruppe der «gemain» auf 10 fl. 26 kr. kamen. Die Bauhandwerker (26 kr.), die Weber (19 kr.) und die Tagwerker (6 kr.) finden sich am Ende der Skala.

Es fällt schwer, angesichts dieser geradezu dramatisch zu nennenden Vermögensunterschiede eine bürgerliche «Mittelschicht» auszumachen. Dabei ist freilich zu bedenken, daß es nicht die Steuerleistungen allein sein können, welche die Indizien für Schichtzugehörigkeit liefern. Zeitgenossen konnten schon einmal einen Bürger als «reich» bezeichnen, dessen Steuer wir mit 3 fl. angegeben finden, das Sozialprestige eines Goldschmiedes mit geringem Vermögen dürfte in jedem Falle höher gewesen sein als das eines auch noch so wohlhabenden Webers oder Metzgers. So wiesen die Goldschmiede gelegentlich selbstbewußt darauf hin, daß sie nicht mit Hobelspänen, sondern mit edlen Metallen, Perlen und Juwelen umgingen.

Geht man nur von den Steuerleistungen aus, interessiert sich also für eine «ökonomische Mittelschicht», dann ist diese wohl am ehesten im Kreis jener Haushalte zu finden, deren Steuerleistung zwischen Summen von über 1 fl. bis 10 fl. lag – um 1618 mögen das 35 Prozent der Bevölkerung (oder 16 000 Personen) gewesen sein.

Neben der Steuerleistung können Stand und Beruf als wichtige Kriterien sozialer Einschätzung gelten (gewiß gehörte ein Patrizier ohne Vermögen nicht zur «Unterschicht»!). Die ‹Oberschicht der Mittelschicht› machten danach wohl vorwiegend Angehörige jener Gewerbe aus, die insgesamt in konsolidierten wirtschaftlichen Verhältnissen lebten: An erster Stelle sind hier die Goldschmiede zu nennen, ein Augsburger Handwerk, das es nach dem Dreißigjährigen Krieg zu europäischer Geltung bringen sollte. 164 Vertreter dieses Berufes lassen sich im Steuerbuch von 1618 feststellen (gegenüber beispielsweise nur 113 Bäckern oder 159 Metzgern). Goldschmiede waren unter den Ratsherren, aber auch unter den Gassenhauptleuten weit überproportional vertreten. So finden wir am Anfang des 17. Jahrhunderts über elf Prozent der Goldschmiede im Großen Rat – bei den Webern sind es nur 0,5 Prozent. Gemessen daran erfreuten sich auch Wirte, weitere Kunsthandwerker wie Kupferstecher oder Maler und das lederverarbeitende Handwerk besonderen Ansehens. Aber wiederum nur den Goldschmieden gelang es in statistisch bedeutsamem Ausmaß, Frauen aus höheren Ständen als Ehepartnerinnen zu gewinnen und selbst in die Kaufleutestube oder gar ins Patriziat aufzusteigen.

Das Bild dessen, was man als ‹Mittelschicht› bezeichnen könnte, müssen schließlich einige weitere wirtschaftlich insgesamt gut situierte Handwerke geprägt haben (wenngleich es auch hier, wie wir gesehen haben, eine Kluft zwischen Reichen und weniger Wohlhabenden gab): Bäcker, Metzger, die bessergestellten Amtsträger der Reichsstadt, dann Ärzte, Apotheker. Eine ganze Reihe wichtiger Berufsgruppen – so die holz- und metallverarbeitenden Gewerbe, Papierverarbeitung, selbst die Waffenherstellung – standen eher im unteren Drittel der ökonomischen Skala; ihre Vertreter waren in Ratsgremien unterrepräsentiert und auch unter den Gassenhauptleuten kaum zu finden.

In gewisser Hinsicht konnte man die sozialen Schichtungen der Reichsstadt in der Öffentlichkeit, auf Straßen, Plätzen und Gassen, *sehen*. Denn der Rat war – wie jede frühneuzeitliche Obrigkeit – entschieden darum bemüht, daß man sich gemäß dem eigenen Stand kleidete. Die Ordnung der Gesellschaft sollte sich dem Auge darstellen: eine differenziert organisierte, hierarchisch aufgebaute Pyramide, die ihre breite Basis im Heer der Bettler, Taglöhner, der armen Weber und Bauleute hatte und «oben» in Ratsherren, Stadtpflegern und Standesherren gipfelte. Die Pyramide erreichte über Augsburg hinaus gigantische Dimensionen, führte über Reichsfürsten und Kurfürsten bis zur Höhe des Kaisers. Ihre Spitze ragte – um unsere Metapher fortzuschreiben – über die Wolken, in den Himmel, denn es waren die himmlischen Heerscharen und schließlich Gott selbst, was über allem stand.

Die Epoche ist nicht arm an Ordnungsmodellen: Die Uhr, die geometrisch konzipierte Idealstadt, die an kosmologischen Vorstellungen orientierten Maßverhältnisse harmonischer Architektur können immer auch als Gegenbilder zum Chaos der wirklichen Welt interpretiert werden. Und ebenso täuschten die Kleiderordnungen eine geregelte soziale Welt vor, die es in Wirklichkeit kaum gab. Und sie taten dies – das sei nur am Rande vermerkt – im Laufe des 17. und 18. Jahrhunderts mit zunehmender Detailbesessenheit, unterschieden schließlich sieben, acht und mehr «Stände», denen man bis zum letzten Hosenknopf bestimmte

Bekleidungen aufzuzwingen bestrebt war (wobei die Vielzahl der Vorschriften, auch das nebenbei, zusehends deren Wirkungslosigkeit dokumentiert). Am Anfang der Epoche, von der wir hier erzählen, kam man noch mit verhältnismäßig einfachen Regelungen aus. Die Ordnung von 1583 jedenfalls umfaßte nur wenige Blätter, während diejenigen des ausgehenden 17. und des 18. Jahrhunderts oft ganze Büchlein ausmachen werden.

In einer Art Präambel wurden die Gründe genannt, die für den Erlaß der Kleiderordnung maßgeblich gewesen seien. Ein jeder solle sich «seinem Stand gemeß» kleiden; doch habe «die kostlichkeit der klaider und gezierden bey vilen sehr überhandt genomen, also dz es dahin gerathen dz schier kein stand vor dem anderen zu erkennen gewesen». Der Text kennt die drei Stände Herren, Kaufleute und Handwerker, nennt dazu noch eine Gruppe von Leuten, die gleichsam über der Ordnung standen und sich nach Gefallen (und Geldbeutel) kleiden durften, nämlich Grafen, Herren, Ritter, die Stadtpfleger, Doktoren und Licentiaten, Hauptleute und Befehlshaber. Natürlich ging es in den Kleiderordnungen auch darum, ruinöse Luxusausgaben wenn nicht zu verhindern, so doch einzuschränken, und oft genug wird dieses Motiv von den frühneuzeitlichen Obrigkeiten in den Vordergrund gerückt. Die kritische wirtschaftliche Entwicklung Augsburgs am Ende des 16. Jahrhunderts wird denn auch als eine der Voraussetzungen der Ordnung von 1583 gesehen werden können (eine andere war, daß sich kurz zuvor die Mitglieder der Herren- und Kaufleutestube über ihre verfassungsmäßigen Rechte verglichen hatten).

Die einzelnen Bestimmungen sahen in der Tat in erster Linie auf den Wert der Materialien. Die Herren etwa durften Samt, Atlas, Damast und was weniger wert war, tragen, daneben war ihnen erlaubt, «guldene ketten, kleinoter, perlen, armband, medeyen [Medaillen]» zu tragen; sie durften sich also schmücken wie die Pfauen. Ihren Frauen gegenüber war man strenger (wie sich das schöne Geschlecht überhaupt gewöhnlich einschneidendere Beschränkungen in modischen Dingen gefallen lassen mußte). Bei Strafe von 2 fl. für jede Übertretung wurde es ihnen verboten, «sametine schuech und pantoffel» zu tragen. Samtbarette, «item guldine hauben mit berlen geziert» waren erlaubt – «doch das derselben nit über 100 fl. koste». Dazu war allerhand Schmuck zugelassen. Den Frauen der Kaufleute waren nur billigere Materialien und etwas weniger Schmuck gestattet. Als Futter ihrer «Huseggen» (einer Art Mantel) durften sie etwa nur doppelten Taft «und was ringers werth ist» verwenden, ihre «Brüstlen» – die Mieder – sollten bestenfalls aus Atlas und Damast gefertigt sein, dazu waren eineinhalb Ellen Samt zur Verbrämung gestattet. Die Goldhauben der Kaufleutefrauen durften nicht mit Perlen verziert sein.

Ihren Männern schrieb die Ordnung genau vor, wieviel Geld sie für allerlei Zierat ausgeben durften. So war ihnen ein silberner Dolch von zehn bis zwölf Lot Gewicht, eine «Wehr» – ein Degen – mit acht Lot Silber gestattet, und sie durften «1 bar gestrickhte stimpf, 3 bis in 4 fl. werth» tragen. Verboten waren den Kaufleuten beispielsweise seidene Strümpfe, Schuhe und Pantoffel aus Samt oder Hemden, die mehr als fünf Gulden kosteten.

Auch Handwerksleute konnten sich – so sie die nötigen Mittel dazu hatten – recht eindrucksvoll kleiden, aber sie waren doch durch teilweise ziemlich hohe Strafen zur Zurückhaltung bei der Verwendung von Pelzen und Stoffen gezwungen. Marderpelze und Besseres waren ihnen als Futter untersagt, sie hatten sich mit Wolfs- oder Fuchsfellen zu bescheiden; als Überzeug konnten sie Grobgarn, Wolle und ähnliches, dazu höchstens eine halbe Elle Samt verwenden. «Zerschnittene» Hosen aus Leder oder ebenfalls aus Wolle wurden zugestanden – jene gelegentlich ins Maßlose sich steigernde, Unmengen an Stoff verschlingende Sitte, Hosenbeine aus mehreren Lagen kunstvoll durchbrochener Streifen zu bilden. Gegen diese Modetorheit wandten sich moralisierende Traktate wie der ‹Hosenteufel› eindringlich, wenn auch vergeblich.

Leibrock und Goller (eine Art Hemd) durften nur von Wolle und anderem billigen Material sein, das Tragen von Schmuck war den Handwerkern bei 4 fl. Strafe untersagt. Allein ein Wappenring war jenen, die ein Wappen erworben hatten (unser Chronist Jerg Siedeler oder auch der Stadtwerkmeister Holl zählten dazu), erlaubt. Wenn ein Handwerker in den Rat oder ins Gericht gewählt wurde, stand ihm weitgehend die Kleidung der Kaufleute zu.

Die Frauen der Handwerker durften sich ebenfalls nur einfacher Materialien bedienen, zum Beispiel waren ihnen ausschließlich «Brüstle» aus Wolle gestattet, dazu Schmuck, der ebensoviel oder weniger, als in der Hochzeitsordnung erlaubt war, kosten durfte: etwa ein silberbeschlagener Gürtel und ein perlenbesticktes Haarband bis zu jeweils 8 fl. Wert. Goldhauben und die «hohen und großen kreß» waren verboten.

Damit war auf eine hervorstechende Eigenart der Mode des ausgehenden 16. und beginnenden 17. Jahrhunderts angespielt: die hohen Halskrausen nach spanischem Vorbild. Das begann mit einem Stehkragen mit Röhrchenbordüre und ging über die weit ausladende Halskrause zum breiten, oft spitzenbesetzten Umschlagkragen. Letzterer kommt im

Abraham Schelhas, Geschlechtertanz, Ende 16. Jahrhundert

17. Jahrhundert, schon vor der Zeit des Dreißigjährigen Krieges, immer mehr in Mode. Aber natürlich gab es viele regionale, ja lokale Variationen, und wenn man vom «Zeitalter der spanischen Mode» spricht, ist von einer oft eklatanten Gleichzeitigkeit des Ungleichzeitigen die Rede, mit phasenverschobenen, auch schichtspezifisch unterschiedlichen Rezeptionsprozessen (die gewöhnlich von ‹oben› nach ‹unten› verliefen, vom Adel zum Bürgertum).

Spanische Mode: Das heißt im allgemeinen Verständnis zunächst einfach schwarz, steif und starr, oder – positiv gewendet – vornehm und nobel. Der Unterschied zu früheren Zeiten tritt in der schönen Darstellung eines «Geschlechtertanzes» von der Hand des Augsburger Malers Abraham Schelhas zutage. Das um 1600 entstandene Gemälde hat frühere Vorbilder, und die hier gezeigten Kleider – Gewänder des frühen bzw. der ersten Hälfte des 16. Jahrhunderts – hat Schelhas in seine Darstellung übernommen. Ganz am linken Bildrand aber führt er eine Gruppe aus der Zeit um 1600 ein, vornehme Leute in spanischer Tracht, die Herren ganz in Schwarz, die Frauen mit schwarzen weiten Röcken.

Eine frühneuzeitliche Gesellschaft 103

Man meint, unter ihnen Anton II. Fugger und dessen Frau Barbara Montfort identifizieren zu können. Sie ordneten sich mit einigen anderen in die Tradition, das Herkommen der Geschlechter der Stadt ein, bilden auf dem Gemälde eine Art Geisterreigen: Die Vorfahren in ihren altmodischen Kleidern haben auf dem Bild im eigentlichen Sinne Gegenwart. Das Gemälde ist – über seine modegeschichtliche Bedeutung hinaus – ein bedeutendes Dokument für das Denken in Standesstrukturen, die sich auch und gerade aus der Tradition langer Generationenfolgen herleiteten.

Nach spanischer Mode gekleidete Bürgersfrauen zeigt auch das Gemälde von Elias Schemel (siehe S. 68). Es erlaubt uns zugleich einen Blick auf den Perlachplatz im Zustand vor dessen Umbau durch den Stadtwerkmeister Elias Holl. Im Mittelgrund, direkt neben dem 1593 errichteten Augustusbrunnen, sind drei Männer zu erkennen, die, wie der Reiter hinter ihnen, derselben spanischen Mode huldigen. Sie tragen mit Federn geschmückte Hüte. Doch ist die Geschmacksdiktatur Spaniens, nach Schemels Gemälde zu urteilen, nicht unumschränkt: Auch rote und

Inneres einer Augsburger Goldschmiedewerkstätte. Kupferstich von Etienne Delaune, 1576

weiße Gewänder leuchten dazwischen. Freilich ist das Bild in gewisser Hinsicht unvollständig. Denn wir sehen nur einen Ausschnitt der sozialen Wirklichkeit in der Stadt: ausschließlich Leute aus dem wohlsituierten Bürgertum, vielleicht Kaufleutefrauen, die von ihren Mägden zum Einkauf begleitet werden. Die Männer dahinter mögen Ratsherren sein. Das paßt wohl in das vornehme Ambiente unweit von Herrenstube und Rathaus, aber es fehlt eben doch das ‹Volk›, es fehlen die einfachen Leute, deren Kleidung sich kaum am spanischen Hof orientiert haben dürfte. Das gilt nicht nur für die zerlumpten Bettler, welche die Reichsstadt um 1600 in Scharen bevölkert haben müssen, oder für die Bauern in ihren altmodischen, ja zeitlosen Kitteln. Die meisten Handwerker der Stadt trugen einfache Gewänder – wollene Mäntel, Röcke, einfache Leinenhemden, Stiefel oder Holzschuhe –, aber Abbildungen davon haben sich kaum erhalten. Selbst ein Kupferstich von Etienne Delaune von 1576, der uns einen Blick in eine Goldschmiedewerkstatt tun läßt, gibt anscheinend eher Handwerker im Festtagsgewand wieder (abgesehen von dem Lehrling links im Bild, der mit Drahtziehen beschäftigt ist). Hier wird in allem nicht ein Stück Lebenswirklichkeit reproduziert, es

Eine frühneuzeitliche Gesellschaft

Joseph Heintz d. Ä. (1564-1609), Selbstbildnis mit Familie

bleibt immer bei der Betonung eines äußeren Status, der im Goldschmiedhandwerk freilich auch einem Gefühl für die besondere Würde des Handwerks entsprochen haben mag.

Auch andere Handwerker und Künstler ließen sich nicht im Arbeitsgewand oder im Schweiße ihres Angesichts porträtieren. Eines der wenigen deutschen Familienbilder des beginnenden 17. Jahrhunderts, welches das Selbstverständnis der bürgerlichen Mittelschicht widerspiegelt, mag das erneut illustrieren: Es stammt von der Hand Joseph Heintz' d. Ä., der seit 1598 das Augsburger Bürgerrecht besaß, hier und in Prag tätig war. Der Hausvater trägt vornehmes – spanisches – Schwarz, ebenso seine Frau, während die Kinder bunt gekleidet sind. Wie es die Ordnung bestimmt, verzichtet man auf eine aufwendige Halskrause und vor allem auf kostbaren Schmuck. Nur ein goldenes Armband schimmert unter dem Ärmel von Frau Heintz hervor. Ihren Mann können wir uns so, wie er sich hier präsentiert, kaum an der Staffelei vorstellen (aber welche Welten trennen dieses biedere, von niederländischen Vorbildern inspirierte Familienbild von manchen zeitgenössischen italienischen Künstlerporträts!).

Während der Kriegszeit wurde die Mode zusehends farbenfroher – sei es, weil die spanische Vorherrschaft auch politisch schwand, sei es, daß die farbige Kleidung zum Sublimationsmittel in den Bedrängnissen des Alltags wurde. Bänder, Nestuln und anderer Putz treten an die Stelle des auf dem spanischen Schwarz ehedem so effektvollen Geschmeides aus Gold, Edelsteinen und Perlen. Die Hosen verlieren die dicken Auspolsterungen, die Frauen raffen ihre nun ebenfalls zusehends farbenfrohen Röcke und tragen eine Vielzahl von Unterröcken darunter.

Ständig wechselnde Moden, Versuche, sich schön und sichtbar teuer zu kleiden – das ist nicht allein Stoff für Klatsch vom Jahrmarkt der Eitelkeiten. Wir würden, könnten wir uns ins Detail verlieren, Zeugen von Distanzierungsprozessen, eines steten zähen Ringens um gesellschaftliche Positionen in einer Ordnung, die gerade hier, am scheinbar abgelegenen Detail, Instabilitäten, Übergänge erkennen läßt. Ihren besonderen Rang in der alteuropäischen Gesellschaft hatten solche scheinbar am Rande stattfindenden Auseinandersetzungen wegen der Bedeutung des *Sichtbaren*, des tieferen Sinns, den man allen Dingen zubilligte: Darin wäre eine gewisse Übereinstimmung mit der Metaphysik der Dinge, wie sie im ersten Kapitel geschildert wurde, zu erkennen. Der Schein bestimmte die Auffassung vom Sein mehr als in der modernen Welt, weil das Äußere in engerem Zusammenhang mit dem Inneren gedacht wurde, die Form mehr mit dem Begriff einer ‹höheren› Wirklichkeit zusammenhing. Wie der Komet durch seine Rutengestalt «Züchtigung» androhte, teilte ein mit Gold und Edelsteinen prunkendes Gewand etwas mit von gottgewollter Größe und *auctoritas*, erwies es den Träger als legitimiert für seine Position. Hätte es Gott sonst gefallen, ihm die Pracht seiner Kleidung und den schimmernden Glanz seines Schmucks zu gewähren?

Wer die von der Kleiderordnung gezogenen Grenzen überschritt, sich durch Schmuck und teure Stoffe über andere zu erheben suchte, mochte sich insofern seine ‹wirkliche› Stellung in der Welt beweisen wollen. In den Statuskämpfen, die sich still und wenig dramatisch auf diplomatischem Parkett, in den Trinkstuben der Vornehmen oder auf dem Marktplatz vollzogen, ging es so aus gewisser Perspektive um die Metaphysik des Seins. Vielleicht erklärt gerade diese Überlegung, warum der Kleiderluxus so ruinöse Formen annehmen konnte.

Der dramatische Abstand zwischen den Reichen, den Wohlhabenden und der großen Masse der Bevölkerung hatte jedenfalls sein Pendant im Bild der Menschen. Mode war eine Sache der Oberschichten. ‹Unten› auf der sozialen Leiter – und das hieß für die große Mehrheit – vollzogen sich Wandlungen nahezu unmerklich, Generationen hindurch blieben die Kleidungsstücke der Bauern, der Taglöhner und armen Handwerker sich gleich. Die Verordnungen der Obrigkeiten, vor allem aber ökonomische Zwänge hatten maßgeblichen Anteil daran. Und es war schließlich den Eliten in jeder Hinsicht darum zu tun, gegen die Masse hin große Abgrenzungen zu errichten. «Nichts verleidet den Edelleuten die golddurchwirkten Gewänder mehr, als sie am Leibe der Geringsten dieser Erde zu erblicken», notierte ein Beobachter des absolutistischen Paris im frühen 18. Jahrhundert, und das gilt gewiß auch für andere Zeiten.

Kommen wir auf die Steuerbücher und ihre faszinierende Reihe von Namen und Zahlen zurück. Sie ermöglichen es schließlich, einem weiteren Merkmal wirtschaftlichen und sozialen Ansehens auf die Spur zu kommen: der horizontalen Dimension gesellschaftlichen Lebens, der Sozialtopographie. Der Plan Wolfgang Kilians, von dem schon gesprochen wurde, kann helfen, diese Dimension zu rekonstruieren. Er bildete zugleich die Grundlage für eine mit Hilfe des Computers erstellte schematische Darstellung der Augsburger Steuerbezirke (s. Seite 342). Die Schraffuren darauf stehen für unterschiedliche Steuerkraft – die reichsten Bezirke sind schwarz markiert, die am wenigsten wohlhabenden erscheinen weiß. Gärten, dazu die Immunitätsbezirke des Bischofs (im Norden) und des Reichsstifts St. Ulrich und Afra sind ausgespart.

Auf den ersten Blick sind die Wohngebiete der Reichen zu erkennen – sie liegen ausschließlich in der Oberstadt, längs der Nord-Süd-Achse der Stadt zwischen Dombezirk, Rathaus und St. Ulrich und Afra. Es ist die Wohngegend des Patriziats und der Kaufleute, die sich um die wichtigsten kirchlichen Zentren und den Mittelpunkt politischer Macht ausbreiten. Der Fuggerpalast liegt in dieser Zone, auch jener vornehme Bereich, den der Kartenausschnitt auf Seite 10 und 11 vor Augen führt: Hier ist ein Teil des reichsten Augsburger Steuerbezirks, «Unser frauen brüeder», zu sehen. Die 31 hier lebenden Censiten bezahlten zusammen über 5000 fl., 8,8 Prozent der gesamten Steuersumme des Jahres 1618.

Eine gemischte ökonomische Struktur ist im Lechviertel, östlich an die Oberstadt anschließend, zu identifizieren. Es gab hier durchaus Bezirke, deren Bewohner gelegentlich im Durchschnitt fünf bis zehn Gulden entrichteten, auch einmal darüber. Das spiegelt den vom Handwerk, von den «Mittelschichten» geprägten Charakter dieses Stadtteils. Kilians Plan läßt etwas vom Alltagsleben in dieser Gegend erkennen: Bei genauerem Hinsehen sind einige der zahlreichen Kanäle zu bemerken, welche die eigentlichen Lebensadern dieses Gebiets bildeten und seine Sozialstruktur seit dem hohen Mittelalter bestimmt haben. Sie lieferten die Energie für Walk- und Getreidemühlen, für mechanische Schleifgeräte und

Färberhaus im Lechviertel, heute Weiße Gasse 11, Zustand um 1900

Eisenhämmer – an Werktagen muß hier ein ständiges Klappern, Stampfen, Hämmern zu hören gewesen sein. Die Kanäle machten den Stadtteil zu einem «Klein-Venedig», wie man heute sagt. Das Wasser ermöglichte Gerbern und Kürschnern ihre Tätigkeit, war unabdingbarer Grundstoff für die Arbeit der Färber und Bleicher, die ihre Produkte auf den «Bleichen» vor der Stadt zum Trocknen auslegten (was der Vogelschauplan Kilians ebenfalls zeigt).

Während viele Goldschmiede in der Oberstadt – besonders in der Nähe des Domes – wohnten, war das Lechviertel ebenso wie die Frauenvorstadt, die sich von der Immunität des Bischofs nach Norden ausbreitete, Wohngebiet vieler heute berühmter Künstler. Gregor Erhart lebte in diesem Stadtteil, Hans Holbein d. J. war hier auf die Welt gekommen. Elias Holls Vaterhaus stand im Lechviertel, und erst als berühmter Architekt konnte er es sich leisten, in die Oberstadt zu ziehen.

Die Frauenvorstadt erscheint als ein ähnlich unterschiedlich strukturierter Bezirk wie das Lechviertel. Die wohlhabenderen Bereiche liegen hier nahezu ausschließlich längs der größeren, nach Norden zu den drei Stadttoren in dieser Gegend führenden Straßen. Zur Peripherie hin, in der Nähe der Stadtmauern, finden sich zusehends ‹arme› Steuerbezirke, wo die Leute mitunter nur einige Kreuzer für ihren Besitz entrichten. Die Frauenvorstadt war – mit der Jakober Vorstadt – die Region Augsburgs, wo die meisten Weber wohnten. Im Steuerbezirk «Von St. Georgen Gaessle» beispielsweise sind 172 Weberhaushalte (56,4 Prozent aller Haushalte) nachweisbar. Im Steuerbezirk «Vom Michael Mair» waren es mit 107 Haushalten gar nahezu 65 Prozent.

Noch heute sind in dieser Gegend Weberhäuser wohl aus dem 17. Jahrhundert erhalten. Meist wurde in der «dunckh», einem halb unterirdischen Raum, gearbeitet; im Sommer, bei geöffneten Fenstern, müssen die Gassen der Frauenvorstadt vom Rasseln und Klappern der Webstühle erfüllt gewesen sein. Und man hörte Psalmensingen dazu – die sangen die Weber als Arbeitslieder (wie Psalmenmelodien überhaupt häufig die Weisen für Gesänge abgaben, auch für Schmäh- oder Protestlieder).

In der Frauenvorstadt lagen einige der großen Kornspeicher der Reichsstadt und des Bischofs; im Nordwesten befand sich seit Beginn

Weberhaus in der Frauenvorstadt, heute Georgenstr. 3, Ecke Herrenhäuser, wohl 17. Jahrhundert. Gut ist die halb unterirdische «dunckh» zu erkennen

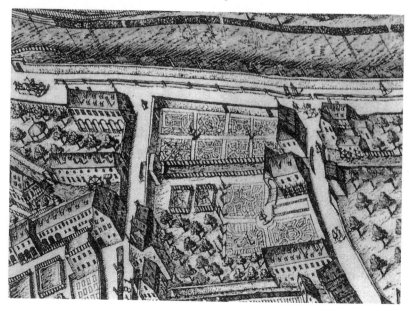

Ziergärten in der Jakober Vorstadt. Ausschnitt aus dem Vogelschauplan Wolfgang Kilians von 1626

des 17. Jahrhunderts das neuerrichtete Gießhaus, unweit der Soldatenzwinger an der Stadtmauer. Das Haupttor nach Norden hin war hier das Wertachbrucker Tor; 1605 ist es von Elias Holl in streng geometrischen Formen umgestaltet worden. Verließ man hier die Stadt, kam man noch durch einen außerhalb der Mauern gelegenen Steuerbezirk, «Undern fischern». Wie der Name sagt, wohnten hier besonders viele Fischer, meist arme Leute, die ihrem Tagwerk auf den Flüssen und Bächen der Umgebung nachgingen.

Auch die Bewohner der Jakober Vorstadt waren arm, oft bettelarm. Dieses Augsburg nach Osten hin vorgelagerte Stadtviertel wies die ungünstigste ökonomische und soziale Struktur auf: um das Blatterhaus in seinem nordöstlichen Bereich, wieder in der Nähe der Stadtmauern, sind mehrere ‹weiße›, also weniger als 50 kr. im Schnitt entrichtende Bezirke zu erkennen, ebenso an seinem südlichen Rand. Nicht weit von der Kirche St. Jakob, die diesem im 14. Jahrhundert in den Mauerring integrierten Stadtteil den Namen gab, befand sich die Fuggerei, eine von Jakob Fugger begründete Siedlung für ehrbare, katholische Arme.

Die Jakober Vorstadt, von jeher Einwanderungsgebiet, hatte vielfach noch einen fast ländlichen Charakter bewahrt. Wir erinnern uns, daß der Metzger Burkhart Hennen und Kleinvieh hielt; Kilians Plan zeigt verstreute Häuschen (die allerdings oft hoffnungslos überbelegt waren), weite Gartenflächen mit Obstbäumen und anderen Gewächsen, Pferdeställe. Roßmarkt und Saumarkt befanden sich hier, auch die Märkte für Holz und Kohle. Durch das nach Bayern führende Jakober Tor kamen die Holzfuhren, wurde das Vieh in die Stadt getrieben, brachten Bauern Kraut, Rüben, Pilze, Beeren und andere Früchte auf die Märkte der Stadt.

Auch in der Jakober Vorstadt wohnten 1618 viele Weber; daneben prägten Bauhandwerker, Taglöhner und eine ganze Reihe von Metzgern die Berufsstruktur der Vorstadt.

Und wir finden gerade in diesem Teil der Stadt viele Leute, die am Rande der Gesellschaft standen: Der Scharfrichter wohnte hier, Schinder, Totengräber und «Nachtarbeiter» sind im Musterungsbuch genannt – letztere waren mit der Beseitigung von Unrat befaßt. Schließlich begegnet man gerade in den Vorstädten und manchen Zonen des Lechviertels seltsamen Existenzen, die sich der Magie verschrieben haben und in die «Parillen» sehen, also aus einer Glaskugel die Zukunft erkennen wollen.

«Randständige», wie man sie nennen könnte, hatte jede frühneuzeitliche Gesellschaft. Es waren Personen, deren Verhalten nicht den Normen, den Regeln entsprach, die deshalb Ablehnung erfuhren, «marginalisiert» wurden. Natürlich definiert sich ‹Normalität› stets nur aus den Zusammenhängen bestimmter gesellschaftlicher Systeme, die Gründe der Marginalisierung einer Person können sehr unterschiedlich sein und von Ort zu Ort schwanken. Beispielsweise waren mancherorts Müller und Weber «unehrlich», in Augsburg ist das nicht so gewesen; und auch die Bader, die oft als stigmatisierte Bevölkerungsgruppe begegnen, waren dies in unserer Reichsstadt nicht.

Damit ist der klassische Fall des «Randständigen» angesprochen: der «Unehrliche», der außerhalb der Zünfte steht, der wohl gesellschaftlich notwendig ist (einen Scharfrichter oder einen Abdecker braucht man), mit dem indessen näherer Umgang möglichst zu vermeiden ist. Die Beschäftigung mit schmutzigen Dingen wie toten Tieren, mit den von einer furchterregenden Aura umgebenen Leichen Gehenkter, Geköpfter, ließ um diese Leute ein Tabu entstehen: Wie Schaudern um sie war, billigte man ihnen gelegentlich übersinnliche Fähigkeiten zu. So gab ein «Magier» im Verlauf eines Verhörs zu, seine Kunst bei einem Scharfrichter gelernt zu haben. Daß man zu der verfemten Person gehen mußte, war wohl ein Rudiment der Mutprobe, der Initiation, die der erfolgreiche Magier bestehen mußte (genauso wie man sich für Zaubereien mitunter Leichenteile zu beschaffen hatte oder zu «gefährlichen» Nachtzeiten an Kreuzwegen oder auf Richtstätten agieren mußte).

Man wurde als «Unehrlicher» geboren – der Augsburger Wasenmeister, er mußte u. a. Tierkadaver beseitigen, führte etwa den seit Generationen mit dem Beruf vererbten Namen «Leichnam» –, konnte aber auch in Randständigkeit geraten. So hatte ein Augsburger Büchsenmacher während einer Hungersnot Hundefleisch verzehrt und danach Mühe, sich gegen seine Handwerksgenossen, die ihn für «unehrlich» erklären lassen wollten, durchzusetzen.

Der Umgang mit einem Unehrlichen konnte so den Ruf einer ganzen Korporation in Mitleidenschaft ziehen. Als während des Dreißigjährigen Krieges ein Feldprediger von einem Gastwirt aus Nachlässigkeit neben die Frau des Scharfrichters gesetzt wurde, sei, so meinte er, das ganze Regiment «injurirt» worden. Korporatives Denken war so eine wesentliche Voraussetzung für Marginalisierung. Sie trieb die Betroffenen manchmal zu eigener Gruppenbildung: So begegnet der Augsburger Scharfrichter 1622 als Bürge bei der Eheschließung des Wasenmeisters. Aus den normalen Beziehungsnetzen, die das soziale Leben in der Reichsstadt bestimmten, waren die Unehrlichen jedenfalls weitgehend ausgegrenzt – der Scharfrichter etwa lebte schon buchstäblich am Rand der Jakober Vorstadt in einem Haus, dessen Nähe der ‹normale› Bürger gewiß tunlichst mied. Er bezahlte übrigens eine Vermögenssteuer von 1 fl. 45 kr., die ihn eher als der konsolidierten bürgerlichen Mittelschicht zugehörig erscheinen läßt.

Dann die «Magier» und «weisen Frauen»: Auch für ihre sozialhistorische Einordnung taugen die Steuerbücher wenig – wir erfahren nur von ihnen, wenn die Obrigkeit ihrer habhaft wurde, sie Verhören unterzog. Das geschah zu Beginn des 17. Jahrhunderts dem Weber Stephan Jäger, der geradezu den klassischen Fall des Randständigen abgibt. Er war, vermutlich Katholik, um 1550 in einem Dorf des Allgäus geboren, in seiner Jugend in der Welt herumgezogen, hatte dabei – wie er sagte, von «zigeinern» – magische Künste erlernt. Um 1570 kam er nach Augsburg, wo er sich als Weberknapp niederließ – er muß also wenigstens zeitweilig nicht selbständig, sondern im Betrieb eines anderen Meisters gearbeitet haben.

Jäger zog auch in Augsburg dauernd um. Zunächst lebte er in der Jakober Vorstadt, von «Des Geigers Garten» zog er dort in die «Sachsengasse». Dann dokumentieren die Steuerbücher Aufenthalte im Lechviertel, beim Spital, schließlich in der Frauenvorstadt.

Jäger entrichtete nur die «Habnit»-Steuer. In den Strafbüchern begegnet er einmal, weil er – um das Ungeld zu sparen – in einem Dorf vor der Stadt gezecht hatte, ein andermal, weil er «übel hauste», seine Hauswirtschaft nicht ordentlich führte. Einmal schon hatte man ihn aus der Stadt gewiesen, weil er sich verbotener magischer Praktiken bedient hatte. Er war also ein unsteter Geselle, ein Außenseiter nicht nur, weil er vom Land in die städtische Gesellschaft gekommen war – auch, weil er sich bürgerlichen Normen von Ehrbarkeit nicht fügte. Gewiß wurde er bereits argwöhnisch betrachtet, bevor er wegen seiner Zauberei mit der Obrigkeit in Konflikt geriet. Seine Nachbarn, heißt es im Verhörprotokoll, hätten «gott gelobt, dz man disen leutt betrüger» abhole. Aber man verdächtigte ihn doch, mit finsteren Mächten paktiert zu haben; so sagte ein Zeuge aus, gesehen zu haben, wie der Jäger von lauter schwarzen Raben umflattert worden sei. Und man behauptete, er vergrabe stets dem «bösen Feind» einen Teil seines Lohnes. Daß er dem Teufel tatsächlich vor einem Stadttor Geld versteckt habe, gab der Delinquent sogar zu – «könde aber nit sagen, ob auch und wie der bese feind den plappart [Groschen oder Dickpfennig] zu finden gewust oder gefunden hab». Man stellt Jäger an den Pranger und verwies ihn der Stadt, das waren eklatante Akte der Marginalisierung. Als er, im Winter 1610, versuchte, doch wieder in Augsburg unterzukommen, warf man ihn ins Gefängnis. Es nützte nichts, daß er sagte, nur «aus grosser noth» das Aufenthaltsverbot mißachtet zu haben, aus Angst, «er miesse erfrieren oder hungers sterben». Das Ende der Lebensgeschichte dieses «Randständigen» markiert ein Eintrag im Strafbuch:

«So hat ein e. rath den 9. Februarii 1610 erkant, dz er 3 monat in halßring condemnirt [verurteilt], als dan erlassen, aus der statt geschafft werden solle. Nota. Der Jeger ist am Palmsontag, den 4to Aprilis 1610, im halßring gestorben.»

Nicht alle Magie-Geschichten nahmen ein so trauriges Ende. Der Fall Stephan Jägers enthüllt ein weiteres Mal die widersprüchliche Situation des «Randständigen»: Man bedarf zwar seiner Hilfe, um verlorenes Gut herbeizuzaubern und andere Probleme des Alltags zu bewältigen, als «Magier» aber muß er ‹fremd› sein, wird er zum Außenseiter. Der Weg in die Marginalisierung mag oft in ähnlicher Weise verlaufen sein: Jäger war vom Land in die Stadt gekommen, seine «ländlichen» Denkformen und Verhaltensweisen trafen auf eine neue Umwelt, der sie ungewohnt waren. Vielleicht hatte er bereits zu Beginn seines Aufenthaltes in der Großstadt Schwierigkeiten gehabt, mit den Nachbarn, den Handwerksgenossen oder Vermietern zurechtzukommen. Das könnte auch seine häufigen Wohnungswechsel erklären und zugleich ein Schlaglicht auf die

Ursachen seiner schlechten wirtschaftlichen Lage werfen, die ihrerseits dazu beigetragen haben dürfte, daß er sich verbotener Praktiken bediente, um zu Geld zu kommen.

Ob die Dinge so lagen, wissen wir nicht. Interessant in diesem Zusammenhang ist, daß die meisten der Frauen, die in Augsburg zwischen den letzten Jahrzehnten des 16. und der Mitte des 17. Jahrhunderts in Hexereiverfahren verwickelt wurden, Eigenschaften gehabt zu haben scheinen, die sie von der Normalität abhoben: Die eine hat «bresthafte» Kinder, die andere ist schwachsinnig, eine kommt – wie Stephan Jäger und zahlreiche andere Zauberer und «Magierinnen» – vom Land in die städtische Umwelt. Vor allem aber waren mindestens 14 von 19 Verdächtigen alleinstehend oder zumindest unverheiratet oder verwitwet. Und es spricht manches dafür, daß es gerade diese letztgenannte Besonderheit ihrer Situation war, die eine wichtige Voraussetzung für ihre spätere Marginalisierung darstellte. Sie waren ungenügend in die vielfältigen Verflechtungen integriert, die das alltägliche Leben in der Reichsstadt prägten.

Das Bild von Außenseitern, Randständigen, die notwendige Tätigkeiten verrichteten oder zumindest geeignet waren, gesellschaftliche Schuld auf sich zu nehmen, gehört zur Physiognomie jeder frühneuzeitlichen Gesellschaft. «Außenseiter» waren solche Leute manchmal im wörtlichen Sinn, weil sich die Obrigkeiten bemühten, die christliche Stadt von allem freizuhalten, was ihrer Reinheit entgegenstand oder das gesellschaftliche Schuldkonto belastete – ebenso, wie Stephan Jäger dem Teufel seinen Lohn *vor* einem Stadttor vergrub.

Die Prostituierten hatte der Rat schon in der Reformationszeit vertrieben. Außerhalb der Stadt, in der Nähe der sogenannten ‹Rosenau›, scheinen die Damen dieses Gewerbes den Augsburger Bürgern ihre Liebesdienste offeriert zu haben. Beispielsweise sah sich der Weber Laux Wetzer – er war 1608 wegen Ehebruchs in die Eisen gelegt worden – genötigt zuzugeben, er «hab bei einer Metzen, welche er nit kenne, 3 mal in der Rosenau die ehe gebrochen, sonsten hab er weiter nichts gethon». Wenn eine Frau – meist handelte es sich um Bettlerinnen – versuchte, sich in die Stadt zu stehlen und dabei ertappt wurde, fragte man geradezu routinemäßig, ob sie «unzucht» treibe. Auf einem anderen Blatt steht, daß illegale Bordelle auch im 17. Jahrhundert noch innerhalb der Augsburger Stadtmauern florierten.

Soweit man konnte, das wurde bereits beschrieben, hat man Bettler und Vaganten aus der Stadt geschafft. Wer das Almosen wollte, mußte einen Stadtpyr aus Blech anstecken – ein «Ehrenzeichen», wie der Rat

Eine frühneuzeitliche Gesellschaft

einmal etwas euphemistisch verlauten ließ –, es dokumentiere die Ehrbarkeit des Armen. Die Betroffenen sahen das gelegentlich anders; jedenfalls kam es nach Ausweis der Strafbücher zu Verfahren, weil Almosenempfänger ihre «zaichen» nicht getragen hatten. Im übrigen hatten diese marginalisierten Armen eine wichtige Funktion für das Seelenheil der Bürger: Hier fand Nächstenliebe ihr Ziel, konnten gute Werke verrichtet werden. «Panem propter Deum pauperibus date», gebt den Armen, um Gottes willen, Brot – dieser Singsang der Almosenempfänger erfüllte tagein tagaus die Plätze vor den Kirchen der Reichsstadt.

Außer einigen wenigen Heterodoxen wie dem Goldschmied Altenstetter und möglicherweise noch versprengten Anhängern täuferischer Lehren waren die Juden die einzige religiöse Minderheit, mit der die Augsburger zu tun hatten. Schon im Spätmittelalter – 1438 – waren sie aus der Stadt vertrieben worden und lebten nun in einigen Dörfern der Umgebung. Ihre Zahl läßt sich schwer fassen; in dem Dorf Kriegshaber, heute ein Vorort von Augsburg, lebten 1627 47 Familien, also vielleicht etwas über zweihundert Menschen. Da ihnen der Zugang zu den Augsburger Handwerken versperrt war, sahen sich die Juden zu sonstigen Erwerbsmöglichkeiten gezwungen: Manche beschäftigten sich mit Viehhüten und ähnlichen Arbeiten, andere beliehen Pfänder. Einige Aufstellungen vom Beginn des 17. Jahrhunderts teilen mit, um welche Gegenstände es sich dabei handelte – meist waren es billige Textilien, die vorwiegend von armen Webern aufs Land getragen wurden. Ein Kissen oder acht Ellen schwarzer Barchent brachten etwa jeweils 45 kr., ein Mantel 8 fl., eine Hose 5 fl.

Zu Beginn des 17. Jahrhunderts war das Leihen bei den Juden – mit wohl nicht ganz durchschlagendem Erfolg – verboten worden. Wenn ein Jude die Stadt betreten wollte, mußte er ein «Geleitgeld» bezahlen und wurde von einem Stadtknecht beaufsichtigt. Durch die Chroniken geistern Schauergeschichten über das, was die Juden in ihrer Abgeschiedenheit angeblich alles anstellten.

Augsburgs Gesellschaft war, nach späteren Maßstäben, intolerant. Unnachsichtig wurden Minderheiten ausgegrenzt, argwöhnisch standen sich die Konfessionsgruppen gegenüber. Allerdings war diese städtische Gesellschaft auch starken Spannungen ausgesetzt, die diese Minderheiten und die Randständigen zu spüren bekamen. Man könnte sogar die Vermutung wagen, selbst die konfessionelle Konfliktsituation habe zur Minderung sozialer Spannungen beigetragen, indem sie Energien absorbierte.

Stabilisierende Mechanismen wirkten, eher verdeckt, auch an anderer

Majolica-Teller aus dem Besitz einer Patrizierfamilie

Stelle. Da waren vor allem jene sozialen Netzwerke, die bereits erwähnt wurden: Familie, Haushalt, Handwerk, die ständischen Konfigurationen um Herren- und Kaufleutestube, schließlich die kirchlichen Einrichtungen, die ihrerseits soziale Strukturen präfigurierten.

Kern der gesellschaftlichen Zusammenhänge war die Familie – auch wenn es um 1618 in Augsburg weit über fünfhundert Frauen gegeben haben dürfte, die allein lebten. Sonst war die Norm eine kleine Familie mit Eheleuten und ein bis zwei Kindern. Die Kinderzahl scheint dabei wenigstens tendenziell eine Funktion der wirtschaftlichen Situation der Haushalte gewesen zu sein, das heißt, man betrieb Geburtenplanung oder aber die Kindersterblichkeit in den ärmeren Haushalten war höher. In einem Tagwerkerhaushalt lebten im ersten Viertel des 17. Jahrhunderts jedenfalls im Schnitt 1,4 Kinder, in einem Goldschmiedehaushalt dagegen 2,25, und selbst bei den Webern finden wir durchschnittlich zwei Kinder – allerdings handelt es sich hier um Angaben, die aus einer Quelle stammen, die nur etwa sechstausend der nahezu zehntausend Augsburger Haushalte der Zeit um 1620 nennt.

Dieselbe Quelle informiert über die Größe der Haushalte insgesamt. Auch sie hing ersichtlich von der ökonomischen Lage ab: wiederum hatten Goldschmiede die relativ größten Haushalte – mit 5,2 Personen im Schnitt gegenüber nur 3,3 bei Tagwerkern, 5,0 bei den Metzgern und 5,1 bei Schreinern und Kistlern.

Es liegt in der Natur der Sache, daß die Quellen selten genauere, quantitativ verwertbare Hinweise auf Verhütungspraktiken, auf Abtreibungen, Kindsaussetzung oder Kindstötung geben. Aber wir wissen beispielsweise, daß man sich aus Tierblasen gefertigter Präservative bediente oder sich mit dem *coitus interruptus* behalf; allem Anschein nach nutzte man, solange es ging, die ‹sichere› Zeit, während der gestillt wurde. Daneben wurden allerlei mehr oder weniger wirkungsvolle Methoden der Empfängnisverhütung unter der Hand weitergegeben. Gelegentlich erfahren wir davon: 1596 etwa verabreichte der Bader Michael Brodkorb einen Trunk, der aus verschiedenen Kräutern – darunter Johanniskraut, Rosmarin, Anis und Fenchel – gebraut worden war und die Regel einer Schwangeren wiederherstellen sollte. Anna Weilbach, Magd des 64jährigen Goldschmieds Jeremias Bair, versuchte, durch Verzehr von Lorbeerfrüchten den gewünschten Effekt zu erzielen:

«Es habs ir herr, der Hieremias Bair, angewisen und hab dise lorbeer ungeferlich acht tag lang, alwegen des morgens, jedesmal biß in 5 oder 6 gessen, und etwan 3 stund darauf gefastet und dieselbe vor einem monat zum ersten mal eingenommen. Hab ir herr zu ir gesagt, es werd ir nichts schaden und da sie schwanger seie, dasselb von ir treiben.»

Der Bair aß selbst von den Lorbeeren, um ihr die Ungefährlichkeit des Mittels zu demonstrieren, und er erstattete seiner Magd die Unkosten – nämlich einen Kreuzer –, die sie beim Apotheker am Hohen Weg für das Mittel ausgegeben hatte.

Ob das nützte, wissen wir nicht. Vergleichbare Methoden scheinen noch bis in die jüngere Zeit auf dem Land angewandt worden zu sein. Das Collegium medicum, im Zusammenhang mit der Affäre um die Weilbachin um Rat gefragt, gutachtete, daß Lorbeer in entsprechender Weise nur wirke, wenn er in großer Menge und über einen längeren

Zeitraum verzehrt werde. Auch dann stelle sich der Effekt nur bei «hizigen und etlicher massen temperierten naturen» ein – so wurde gemäß der Galenischen Lehre geurteilt.

Es war der Herr des Hauses gewesen, der die Magd zu der Lorbeer-Kur veranlaßt hatte.

«... demnach sie», gab die Weilbachin zu Protokoll, «mit beschaidenheit, ein weil ir zeit nit gehabt, auch ir herr ir angesehen, das sy groß werde und dafür gehalten, si möcht schwanger sein, hab er ir geraten, die lorbeer – wie oben anzaigt – zu nemen; und werden ir dieselbe nichts schaden...»

Die Geschichte taugt zur Illustration der Verhältnisse in Haushalten der frühen Neuzeit. Der Verdacht liegt nahe, daß die Fürsorglichkeit, die der Hausvater gegenüber seiner Magd an den Tag legte, einen besonderen Grund hatte – auch wenn der Bair leugnete, seine Magd geschwängert zu haben, hatte er doch nur das schwache Argument anzuführen, das «könde er bei sich als einem alten man nit befinden». Und außerdem meinte er über seine damals immerhin bereits vierundvierzigjährige Magd, er «habs kain junckfraw gefunden». Wir wissen nicht, wie die Geschichte ausging. Die Frau wird keine Wahl gehabt haben: Ihr drohte in jedem Fall Stadtverweis, und wenn sie zu sehr auf der Vaterschaft ihres Herrn insistierte, begab sie sich der – ohnedies geringen – Chance, im Haus bleiben zu können oder mit etwas Geld abgefunden zu werden.

Geschichten wie diese waren, das zeigen die Urgichten zur Genüge, traurige Realität in der Reichsstadt. Die Magd Maria Pfleger, 22 Jahre alt, sah sich anscheinend genauso den Nachstellungen ihres Herrn ausgesetzt; er soll ihr gedroht haben, wenn sie die Affäre verrate, bringe er sie um ihr Bürgerrecht. Als man ihm vorhielt, «ob er nit kurz verschiner zeit den ehebruch das ander mal mit ir in seiner camer begangen habe, als er von Thoma Tauschen ab ainer hochzeit gangen seye?» antwortete der Delinquent kaltblütig: «... weil er zue selber zeit bei tags liecht heimgangen, hette er solches (ob er es schon inn willens gehabt), wegen des hausgesindts nit verrichten könden.»

Diese Fälle, denen sich unzählige andere hinzufügen ließen, stellen sicher nur die Spitze eines Eisbergs dar. Sie deuten auf eine alles andere als nur burleske Wirklichkeit hin: In der Ordnung des Hauses muß nicht selten auch sexuelle Repression geherrscht haben, bestanden Zwänge, denen sich eine arme Magd vom Lande kaum entziehen konnte. Was vermochte sie gegen die Aussagen eines angesehenen Bürgers (auch für den alten Jeremias Bair intervenierte gleich eine Reihe von Freunden)? Auf dem Spiel standen ihr Auskommen, ihre Ehre, ihre Existenz – und zwar nicht weniger, wenn sie dem Herrn zu Willen war, als wenn sie sich ihm verweigerte.

Schweigen wir hier von den noch abstoßenderen Bedrängungen, denen sich Kinder in solchen Hausgemeinschaften ausgesetzt sahen (die Akten sprechen hier gelegentlich eine an Drastik nicht zu überbietende Sprache). Welche Lebensdramen sich in der frühen Neuzeit mit ungewollten Schwangerschaften oft verbanden, mag der ungewöhnliche Fall der Dienstmagd Maria Schmelzeisen – ihr Alter gab sie mit «ungefähr 24» an – zeigen. Sie hatte ihr Kind von einem Buchbindergesellen, der nach «vollbrachter Tat» das Weite gesucht hatte. Maria legte daraufhin den Kleinen an die Pforte des Findelhauses; man hätte sie kaum ermitteln und in die Eisen legen können, wäre sie nicht am Tag darauf erschienen, um sich das Kleine zurückzuholen. Auf die Frage nach den Gründen ihres Verhaltens antwortete sie: «Hab dz kind aus natürlicher liebe nit von ir lassen könden, darzu sie auch ir aigen gewissen getrungen hab.» Und sie meinte, sie «wolle dz kind ernehren wie es andere arme leut zu thun pflegen».

Maria Schmelzeisens Aussage entlarvt erneut – in allerdings seltener Deutlichkeit – den falschen Mythos, in der frühen Neuzeit habe es keine oder nur sehr reduzierte emotionale Bindungen zwischen Kindern und ihren Eltern gegeben. Die Magd lief Gefahr, ins Gefängnis geworfen, aus der Stadt verwiesen zu werden, als sie ihr Kind holen kam. Sie nahm diese Risiken dennoch auf sich, und obwohl sie wissen mußte, daß es nicht leicht sein würde, nun erneut eine Anstellung und Nahrung für sich und ihr Kind zu finden.

Alleinstehende Frauen mit unehelichen Kindern sah das gesellschaftliche System der frühen Neuzeit gewissermaßen nicht vor. Sie wurden kriminalisiert, ihr Nachwuchs – so er überlebte – sah sich für den Rest des Lebens stigmatisiert. Ein bürgerliches Dasein, die Ausübung eines Zunfthandwerks war unehelich Geborenen verschlossen.

Negativ beweist sich an den traurigen Schicksalen der schwangeren Mägde die fundamentale Bedeutung der Struktur des – wie Otto Brunner sagt – ‹ganzen Hauses›: Um den Hausvater, seine Ehefrau und die Kinder gruppierten sich gelegentlich Gesellen, Knechte, Mägde, manchmal auch ältere Angehörige.

Das Ideal der Hausgemeinschaft wird an einer «Christliche(n) Haußordnung» aus der Mitte des 16. Jahrhunderts erkennbar, die sich an die katholische Bürgerschaft wendet. Was das Wort vom Leben als Gottesdienst meint, wird an einem solchen Text klar. Beten, zu den gebotenen Zeiten fasten, Frieden und Zucht im Hause halten – das sind die wesentlichen Forderungen an die «Herrschafft und Eeleut». Man sollte weder «böse / ärgerliche / sectische und verbotne» Schriften kaufen, sich der Auseinandersetzung über Glaubensdinge enthalten; Luxus und Überfluß vermeiden, Almosen geben und vierteljährlich angefallene Schulden abtragen, «und sonst den Taglöner und Handwerckern von jrem verdienten lohn nichts abbrechen oder entziehen». Für «grosse wichtige sachen und anligen» sollten sich «etliche besonder personen des Hauß versamlen» und beten.

Außerhalb des Hauses hatten die Ehefrauen wenig zu bestellen. Sie waren nur beschränkt geschäftsfähig, alleinstehende Frauen bedurften eines «Beistands», der für sie bürgte. Es paßt in dieses Bild, daß sie die Kirche verlassen sollten, wenn die Prediger eine Mitteilung «politischen» Inhalts zu machen hatten.

Das Verhältnis der Herrschaften zu ihren Ehehalten stellte sich nach dieser Ordnung keineswegs einfach als sachliche Beziehung zwischen Arbeitgeber und Arbeitnehmer dar. Die Herrschaft hatte beispielsweise Erziehungsaufgaben im weitesten Sinn: Dazu gehörte die Verpflichtung, dafür zu sorgen, daß die Knechte und Mägde die Messe besuchten, wichtige Gebete wie das Vaterunser oder das Ave Maria beherrschten, gehörte, Müßiggang – «so alles böses lehrt» – zu verhindern. Wurde der Hausfrieden gestört, sah die Ordnung Strafen vor – etwa den Entzug eines Teils des Essens oder des Weines für eine bestimmte Zeit, Gebete, Almosen. Doch es hieß auch:

«Lieb / mitleiden und trew seind die Herren und Frawen den Eehalten schuldig / fürnemlich in jrem anligen / kranckheiten und nöten.»

So bestanden wechselseitige Verpflichtungen und Abhängigkeiten im Haus, die, wie zu sehen war, oft sehr weit gehen konnten. Das Bild entsprach dann gewiß nicht mehr dem Ideal dieser Hausordnung. Wie der Fürstenhof in gewisser Weise die patriarchalische Ordnung des Hauses abbildete, folgte das Haus letztlich einer höfischen Struktur einschließlich einer Art «Mätressenwirtschaft»; letzteres, so ist zu betonen, mag durchaus oft vorgekommen sein, sollte aber nicht als das wirklich Normale aufgefaßt werden.

Die Beziehungen zwischen den Hausvätern und ihren Mägden dürften schließlich Verhältnisse in einer sozialen Ordnung repräsentieren, wo Ehen gewöhnlich nicht aus Liebe, sondern aus ökonomischen, praktischen Erwägungen geschlossen wurden. Heiraten resultierten aus den Zwängen und Möglichkeiten eines bestimmten Umfeldes, in dem die Eheleute in aller Regel verblieben, ohne ausweichen zu können: Der junge Geselle, der die alte Meisterswitwe heiratete; die Familien, die auf soziale Vernetzung, auf wechselseitige Erbschaften und die Absicherung der Kinder achteten (hierzu unten mehr) – und ihre Söhne und Töchter dementsprechend verehelichten. Das waren mächtige Faktoren, die eiserne Zwänge ausübten. Die mehr oder weniger willige Dienstmagd oder die Hure an der Rosenau hatten in diesen Zusammenhängen stabilisierende Funktionen, wirkten als Ventile der Aggression, die sonst in den vier Wänden blieb. Die unzähligen Verfahren wegen «Übelhausens», die wir aus den Augsburger Strafbüchern und Urgichten kennen, zeigen diesen Hintergrund eines oft wenig erfreulichen Familien- und Ehelebens. Wie wir sahen und an einem besonders dramatischen Fall noch sehen werden, eskalierten die Spannungen manchmal bis zur Hexereibezichtigung. Wie es zu den wechselseitigen Aggressionen und Beschuldigungen, zu Gewalt und Streit in der Familie kommen konnte, schien manchen ohnedies nur noch durch Einwirkungen des Teufels erklärbar. Der Seidensticker Ulrich Raidel zum Beispiel meinte, als er wegen «Übelhausens» verhört wurde, «es seie nit ohne, dz er von dem besen feind ein genommen, welches im leid sei; darzu im allerlei widerwertigkeit neben seinem eeweib und den kindern grosse ursach gebe».

Diese Selbstbezichtigung ist ein deutliches Indiz dafür, daß man tatsächlich an Machinationen des Bösen glaubte und nicht einfach bestrebt war, mißliebige Leute auf bequeme Weise aus dem Weg zu schaffen, indem man sie – bewußt lügend – des Teufelspakts bezichtigte.

Apotropäen – Zaubermittel, die böse Geister vom Haus fernhalten sollten – waren so nicht ohne Grund verbreitet. Und dennoch kam es vor, daß selbst der Teufel Platz nahm im Kreis der Hausgenossen, am Herd, am Tisch, den Mittelpunkten des Haushaltes.

Hier spielte sich das häusliche Leben in erster Linie ab. Mancherorts galten die Feuerstellen als Besteuerungseinheiten, so, wie in Augsburg der Haushalt Grundlage der Steuerschätzung war. Wer «keinen eigenen Rauch» führte, so sagte man hier, konnte als «Hausarmer» an der Wirtschaft einer anderen Familie teilhaben – er bezahlte dann mit seiner Familie einen Anteil an Miet- und Heizkosten, saß vielleicht auch als Kostgänger mit am Familientisch. Auch der Haushalt, der einen solchen Hausarmen aufnahm, zog gewiß manchen Vorteil aus dieser Symbiose.

Um den Haushalt gruppierten sich weitere Beziehungen: die Nachbarschaft, dann Freundschaft und Verwandtschaft.

Die Nachbarschaft begegnet in vielen Funktionen: Nachbarn denunzieren Straftäter und streitende Eheleute, intervenieren durch Bittschriften für Inhaftierte, helfen sich in der Not. Mittelpunkt der Nachbarschaft waren in Augsburg die Gassenhauptleute; wir identifizieren sie als «kleine Honoratioren» – wieder waren Handwerker mit gehobenem Sozialstatus, wie etwa die Goldschmiede, unter ihnen überrepräsentiert. Sie scheinen überdurchschnittlich alt gewesen zu sein (1622: 52,2 Jahre), und sie waren vergleichsweise wohlhabend. Nur 7,5 Prozent von ihnen bezahlten 1622 keine Vermögenssteuer, gegenüber nahezu 50 Prozent im Gesamtdurchschnitt. Die Gassenhauptleute erfüllten wichtige Funktionen im Alltag der Stadt: Sie hatten beispielsweise die Brandbekämpfung zu organisieren und wirkten vor allem bei der Beurteilung der wirtschaftlichen Verhältnisse ihrer Mitbürger mit, wenn es um Almosen- und Kornverteilungen ging.

An der Nachbarschaft definierte sich weiterhin Besonderes oder Normales im sozialen Leben. Stephan Jäger hatte, als vom Land kommender Katholik, städtische Protestanten zu Nachbarn, und das brachte ihn in seine Außenseiterrolle; es sind meist Nachbarn, die eine alte Frau zur Hexe machen, es sind aber auch Nachbarn, unter denen man Seinesgleichen sucht: Es scheint, daß viele Leute, die innerhalb Augsburgs umzogen, die neue Wohnung in Gassen suchten, die eher von ihrer eigenen Konfession geprägt waren. Die nachbarschaftliche Verknüpfung wird in manchen Gebieten der Stadt daran meßbar, daß man sich mit Vor- oder Spitznamen nannte.

Dann die «freündschaft»: Sie hatte durchaus klar definierte rechtliche Funktionen. Zum Beispiel war diese Figuration in den Prozeß der Eheschließung eingebunden. Die Freundschaft war, mit der Verwandtschaft, gewissermaßen erste Instanz im sozialen Unterstützungssystem der Reichsstadt. Erst wenn keine Freunde oder Verwandten bürgten oder in anderer Weise halfen, sprang das öffentliche Almosen ein. Wie das im einzelnen aussehen konnte, zeigt eine interessante, noch kaum ausgewertete Quelle: das Pflegschaftsbuch der Reichsstadt. Hier werden soziale Zusammenhänge nachvollziehbar, die der auf wirtschaftliche Daten fixierten Untersuchung entgehen müssen.

Pflegschaften werden aus verschiedenen Gründen eingegangen: zur Verwaltung von Stiftungen; Waisen erhielten Pfleger, Frauen waren ohne männliche «Beistände» nicht geschäftsfähig. Dem juristischen Akt, der im Pflegschaftsbuch aufgezeichnet ist, müssen soziale Beziehungen vorausgegangen sein: Der oder die Pfleger mußten für ihre Mündel bürgen, konnten Entscheidungen für sie treffen. Oft hielten mehrere Personen zusammen. Das sah dann etwa so aus wie die Pflegschaft, die der Weber Paulus Bameier im Mai 1618 organisierte: Er stellte seinen Kindern Johannes und Susanna als Ersatz für ihren verstorbenen Pfleger einen gewissen Conrad Seybold – auch dieser war Weber – als Pfleger; die Witwe des Verstorbenen, eine Schwester Paulus Bameiers, erhielt am selben Tag Hans Bameier (wohl einen weiteren Bruder) und dazu Matthias Hegele zum Pfleger. Im Gegenzug übernahm Hegele mit Paulus Bameier – der Zentralfigur des Netzes – die Pflegschaft für das Waisenkind Jonas Scheffler. Conrad Seybold, der Pfleger der Kinder desselben Paulus zeigte seinerseits diese Pflegschaft beim Oberpflegamt an.

Das alles klingt kompliziert und ist es auch. Bei der Beschäftigung mit den Pflegschaftsbüchern werden häufiger vergleichbare Systeme sozialer Sicherung erkennbar: ein wechselseitiges Gewebe von Sicherungen, das vor allem die Schwächsten – die Kinder und Frauen – schützen soll. Die meisten an diesem Netz beteiligten Personen (mit Ausnahme des verstorbenen Michael Stark) müssen – nach ihrer Steuerleistung zu urteilen – arme Teufel gewesen sein; Paulus Bameier etwa brachte 6 kr., sein Bruder 35 kr. auf und Conrad Seybold bezahlte 15 kr. Matthias Hegele steuerte als «Habnit». Während Hans Bameier im Steuerbezirk «In St. Ulrichs Garten» lebte, wohnten alle anderen Beteiligten des sozialen Netzes im benachbarten Bezirk «Am Kitzenmarkt».

Verwandtschaft, Nachbarschaft, Beruf: Das waren die wichtigsten Faktoren, die zu diesen Pflegschaftsbeziehungen führten. Man kann auch quantifizieren – bei 201 Pflegschaften des Jahres 1618, bei denen die Wohngegenden der Beteiligten feststellbar waren, spielte «Nachbarschaft» eine Rolle: die Partner lebten im selben Haus, in derselben Gasse oder im gleichen Steuerbezirk. Und in über vierzig Prozent der Fälle ist zu bemerken, daß in den Pflegschaftsbeziehungen Angehörige jeweils gleicher oder benachbarter Gewerbe vereinigt waren. Und wie im Falle des «Bameier-Netzes» ist meist feststellbar, daß innerhalb solcher Partnerschaften eine auffällige ökonomische Homogenität herrschte – Reiche übernahmen Pflegschaften für Reiche, Arme fanden sich mit Armen zusammen. Nur ganz selten kam es vor, daß Angehörige verschiedener Stände in einer solchen Beziehung miteinander wirkten.

Es wäre wichtig, sich mit den in Pflegschaftsbeziehungen greifbaren Resten sozialer Wirklichkeit noch eingehender auseinanderzusetzen. Es wäre ein faszinierendes Unternehmen zu beobachten, wie sich über lange Zeit hinweg diese komplizierte Textur formt, wie sich Knoten bilden, wie das Gewebe an manchen Stellen reißt, wie die Enden mancher Fäden wieder neu verknüpft werden. Man bekäme einen Begriff nicht nur von Überlebensstrategien in einer Welt voller Bedrohungen, sondern auch von der Durchlässigkeit (oder Geschlossenheit) sozialer

Schichten, von der Affinität, die verschiedene Lebenskreise zueinander hatten. Diese – freilich mühevolle und langwierige – Arbeit könnte dazu beitragen, die Physiognomie der Augsburger Gesellschaft wesentlich schärfer zu fassen, als das bis jetzt möglich ist.

Drittes Kapitel

Die Kultur des Späthumanismus

Guido Bentivoglio, Nuntius des Heiligen Stuhls in Brüssel, war alles andere als freudig zu einer Reise aufgebrochen, die ihn durch Deutschland nach Rom führen sollte. Schreckte den Kirchenmann schon die Aussicht, bald unter lutherischen, bald unter calvinistischen Ketzern weilen zu müssen, verdroß ihn nicht weniger, daß womöglich schlechte, nach Most schmeckende Weine, schmutzige Gasthäuser und – wie er sich ausdrückte – «absonderliche» Speisen seiner harrten, und daß er tausend Tage unterwegs sein würde, ohne in einen Ort von Bedeutung zu kommen. Keine sehr erhebende Perspektive für einen die glänzenden

Wasserspeier in Form einer Teufelsfratze, wohl von einem Brunnen in der Nähe der heutigen Philippine-Welser-Straße

flandrischen Weltstädte gewohnten Diplomaten. Als er freilich zu Beginn des Jahres 1616 in Augsburg angelangt war, bestand Anlaß, alles durchaus freundlicher zu beurteilen. Die Rhein- und Neckarweine hatten sich als trinkbar erwiesen, die Baderäume der Wirtshäuser als reinlich, und selbst die deutschen Ketzer erschienen in milderem Licht: Nur beim Essen und Trinken könne man einen Unterschied zwischen ihnen feststellen, schrieb er nach Brüssel. Schließlich Augsburg! «Ma quest' Augusta hà dell' augusto certamente ne gli edifitij, nelle strade, e nel popolo; e per me credo, che la Germania non possa hauer Città più bella di questa.» Augsburg, so könnte man sein unübersetzbares Wortspiel verdeutschen, habe etwas Hoheitsvolles hinsichtlich der Gebäude, der Straßen und Bewohner – nach seinem Dafürhalten könne es in Deutschland keine schönere Stadt geben.

Als Bentivoglio diese enthusiastischen Worte zu Papier brachte, war dort, wo sich bald das monumentale Rathaus erheben sollte, nichts als eine große Baugrube, ein mittelalterliches Tanzhaus am Weinmarkt versperrte noch den «heroischen» Anblick von Siegelhaus und Ulrichsbasilika; das Bild der Renaissancestadt war indes nahezu vollendet. Dem Geschmack weltgewandter Romanen jedenfalls scheint das Äußere Augsburgs stets entsprochen zu haben. Montaigne etwa hat nicht viel anders geurteilt als der Nuntius. Die «Augsburger Pracht» war im 16. Jahrhundert sprichwörtlich geworden, im *miraculum Germaniae*, im Wunder Deutschlands, wie man die Stadt Elias Holls hieß, versteinerte ein bereits hergebrachter Mythos. Dabei war der äußere Glanz in mancher Hinsicht weniger Kehrseite als Konsequenz einer alles in allem wenig befriedigenden sozialen und wirtschaftlichen Wirklichkeit – so paradox dies klingen mag. Immerhin konnte er bis in die Gegenwart hinein eine Geschichtsschreibung blenden, die geneigt war, in der Kunstblüte der Zeit vor Ausbruch des Dreißigjährigen Krieges ein Indiz für fortdauernde politische und wirtschaftliche Kraft zu sehen, das Bild eines im milden Abendlicht einer Epoche nochmals golden schimmernden Gemeinwesens zu konzipieren.

In der Frage nach dem Verhältnis der Kultur der Augsburger Spätrenaissance zu ihren Voraussetzungen und gesellschaftlichen Rahmenbedingungen liegen allerdings grundsätzlichere Interpretationsprobleme begriffen. Äußerungen geistigen Lebens sind immer nicht nur Ausdruck sozialer und politischer Verhältnisse, sie können auch eine Antwort darauf sein – mit anderen Worten, Bild *und* Gegenbild. Kunst und Philosophie können Wirklichkeit deuten, zum Handeln Anleitung geben; zugleich dazu dienen, einer bedrückenden Realität andere, ideale Welten gegenüberzustellen. Epochen gesellschaftlicher Umbrüche und politischer Veränderungen sind schon deshalb nicht notwendig schlechte Zeiten für Philosophie und Kunst. Die Frage ist nur, wer die Kosten der Kultur bestreitet: Es bedarf finanzkräftiger Mäzene, die zugleich Publikum sind; es braucht zumindest einen Rest äußerer Ruhe als Voraussetzung der Reflexion.

Trotz Kalenderstreits und sozialer Krise gab es im Augsburg der Zeit um 1600 Freiräume für Denken und Handeln noch ebenso, wie es an Finanzmitteln in privater und öffentlicher Hand nicht fehlte. Ein Teil der märchenhaft reichen Oberschicht, die wohl in kaum einer anderen deutschen Stadt ihresgleichen hatte, war zwar ins Umland abgewandert und pflegte dort den Lebensstil adeliger Herren; aber sowohl die Kommune als auch ein kleiner Kreis hochgebildeter Patrizier und Kaufleute verfügte in der Stadt selbst über die Mittel, eine nochmalige Kulturblüte herbeizuführen: Ihr spektakulärster Ausdruck war das bereits geschilderte Bauprogramm der Holl-Epoche – ein Programm gegen die Armut der Bürger und für die historische Tradition ihrer Stadt, wie man Voraussetzungen und Inhalte der urbanistischen Anstrengungen auf den Punkt bringen könnte. Historische Tradition, weil der Bezug auf die Größe und Bedeutung der antiken Augusta die Ikonographie der Neugestaltung prägte – Glied eines Reiches, das nach der Prophezeiung Daniels bis ans Ende der Zeiten dauern würde.

Man wollte «nach der Anticen» bauen, folgte formalen Vorbildern, die auf die Alten zurückgingen oder von denen man dies zumindest annahm. Aus den Vitruv-Kommentaren des 16. Jahrhunderts beispielsweise konnte man lernen, daß den Tempeln des Bacchus die ionische Säulenordnung zugehörte; so wurde das Weinsiegelhaus – Holl errichtete es zwischen 1604 und 1606 – mit ionischen Voluten geschmückt. Und wenn die Zeughausfassade dorisch ornamentiert wurde, ist dahinter die Anweisung des Theoretikers Sebastiano Serlio zu vermuten, diese Schmuckform «Waffenträgern» und «starken Personen» zu geben. War der dorische Stil doch stets Jupiter, Mars, Herkules und anderen «starken Göttern» zugeordnet gewesen – Serlio deutete diese Tradition im christlichen Sinne um und forderte, die dorische Ordnung auf Kirchen anzuwenden, die etwa St. Paul, St. Georg und anderen Heiligen, die ihr Leben für den Glauben an Christus eingesetzt hatten, geweiht seien. Es leuchtet ein, daß sich diese Überlegungen wiederum auf die Konzeption eines Gebäudes anwenden ließen, dessen Fassade mit der Figur des Erzengels Michael versehen war und das – als Waffenarsenal – so etwas wie eine Art christlicher Marstempel war.

Ein für das Siegeln von Weinfässern bestimmtes Haus ionisch, ein Arsenal dorisch zu schmücken, waren zumindest witzige Ideen, die Zusammenhänge, die Mehrschichtigkeit der Bezüge mußten jedem Gebildeten der Zeit einleuchten. Indem antike Überlieferung formalen Bedürfnissen der Gegenwart angepaßt wurde, bediente man sich einer plausiblen, mit der Autorität der Tradition versehenen Architektursprache, die eben keineswegs eine «sterile» Existenz jenseits der aktuellen Zwecksetzung hatte. Auch der heidnische Herkules, dessen Bronzefigur vor der Siegelhausfassade stand, ließ nicht nur eine Assoziation zu: Man hat ihn als Präfiguration Christi aufgefaßt, als den göttergleichen, siegreichen Helden, der zur Personifikation der Tugend selbst geraten konnte (Lars Olof Larsson). Zusammen mit Merkur, dessen Standbild der nahe Brunnen trägt, galt er in der Antike als Beschützer von Handel und Verkehr, als «Hercules ponderum» wachte er über das rechte Maß von Gewichten und den Wert von Münzen: Auch aus dieser Rolle erhielt seine Plazierung direkt vor dem Gebäude, in dem die Weinsteuer erhoben wurde, ihren Sinn.

Merkwürdigerweise gewann das Kunstwerk so gerade aus der Konfrontation mit einer unüberbietbar profanen Einrichtung, einer Art Steuersammelstelle, eine Sinnschicht, die es bis zu einem gewissen Grade «legitimierte» – ein Zusammenhang, der sich wiederholt erkennen läßt, und wenn es noch so differenzierter Exegese bedarf. Der Legitimation (wenigstens durch einen «witzigen» Bezug) bedurften diese paganen Standbilder, diese auf die Antike zielenden Formen in einem christlichen Gemeinwesen zweifellos mehr, als ihre ästhetischen Qualitäten vermuten lassen. Die Rezeption «anticischen» Formenguts, die in Augsburg früher erfolgte als in jeder anderen deutschen Stadt, hat ja bald heftige Diskussionen, wenn nicht Widerstände ausgelöst. 1537 schon beschwerte sich Bischof Christoph von Stadion darüber, daß «die von Augsburg, als widersinnige Leute, S. Ulrichs, deß heiligen Bischofs Bildnuß, so lange Zeit auff dem Berlach gestanden ist, verachter weiß hinweg gethan, und an derselben statt des Abgotts Neptun Bildnuß auff den Brunnen gestellt haben». Dem Juristen Dr. Hieronymus Fröschel, einem Protestanten, gefiel das Wesen, das «haidnische Poeten und Historici» in seiner Vaterstadt trieben, schon gar nicht. In seiner Chronik wettert er gegen die humanistische Umdeutung des Augsburger Stadtwappens, des «Pyr», zum Symbol der von den Augsburgern angeblich dereinst verehrten Göttin Cisa oder Cybele, die ihm als «abgöttisch Teufelshuer» erscheint. Überall beggegne dieses Wappen, als wären die Augsburger «wie hievor anfengklich aus Haiden Christen, also jetzt widerumb zuruck aus

Christen Haiden worden». Wie ein Gottesurteil mußte es ihm vorkommen, als am 14. August 1593 der Blitz in das alte Zeughaus einschlug und dabei auch die noch dort gelagerten Figuren für den Augustusbrunnen beschädigte: «... welches nur geringer schad gewest wer, weil dergleichen abgöttereien in der stat wappen, in Fuggers heusern und allenthalb nur allzuvil seien und mit der zeit ein junge heidenschaft gebern mechte.» Zur Einweihung des Brunnens meinte er: «Es ist der neu rörkasten auf dem Perlach... an einem samstag nachmittag post coenam geöffnet worden, da auf oberst in der höhe kaiser Oktavianus Augustus, herunden vier gotlos wassergötzen... zwei man und zwei weiber. An diß werck in perpetuam memoriam haben beide statpfleger, herr Hans Welser und herr Christoph Ilsung ire namen inserieren lassen sollen. Das hat herr Welser gern gethan, herr Ilsung aber nit gewolt, ex causis eum moventibus. man hett wol etwas nützlichers machen mögen.»

Fröschels Kritik – der sich einige andere Äußerungen zur Seite stellen ließen – spiegelt zunächst die Vorbehalte gegenüber «unchristlichen» Bildern. Es sind zugleich die Vorbehalte eines protestantischen Bürgers, der den kulturpolitischen Ambitionen seiner Obrigkeit mißtraut. Das «Teufelszeichen» der Cybele deutet er polemisch zugleich als Symbol des Jesuitenordens, sei dieser doch «ein rechter teufel in diser stat». Andererseits können seine Angriffe nicht einfach als Ausdruck einer scharfen konfessionellen Haltung, womöglich mit bilderstürmerischem Akzent, gedeutet werden. Gewiß, an einer anderen Stelle seiner Aufzeichnungen berichtet er von den für die Münchner Jesuitenkirche bestimmten «götzen», äußert sich aber doch bewundernd über weitere Bronzebildwerke für St. Michael, etwa den Kruzifix des «treflich künstler Joann de Bologna». Das christliche Bildwerk also scheint ihm akzeptabel, selbst wenn es für eine Kirche der «teuflischen» Jesuiten bestimmt ist. Was Fröschel mißfällt, sind Abgötterei und Heidentum, auch wenn sie – wie er es sieht – unter einem luftigen christlichen Gewand verborgen bleiben.

Der Augsburger Jurist war in Geschmacksfragen auch am Maßstab seiner Zeit zweifellos etwas eng. Er dürfte der Typus des Tiefreligiösen gewesen sein, für den der Staat in erster Linie Heilsanstalt ist, aus dem alles Unchristliche verbannt gehört – selbst wenn es als Brunnenfigur auftritt. Nicht einmal der Kunst bleibt in der Republik des Dr. Fröschel somit der Freiraum des Unverbindlichen, sein Weltbild zwingt alles unter den Primat einer christlichen Moral.

Eine solche Einstellung war alles andere als konfessionsspezifisch, sie war vielmehr von einer allgemein-christlichen Emotion getragen, ohne die wiederum die konfessionellen Konflikte der Epoche kaum denkbar gewesen wären. Andererseits lassen die Angriffe Fröschels gleichsam indirekt die Geschmacksdominanz der ‹jungen heidenschaft› ahnen. Man bemerkt dabei nicht nur das Vorhandensein überkonfessioneller, bis zu einem gewissen Grad auch tatsächlich säkularisierter ästhetischer Maßstäbe, sondern zugleich die Grenzen eines solchen Eskapismus. Sie lagen da, wo das ‹Heidnische› das Christliche verdrängte, etwa wenn Neptun die Stelle eines heiligen Bischofs zugestanden erhielt; wo im «anticischen» Bild der christliche Gehalt nur durch scharfsinnige Tüftelarbeit zu erschließen war oder überhaupt fehlte. Daß jedenfalls von einigen Intransigenten den Göttern ihr Dasein selbst auf öffentlichen Plätzen, an denen Brot und Eier verkauft wurden, streitig gemacht wurde, dürfte wiederum auf die konfessionelle Konkurrenzsituation in der Reichsstadt verweisen – wie es andererseits ebendiese Situation war, welche die Ratsoligarchie veranlaßte, selbst im Bereich der Kunst immer wieder auf die konfessionell «unverbindliche» Antike zurückzugreifen. Die avantgardistische Augsburger Spätrenaissance hat insofern eine ihrer Voraussetzungen in der besonderen Struktur der Stadt: Zwang die Dialektik von Reformation und Gegenreformation ansonsten zur Parteinahme, ließ die Lage in der Reichsstadt das Ausweichen auf indifferente Formen in der Kunst ebenso als ratsam erscheinen, wie sie lange eine behutsame Ausgleichspolitik gefördert hatte.

Auf einem anderen Blatt steht – dies nur am Rande –, daß man nicht darauf verzichtete, wenigstens mit versteckten konfessionellen Bezügen zu spielen und damit die Unerfüllbarkeit politischer Ambitionen sublimierte. Wenn im Verlauf der Planungen für die Fassadengestaltung des Zeughauses eine wiederum «unverbindliche» Minerva Bellona durch den gegenreformatorischen Erzengel Michael ersetzt wurde, mag dies einen Umschwung andeuten, Indiz für eine Verhärtung der Fronten sein. Zur gleichen Zeit hat man ja einen katholischen Friedhof eingerichtet, um die Altgläubigen nicht mehr gemeinsam mit den protestantischen «Ketzern» bestatten zu müssen; und auch Kranke im Siechenhaus wurden erstmals nach ihrem Glauben getrennt untergebracht. Der Kalenderstreit und die Auseinandersetzungen um die Prädikantenberufung hatten das konfessionelle Gruppenbewußtsein sichtlich gestärkt, Gegensätze zwischen den Glaubensgemeinschaften traten gerade ab der Jahrhundertwende immer deutlicher hervor. So fiel auf, daß die Katholiken 1606 zum ersten Mal seit der Reformation wieder eine Fronleichnamsprozession durchführten; wie Kölderer bissig notierte, mit großer Prachtentfaltung, mit Trompeten und Pauken – «alls wie mann Jnn Krieg pflegt zue thuen».

1602 wurde der Weber Hans Daniel angezeigt, weil er in einer Bierschänke Schmählieder gesungen hatte; der Text eines dieser Lieder ist überliefert – aus ihm spricht eine düstere Stimmung, Angst vor politischen Umwälzungen und konfessioneller Unterdrückung:

«Die Zeit ist so traurigleich, bei allen creaturen,
weil jeztund in dem Römischen Reich
ist uberal aufrüer...
als Babsts gesetz und menschen thant,
damit sie alzeit umb gand,
verfüren vil der leüte,
Ach lieber herr behüet uns frei,
Jetzund zu allen Zeiten.»

Von Unruhe in der Stadt, von Bedrohungen durch den «Bairfürsten» handelt das Lied – der Text des einfachen Webers hat keinen anderen Tenor als viele Zeitzeugnisse der gebildeten Elite Europas an der Schwelle zum «eisernen» Jahrhundert. «Finsternis und Unkultur drohen», schrieb der Augsburger Stadtpfleger Marcus Welser 1600 an Justus Lipsius, «und verbreiten sich über die schönen Lande Europas.» In gewisser Hinsicht kann so die späthumanistische Kultur als eine Bewegung gegen die als krisenhaft empfundene Gegenwart aufgefaßt werden; als Ausdruck der Suche nach Inseln des Schönen und der wissenschaftlichen Wahrheit auch in einer Epoche, die von Polarisierung gekennzeichnet war und von Glaubensstreit und Polemik.

Der Rückzug in die Antike hatte für diese Kultur besonderen Stellenwert gewonnen. Die intelligente Umsetzung des «anticischen» Formenguts, seine christliche Interpretation versahen Augsburg mit dem Etikett der *altera Roma*, eines zweiten Rom, und gewannen ihm so jene Großartigkeit, die selbst den Weltmann Bentivoglio beeindrucken sollte. Zugleich wurde die tatsächliche antike Vergangenheit der *Augusta* in einem sehr konkreten Sinne wiederbelebt: nicht nur durch einen dem Stadtgründer Augustus gewidmeten Prachtbrunnen oder die Schilderung der legendären Gründungsgeschichte der Stadt auf den Reliefs des Herkulesbrunnens, sondern vor allem durch die Verwendung des «antiken» Formengutes buchstäblich an allen Ecken und Enden der neuerrichteten Bauwerke. Indem so ausdrücklich auf eine historische Tradition Bezug genommen wurde – angeblich hat das 1600jährige Gründungsjubiläum überhaupt den Anlaß für die Errichtung der Prachtbrunnen geliefert –, betonte man die Stellung der Stadt in der Gegenwart und die geschichtlichen Voraussetzungen dafür.

Der architektonische Rückgriff auf die antike Vergangenheit hatte in Augsburg eine lange Vorgeschichte in philologischen Studien und antiquarischen Neigungen der Bildungsschicht. In der Römerstadt Augsburg fanden solche Interessen einen günstigen Nährboden: Relikte der antiken Augusta Vindelicorum, die besonders in der Frauenvorstadt immer wieder ans Licht kamen, dokumentierten die uralten Wurzeln Augsburgs, gaben Anlaß zu mehr oder weniger phantasievoller Deutung.

Die Tradition einer wissenschaftlichen Altertumskunde hatte Conrad Peutinger begründet, selbst Sammler von Bodenfunden und Münzen und Herausgeber römischer Inschriften, in einem Werk, das zu den frühesten Leistungen der Epigraphik überhaupt zählt. Der Augsburger Humanismus, dessen wichtigster Vertreter er war, hatte wesentliche Impulse durch die geistige Welt Kaiser Maximilians erhalten; dessen Berater, ja Vertrauter, war der Augsburger Stadtschreiber Peutinger lange Zeit gewesen. Doch bedurfte es nicht dieses biographischen Zusammenhangs, um die stets «kaiserliche» Richtung der humanistischen Bestrebungen in der Reichsstadt zu begründen: Für die Orientierung auf das Reichsoberhaupt sprachen gute historische und noch bessere politische Gründe. War doch die Existenz der kleinen Stadtrepublik allein von der Stabilität des komplizierten Rechtsverbandes abhängig, den man «Heiliges Römisches Reich» nannte. Im Kaisertum fand dieses Reich seine Identität, behielt es bis weit ins 18. Jahrhundert einen von sakraler Aura umgebenen obersten Repräsentanten, dessen wirkliche Macht als Kaiser freilich immer weniger seinem äußeren Ehrenrang entsprach. Darin lag also von Anfang an einer der konkreten Gründe für den «Reichshumanismus» der Augsburger – bei Peutinger, der sich zeitlebens gegen die «vertruckung der stett» (Unterdrückung der Städte) einsetzte, nicht weniger als bei seinen geistigen Erben am Ende des 16. Jahrhunderts. Man dachte reichsstädtisch, vom eigenen Kirchturm aus sozusagen; und man dachte deshalb kaiserlich. Das Kaisertum aber war eine Institution, die in einer mit den Imperatoren der Antike begründeten Kontinuität begriffen wurde. Wie man das Römische Reich als letzte in der Reihe der Weltmonarchien auffaßte, mußte auch dieses Kaisertum bis zuletzt dauern: Der humanistische «Archäologe» förderte mit den Relikten der Augusta Vindelicorum die Beweisstücke für jene staatliche Kontinuität zutage, für jene auch religiös begründbaren Traditionszusammenhänge, in die er sein eigenes Gemeinwesen eingebunden sah. Es liegt auf der Hand, daß aus einem solchen Geschichtsbild heraus die Überzeugung von der Stabilität der politischen Existenz der Stadt auch in Zeiten äußerer Bedrohung gut zu begründen war; und ebenso scheint es plausibel, daß die

Die Kultur des Späthumanismus

Das Gymnasium bei St. Anna, erbaut von Elias Holl, 1612, mit Bibliotheksgebäude und astronomischem Turm. Kupferstich von Lucas Kilian, 1612

Geschichtsforschung und Altertumskunde in Augsburg gerade zu Zeiten eine Renaissance erlebte, als innere und äußere Krisen den Staat bedrohten.

Indessen war das Sammeln antiker Münzen und Inschriften, Reliefs und anderer Kunstwerke zumindest noch bis in die Zeiten Marcus Welsers kaum vorwiegend durch «wissenschaftliches» Interesse begründet. Man trug seltenes, unvorstellbar Altes in das häusliche «studiolo», die Wunderkammer, wollte staunen und Staunen erregen, wenn man den Relikten der Antike nicht sogar magische Eigenschaften zugestand. Peutinger hat sein Haus mit römischen Reliefs und Inschriften geschmückt, das Epitaph eines Ehepaares ließ er im eigenen Schlafgemach anbringen: So ‹lebte› man in der Antike, stand ihrem Geist und ihrer Kunst mit einer gewissen romantischen Verehrung gegenüber, auch wenn man in der Humanistensodalität Peutingers der Antike kaum ebenso enthusiastisch nachgeeifert haben dürfte wie in der römischen Akademie des Pomponio Leto – da feierte man Feste nach dem Vorbild der Alten, folgte ihren Vorschriften selbst bei häuslichen Verrichtungen. Peutinger hatte persönlichen Kontakt mit diesem Kreis gewonnen.

Es scheint, daß die humanistische Bewegung trotz einzelner hervorragender Vertreter im Bürgertum der Reichsstadt auf keine besondere

Resonanz stieß. Dies mag nicht zuletzt daran gelegen haben, daß Augsburg einer der Hauptschauplätze der Auseinandersetzungen um die Lehren Luthers und Zwinglis gewesen war, der theologische Disput hier andere Energien absorbierte. In der Stadt blieb es schließlich nicht bei konfessioneller Homogenität. Die nach dem verlorenen Schmalkaldischen Krieg einsetzende katholische Restauration führte zu jenen Spannungen, die im Kalenderstreit eskalierten – obwohl es gerade in der Augsburger Religionsgeschichte nicht an Vertretern gemäßigter Positionen fehlte. Marcus Welser und andere führende Köpfe des Späthumanismus gehörten dazu.

Die Sondersituation der gemischtkonfessionellen Gesellschaft hat dafür gesorgt, daß die humanistische Bewegung Augsburgs wenn nicht intellektuell, so doch gewissermaßen institutionell unterschiedliche Wege nahm. Für die katholische Richtung scheint eine gewisse Privatheit kennzeichnend gewesen zu sein: Sie war an einzelne Persönlichkeiten der Führungsgruppe gebunden, an Vertreter des Hauses Fugger etwa wie den Baronius-Übersetzer Marx Fugger; der protestantische Humanismus hingegen hatte früh institutionelle Kristallisationskerne gefunden, nämlich das 1531 gegründete Gymnasium bei St. Anna und die 1537 eingerichtete Stadtbibliothek. Vor allem das Gymnasium wurde zu einem Zentrum humanistischer Bildung, zugleich zu einer Pflanzschule der geistigen Elite der Reichsstadt. Lange wurde es auch von katholischen Schülern frequentiert. Die Professorenschaft dieser Schule stellte die führenden Köpfe der Humanistengeneration zwischen Peutingers Sodalität und dem Kreis um Marcus Welser am Ende des Jahrhunderts: Als einer der ersten Rektoren (1536–1554) wirkte etwa Sixt Birck, der sich auch Xystus Betulejus nannte. Der Sohn eines Augsburger Webers hatte die Universitäten in Erfurt und Tübingen besucht und sich dann – auf den Rat Conrad Peutingers – nach Basel gewandt, die Stadt Ökolampads und des großen Erasmus von Rotterdam. Als er 1536 an das Augsburger Gymnasium berufen wurde, hatte er sich als Verfasser von Schuldramen einen Namen gemacht, übrigens den ersten in deutscher Sprache: Hinter Titeln wie ‹Susanna› und ‹Judith› verbargen sich biblische Stoffe, die politischer und religiöser Erziehung im Sinne der Reformation dienen sollten. In Augsburg entstanden lateinische Fassungen dieser Werke, dann auch lateinische Stücke wie ‹De vera nobilitate› oder ‹Sapientia Salomonis›, die 1538 und 1547 im Druck erschienen.

In seinen späteren Jahren wandte sich Birck verstärkt philologischen Arbeiten zu, durch diese Verwissenschaftlichung seiner Tätigkeit bereits späteren Repräsentanten des Augsburger Humanismus vergleichbar. So schrieb er einen Kommentar zu philosophischen Abhandlungen Ciceros, erstellte die erste kritische Edition von Schriften des Kirchenvaters Lactanz (die allerdings erst nach seinem Tod, 1563, im Druck erschien). Daneben verfaßte er eine griechische Konkordanz zum Neuen Testament und eine Übersetzung von Hernando Cortez' Mexiko-Reisebericht, die 1550 gedruckt vorlag.

Wichtiger noch als seine literarisch-wissenschaftliche Tätigkeit für die Geistesgeschichte des Augsburger Humanismus wurde indessen Bircks Engagement für eine städtische Bibliothek. Im Auftrag des Rates wählte er aus den Beständen aufgelöster Klosterbibliotheken die besten Werke aus und führte sie zum Kernbestand der später berühmten Institution zusammen. Das Amt des Bibliothekars ging auf Bircks Nachfolger als Rektor des Gymnasiums bei St. Anna, den Graecisten Hieronymus Wolf, über.

Damals konnte der Augsburger Bestand bereits zu den bedeutenderen deutschen Büchersammlungen gezählt werden. 1545 hatte der Rat über Antonius Eparchos in Venedig 126 griechische Handschriften – Texte von Kirchenvätern und Quellen zur byzantinischen Geschichte – für achthundert Dukaten erworben; damit war ein Reservoir für wissenschaftlich-editorische Tätigkeit geschaffen worden, von dem der Augsburger Humanismus noch lange zehren sollte. Unter dem Rektorat Wolfs, 1562, errichtete man neben dem Gymnasium ein Bibliotheksgebäude mit einem astronomischen Turm und sieben Dächern, welche die freien Künste symbolisieren sollten. Ein fester Erwerbungsetat bildete von nun an die Grundlage für einen planmäßigen Ausbau der Bücherbestände.

Hieronymus Wolf, der von 1516 bis 1580 lebte, war der bedeutendste Geist unter den Augsburger Humanisten des 16. Jahrhunderts. Von Isokrates und Demosthenes hat er für lange Zeit gültige Übersetzungen gefertigt. Sein eigentlicher Ruhm aber beruht auf seiner Beschäftigung mit griechischer Philologie und Geschichte; sie brachte ihm eine wichtige Stellung in der Geschichte der Byzantinistik ein. Zwischen 1557 und 1562 publizierte er, unterstützt vom Haus Fugger, Editionen griechischer Autoren, so die Weltchronik des Joannes Zonaras und die byzantinische Geschichte des Niketas Choniates. Damit waren – erstmals in lateinischer Übersetzung – die Grundlagen für eine griechische Geschichte von Konstantin dem Großen bis zur Einnahme Konstantinopels durch die Türken vorhanden.

Als Wolf nach Augsburg kam, wo er ab 1551 als Bibliothekar und Sekretär in die Dienste der Fugger trat, hatte er bereits bewegte Wanderjahre hinter sich. Nach Studien und praktischer Tätigkeit in Nürnberg, auf der Harburg, in Tübingen, Wittenberg und Straßburg war er in Basel als Korrektor des Druckers Oporin tätig, immer unzufrieden, von eingebildeten oder wirklichen Krankheiten, ja selbst von Gespenstern geplagt. Seine Selbstbiographie, die zu den eindrucksvollsten Zeugnissen dieses Genres überhaupt zählt, «stellt neben die Huttensche Lust, zu leben, Ernst und Empfindlichkeit eines Mannes, der nie von dieser Lust besessen war, und neben die Erasmianische Souveränität des Geltenlassens und Geltenwollens die Unsicherheit und das Mißtrauen eines Mannes, der trotzdem unverdrossen arbeitete und sich damit einen Ehrenplatz in der Geschichte des deutschen Humanismus erkämpfte» (Hans-Georg Beck).

Die vielschichtige Persönlichkeit Wolfs steht innerhalb der humanistischen Bewegung zwischen den Zeiten: Seine äußere Lebensführung läßt ihn als Vertreter der frühen Avantgarde des Humanismus erscheinen, sein schließliches Einschwenken in die gesicherte Stellung eines reichsstädtischen Amtsträgers kennzeichnet den Zeitgenossen einer späteren Epoche in der Geschichte der *studia humaniora*.

Erstaunlich ist es ohnedies, daß der unruhige Mann die letzten beiden Jahrzehnte seines Lebens als erfolgreicher Schulleiter verbrachte. Gleich bei seinem Amtsantritt legte er Gedanken zu einer Neuordnung des Unterrichts vor, eine ‹deliberatio de instauratione Augustanae scholae ad D. Annam› (1567). 1576 verfaßte der Rektor eine weitere Denkschrift; beide Texte blieben über zwei Jahrhunderte grundlegend für die Struktur des Unterrichts, da die Ratsverordneten über das Schulwesen – die Scholarchen – sie für die maßgeblichen Schulordnungen übernahmen.

Die Schulordnungen der Ära Wolf begründeten ein akademisches Gymnasium mit neun Klassen; der Rektor hätte wohl ohnedies gerne eine Art Universitätsbetrieb in Augsburg eingeführt, hatte indessen mit den Versuchen, ein öffentliches *auditorium* mit Vorlesungsbetrieb einzuführen, Ärger und Schwierigkeiten. In der Praxis wurden in dieses *auditorium* die besten Schüler der ersten Klasse aufgenommen, gelehrt wurden Dialektik und Rhetorik, Disziplinen, die im «normalen» Schulunterricht bemerkenswerterweise zu kurz gekommen zu sein scheinen: Wolfs Überlegungen stehen in dieser Hinsicht für einen grundlegenden Wandel des Humanismus, der gegenüber der Betonung der schönen Form, der Kunst der Darstellung die Philologie, die wissenschaftliche Erfassung und Interpretation von Texten betonte. Grundlage des Unterrichts in Dialektik und Rhetorik waren Aristoteles, Cicero, Demosthenes und Platon, außerdem wurden Homer und Plinius gelesen. Gelegentlich konnte auch Hebräisch gelehrt werden, daneben trat der Unterricht in Mathematik immer mehr in den Vordergrund.

Während die beiden ersten Klassen, in welche die Schüler zwischen dem fünften und siebten Lebensjahr aufgenommen wurden, elementare Kenntnisse in Lesen und Schreiben vermittelten – wobei allerdings auch schon lateinische Vokabeln und Sprüche gelernt werden mußten –, begann man bereits in der siebten Klasse mit dem Grammatikunterricht in Latein. In der sechsten Klasse wurden Übersetzungen angefertigt, besonders nach Catos ‹Disticha moralia›, in der fünften folgte die Lektüre der Briefe Ciceros, die noch in der nächsthöheren Klasse fortgesetzt wurde. In diesen Klassen begann – wenn begabte Schüler vorhanden waren – der Griechischunterricht, zunächst anhand der Fabeln Äsops, der kirchlichen Evangelien und Episteln. Auf dieser Stufe waren die Schüler bei Strafandrohung gehalten, lateinisch zu sprechen. Bis zur zweiten Klasse gelangten die Gymnasiasten zur Lektüre von Isokrates und Aristoteles, Vergil, Terenz oder Ovid, auch waren Übersetzungen ins Lateinische und Griechische anzufertigen. Daneben setzte man die Grammatikstudien nach Rivius und Clenardus fort. In der ersten Klasse, der obersten, wurde an Schriftstellern wie Cicero, Caesar, Sallust und anderen demonstriert, welche Möglichkeiten die lateinische Sprache bot, Gedanken unterschiedlich auszudrücken. Außerdem repetierten die Professoren griechische Grammatik und lasen mit ihren Schülern Isokrates.

So sah der Lehrplan aus, den ein junger Augsburger im 16. und 17. Jahrhundert an der führenden Schule der Reichsstadt zu absolvieren hatte. Der Schulalltag begann um sieben Uhr morgens, Wolf selbst – was gut zum Bild dieser eisernen Gelehrtennatur paßt – fing schon um sechs Uhr an. Für die Beleuchtung der Schulräume im Winter hatte jeder Schüler in den oberen Klassen 2 kr., in den unteren 1 kr. «Lichtgeld» zu bezahlen, wovon die Lehrer Kerzen und Leuchter erwarben.

Der Vormittagsunterricht – der durch eine halbstündige Pause unterbrochen war – endete um zehn Uhr, am Nachmittag wurde von 13 bis 16 Uhr gelehrt. Ferien gab es nicht – dafür kannte die frühe Neuzeit wesentlich mehr Feiertage; Geburts- und Namenstage des Rektors oder der Lehrer wurden freigegeben, auch haben sich Bitten der Schüler um Hitzeferien – in lateinischer Sprache – erhalten.

Bis zum Neubau der Schulgebäude durch Elias Holl zwischen 1612 und 1615 fand der Unterricht in einem Trakt des ehemaligen Karmeliterklosters St. Anna und drei behelfsmäßigen Holzhäuschen statt, in denen es im Winter feucht und kalt, im Sommer brütend heiß war. Anders war die gerade unter dem Rektorat Wolfs gestiegene Schülerzahl nicht zu bewältigen: Bis zu fünfhundert drängten sich zu seiner Zeit in den Klassenzimmern.

Da keine Schülerlisten erhalten geblieben sind, läßt sich kaum etwas über die soziale Zusammensetzung der Schülerschaft aussagen. Man kann davon ausgehen, daß der größte Teil der Handwerksleute seinen Nachwuchs nur auf eine der deutschen Schulen der Stadt schickte, wo Lesen und Schreiben gelernt werden konnte; damit hatte es sein Bewenden. Simon Webelin, Diakon bei St. Anna, kritisierte um 1600 selbst die Übung, Psalmen und Bibelsprüche auswendig zu lernen – es sei schließlich ausreichend, wenn man den Katechismus kenne, darin fänden sich «die Hauptstucklin Christlicher Lehr und glaubens». So hatte sich das humanistische Gymnasium gewiß von Anfang an mit dem Verlangen der Bürger nach einer mehr praxisorientierten Ausbildung auseinanderzusetzen: Die Übersicht über den Lehrplan zeigt schnell, daß mathematische Fächer oder Naturwissenschaften völlig fehlten, wenn nicht einiges über die Lektüre des Aristoteles und Plinius vermittelt wurde. Noch 1563 hatten die Schüler den von Johann Maior erteilten Arithmetikunterricht zusätzlich zu bezahlen, er war nicht Bestandteil des Lehrkanons. Wenn mit dem Tod Wolfs nicht nur das akademische Auditorium einging, sondern auch noch der Arzt, Mathematiker und Philologe Dr. Georg Henisch mit dem Gehalt des Rektors an die Schule berufen wurde, läßt sich dies gewiß bereits als Effekt einer Bewegung gegen die Ausschließlichkeit der humanistisch-philologischen Studien interpretieren. Schon Wolf hatte ja geklagt, daß in der Krämerstadt Augsburg die freien Künste, die keinen Nutzen für Erwerb und Gewinn brächten, verachtet würden…

Dennoch: Die hohen Schülerzahlen des Gymnasiums lassen erkennen, daß nicht nur das Patriziat, sondern auch weite Kreise der Kaufmannschaft ihre Kinder nach St. Anna geschickt haben müssen. Der Einfluß der Schule auf die geistige Prägung der merkantilen und intellektuellen Elite der Stadt, auf die Generationen, die in der ersten Hälfte des 17. Jahrhunderts erwachsen wurden und erwachsen waren, kann gar nicht hoch genug veranschlagt werden. Der Ruf der Anstalt scheint dabei bereits um 1580 über die Stadtmauern Augsburgs hinaus gedrungen zu sein. So gibt es Nachrichten, daß sich Schüler nicht nur aus dem ganzen schwäbischen und fränkischen Bereich, sondern zumindest vereinzelt auch aus Italien und den Niederlanden im Gymnasium bei St. Anna einfanden.

Obwohl am Anfang in protestantischem Geist konzipiert und von protestantischen Pädagogen betreut, blieb die Schule bis in die achtziger Jahre des 16. Jahrhunderts in konfessioneller Hinsicht verhältnismäßig indifferent. Angesichts der vorwiegend evangelischen Bürgerschaft verwundert es nicht, wenn der Religionsunterricht am Samstagvormittag nach dem lutherischen Katechismus gestaltet wurde. Anderes – so Psalmen, das Neue Testament oder die Salomonischen Sprüche – empfahl man den Schülern zur häuslichen Lektüre. Eine deutlicher protestantische Ausrichtung der Schule wurde erst später provoziert.

Keine Probleme bereitete es, die *studia humanitatis* mit den Grundlinien der christlichen Religion in Einklang zu bringen; ein Gegensatz wurde hier kaum empfunden. Zweck und Ziel der Schule sei es, beginnt die bereits erwähnte ‹deliberatio› Wolfs von 1557, die Kinder in den Elementen des Christentums, beider Sprachen, der freien Künste und Philosophie zu unterrichten – «so daß sie später auf der Universität imstande sind, ohne Hilfe eines Privatlehrers ein ordentliches Leben zu führen und zu studieren».

Weder um reine Philologie noch um historische Kenntnisse der antiken Geschichte und Philosophie ging es also, sondern um die Vermittlung ethischer und moralischer Normen auf der Grundlage der christlichen Lehre. «Ich habe viel Muße und Fleiß aufgewandt, um die philosophischen Leitsätze nach der Richtschnur der Heiligen Schrift zu beurteilen, und dies darum, weil das Weib in der Kirche schweigen soll, das heißt, die Philosophie sich kein Urteil über göttliche Dinge anmaßen darf», schrieb Wolf in seinem Cicero-Kommentar.

Aufgabe der Schule ist es, in diesem Sinne «Wahrheit» zu vermitteln, Maßstäbe auch für das praktische Leben. Die Kenntnis der klassischen Sprachen ist nur Hilfsmittel dazu, der Grammatikunterricht wird ansonsten höchstens die Verstandeskräfte schärfen. Wesentlich ist Einsicht in die Inhalte, die Identifizierung des Relevanten, Exemplarischen.

In der Instruktion der Oberschulherren – jenes Ratsausschusses, der die Aufsicht über das Schulwesen auszuüben hatte – werden die Scholarchen angewiesen, dafür zu sorgen, «daß die Jugend in Gottesfurcht, guten Sitten und Wissenschaft erzogen werde zum Nutzen und zur Zierde der Kirche und des Staates». Bereits die Reihenfolge dieser Ziele des Schulunterrichts dokumentiert einen umfassenden ethischen Anspruch: Gottesfurcht und die Einsicht in gute Sitten rangieren als primäre Bildungsziele, erst an dritter Stelle kommt die Wissenschaft. Dies alles ist bezogen auf den Nutzen und die Zierde der Kirche und des Staates.

Dieser so formulierte Anspruch war der Anspruch des christlichen

Das Jesuitenkollegium St. Salvator. Kupferstich von Simon Grimm, 1679

Gemeinwesens, das sich als moralische Einrichtung verstand, in dem – um nochmals unsere Überlegungen zur Ikonographie der «Staatskunst» der Zeit um 1600 aufzunehmen – das Heidnische entweder christlicher Interpretation zugänglich zu sein hatte oder sich erheblichen Ressentiments gegenüber sah.

Die praktischen Folgen dieser Staatsauffassung zeigten sich vielfach im Alltag des Schulunterrichts, in täglich absolvierten Gebeten, Evangelienlesungen, Katechismuslektüre und vor allem in der Interpretation der antiken Autoren, deren Details freilich nicht überliefert sind. Wie in Gottesdienst, Kinderlehre und bei vielen anderen Gelegenheiten erfolgte die Ausrichtung bereits der Kinder und Heranwachsenden als künftige Untertanen eines christlichen Staates, wurde ein Denken vermittelt, das mit dem Respekt vor der Religion zugleich die Achtung weltlicher Herrschaftsstrukturen nahelegte. Daneben wurde freilich auch die Bedeutung des Diesseitigen, von Glück und Unglück relativiert: Das Leben galt als «Pilgramschafft» hin auf ein höheres Ziel, mehr zum Ewigen, als zum Zeitlichen disponiert. So etwa heißt es in der Präambel einer zeitgenössischen Polizeiordnung.

Daß die Bedeutung der im weiteren Sinne politischen Implikationen einer solchen Weltsicht dem Rat bewußt waren, ist selbstverständlich. Ebenso ist anzunehmen, daß die Mitglieder der Oligarchie sie ihrerseits verinnerlicht hatten – sie sind ja selbst meist in jenen Eliteschulen erzogen worden, deren Ausrichtung ihre Anweisungen prägen sollten. Insofern wäre es falsch, wenn man in der Vermittlung der Werte der christlichen Republik Indoktrinierung mit «Ideologie» sehen würde; auch ist es nur bedingt richtig, wenn man von einer «Moralisierung» oder gar «Sakralisierung» des Politischen spricht, war doch der Politik kaum ein klar begrenzter Freiraum in einem deutlich von der Sphäre des Religiösen geschiedenen weltlichen Bereich zugewiesen. Die Verteidigung der Ehre Gottes, die Förderung der christlichen Religion waren wesentliche Bestandteile der Politik, deren Erfolg sich gerade von diesen Eckpunkten eines Wertesystems her definierte.

Dies bedingte zugleich den Stellenwert, den der Schulunterricht im Sinne eines christlichen Humanismus für die Obrigkeit hatte, denn die Schulen waren – wie es ein Chronist formulierte – der «erste Samen..., damit Kürchen vnd alle guete Regiment sollen geseet und gepflanzt» werden. Aus vergleichbaren Erwägungen waren schließlich auch das Jesuitenkolleg und dessen Widerpart, das Collegium von St. Anna, gegründet worden.

Das Gymnasium der Jesuiten hatte, wie bereits erwähnt, nach einigen Anlaufschwierigkeiten im Oktober 1582 den Unterrichtsbetrieb aufgenommen. 1618 zählte man bereits mehr als sechshundert Schüler. Legate wohlhabender Augsburger Bürger – auch in Form von Stipendien für arme Schüler – und Güter in Augsburgs Umland, Geschenke Herzog Wilhelms V. von Bayern, sicherten die Gründung und trugen zur Finanzierung des Lehrbetriebs bei.

Die Unterrichtszeiten wichen nur unwesentlich von jenen der protestantischen «Konkurrenz» ab. Die Jesuiten begannen allerdings die Unterweisungen mit einer Messe. Donnerstag und – im Hochsommer – Dienstag war nur einen halben Tag Unterricht, gewöhnlich waren vom 8. September bis zum 18. Oktober Ferien. Insofern hatten es die katholischen Kinder leichter als ihre andersgläubigen Kommilitonen.

Der Lehrplan und die Unterrichtsmethoden folgten der seit 1599 vorliegenden *ratio studiorum*, der für alle Bereiche der Societas Jesu geltenden Studienordnung. Im Studium der antiken Autoren und der Erarbeitung des Handwerkszeugs dazu trafen sich die Inhalte der katholischen mit jenen der protestantischen Schule, kristallisierte sich das heraus, was – jenseits der konfessionellen Streitigkeiten – christlichen Humanismus im Kern ausmachte.

Die Schüler wurden drei bis vier Jahre in Grammatik, ein Jahr in Humanität oder Poetik und dann nochmals ein bis zwei Jahre in Rhetorik unterrichtet. Dazu durchzog die ganze Ausbildung die Beschäftigung mit dem kleinen lateinischen Katechismus. Schon im zweiten Grammatikjahr konnte zur Lektüre von Briefen Ciceros und Ovid-Gedichten übergegangen werden, auch der griechische Katechismus stand bereits auf dem Programm. Cicero, Ovid, Vergil, Catull und Properz bildeten den Kern des Lektüreprogramms des dritten bzw. vierten Grammatikjahres. Die Poetik-Klasse sollte Sachwissen verschaffen, dazu durch Vermitteln konkreter Sprachkenntnisse die Grundlagen für das Rhetorik-Studium legen. In Griechisch wurden Reden des Isokrates, Chrysostomus und Basilius gelesen, Briefe Platons oder des Synesius, schließlich Plutarch-Texte übersetzt.

In der obersten Stufe hat man neben der Lektüre der klassischen Autoren (insbesondere Ciceros und anderer Rhetoriker) auch allgemeinere Einsichten in Geschichte und Philosophie ermöglicht. Die Griechischstudien wurden um Unterricht in griechischer Literaturgeschichte ergänzt, man las christliche Autoren, so wiederum Chrysostomus und Basilius und nun auch Gregor von Nazianz.

Auf diesen Klassen konnte das Lyzeum aufbauen. Hier wurden mit der Zeit Logik (ab 1619), Physik (ab 1631) und – ab 1639 – Metaphysik angeboten. Moraltheologie gab es schon vorher; wohl prominentester Hörer war der spätere Stadtpfleger Marcus Welser.

Gerade in den ersten Jahren seines Bestehens lehrten bedeutende Kräfte an Gymnasium und Lyzeum – so Jakob Pontan, der auch maßgeblich an der Erarbeitung der *ratio studiorum* mitgewirkt hatte, dann Matthäus Rader und Jacob Bidermann, der Autor des ‹Cenodoxus›. 1602 wurde das Stück in Augsburg uraufgeführt, vielleicht das bedeutendste Ereignis der Theatergeschichte der Reichsstadt in dieser Epoche. Es geht darin um einen ehrgeizigen, moralisch verkommenen Gelehrten, der – unbußfertig – am Ende in den Abgrund ewiger Verdammnis stürzt. Die Moral dieses Stückes entsprach völlig den pädagogischen Anliegen des Jesuitenordens: Wissenschaft ohne Religion, ohne Gläubigkeit ist nichts, führt ins Verderben. Das jesuitische Schultheater hat in Augsburg wohl nicht den Rang des protestantischen Gegenstücks erreicht, die Aufführungen – sie dauerten oft mehrere Stunden – zogen gleichwohl stets ein zahlreiches Publikum an. Ziele waren die Vermittlung von Heilswahrheiten, die Verbreitung katholischer Glaubenssätze und die Festigung der altgläubigen Konfessionsgruppe. Um das zu erreichen, zog man alle Register und sparte auch nicht mit Effekten selbst pyrotechnischer Art.

Zu einer Aufführung muß es gedonnert und geblitzt haben, als der heilige Vitus von einem Engel aus einer brodelnden Pechpfanne gerettet wurde. Heiligenlegenden – wie die Geschichte der Bistumspatronin St. Afra – und historische Stoffe wurden auf die Bühne gebracht.

Das Nebeneinander der Bildungsstätten zeigt einen weiteren Schritt hin zu einer verschärften Frontstellung zwischen Katholiken und Protestanten an – auch wenn es oft genug vorgekommen sein mag, daß sich andersgläubige ‹Kiebitze› in den Spektakeln, welche bei St. Salvator oder St. Anna geboten wurden, herumtrieben. Und natürlich darf nicht vergessen werden, daß diese Entwicklung – wir möchten den Vorgang als ‹innere Konfessionalisierung› kennzeichnen – nur Teile der Bevölkerung betraf, jedenfalls zunächst. Die Unsicherheit in dogmatischen Fragen war groß, Glaubensinhalte den Menschen oft nur vage bekannt. Und es kam zu sehr unterschiedlichen Reaktionen auf die Verschärfung der konfessionellen Auseinandersetzung, durch welche die Glaubensgemeinschaften eben auch schärfere Konturen gewannen. Manche paßten sich an, verinnerlichten zusehends Lebensformen, Riten, Aussagen ihrer jeweiligen Konfession. Wenige nur konvertierten. Daneben gab es Fälle, wo aus den konfessionellen Streitigkeiten gefolgert wurde, daß es noch einen dritten, friedlichen Weg zwischen den Fronten geben müsse. Die Kultur des Späthumanismus läßt vielfach solche Tendenzen erkennen, insbesondere in ihrem wohl bedeutendsten Vertreter, in Marcus Welser; ein weiteres konkretes – fast etwas kurioses – Exempel bietet der Fall eines ‹einfachen› Handwerkers, eines Augsburger Goldschmieds.

David Altenstetter war um 1550 zu Colmar im Elsaß geboren worden – er stammte also aus einer Gegend, wo sich von jeher die verschiedensten religiösen Strömungen getroffen hatten. Auch auf seinem weiteren Lebensweg war Altenstetter mit unterschiedlichen konfessionellen Richtungen in Berührung gekommen. Er sei «der religion halben biß hero frei gewesen», sagte er einmal,

«dann ob er gleich wol an einem catholischen ort geborn, so sei er doch dar nach inn Schweitz khommen, da die zwinglisch lehr im brauch. Nach dem er aber sich alhie her begeben [nach Augsburg], hab er underweilen die predicanten der Augspurgischen Confession, underweilen auch die catholische prediger... gehört. Sei doch weder der einen, noch anderen religion aller dings anhängig, aber da er sich zu einer bekenen solt, solt er die cattolisch annemen, müest doch zuvor nottürfftig bericht darinn empfahen.»

Diese Aussagen machte der Goldschmied während eines Verhörs. Er war in die Eisen gelegt worden, weil er mit einigen anderen Handwerkern in den Verdacht geraten war, Wiedertäufer oder Anhänger des Spiritualisten Caspar von Schwenckfeld zu sein. Daß ihm die katholische Religion eher zusage, begründete er damit, daß «der domprediger ime besser gefallen hab dann die predicanten der Augspurgischen Confession». Inhaltlich, so meinte er, habe er in beiden Kirchen «vil guets... hören predigen»; so habe er keinen «sonderbaren glauben, sondern sei in etlichen stuckhen der catholischen religion und in etlichen der Augspurgischen Confession anhengig». Später begegnet er, was die Verwirrung vollständig machen mag, als Lutheraner.

Was die Sakramente anbelangte, hielt er die Taufe «zu erlangung der seligkeit» für «hoch von nötten», er habe sie – wie er betonte – nur einmal empfangen. Außer der Taufe akzeptierte er nur das Abendmahl als Sakrament.

David Altenstetter war ein gebildeter Mann. Seinen eigenen Weg hatte er nach eingehender Lektüre gefunden. Er kannte mystische Schriften – Texte Johannes Taulers und die ‹Nachfolge Christi› Thomas von Kempens, er hatte sich mit dem Bibelkommentar des Erasmus von Rotterdam auseinandergesetzt und dazu eine vorreformatorische Bibelausgabe studiert. Einer seiner Mitangeklagten gab offen zu, er lese Bücher Schwenckfelds.

Aus diesen Andeutungen läßt sich folgern, daß Altenstetter tatsächlich bestrebt war, jenseits der Konfessionen Wege zu Gott zu finden; es waren Wege ins Innere mystischer Versenkung, dazu einer christlichen Lebensgestaltung in der Nachfolge des Herrn. Er sei, so sagte er, «gleichsam frei» in seinem Glauben. Als man ihn fragte, was er während der Predigtzeiten tue, entgegnete er entwaffnend: Er gehe spazieren. Von den Theologen meinte er, nichts erfahren zu können – «dieweil die theologi der Catholischen religion und Augspurgischen Confession bißhero an einander zum hefftigsten zu wider, sei er weder dem einen noch anderen tail bei gefallen...».

Altenstetters Haltung war wohl die eines Fremden, eines grüblerischen Mannes, der in der Welt herumgekommen und nicht in die Traditionen der bikonfessionellen Gesellschaft hineingewachsen war. Doch muß es auch in der Reichsstadt – einem früheren Zentrum des Täufertums – kleine Gruppen von Leuten gegeben haben, die ihr Heil in ähnlichen Frömmigkeitsformen suchten: Hier wird ein Entwicklungsstrang sichtbar, der weit in die vorreformatorische Epoche zurückreicht. So wurden geistige Auswege aus religiösen Verwirrungen – und wohl auch aus gesellschaftlichen Krisensituationen – gewiesen, die ersichtlich nicht epochenspezifisch gewesen sind.

Die Kultur des Späthumanismus

Pokal mit Groteskenornamentik in Schmelzemail von David Altenstetter, um 1600

Altenstetters Fall ist indessen noch aus einem weiteren Grund interessant. Er war einer der fähigsten Augsburger Goldschmiede des ausgehenden 16. Jahrhunderts, seine angesehene Stellung im Handwerk läßt sich schon daran ablesen, daß er mehrmals zum Vorgeher bestimmt wurde. Auch scheint er den Titel eines Kammergoldschmieds Kaiser Rudolfs II. geführt zu haben – man brachte ihn sogar als Schöpfer der österreichischen Hauskrone ins Gespräch. Philipp Hainhofer rühmt ihn als den «im Schmelzen geschicktesten Goldschmied», und er urteilt: «Altenstetter aber übertrifft alle und hat eine ganz andere Manier, wenn er ein Ding mit Fleiß macht.» Dem Herzog von Pommern riet der Augsburger Kunstagent, Arbeiten bei ihm zu bestellen, «denn dieser

Meister weit und breit damit berühmt wird, und weil er alt, nach seinem Tod viel gelten werde».

Altenstetter war der Meister des Tiefstichemails. Charakteristisch für seine Arbeiten sind virtuos konzipierte Ornamentgrotesken – und hier scheint eine Beziehung zwischen der indifferenten, irenischen Haltung des Mannes und seiner Kunst gegeben. Der Begriff *grottesco* bezeichnete in der Renaissance offenbar «nicht nur etwas Spielerisch-Heiteres, Unbeschwert-Phantastisches, sondern zugleich etwas Beklemmendes, Unheimliches angesichts einer Welt, in der die Ordnungen unserer Wirklichkeit aufgehoben waren» (Wolfgang Kayser). Zugleich gewinnt die Ornamentgroteske Sublimationsfunktionen, wird zum Instrument der Weltbewältigung: Das Groteske entsteht durch die bis an die Grenze des Faßbaren gehende Darstellung «der in eine Einheit gebrachten Gegensätze von Grauen und Komik, Lächerlichkeit und Bedrohlichkeit», es wird zur «Gestaltung des Erlebnisses der radikalen Bedrohung der menschlichen Existenz in einer von Grund auf unverstehbar gewordenen Welt». Die Ornamentgroteske ist offen für die verschiedensten Motive, für Christliches, heidnisch-mythologische, erotische oder ganz profane Darstellungen.

Es ist immerhin auffällig, daß ein religiös so komplex denkender Mann wie David Altenstetter sich in seiner Kunst gerade für die Ornamentgroteske entschied, es hier zu unerreichter Virtuosität brachte. Der exakte Beweis läßt sich natürlich nicht führen – aber läßt sich dieses Spiel mit dem Unverbindlichen, die «Bändigung» und Distanzierung des Monströsen durch Ästhetisierung nicht in Beziehung setzen zur eigenwilligen geistigen Ausrichtung ihres Schöpfers (ich argumentiere hier vom methodischen Zugriff Aby Warburgs aus)? Es wäre wichtig, die verschlüsselte Symbolsprache der Altenstetterschen Ornamentik einmal vor dem Hintergrund von dessen spiritualistischer Ausrichtung zu analysieren. Die filigranen Ornamente, die er schuf – Schnecken, Insekten, Affen, Monster und anderes – sind ebenso konfessionsneutral, wie sich Altenstetters Haltung vor den Augsburger Strafherren darstellt. In diesem Zusammenhang ist es vielleicht interessant, daran zu erinnern, daß auch die in Mähren und Ungarn entstehende Keramik der «Wiedertäufer» das Ornament jeder bildlichen Darstellung vorzieht (auch wenn Altenstetter nach allem, was wir wissen, kein Täufer war).

Aus alledem ergeben sich weitere Fragen, die hier nur angesprochen und nicht beantwortet werden können: Welche sozialpsychologische Funktion hat Ornamentkunst überhaupt, welche Zusammenhänge bestehen zwischen geistesgeschichtlichen und sozialen Entwicklungen und dem Vordringen bestimmter Ornamentformen? Ist der «Manierismus» – jener schillernde, schwer zu fassende Stil zwischen Renaissance und Barock – mit seiner Neigung zum Ornamentalen und insbesondere zur Ornamentgroteske Ausdruck irenischer, ins Indifferente weisender Tendenzen gleichsam zwischen den konfessionellen Fronten? Ein ästhetisches Rückzugsgebiet in einer Epoche voll dramatischer Veränderungen, beschleunigter Bewegung? Immerhin fällt sein Auftreten in Deutschland weitgehend in jene Zeit relativer Ruhe und mannigfacher Ausgleichsversuche zwischen dem Augsburger Religionsfrieden und dem Ausbruch des Dreißigjährigen Krieges.

Kehren wir nach Augsburg zurück. Andere Formen eines – so möchte man sagen – intellektuellen Eskapismus bildeten sich parallel zum Auseinanderdriften der Konfessionsgruppen auch in den oberen Schichten der reichsstädtischen Gesellschaft heraus. Integrationsfigur und geistiger Mittelpunkt dieser in mancher Hinsicht irenische Züge aufweisenden Humanistenzirkel war der Patrizier und Stadtpfleger (von 1600–1614) Marcus Welser.

In seiner Bedeutung für die Geschichte des süddeutschen Humanismus ist dieser Sproß des seit dem 13. Jahrhundert nachweisbaren Geschlechts durchaus Peutinger vergleichbar; die Unterschiede zwischen den beiden Humanisten stehen zugleich für den Strukturwandel, den diese geistige Bewegung im Laufe des 16. Jahrhunderts erkennen läßt.

Folgenreich dürfte insbesondere die Institutionalisierung der klassischen Studien geworden sein: Die Bibliothek und vor allem das Gymnasium zogen auswärtige Gelehrte nach Augsburg, vermittelten Impulse für wissenschaftliche Arbeit und waren so Garanten der Kontinuität. Unter den sieben Dächern der Bibliothek und in den «Schulen» des Gymnasiums wuchsen Generationen einer geistigen Elite heran, die von dem nachgerade romantischen Dilettantismus, der sich in der Frühzeit sogar bei einem Mann wie Peutinger beobachten läßt, zu systematischem wissenschaftlichen Arbeiten gelangten. Welser legte beispielsweise eine vorzüglich bebilderte Beschreibung der römischen Funde, die in Augsburg gemacht worden waren, vor; auch kümmerte er sich gelegentlich um die Erschließung und Erhaltung antiker Überreste, so eines Mosaiks, das in einem Garten in der Frauenvorstadt gefunden worden war und ohne seine Intervention dem Verfall preisgegeben gewesen wäre.

Seine Neigungen für die Antike fanden indessen vor allem in historischer Forschung und editorischer Tätigkeit ihren Ausdruck. Auf der Höhe der zeitgenössischen Methodik steht seine Geschichte des römischen Augsburg; die von ihm im Auftrag Herzog Maximilians von Bayern verfaßten «Fünf Bücher bayerischer Geschichte» zählen ebenfalls zu den bedeutenden historiographischen Werken der Epoche.

Mit der europäischen Gelehrtenwelt unterhielt Welser ein reiches *commerium litterarium*. Zu seinen Korrespondenten zählten Lipsius, Scaliger, Casaubon, Galilei – um nur die bedeutendsten zu nennen. In Augsburg selbst gewann er wohlhabende und gebildete Bürger für seine sicherlich bemerkenswerteste Initiative: Er gründete einen eigenen Verlag, *ad insigne pinus*, dem die Publikation wissenschaftlicher Werke und Editionen besonders aus den Handschriftensammlungen der Augsburger Bibliothek obliegen sollte. Die Anregung zu diesem Unternehmen war von einem weiteren bedeutenden Vertreter des Augsburger Späthumanismus ausgegangen, nämlich von David Hoeschel, der seit 1593 Rektor des Gymnasiums St. Anna und selbst ein bedeutender Gräzist war. Man arbeitete mit verschiedenen Druckern, denen man die zum Teil eigens gefertigten Lettern zur Verfügung stellte. Dem hohen typographischen Standard, welchen die Bücher des Verlages erreichen sollten, konnte anfangs offenbar keine einheimische Druckerei gerecht werden, so daß Welser die Herstellung der ersten Werke der Offizin des Aldus Manutius in Venedig übertrug. Durch einen mehrjährigen Aufenthalt am Rialto – wo er Konsul der deutschen Kaufmannschaft gewesen war – hatte er wohl selbst die nötigen Verbindungen geknüpft.

Geschützt durch ein Privileg Rudolfs II. und Heinrichs IV. von Frankreich entfaltete *ad insigne pinus* eine höchst erfolgreiche Tätigkeit. Über siebzig Werke wurden zwischen 1595 und 1619 verlegt (davon allerdings nur wenige nach dem 1614 erfolgten Tod des Verlagsgründers). Das Programm beschränkte sich bald nicht mehr nur auf die Edition von in Augsburg befindlichen Manuskripten und Abhandlungen zur Geschichte der Reichsstadt, auch wenn hier ein gewisser Schwerpunkt lag. Der Nürnberger Joachim Camerarius d. J. vermittelte die Übersendung einer Handschrift des Falkenbuchs Kaisers Friedrichs II. aus der Heidelberger Palatina; Welser erarbeitete daraus die bis ins späte 18. Jahrhundert maßgebliche Erstausgabe. Die Vorlage für die Edition der Schrift des Augustinus gegen Pelagius – sie erschien 1611 – wurde aus der vatikanischen Bibliothek beschafft. Der wissenschaftliche Apparat wurde von Welsers Bruder Anton und von David Hoeschel erarbeitet.

Hoeschel, Schüler Hieronymus Wolfs und von diesem als «Rose unter den Dornen [seiner] faulen und ungeschickten Zuhörer» bezeichnet, erwies sich zusehends als wichtigste Stütze des Verlags. Die enge Beziehung des Protestanten – er hatte in Wittenberg und Leipzig studiert – zum Katholiken Welser wirft ein Schlaglicht auf die Atmosphäre, die inmitten der Zuspitzung der konfessionellen Kontroversen herrschte. Man begegnete sich in wissenschaftlichen Interessen, nicht in dem verklärten, imaginären Antiken-Bild, sondern im Studium des christlichen Altertums und in der Bewahrung der Überlieferung. So edierte Hoeschel bei *pinus* patristische Werke, Schriften des Chrysostomus, Origenes, Gregor von Nazianz und Gregor von Nyssa; seine bedeutendste Leistung aber war die Erstausgabe des ‹Myriobiblion› des Photius, Patriarchen von Konstantinopel. Dieser Text aus der zweiten Hälfte des 9. Jahrhunderts teilt Auszüge von 280 teilweise verlorenen Werken griechischer Autoren mit und ist schon deshalb von hervorragender Bedeutung für die Philologie. Hoeschel widmete seine 1601 erschienene Arbeit dem Geheimen Rat Augsburgs und den Stadtpflegern Quirinus Rehlinger und Marcus Welser. Kurz zuvor hatte der Letztgenannte die höchste Würde erreicht, welche die Reichsstadt gewähren konnte. «In hac urbe Musae et Gratiae domicilium nactae creduntur» – man glaubt, daß in dieser Stadt die Musen und Grazien ihren Wohnsitz genommen hätten: Mit dieser Eloge beginnt Hoeschel die Widmungsvorrede zu seinem epochemachenden Werk. Tatsächlich gewann Augsburg in verblüffendem Gegensatz zur deprimierenden wirtschaftlichen und politischen Entwicklung gerade um die Jahrhundertwende nochmals europäischen Rang als geistiges und kulturelles Zentrum. Das wohl auffälligste Geschehen in dieser Zeit war die weitere Öffnung der Bildungsschicht für die naturwissenschaftliche Forschung.

Ihr Exponent war – auch er Autor bei *pinus* – der Arzt und Mathematiker Dr. Georg Henisch. Eigentlich ist er mit diesen beiden Berufsbezeichnungen noch zu ungenau charakterisiert: Er war Lehrer und Rektor im Gymnasium bei St. Anna, wo er neben Logik, Mathematik und Astronomie noch Hebräisch, Griechisch und Latein unterrichtete. Zu alledem übte er seine Arztpraxis aus, fungierte mehrmals als Dekan des *collegium medicum*, der «Aufsichtsbehörde» der Reichsstadt über das Medizinalwesen. Er war Stadtbibliothekar und gilt schließlich als Pionier der deutschen Philologie. Henisch war, wie bereits aus der Fülle seiner Tätigkeiten zu folgern ist, mindestens ein ungewöhnlicher Geist, wenngleich man ihm nicht gerecht würde, ordnete man ihn als einen frühen Vertreter des Polyhistorentums ein. Er ist keineswegs nur ein Projektemacher und Dilettant in allen Fächern gewesen; als Wissenschaftler erreichte er ein beachtliches Niveau, ja, in seiner Person zeigen sich weltanschauliche und wissenschaftliche Tendenzen der Epoche wie in einem Brennspiegel gebündelt.

Wieder wird das Bestreben deutlich, Erkenntnisse zu systematisieren, das durch die Arbeit von mehreren Humanistengenerationen Gewonnene in einen Zusammenhang zu bringen: bei Henisch deutlicher als bei anderen Mitgliedern des Welser-Kreises, vielleicht auch deshalb, weil bei keinem Interessen und Anlagen so zur Bewältigung im gedruckten Wort drängten wie in seinem Fall.

Henisch war Humanist in doppeltem Sinn: als Arzt und Naturwissenschaftler, der sich mit dem Menschen befaßte, zugleich im hergebrachten Verständnis, nämlich als Philologe, der mit alten Texten und der antiken Philosophie umging. So trat er als Autor zweier Rhetorik-Lehrbücher hervor, 1593 mit den ‹Praeceptionum Rhetoricarum libri quinque› und zwanzig Jahre später mit einer erweiterten Fassung desselben Werks. Eine bedeutende Leistung auf philologischem Gebiet war eine Publikation, die ihn als einen frühen Vorläufer der Gebrüder Grimm erweist: die ‹Teutsche Sprach und Weisheit›, ein Wörterbuch, das erste in dieser Weise konzipierte Werk überhaupt. Zu jedem Wort wurde eine Begriffsbestimmung gegeben, gelegentlich folgten etymologische Erklärungen und Anwendungsbeispiele, die der Autor meist aus dem Sprichwortschatz der Zeit gewann. Leider kam es nur zur Publikation des ersten Bandes dieses wohl auf drei Bände angelegten Werks; er behandelt die Buchstaben A bis G. Zwei Jahre nach der Veröffentlichung der ‹Teutschen Sprach und Weisheit›, 1618, starb Henisch neunundsechzigjährig.

Seine Interessen hatten zeitlebens ohnedies mehr den Naturwissenschaften als den philologischen Studien gegolten. Dies war die andere Seite des Humanisten Georg Henisch: Der Arzt ging nicht weniger vom Menschlichen aus, beschäftigte sich mit seiner Natur im eigentlichen Sinne. Eingebunden war das aber in eine Kosmologie, nach welcher das Handeln des Menschen stets in Beziehung zu setzen war zur großen Ordnung der Welt, aus der sich sein Geschick bestimmte. Die Astrologie galt ihm als «ein herrliche gab Gottes und sonderliche Zier der Philosophie», er betrieb sie ebenso wissenschaftlich, wie er dem Rat der Reichsstadt alljährlich den Kalender konzipierte (wobei er übrigens als «Experte» – obwohl Protestant – während des Kalenderstreits das gregorianische Werk favorisierte). Die Kalender, die Henisch von 1576 bis 1618 erstellte, waren demgemäß weniger mathematisch bedeutsame Leistungen, als ausgeklügelte Ratgeber für das tägliche Leben. Hier verbanden sich die medizinischen Kenntnisse des Verfassers mit seiner Fähigkeit, den Stand der Sterne, Sonnen- und Mondfinsternisse zu berechnen. Zu jedem Tag war durch ein Zeichen vermerkt, ob es ratsam war, zu schröpfen, zur Ader zu lassen, Arzneien zu nehmen oder Kinder abzu-

Die Kultur des Späthumanismus

«Gute», «mittlere» und «böse» Zeiten für das Aderlassen.
Ausschnitt aus dem Kalender Georg Henischs für das Jahr 1619

stillen. Eine kleine Schere deutete an, daß der Tag zum Haare schneiden geeignet wäre.

Henischs Kalender waren Weltchroniken, Kosmologien im Kleinen. Wenige Exemplare haben sich erhalten – die Blätter waren Gebrauchsgraphik, man heftete sie an die Wand und warf sie zu Beginn eines neuen Jahres weg. In vielen Wohnungen der frühen Neuzeit dürften Kalender die einzigen Verbindungen zur «Kultur des gedruckten Wortes» gewesen sein. In der Augsburger Bibliothek liegt noch Henischs «Almanach» auf das Jahr 1619, ein sichtlich gebrauchtes, zerfleddertes Stück Papier. Das ganze Jahr wird unter das Leben Christi gestellt – einfache Holzschnitte zeigen Beschneidung, Kreuzigung und Auferstehung. Die Ränder schmücken Darstellungen der Lebensalter des Menschen, getrennt für Mann und Frau – Bilder eines mühsamen Lebens, wo zum Vierzigjährigen bereits gereimt wird:

«In meiner letzten krafft bin ich/
In alle Händel schick ich mich.»

Am Ende der Jahresübersicht findet der Betrachter eine schematische Zusammenfassung der Aussagen des Kalenders zur Beziehung zwischen Sternzeichen und Aderlaßzeiten, und mehr noch, ein Blick zeigt, welche Körperregionen jeweils für diese Behandlung geeignet sind. «GVT», «MITL» und «BES» werden unterschieden.

Auf der Ebene eines Systems, mit viel Bücherwissen und logischen Regeln im Kopf, sah Henisch die Welt somit nicht anders als Kölderer und sonstige Zeitgenossen, welche Wahrsager und weise Frauen besuchten, um über ihr künftiges Geschick Auskunft zu erhalten. Aus der Gewolltheit der Welt in der ihm einsehbaren Form schloß er auf die Bedeutsamkeit ihrer äußeren Gestalt; der «Sinn» selbst der marginalen Einzelheit, ja die Berechtigung ihrer Existenz lag darin, daß sie auf den größeren Zusammenhang verwies und – bei regelgemäßer Interpretation – etwas über diesen Zusammenhang verriet.

Augsburg war von jeher ein Zentrum der Rezeption und Verbreitung astrologisch-mantischen Gedankenguts gewesen. In der Offizin des Erhard Ratdolt erschien bereits 1488 eines der wichtigsten einschlägigen Werke der Epoche, das ‹Astrolabium Magnum› des Paduaners Pietro d'Abano, ein auf kleinasiatische Überlieferungen zurückgehender Tageskalender. Zum Bild der kulturellen Leistungen des Augsburger Späthumanismus gehören schließlich auch in ganz Europa berühmte astronomisch-astrologische Instrumente, Produkte eines hochstehenden Kunsthandwerks, das seinen Aufschwung nicht zuletzt dem Umstand verdankte, daß die humanistische Elite der Stadt vom Glanz der Sterne fasziniert war. Henisch bediente sich, wenn er aus astrologischen und medizinischen Erkenntnissen gewonnene Prognosen erarbeitete, allgemein akzeptierter, obrigkeitlich gutgeheißener Methoden. Wiederholt erhielt er für seine Kalender und Bücher beträchtliche Geldgeschenke; mit 7 fl. Steuerleistung zählte er um 1600 zu den wohlhabenderen Bürgern Augsburgs. Henisch muß ein Vermögen von weit über tausend Gulden besessen haben, er war allem Anschein nach finanziell wesentlich besser gestellt als andere Professoren des Gymnasiums bei St. Anna. Sein Nachfolger als «Kalendermacher» der Reichsstadt, der spätere Rektor und Stadtbibliothekar Elias Ehinger, entrichtete noch 1611 überhaupt keine Vermögenssteuer. Andere Kollegen Henischs lassen sich wirtschaftlich einer bürgerlichen Mittelschicht zuordnen: Hoeschel bezahlte 1583 1 fl. 45 kr., Bernhard Heupold – ein berüchtigter Reime-

Die Kultur des Späthumanismus

schmied, der uns noch beschäftigen wird – kam 1611 auf 2 fl., und der Lateinpraeceptor Marx Henning hatte 1611 2 fl. 25 kr. Steuern zu bezahlen. Man kann aus solchen Zahlen entnehmen, daß die am Gymnasium bei St. Anna unterrichtenden Schulmeister nicht gerade Hunger litten – ganz im Gegensatz zu den Lehrern der deutschen Schulen der Reichsstadt, die, soweit es ihre Steuerleistungen erkennen lassen, ziemlich arm gewesen sein müssen.

Die Mäzene, die Anreger der wissenschaftlichen Arbeit der Henisch, Hoeschel, Wolf und sonstiger Humanisten, konnten demgegenüber selbstverständlich mit anderen Summen wirtschaften. Die verschiedenen Mitglieder des Hauses Fugger entrichteten als Augsburger Bürger zu Beginn des 17. Jahrhunderts insgesamt nicht weniger als 6000 fl. Vermögenssteuer, was einem Vermögen in siebenstelliger Höhe, einem wahrhaft astronomischen Betrag, entsprach. Marx Welser bezahlte immerhin noch 123 fl. im Jahr. Möglicherweise versteuerte der Stadtpfleger allerdings wenigstens in den letzten Jahren seines Lebens ein Vermögen, das zum großen Teil bloß noch auf dem Papier vorhanden war. Nur eine Woche nach seinem Tod im Jahre 1614 ging nämlich das Welsersche Handelshaus in Konkurs. Später wurde die These vertreten, das mäzenatische Engagement für den *pinus*-Verlag habe das Unternehmen zugrunde gerichtet, was bei allem Respekt vor der Bedeutung dieser Initiative unwahrscheinlich ist. Damit eine Weltfirma wie das Haus Welser fallierte, bedurfte es anderer Erschütterungen, die etwa aus dem Strukturwandel der Weltwirtschaft in der zweiten Hälfte des 16. Jahrhunderts herrührten.

Gerade das Schicksal des Melancholikers Marcus Welser – von dem behauptet wurde, er sei durch Selbstmord geendet – legt ja die Deutung des Augsburger Späthumanismus als einer gegen ihre Zeit gerichteten eskapistischen Kultur nahe. Zugleich – was eine eindeutige Interpretation erschwert – war die Beschäftigung mit Büchern, das Sammeln schöner und merkwürdiger Dinge, waren das Studium der Geschichte und die Beschäftigung mit philosophischen Fragen Erfordernisse des gesellschaftlichen Status, den die Augsburger Elite für sich beanspruchte.

Bemerkenswerterweise verzichtete die wirtschaftliche und politische Führungsschicht der Reichsstadt indessen auf machtvolle äußere Repräsentation, etwa durch Monumentalbauten. Ob dies mit der Wirtschaftskrise zusammenhing, die gerade die Augsburger Kaufleute hart traf, oder ob es andere, im ‹Zeitgeist› begründete Ursachen hatte, ist schwer zu beantworten, doch sprechen einige Erwägungen dafür, daß letzteres zutrifft. So gab es um die Jahrhundertwende wohl ökonomische Probleme.

Eine Spitzengruppe der Kaufmannschaft und des Patriziats war indessen durchaus noch im Besitz beträchtlicher Mittel, die – soweit sich erkennen läßt – repräsentative Bauaktivitäten durchaus zugelassen hätten. Man muß nur an die aufwendigen Schloßanlagen denken, die sich die Augsburger Führungsschicht – allen voran die Fugger – im schwäbischen und bayerischen Umland errichteten; sozialhistorischer Hintergrund dieses Rückzugs aus der Stadt könnte der Wunsch der Reichen gewesen sein, ihrer wirtschaftlichen Bedeutung angemessene Lebensformen zu adaptieren. Und das konnte nur der Stil des grundbesitzenden Adels, des politisch herrschenden und nach der Geistlichkeit gesellschaftlich angesehensten Standes sein. Indirekt könnte die Wirtschaftskrise zusätzlich die Bereitschaft, in Grund und Boden zu investieren, nachgerade ganze Herrschaften zusammenzukaufen, gefördert haben, handelte es sich hier doch um Investitionen, die zwar nicht so viel Gewinn abwarfen wie Handelsgeschäfte, aber auch nicht mit Risiken belastet waren.

In der zweiten Hälfte des 16. und zu Beginn des 17. Jahrhunderts lassen sich demgemäß zwei Typen des reichen Patriziers, Mehrers oder Kaufmanns unterscheiden: einerseits der «Landlord», der sich dem bürgerlichen Lebenskreis entzieht; andererseits der städtische Aristokrat, der durchaus in Formen bürgerlicher Kultur lebt und politische Macht ausübt, indem er sich in Ratsämtern engagiert (und auch aus diesen wirtschaftlichen Gewinn hat). Mitunter begegnen beide Typen innerhalb derselben Familien, und es gab Angehörige der Führungsschicht, die sowohl in Augsburg ein großes Haus führten, als auch in der Umgebung ihren Landsitz hatten – in der Stadt als Bürger, außerhalb als Adelige lebten. Der sozialhistorische Befund ist, was diese Eliten betrifft, ambivalent, und man kann durchaus unterstellen, daß sie sich ihrerseits in einem gewissen Rollenkonflikt wußten. So übten sie als Grundherren im Umland Herrschaftsrechte aus, waren aber als Bürger ihrerseits Untertanen der Reichsstadt. Bei genauem Hinsehen werden solche Statuskonflikte in den Quellen gelegentlich identifizierbar, etwa wenn im Verlaufe einer «Stadtbeschreibung», die Vorräte und Waffen erfassen soll, den Beauftragten der Kommune im Hause des Patriziergeschlechts Rehlinger Auskünfte verweigert werden, während alle anderen Bürger willig ihre Angaben machen; wenn in der Stadt Schmähreden umgehen, in Augsburg bestimmten sich Schuld oder Unschuld vor dem Strafamt nach Reichtum. Diese Hinweise auf latente Konflikte indessen lassen auf eine Alltagsrealität schließen, in der auch reiche Bürger – sofern sie sich innerhalb der Stadtmauern, unter der Jurisdiktion der Reichsstadt befanden – eben als Bürger zu leben hatten. Dies hieß, und damit kommen wir auf unsere Ausgangsfrage zurück, daß sie dann ebenfalls den kulturellen Status von Bürgern zu pflegen hatten, auch wenn dies ihrem Selbstverständnis nur bedingt entsprach. Wenn diese Bürger, obwohl sie dazu in der Lage gewesen wären, keine monumentalen Paläste errichteten, so läßt sich dies als Ausdruck der Unterwerfung unter die soziale und politische Struktur der Reichsstadt interpretieren; das Bauen im großen Stil war der Gemeinschaft zu überlassen.

Bauwerke, die den Palästen der florentinischen, römischen oder venezianischen Oligarchien des 15. und 16. Jahrhunderts vergleichbar wären, sucht man in Augsburg vergebens. Allein der Wohnsitz der Fugger, eigentlich ein ganzes Stadtviertel, fällt aus dem Rahmen. Doch in der Epoche des Späthumanismus wurde in Augsburg selbst nur wenig gebaut, während allein Jacob Fugger d. J. für die Summe von 300 000 fl. Ländereien erwarb und darauf Schlösser errichtete oder ausbaute. Marcus Welser, immerhin einer der höchsten Amtsträger der Reichsstadt und wenigstens als solcher kreditwürdig, bewohnte ein verhältnismäßig bescheidenes Haus in der Frauenvorstadt. Es ist bezeichnend, daß seine Mittel in die Produktion und den Kauf von Büchern und Handschriften wanderten: Solche Investitionen dürften den individuellen Interessen Welsers ebenso entsprochen haben, wie sie mit dem Stil eines Bürgers übereinstimmten.

Andere Reiche handelten ähnlich. Anton Welser, ein Neffe des Marcus, legte eine große Bibliothek an, deren Katalog allein 158 Quartseiten umfaßt. Im großen Maßstab in Antiken und Preziosen, Bücher und wissenschaftliche Instrumente investierten Patrizier und Kaufleute wie Hans Bimmel, Hans Manlich, die Buroner oder Marcus Zech; letzterer hatte eine bedeutende Kollektion von Werken Giovanni da Bolognas zusammengebracht, die Hainhofer als einzigartig im Reich rühmt. Der Patrizier Hans Heinrich Herwarth sammelte Musikalien, Johann Baptist und Paulus Haintzel besaßen eine bedeutende Bibliothek mit Werken vornehmlich mathematischen und astronomischen Inhalts. Die Bestrebungen dieser und anderer wohlhabender Sammler und Bibliophilen waren zweifellos eine wichtige Voraussetzung für das Aufblühen des Augsburger Kunsthandwerks in den Jahrzehnten vor dem Dreißigjährigen Krieg, ja bis in den Krieg hinein. Man darf vermuten, daß die Investition in die «kleine Kunst» nicht zuletzt deshalb in derartigem Ausmaß möglich war, weil es als nicht angebracht empfunden wurde, für machtvolle äußere Repräsentation zuviel Geld auszugeben. «Unbürgerlicher» Luxus blieb im «Geheimen», im intimen «Studium», wie man die häuslichen Schatzkammern und Kuriositätenkabinette in Verballhornung des italienischen «studiolo» nannte. Diese Kabinette, von deren Existenz, seltener von deren Inhalt die Quellen oft berichten, müssen geradezu typisch für die späthumanistische Kultur gewesen sein. Obwohl den Kunst- und Wunderkammern des Adels nachgebildet, angefüllt mit seltsamen und schönen Dingen, dürften sie nicht weniger als die Bibliotheken Stätten der Begegnung, des Diskurses gewesen sein. Insofern gehören sie in die Vorgeschichte der Entstehung bürgerlicher Öffentlichkeit. Doch stand ihr Inhalt auch für eine dem gehobenen Bürgerstatus angemessene kulturelle Ambition, bildete das *«decorum»* eines Patriziats, das sich wohl auf unbestimmte Weise nicht mehr als bürgerlich empfand, indessen noch nicht zum Adel zu rechnen war.

Die Bibliotheken erfüllten in diesem Sinne kaum weniger repräsentative Funktionen, keineswegs waren sie ausschließlich Stätten der Wissenschaft. Das war schon angesichts der Bücherpreise undenkbar, und es ist bezeichnend, daß mit wenigen Ausnahmen – zu denen Marcus Welser zählt – die eigentlich wissenschaftlichen Leistungen, die Editionen, historischen Werke und anderes von einigen «Professionellen» kamen, während die Büchersammler selbst als Anreger oder Mäzene im Hintergrund blieben.

Einen Schlüssel zum Verständnis dieser verfeinerten Formen der Kulturpflege könnten die im Bürgertum der Epoche ebenso wie im Adel verbreiteten Maßgaben der neostoischen Philosophie bieten; freilich sind diese Zusammenhänge bisher noch nicht untersucht. Welsers Briefwechsel mit Justus Lipsius ist als Indiz für eine Affinität des Stadtpflegers zu dessen Lehren zu werten, mehr vielleicht noch einige Schriften in seiner Bibliothek: gewissermaßen ‹Benimmbücher› des 16. Jahrhunderts, die im Grunde neostoische Positionen für das Alltagsleben besserer Herren vermitteln. Darin wird genau das als Maßstab richtigen Verhaltens propagiert, was man aus den Quellen auf Schritt und Tritt als Ausdruck patrizischen Verhaltens zu identifizieren meint. Der «galant' uomo», der «Gentleman» – wie es in einem Werkchen des Venezianers Bernardino Cagli heißt – hat seine Mußestunden in Beschäftigung mit den Wissenschaften, mit philosophischen und historischen Studien zu verbringen; Briefe in elegantem Stil zu schreiben obliegt ihm ebenso wie uneigennütziges Engagement für das Gemeinwesen. Er verhält sich in Sprache und Gestik dezent, verabscheut den lauten Streit der Parteien – kurz, er beschreitet in den Wirren der Zeit jene *via media*, die für die Hauptvertreter der späthumanistischen Kultur Augsburgs als charakteristisch gelten kann.

Die Kultur des Späthumanismus

Die irenischen Züge ebenso wie die unaufdringlichen Formen, welche Stil und Denken der Bildungsschicht der Reichsstadt im späten 16. und frühen 17. Jahrhundert kennzeichnen, entsprechen demnach sehr weitgehend Verhaltensmustern, die als angemessen für gehobene Kreise betrachtet wurden. Allein das Haus Fugger nimmt wiederum eine Sonderstellung ein, die einerseits der tatsächlich erreichten adeligen Position, andererseits dem immer noch fast mythischen Reichtum der Familie entspricht. Innerhalb der reichsstädtischen Gesellschaft galten die Bankiers von Fürsten und Päpsten vielen als Parvenüs, und ohne Zweifel war das Geschlecht bereits in der ersten Hälfte des 16. Jahrhunderts über den engeren Augsburger Rahmen weit hinausgewachsen. Das wurde äußerlich sichtbar am den Weinmarkt dominierenden Fuggerpalast, an prächtigen Hochzeitsfesten, die wenigstens zum Teil vor den Augen der Bürgerschaft stattfanden. Andererseits versuchte man noch lange, zumindest den Schein zu wahren und sich den Regeln des stadtbürgerlichen Systems zu fügen. Daß hier ein schmaler Grat beschritten wurde, ist den Zeitgenossen durchaus klar gewesen. Obwohl positiv gewendet, klingt das Bewußtsein um die Divergenz zwischen der bürgerlichen Stellung der Fugger und ihrer ganz unbürgerlichen Prachtentfaltung in einem Brief des Humanisten Beatus Rhenanus von 1531 an: «Gibt es etwas Schöneres als das Haus Anton Fuggers?» schrieb er. «Verschiedene Räume gewölbt, auf marmornen Säulen ruhend, deren Architrave nach antiker Art mit Skulptur verziert sind. Die schönen und zierlichen Schlafgemächer, die Heizeinrichtungen, die Wandelgänge, vor allem das wundervolle Schlafgemach des Hausherrn mit seiner vergoldeten Felderdecke! Anschließend die Sebastianskapelle mit ihren Betschemeln, die aus kostbarem Material aufs zierlichste gefertigt sind. Überall aber kostbare Gemälde innen und außen. *Und doch bei aller ausgesuchten Pracht ein Minimum von Prunk, zumeist bürgerliche Anständigkeit und einfache Sauberkeit...*» (Hervorhebung v. Verf.). Später – wir haben davon berichtet – beschwerten sich einige Bürger nicht nur über die Steuervergünstigungen, die der Familie zuteil wurden, sondern vor allem darüber, daß die Fugger trotz des Mangels an Wohnraum Grundstücke zusammenkauften, um luxuriöse Gartenanlagen gestalten zu lassen. Diese Kritik galt, könnte man etwas überspitzt zusammenfassen, dem Hineintragen feudaler Lebensformen in den Lebensraum der städtischen Gesellschaft.

In der Tat haben Jakob, Anton und Hans Fugger in der Jakober Vorstadt einen Zoo mit exotischen Tieren eingerichtet, die zum Teil aus Afrika und Südamerika herbeigeschafft wurden. Vermutlich handelte es sich dabei um den ersten allgemein zugänglichen Tierpark im Reich. Eine Schilderung der Fuggerschen «Lustgärten» mit Vogelvolieren und Wasserspielen gibt Montaigne in seinem Reisetagebuch – man stellt sich manieristische Parks vor, jene merkwürdigen Orte, an denen künstlich Geformtes und natürlich Gewachsenes seltsame Symbiosen eingeht, das traditionelle kunsttheoretische Postulat, das Kunstwerk habe die Natur nachzuahmen, *ad absurdum* geführt, zumindest um eine ironische Fußnote ergänzt wird. Wie sich auf den Bildern Giuseppe Arcimboldos Gemüsestauden zu Gesichtern formen, wurden hier aus Muscheln und Tuffsteinen bizarre Grotten gebaut, hat man Objekte der belebten und unbelebten Natur zu Gegenständen der Kunst zusammengefügt.

Zoologische und botanische Gärten, manieristische Parkanlagen, vordergründig Plätze des Staunens, der Bewunderung und der Unterhaltung, waren gleichwohl nicht weniger Ausgangspunkte einer wissenschaftlichen Naturkunde, empirischer Forschung, wie die bereits erwähnten Kunst- und Wunderkammern als Vorformen von Museen gelten können. Die Fugger besaßen zweifellos reichhaltiger ausgestattete Kabinette als andere Augsburger Patrizier. Was innere Kohärenz und Systematik anbelangt, wurde freilich Unterschiedliches geleistet. Der bedeutendste Sammler unter den Fuggern dürfte Raymund, ein Neffe Jakob Fuggers des Reichen und Zeitgenosse Conrad Peutingers, gewesen sein. Er war, wie es eine zeitgenössische Quelle formuliert, «der Antiquitäten und Medaillen sehr begierlich» – Begründer der ersten größeren Antikensammlung Deutschlands, deren Prunkstücke sein Haus und seinen Garten schmückten. Einen gewissen Gegenpol dazu müssen die Bestände seines Nachfahren Octavian Secundus (1549–1600) gebildet haben: der spätere Stadtpfleger häufte in seinem Haus am Weinmarkt Gemälde, Skulpturen, Reliquiare und allerlei Preziosen und «selzamkhayten» an. Auszug aus dem Inventar, das verzeichnet, was sich in einem «klain nussbaumin Schreibtischlin» befand:

«Ain gurtel auß dem Hirschen Lebenndig geschniten Im dreissigsten [1530] gefanngen. Item ein bericht darbey.
Ain stucklen Cederholcz vom monte Libano.
Ain grob Spiessglaß.
Ain stuckh vonn aim Feurstral vom Himmel.
Ettliche weiß vnnd gelbe Augstain.
Ain Pater noster vonn Elsenbeer.
Ain bluetstain so nit fast guet sein solle.
Ettliche ringelin vonn Mörroßzän [Walroßzähne].

Ain Corallen Zinckhen.
Ain kugel wie kaczenaug.
Chrisolitus vnd Agatus Inn ainem Pappir...»

Römische Münzen, Arzneien und Kunstwerke mischten sich zu einem bunten Sammelsurium: Von «daxklawen» bis zu «Christallin[en] Hercz», vom «Haidnische[n] guldine[n] Pfennig» mit «vier angesichten» bis zu zwei hölzernen «däfelin darauff schlachten vnd streit gar künstlich geschniten» und einem «bildtnuß von Stain, wie einer Ime selbst ain dornn auf dem fueß zeucht» war im Haus Octavian Fuggers eine Fülle wahrer Wunderdinge angehäuft. Freilich befanden sich dort auch Gemälde von Paolo Veronese und Lucas Cranach, Schmuckstücke und Edelsteine von großem Wert; abgesehen von solchen Spitzenstücken und auch von der Menge der angehäuften Objekte dürfte die Kollektion als eher typisch für das übliche Ambiente der späthumanistischen Bildungsschicht Augsburgs angesehen werden können. Erinnerungsstücke an die eigene Familie stehen für ein selbstverständliches Traditionsbewußtsein, Preziosen – die nach Ausweis des Inventars oft wieder verkauft wurden – waren Geldanlagen ebenso wie den Rang ihres Besitzers zur Schau stellende Repräsentationsgegenstände, doch konnten sich die Grundmotive der Schatzhortung «mit einem aufmerksamen Verhältnis zur weiten und fernen Welt» verbinden (Norbert Lieb). Zwischen dem «curiositas», Neugier, erweckenden Objekt, Arznei, kostbar gefaßter Reliquie und magischem Amulett wird sich schließlich nicht immer klar unterscheiden lassen. Wenn beispielsweise ein «Paternoster» aus «Elsenbeer» im Inventar aufgeführt ist, erweist das verwendete Material – Holz des Traubenkirschenbaums –, daß die «Wirkung» des offensichtlich christlichen Gegenstandes gesteigert werden sollte: Dem Elsbeerenholz wurden in der frühneuzeitlichen Volksmagie apotropäische und andere magische Funktionen zugeschrieben. Und unter den unzähligen Kreuzen und Devotionalien Fuggers war auch ein «signum solis» oder «Salomonis» aus Gold, ein Gegenstand, der in der Alchemie Verwendung fand.

Dergestalt wird in der verfeinerten Kultur dieses so christlichen Zeitalters, das sich der Wiederbelebung der ästhetischen Maßstäbe der Antike, der Rekonstruktion ihrer Philosophie mit so viel Scharfsinn und Ernst widmete, immer wieder eine irrationale Strömung sichtbar; gewiß mehr als ein nur unterschwellig existierender Strang der geistesgeschichtlichen Entwicklung, mehr als nur ein isolierter Aspekt des Religiösen. Das Zeitalter des Späthumanismus erlebte, wie wir wissen, eine der grauenvollsten Hexenverfolgungen der europäischen Geschichte – auch in

Augsburg werden ja Rückwirkungen der großen Panik von 1590 in zahlreichen Denunziationen faßbar. So wird es kaum überraschen, daß sich Octavian Secundus Jean Bodins ‹De Daemonomania Magorum› gleich nach ihrem Erscheinen für 30 Kreuzer kaufte und sich kurz darauf auch noch die deutsche Übersetzung zulegte. Marcus Welser zählte ebenfalls zu den Erwerbern dieses entschieden für die Verfolgung von Hexen plädierenden Werks des französischen Staatsdenkers.

Verwunderlich ist es freilich nicht, daß sich auch das «Übersinnliche» des neugierigen Interesses der wißbegierigen Bildungsschicht erfreute. Ging es doch überhaupt um die Frage, wo die Grenze zwischen Natur und Übernatur zu ziehen war. Wie der Sprachgebrauch zwischen Astronomie im heutigen – wissenschaftlichen – Sinne und Astrologie nicht unterschied, so bestand auch zwischen orthodoxer Religiosität und obskuren magischen Praktiken eine Grauzone, in der man ungestraft experimentieren konnte. Erst der moderne Empirismus führte zu neuen Abgrenzungen des Wissenschaftlichen gegenüber Magie und Religion.

Voraussetzungen künftiger wissenschaftsgeschichtlicher Entwicklungen treten in der späthumanistischen Kultur Augsburgs nicht weniger zutage als Absterbendes, neue Erkenntnis und Systematisierung Hinderndes. Der geistesgeschichtliche Hintergrund der Fuggerschen Wunderkammern läßt beides erkennen, ebenso die hochbedeutenden Bibliotheken der Familie. Deren größte – sie umfaßte zwölftausend Bände – war die des Hans Jakob Fugger (1516–1575).

Zur Beschaffung der Bücher und Handschriften wurde das europäische Faktorennetz des Handelshauses eingesetzt. So brachte Hans Dernschwam, Neusohler Faktor, von einer abenteuerlichen Gesandtschaftsreise nach Konstantinopel griechische Handschriften mit, die sonst vor allem in Venedig durch David Ott erworben wurden. 1552 gelang der Erwerb der Büchersammlung des Nürnbergers Melchior Schedel mit mindestens 670 zum Teil sehr seltenen Drucken und Manuskripten. Jüdische und griechische Kopisten lieferten Abschriften, auch arabische, armenische und äthiopische Texte wurden gesammelt. Kein Wunder, daß so Kosten entstanden, welche die Möglichkeiten selbst eines Fuggers überstiegen. 1571 verkaufte Hans Jakob seine Bibliothek – «aufs beste geordnet und aufgespeichert» – an Herzog Albrecht von Bayern für vermutlich 50000 fl. Sie bildet den Grundstock der heutigen Bayerischen Staatsbibliothek in München.

Auch die zweite große Fuggerbibliothek des 16. Jahrhunderts, die von Ulrich Fugger (1526–1584) – dem jüngeren Bruder Hans Jakobs –, blieb nicht in der Reichsstadt. Bis zur Mitte des Säkulums soll er 126000 fl. für

Die Kultur des Späthumanismus

seine Büchersammlung ausgegeben haben; er geriet nicht zuletzt deshalb in finanzielle Schwierigkeiten und kam sogar für einige Zeit in Schuldhaft. Die meisten Bücher der Ulrichschen Bibliothek wurden vom pfälzischen Kurfürsten Friedrich III. erworben und gelangten im Dreißigjährigen Krieg mit der Palatina nach Rom.

Am Ende des 16. Jahrhunderts spielten die Bibliotheken und Sammlungen des Hauses Fugger – zudem sie auch für die wissenschaftliche Öffentlichkeit nur begrenzt zugänglich waren – für das engere Augsburger Geistesleben nur eine nebensächliche Rolle. Allerdings hatten einzelne Mitglieder der Familie selbst wissenschaftliche Werke geschrieben oder übersetzt. Man denke nur an die bereits erwähnten ‹Annales ecclesiastici› des Baronius, die Marcus Fugger übertragen hat. Er stellte aus seiner Sammlung antiker Münzen ebenso wie Marcus Welser und Herzog Albrecht V. von Bayern Material für die verbesserte Auflage einer Münzgeschichte der römischen Kaiserzeit zur Verfügung. Außerdem gab er einen Druckkostenzuschuß für das 1601 bei *pinus* verlegte Buch, dessen Bearbeitung der Arzt und Humanist Adolph III Occo übernahm.

Die Familiengeschichte der «Occonen» läßt im übrigen nicht nur gut Konturen einer mäzenatischen Rolle des Hauses Fugger erkennen, sie führt auch exemplarisch Entwicklungstendenzen des Augsburger Humanismus vor Augen. Bereits der erste in Augsburg ansässige Vertreter des aus Friesland stammenden Geschlechts, Adolph Occo (1447–1503), zählte zum frühen Kreis um die ersten Augsburger Humanisten Sigismund Meisterlin, Sigmund Gossembrot und Valentin Eber. Sein Neffe, Pompejus Occo, der seine über zweitausend Bände umfassende Bibliothek erbte, war Faktor der Fugger in Amsterdam; und auch Adolph II Occo (1494–1572), ein Adoptivsohn des ersten Adolph, stand neben seinem Amt als Stadtarzt im Dienst der Fugger. Er legte eine Sammlung antiker Münzen an, die zur Grundlage der gerade erwähnten Münzgeschichte wurde: der ‹Imperatorum Romanorum numismata a Pompeio Magno ad Heraclium›, 1579 in Antwerpen erschienen.

Die Münzgeschichte Occos ist charakteristisch für den Prozeß der Verwissenschaftlichung, die Tendenz, Gesammeltes zu systematisieren, gefundene Texte sachgerecht zu edieren, die der Augsburger Humanismus bis zum Beginn des 17. Jahrhunderts durchgemacht hatte. Der schließlich erreichte Stand fand in der Welserschen Verlagsgründung seinen spektakulärsten Ausdruck.

Trotz der Zuspitzung der konfessionellen Kontroversen im Reich gewann das Programm von *ad insigne pinus* nie eine gegenreformatorische, kontroverstheologische Tendenz. Eine deutlicher katholische Ausrichtung war mit Beginn des 17. Jahrhunderts gleichwohl unverkennbar. Dafür mögen die Schriften des Jesuitenpaters Jakob Pontan stehen, etwa dessen Meditationen über die Muttergottes (‹Meditationes in virginem matrem›, 1606) oder die ‹Heiligen Gespräche› (‹Colloquiorum sacrorum libri IV›, 1609). In den ersten Jahren nach der Verlagsgründung hatte derselbe Pontan zwei Werke publiziert, die wiederum humanistische Philologie in den Dienst katholischer Glaubenserziehung stellten: die ‹Floridorum libri octo› (1595) und einen bedeutenden Vergilkommentar (‹Symbolarum libri XVII›), der 1599 erschien. Pontan war nicht nur ein bedeutender Philologe und Schulmann, sondern gilt auch – wie bereits erwähnt – als wichtiger Vertreter des frühen Jesuitentheaters, jenes subtilen und später höchst erfolgreichen Instruments der Glaubenserziehung. Man kann ihn als *den* Vertreter der letzten Phase des Augsburger Späthumanismus bezeichnen, sein Werk als Inkarnation einer Synthese von humanistischer Philologie und katholischer Gläubigkeit.

Grandiosen Ausdruck hat diese Synthese nochmals in der Ausstattung des Hollschen Rathauses gefunden, kurz bevor der Krieg über Augsburg kam. Wesentlich daran beteiligt war ein Ordensbruder Pontans, der Münchner Pater Matthäus Rader. Er verfaßte ein detailliertes Konzept für die Ausstattung des großen Repräsentationssaales; nach dem Tod Marcus Welsers scheint sich kein einheimischer Humanist mehr für diese Aufgabe gefunden zu haben. Rader stellte das Bildprogramm, das er für die Wand- und Deckenbemalung dieses später «Goldener Saal» genannten Raumes entwarf, unter das Motto des «Triumphs der Weisheit». In einem wohlbestellten Staat, erläuterte der Autor den Augsburger Ratsherren sein Konzept, werde alles durch die Weisheit regiert – so sorge sie für die Abwehr der Feinde, für die Bildung der Jugend, kümmere sich darum, daß Handel, Gewerbe und Recht blühten und so die Grundlagen bürgerlichen Lebens gewährleistet seien. Durch Ärzte schließlich erhalte sie das Leben und schütze vor Krankheiten. Dementsprechend sollte eine allegorische Darstellung des *Trivmphvs sapientiae* das zentrale Gemälde an der Decke des Prunkraumes sein: als *caput totius operis*, Hauptstück des ganzen Werks.

Nach Raders Angaben fertigte der Münchner Hofmaler Peter Candid eine Vorzeichnung an, nach welcher Matthias Kager – der oft mit dem Stadtwerkmeister Elias Holl zusammengearbeitet hat – das Deckenbild ausführte. Rader erklärte die Darstellung in einem ausführlichen Schreiben, dessen Diktion den gebürtigen Tiroler nicht verleugnen kann:

«Die ienige wölliche den triumphwagen der weißhait ziehen sein die röchtsgelehrten vnd philosophen. Die 6 Jungfrauen nöben dem wagen, auf der röchten seiten sein Justitia, Fortitudo et Pax. Auf der linckhen seiten ist clementia wölliche den scepter träget, vnd das fulmen Jouis vnder der fießen, den sie will anzeigen man soll nit alzeit drein hagelen wan ettwas krumbs füri vergeth. Die ander ist mit lorbar zweigen die victoria, die weil die weißet [Weisheit] alle zeit iwerwündet [überwindet], wan man der selbigen folget vnd gehorchöt. Die dritte ist Abundantia wol bekandt.»

Aus dem Briefwechsel des Jesuitenpaters mit den Augsburgern geht deutlich hervor, daß diese ikonographisch nicht gerade besonders versiert gewesen zu sein scheinen; nur die Figuren mit Waage und Säule, schrieb der Stadtmaler Kager einmal, «kennen mir woll». Der Gedanke, Clementia – die Milde – über den Blitz des Jupiter schreiten zu lassen, um damit anzudeuten, daß die Staatsgewalt mit dem Einsatz ihrer Machtmittel zurückhaltend umgehen solle, war offenbar schon nicht mehr ohne weiteres zu entschlüsseln. Auch die Allegorie der Victoria wurde nicht sogleich verstanden. Dies mag als Indiz dafür angesehen werden, wie dünn die Schicht profund gebildeter Humanisten in der Reichsstadt im zweiten Jahrzehnt des 17. Jahrhunderts tatsächlich gewesen ist – vielleicht eine Folge des Rückzugs humanistischer Bildung in Institutionen, deren Charakter sich immer deutlicher zum Konfessionellen hin entwickelte.

Der Jesuit Rader scheint andererseits keine Schwierigkeit darin gesehen zu haben, ein Bildprogramm mit vorwiegend ‹heidnischen› Göttergestalten und allegorischen Figuren zu entwickeln. Das Rathaus war wohl ein ‹weltliches› Gebäude, doch hatte man den Stadtgründer Augustus, ‹Wassergötzen› und ‹Teufelshuren› einige Jahrzehnte früher ebenso in sakralen Zonen errichtet, wie man jetzt römische Kaiser und heidnische Götter ins Zentrum der reichsstädtischen Macht stellte und malte – Stimmen der Kritik, die etwa Fröschels Invektiven vergleichbar gewesen wären, hat es nicht gegeben. Natürlich blieb ein christlicher Grundzug in der Ikonographie der Rathausausstattung unverkennbar, es mangelte nicht an biblischen Themen und Heiligendarstellungen, und immerhin konfrontierte man im «Goldenen Saal» einer Reihe christlicher Kaiser heidnische Herrscher, die sich «am besten gehalten» hatten. So jedenfalls wollte es einer der Auftraggeber, Hans Bartholomäus Welser. Doch bleibt insgesamt der Eindruck eines sehr unbefangenen Umgangs mit dem Heidnischen. Die Götter scheinen jener dämonischen Aura entkleidet, die dreißig Jahre vorher noch ausgereicht hatte, ihnen einen Blitz des Christengottes zuzuziehen, sie fügen sich zusehends in eine allegorische Existenz und werden so allein Helfer malerischer Erzähltechnik. Ihr unverdächtiges Dasein jenseits des Religiösen, als schlichte Verkörperung von Begriffen, gewinnt ihnen Funktionen in der christlichen Ikonographie zurück. Man könnte auch, vom Beispiel der bildenden Kunst ausgehend, sagen, daß der christliche Humanismus einen Wandlungsprozeß zu einer humanistisch geprägten Christlichkeit erlebte.

Viertes Kapitel

Vom Kriege

Wenn dennoch im Alltag und in anderen Bereichen des geistigen Lebens das konfessionelle Element zu Beginn des 17. Jahrhunderts wieder deutlicher hervortrat, man wieder Prozessionen veranstaltete, Tote verschiedener Konfessionen getrennt bestattete, war dies Konsequenz äußerer Anlässe ebenso wie innerer Bedürfnisse. Die politische Entwicklung im Reich wurde registriert, gelangte durch Flugschriften zur Kenntnis der Augsburger, zwang zur Stellungnahme; die sich abzeichnenden Bedrohungen veranlaßten daneben zur Rückbesinnung auf die Religion. Und da es einen einzigen christlichen Glauben, mit allgemein akzeptierten Lehren, nicht mehr gab, mußte das heißen: Zuflucht in der Konfession. Die politische Entwicklung machte wieder bewußt, daß es Parteien gab, Gruppierungen, die sich am Glauben schieden – auch wenn oft genug ganz andere Gründe für die Polarisierung maßgeblich waren, jedenfalls in einem komplexen Verhältnis zur Konfession standen.

Unter den zahlreichen kleineren und größeren Konflikten, die dem Dreißigjährigen Krieg vorausgingen, nahm für Augsburg eine Krise besonders bedrohliche Dimensionen an: der Streit um die benachbarte Reichsstadt Donauwörth. Hier hatten Bürger der katholischen Minderheit wider das Herkommen eine Prozession mit wehenden Fahnen veranstaltet; es waren darüber Auseinandersetzungen entstanden, der Kaiser hatte die Gelegenheit wahrgenommen und wegen Bruch des Religionsfriedens die Reichsacht über die Stadt verhängt.

Herzog Maximilian von Bayern war nur allzugern bereit, die Vollstreckung der Acht durchzuführen, obwohl die rechtlichen Voraussetzungen dafür zweifelhaft waren. Donauwörth wurde von bayerischen Truppen besetzt. Wohin die Absichten des Bayern zielten, wurde bald deutlich: Bis zur Erstattung der Exekutionskosten, die er mit 225 000 fl. bezifferte, sei er nicht bereit, die Reichsstadt zu räumen, ließ Maximilian verlauten.

Durch diese Politik hatte Maximilian den Bogen weit überspannt. Die Furcht, es werde ihnen Gleiches geschehen wie dem überrumpelten

Donauwörth, einte die protestantischen Reichsstädte, von denen viele ihrerseits Prozesse wegen Verstößen gegen den Religionsfrieden zu bestehen hatten. Außerhalb der Verfassungsordnung des Reiches suchte man nach Möglichkeiten, der bayerischen Aktion zu begegnen. Das Donauwörther Ereignis wurde zum Anlaß für ein Bündnis protestantischer Reichsstände unter Führung der Kurpfalz, deren ambitionierte Politik ein Jahrzehnt später den großen Krieg auslösen sollte. 1609 folgte wiederum die katholische Reaktion auf die Gründung dieser protestantischen «Union»: In Maximilians Residenzstadt München schlossen sich einige der wichtigsten altgläubigen Fürsten des Reiches zur sogenannten «Liga» zusammen.

Beide Bündnissysteme hatten erklärtermaßen defensive Zwecke. Aber welcher militärische Zusammenschluß hat je ein anderes Ziel für sich reklamiert als den Frieden? Wie gefährlich die Blockbildung im Reich geworden war, zeigte sich, als weit vom Ort der Konfrontation in Süddeutschland entfernt ein bedeutendes Ländererbe zur Disposition stand: Beim Tod Herzog Johann Wilhelms von Jülich-Cleve-Berg, ebenfalls 1609, kamen zwei protestantische Fürsten, der Kurfürst von Brandenburg und der Pfalzgraf von Neuburg, als Erben in Frage. Außerdem machte Sachsen Ansprüche geltend. Der Kaiser schaltete sich ein und bekundete – von Spanien bestärkt – seine Absicht, die Lande am Niederrhein bis zur Klärung der strittigen Fragen unter seine Verwaltung zu nehmen, während Brandenburg und Neuburg durch Besetzung des Erbes Tatsachen zu schaffen suchten.

Die Situation spitzte sich weiter zu, als Kurfürst Johann Sigismund von Brandenburg der Union beitrat und im Februar 1610 zusätzlichen Rückhalt durch ein Bündnis mit Heinrich IV. von Frankreich anstrebte. Der König paktierte nun seinerseits mit Savoyen, als weitere Partner einer Allianz kamen England und die Generalstaaten in Frage. Heinrich IV. war zum Losschlagen bereit: In letzter Minute – am 14. Mai 1610 – wurde er von einem religiösen Fanatiker ermordet. Allein dieses Ereignis verhinderte, daß bereits jetzt ein europäischer Krieg ausbrach. Die deutschen Prätendenten auf die niederrheinischen Lande gewannen Zeit, zu Kompromissen zu gelangen. 1614 wurde das Erbe unter dem zum Calvinismus konvertierten Brandenburger und dem mittlerweile zum katholischen Glauben übergegangenen Pfalzgrafen von Neuburg geteilt.

Der jülich-clevische Erbfolgestreit hatte bereits mögliche Konstellationen eines künftigen Krieges erkennen lassen: die Verbindung Frankreichs mit den im Aufstand gegen Spanien stehenden Generalstaaten,

Spanien an der Seite der österreichischen Habsburger; hatte außerdem deutlich werden lassen, daß angesichts der Blockbildung im Reich innerdeutsche Konflikte die Tendenz haben würden, sofort in einen internationalen Kontext zu geraten. In der historischen Rückblende wird zugleich eine verwirrende Tatsache erkennbar: daß nämlich die Frage der Konfession wohl im Reich selbst zugleich politische Fronten konstituierte, ansonsten aber eindeutige machtpolitische Prioritäten festzustellen sind, etwa wenn der Katholik Heinrich IV. mit den deutschen Protestanten zusammenging – wie Richelieu es später tun würde. Auch die Konversion Wolfgang Wilhelms von Pfalz-Neuburg – obwohl durch Religionsgespräche vorbereitet – fügt sich merkwürdig in die Logik eines konfessionellen Gleichgewichts, die den Kompromiß von 1614 ermöglichte. Die Staatsräson, die Lehre von Erringung, Erhaltung und Erweiterung von Macht, scheint als Maxime des Handelns nicht selten schlüssiger gewesen zu sein als das christliche Gewissen.

Ein Grundzug der Politik der Epoche war jedenfalls ganz zweifellos das Bestreben, staatliche – das hieß meist fürstliche – Macht gegenüber partikularen Kräften zu steigern. Daraus ergaben sich Gegensätze auf verschiedenen Ebenen der Politik: Im Inneren der Staaten fanden sie ihren Ausdruck in oft gewaltsamen Auseinandersetzungen zwischen der Zentralgewalt und Ständen oder anderen konkurrierenden Machtgruppen. In Frankreich machten beispielsweise die hugenottischen Großen dem Königtum seine Rolle streitig, in England stand das Parlament gegen die Monarchie, in Böhmen und Niederösterreich versuchten die Stände, dem Herrschaftsanspruch Habsburgs Grenzen zu setzen. Hier wie in Frankreich oder auch bei den Kämpfen der niederländischen Generalstaaten gegen die spanische Monarchie verschärften konfessionelle Gegensätze den machtpolitischen Antagonismus, indem sie der ‹weltlichen› Ambition zu höherer Rechtfertigung verhalfen. Freilich, den konfessionellen Anspruch als bloß ‹ideologisch› zu erklären, würde der religiösen Grundhaltung der Akteure kaum gerecht. Nicht zu übersehen ist, daß das Ziel, dem eigenen Glauben Freiheit zu verschaffen – in subjektiver Sicht also Seelen zu retten –, vornehmste Pflicht jeder Obrigkeit, jedes Mächtigen war, ein verschärfendes Element auch im Türkenkrieg. Zwischen den Forderungen des Gewissens und den realen politischen Gegebenheiten den richtigen Weg zu finden, war eine Aufgabe, deren Lösung den Zeitgenossen zu ihrem Unglück keineswegs immer gelang.

Im Heiligen Römischen Reich gestalteten sich die Verhältnisse besonders kompliziert. Das Reich hatte keine Verfassung im modernen Sinne, sein staatlicher Zusammenhalt beruhte auf einem kaum überschaubaren

Konglomerat von Gesetzen, Verträgen und Gewohnheiten, konkretisierte sich in einigen gemeinsamen Institutionen, von denen der Reichstag und das Reichskammergericht die wichtigsten waren. Bot das höchste Gericht gleichsam die Möglichkeit zur Kanalisierung von Konflikten, die sonst leicht in gewaltsame Auseinandersetzungen gemündet wären, war der Reichstag das Forum für den politischen Diskurs, also ebenfalls für friedliche Lösungen. Die sieben Kurfürsten, geistliche und weltliche Reichsfürsten, Prälaten, Reichsgrafen und Reichsstädte – letztere bis 1648 ohne förmliches Stimmrecht – fanden sich hier zusammen; aber erst die Mitwirkung des Kaisers ermöglichte der Versammlung Entscheidungen: Hinter der vielgebrauchten Formel «Kaiser und Reich» verbarg sich nicht nur ein Gegensatz, sondern ebenso Kooperation auf der Basis politischer Kompromisse und der Achtung vor Gesetz und Herkommen. Wie labil das Gleichgewicht, in dem sich das Reichssystem vor dem Dreißigjährigen Krieg befand, war, hatte die jülich-clevische Affäre sehr deutlich gezeigt: Die eigentliche Gefahr, die dem Reichsverband drohte, lag vor allem darin, daß sich die europäischen Großmächte die Widersprüche innerhalb des Sacrum Imperium im Sinne ihrer eigenen Interessen zunutze machen konnten, anfänglich regionale Konflikte und Konstellationen sich ausweiteten. Genau dies ist ja im Dreißigjährigen Krieg geschehen.

Das riesige Staatenkonglomerat in der Mitte Europas, das man Heiliges Römisches Reich deutscher Nation nannte, war um 1600 zum gefährlichsten Gefahrengebiet geworden, das sich denken ließ. Hier schieden sich die Konfessionen, berührten sich die Einflußsphären der großen Mächte. Die Spannungen innerhalb des komplizierten politischen Gebildes hatten gegen Ende des 16. Jahrhunderts zur Lahmlegung der wichtigsten Verfassungsorgane geführt. Seit 1588 war das oberste Reichsgericht ohne reguläre Revisionsinstanz, da einem Mitglied der reichsständischen Visitationskommission – dem Administrator des Erzstifts Magdeburg – unter Berufung auf den Geistlichen Vorbehalt die Mitgliedschaft darin verweigert worden war. Der Reichstag ernannte daraufhin einen «Deputationsausschuß», der die Aufgaben der Visitationskommission erfüllen sollte. Als die Kurpfalz ein für die protestantische Sache ungünstiges Revisionsurteil kommen sah, legte sie durch Austritt auch dieses Gremium lahm. Kurz danach führte ebenfalls die Politik der Pfalz zur Beschlußunfähigkeit des Reichstags. Die letzte Reichsversammlung vor dem Dreißigjährigen Krieg, der Regensburger Reichstag von 1608, endete ergebnislos, schon im Schatten der Blockbildung jenseits der Reichsverfassung.

Aus dem Blickwinkel einer Reichsstadt, war sie auch wirtschaftlich bedeutend und im Innern halbwegs gefestigt, stellte sich die Welt zu Beginn des 17. Jahrhunderts somit alles andere als erfreulich dar. Die Existenz dieser Kleinstaaten war untrennbar mit der Existenz des Rechtsverbandes des Reiches verknüpft. Jede Bedrohung der Reichsverfassung berührte die Wurzeln ihres Daseins. Das Schicksal Donauwörths zeigte das überdeutlich.

Die Nähe zum Land des mächtigen Bayernherzogs bestimmte auch die politische Situation Augsburgs. Schon immer hatten die Nachbarn jenseits des Lech begehrliche Blicke auf die Reichsstadt geworfen, es mangelte seit dem hohen Mittelalter nicht an Streitigkeiten und Kriegen, in denen es ihr nur mit Mühe gelungen war, ihre Selbständigkeit zu bewahren. Gerade 1607 hatte sich ein Konflikt zwischen Augsburg und dem Bayernherzog um die Auslieferung des in die Reichsstadt geflohenen Donauwörther Stadtschreibers Georg Kuhn entzündet, der sich in den Augen des Münchner Hofs im Zusammenhang mit der «Fahnenschlacht» kompromittiert hatte. Die Zähigkeit, mit der sich Augsburg gegen persönliche Interventionen des Bayernfürsten und selbst Kaiser Rudolfs II. stellte und die Auslieferung Kuhns verweigerte, zeigt, welche Angst der Rat um die Unversehrtheit der Privilegien, ja der Reichsfreiheit der Stadt hatte. Der Flächenstaat Bayern war darüber hinaus für die Lebensmittelversorgung Augsburgs, das es nie zu einem nennenswerten Territorium gebracht hatte, wichtig: Vor allem Getreide, Salz, Vieh, daneben Rüben und andere Feldfrüchte gelangten von dort auf die Augsburger Märkte. In beschränkterem Ausmaß bezog die Reichsstadt Holz aus Bayern; bayerische Bauern brachten Pilze und Waldfrüchte für die Tafel der wohlhabenderen Bürger. Im Gegenzug lieferten Augsburger Kaufleute Wein, Gewürze und Luxusgüter für den Münchner Markt, daneben fanden Kunstwerke – vor allem Erzeugnisse des berühmten Goldschmiedehandwerks – Abnehmer in der benachbarten Residenzstadt, und hier besonders den herzoglichen Hof. Von großer Bedeutung für Bayern waren Waffen- und Munitionslieferungen, die über das reichsstädtische Zeugamt bis in den Dreißigjährigen Krieg hinein abgewickelt wurden. Schließlich zählte Augsburg zu den wichtigsten Kreditgebern des Herzogs – was freilich nicht nur diesen verpflichtete, sondern auch den Gläubigern nahelegte, gute Beziehungen zu ihrem mächtigen Schuldner zu pflegen.

Man kann sich denken, mit welchen Gefühlen der Augsburger Rat die politischen Aktivitäten dieses unangenehmen Nachbarn registrierte. Da war nicht nur die Besetzung des nahen Donauwörth; noch während des schwebenden jülich-clevischen Konflikts hatte sich der Bayer nicht gescheut, gegen den Erzbischof von Salzburg, Wolf Dietrich von Raitenau, zu Felde zu ziehen: Der kleine Krieg gegen das geistliche Fürstentum hatte in erster Linie wirtschaftliche Gründe; er endete mit der Abdankung und Gefangensetzung des Bischofs, also mit einem durchschlagenden Erfolg Maximilians.

Es war ein außenpolitisches Kunststück, daß es dem Augsburger Rat gelang, die Reichsstadt aus der Liga herauszuhalten. Der Stadtpfleger Marcus Welser scheint seine guten Beziehungen zu Maximilian genutzt zu haben, dem Münchner Hof seine Neutralität plausibel zu machen. Gründe dafür lagen auf der Hand: Da war die gemischtkonfessionelle Struktur Augsburgs, war die Furcht, ohne Not in einen Krieg hineingezogen zu werden. Welser – auch als Politiker Vertreter einer gemäßigten Linie – machte gegenüber Maximilians Vertretern den Vorschlag, ein überkonfessionelles Defensivbündnis zu errichten, dem beispielsweise auch das protestantische Nürnberg angehören könnte. So gut ein solcher Vorschlag zum irenischen Geist des Stadtpflegers paßt, so unrealistisch war er – wenn sich denn Welser der Idee nicht nur aus taktischen Gründen bediente, um den bayerischen Zumutungen auszuweichen.

Das Bayern Maximilians wurde indessen nicht nur von den analytischen Köpfen im Geheimen Rat als Gefahr empfunden. In «Famosschriften», «Lästerpasquillen» und Schmähliedern ist der gegenreformatorische Staat jenseits des Lech häufig Zielscheibe bitterer Kritik. So erregte 1615 ein Gedicht beträchtliches Aufsehen, das, von einem Unbekannten verfaßt, in mehreren Abschriften in der Stadt verbreitet wurde: Die beiden im Augsburger Archiv erhaltenen Exemplare waren am Weberhaus und bei der Kaufleutestube im Zentrum Augsburgs befestigt; die als Klebstoff verwendeten Wachsstückchen hängen noch daran. In unbeholfener Schrift ist darauf zu lesen:

«Von Wien herauff haben mir hern
sagen darumb Augsburg wollen
mir auch gwarnet haben,
der Kayser soll dem von bayrn haben
macht unnd gwalt geben, Augspurg ein zue nemmen, wie
Thonawerth merkt eben...
darumb hab acht secht euch wol für:
Ir habt den feind vor der thür.

Man sagt auch im lannd herumb, allenthalben vmb vnd vmb
wer ein krieg anfang in teütschland,

den werden geistlichen vnd
weltliche fürsten jagen auß de[m] landt,
und geben allenthalben frey vmb zue bringen,
wa er an zu treffen sey.

Man sagt auch es werdt in der pfaltz waß zu tragen thuon,
aber sy ferchten in nit, haben hilff und beystand schon.
Das alles thut der teuffel practiciern,
dardurch die menschen in verdammnus zue fiern.
Gott well alles ybel verhüetten,
dem teüffel wern sein toben und wuetten.
Gott well die Menschen regiern auff erden,
fridlich, christlich zu leben, damit sy sellig werden.

Amen, Amen, Amen.»

Den Verfasser einer solchen «Famosschrift» zu entdecken, war dem Rat eine Belohnung von hundert rheinischen Gulden wert. Das Geld wurde allerdings gespart, da niemand die Identität dieses Autors aufdecken konnte. Der hatte sogar die Nerven, auf eines der öffentlich ausgehängten Dekrete, die nach ihm fahndeten, folgenden Kommentar zu schreiben:

«Was darf man lang vil auf mich schlagen,
ich wills bald selbst den herren sagen,
was ich hab geschriben, das ist wahr
Augspurg die steht in grosser gfahr.»

Das Pasquill unseres Anonymus läßt einen Ausschnitt aus dem Weltbild eines ‹einfachen› Menschen erkennen: Die Bedrohung Augsburgs durch Bayern, die aktive Rolle der calvinistischen Pfalz – das war dem Verfasser des Gedichtes nicht entgangen. Weniger realistisch erscheint seine Einschätzung der Haltung der Reichsfürsten, die jeden Friedensbrecher aus «teütschland» verjagen würden. Die Zusammenhänge der Ereignisse im Reich mit den Konjunkturen der europäischen Politik waren ihm nicht klar. Der Text belegt indessen, welches Vertrauen das «Volk» der Reichsverfassung und ihrer stabilisierenden Kraft entgegenbrachte.

Alles Geschehen aber resultiert für den Pasquillanten letztlich aus dem universalen Gegensatz zwischen dem Guten und dem Bösen, dem Wirken des Teufels gegen das Reich Gottes. Krieg und Bedrohung werden letztlich als im göttlichen Heilsplan begründet verstanden, christliches Leben, Gebete, Buße können bewirken, daß der Herr dem Teufel «sein toben und wuetten» wehrt; unter dem Regiment Gottes erst lebt man friedlich, nur hier gelangt man zur Seligkeit. Die Überzeugung, der Lauf der Dinge finde seine Richtung durch die Dispositionen der göttlichen Allmacht, bestimmt das Weltbild des anonymen Dichters. Sie dürfte zugleich jeder weiterreichenden Deutung des Krieges Grenzen gesetzt haben.

Hinweise auf vergleichbare Interpretationen von Krieg und anderem Unheil sind in den Quellen überaus häufig zu finden. Es liegt auf der Hand, daß solche Überzeugungen Konsequenzen für den politischen Alltag haben mußten: Einerseits mußte daraus folgen, daß man sich leichter mit den Verhältnissen, wie sie waren, abfand, die bestehende Ordnung als gottgegeben akzeptierte. Andererseits ist zu vermuten, daß die Leidensfähigkeit der Menschen größer war als in späteren Zeiten. Terror, Hungersnöte und Seuchen waren in Vorstellungen von einer sinnvollen Geschichte zu integrieren. Vieles am Verhalten der Bürger unserer Stadt in der kommenden Schreckenszeit ist nur aus diesen Perspektiven zu verstehen, auch die verhältnismäßig große Stabilität frühneuzeitlicher Gesellschaften kann ohne die Kenntnis dieser Zusammenhänge nicht erklärt werden.

Nun kamen Vorstellungen wie die, welche aus dem Pasquill des Augsburger Unbekannten sprechen, natürlich keineswegs aus dem Nichts. Was läßt sich über die Voraussetzungen seines Weltbildes sagen?

Das unmittelbare Vorbild der Schrift ist nicht identifizierbar, und es ist fraglich, ob es ein solches gegeben hat. Allerdings findet sich die Struktur des Textes sehr oft in zeitgenössischen Flugschriften. Möglichst sensationellen Schilderungen von Wundern, Katastrophen oder politischen Entwicklungen folgt hier gewöhnlich der Hinweis, die Obrigkeit habe «alles im Griff», werde mit Gottes Hilfe der Verwirrungen Herr werden; am Ende aber – das ist die deutlichste Parallele zu dem vorliegenden Pasquill – wird aus dem geschilderten Geschehen eine Moral destilliert: etwa daß man Buße tun oder von Lastern lassen solle, um den Zorn Gottes zu besänftigen. Viele Flugschriften oder «Newe Zeyttungen» mögen so konzipiert worden sein, damit sie leichter die Zensur passierten – die grelle Sensation wurde gleichsam zum moralischen Exempel stilisiert, sie erhielt damit ein legitimierendes Mäntelchen.

Unser Anonymus hat dieses Muster ziemlich exakt übernommen – obgleich man ihm die Verfasserschaft der holprigen Verse nicht absprechen möchte. Die Informationen, die seinem Text zugrunde liegen, muß er aus Drucken geschöpft haben, die – vielleicht unter der Hand – in der Stadt verbreitet wurden, über die man in den Schänken diskutierte.

Der Komet von 1618 über Augsburg. Radierung von Wilhelm Peter Zimmermann (?), wohl 1618

So hat der Autor des Gedichts im Grunde Vorstellungen vertreten, die weitgehend mit dem «obrigkeitlichen» Weltbild, wie es in den traditionellen Veröffentlichungen verbreitet wurde, übereinstimmten. Dennoch versteckte er sich mit guten Gründen in der Anonymität: Zum einen griff er Fürsten wie den Pfälzer, den Bayern und selbst den Kaiser an und verstieß so gegen die ständische Ordnung, die zuallererst den Respekt vor Hierarchien erheischte – daß die Untertanen über das Verhalten der Herrschenden räsonierten, war nicht erwünscht. Zum anderen – was ein ebenso fundamentaler Verstoß gegen die politische Ordnung war – verschaffte er seinen Ansichten Öffentlichkeit im modernen Sinne, Publizität, die nicht vom Staat, von der *res publica* kontrolliert wurde und auch nicht von ihm hergestellt wurde. Im Grunde also beanspruchte er ein Herrschaftsrecht. Wäre man seiner habhaft geworden, man hätte ihn wohl in die Eisen gelegt und für längere Zeit aus der Stadt geschafft.

Hier muß sich in den letzten Jahren vor Kriegsausbruch eine unruhige, gespannte Stimmung in der Bevölkerung entwickelt haben, die Pasquille am Weberhaus und bei der Kaufleutestube sind nur Indizien dafür. 1615 fand eine erste umfassende Musterung der Einwohner statt, der Rat ließ die waffenfähige Bevölkerung erfassen, suchte sich der Ressourcen im Verteidigungsfall zu vergewissern. Dabei entstand eine einmalige Quelle zur Sozialgeschichte der Reichsstadt, das sogenannte «Musterungsbuch»: ein Querschnitt vor allem durch die Handwerkerschaft – etwa sechstausend Haushalte, teilweise mit Hinweisen auf die Zahl der darin tätigen Gesellen, natürlich den Berufen der Hausväter und anderen Angaben.

Für alle Fälle warb der Rat bereits 1614 Truppen; in Augsburg selbst wurden fremde Werbungen untersagt. Truppendurchzüge und Munitionstransporte kündigten kriegerische Entwicklungen an, den Wirten wurde die Auflage gemacht, Fremde, die mehr als eine Nacht in Augsburg verweilten, dem Bürgermeister im Amt zu melden.

1618 dann stand ein Komet am Nachthimmel, aufmerksam und angstvoll registriert, «mit einem langen schwanz gleichsam einer ruetten», wie der Bierbrauer Jerg Siedeler in seiner Chronik notierte. Elias Ehinger, Professor bei St. Anna, meinte, die Himmelserscheinung zeige «krieg vnd bluetvergiessen» an, Teuerung, Seuchen. Auch sei zu befürchten, «es werden sich in etlich jahren grosse venderungen der herrschaften begeben, mit jämmerlichen Kriegen und Auffruhr unter dem gemeinen Mann». Rauben, Morden und Brennen, «gross theurung, hunger und pestilentz» drohten – «Groß jammer und ellendt wird allenthalben die gantze Welt durchstreiffen».

So war der Komet Vorzeichen nicht weniger als Mahnung: Seine Gestalt wurde meist als «Rute» interpretiert, mit der Gott die Züchtigung der Menschen androhte, in jener zeittypischen Denkweise, aus der äußeren Form auf eine «geheime» Bedeutung zu schließen – einen göttlichen Hinweis, der durch genaue Interpretation und Vergleiche mit ähnlichen, früheren Erscheinungen verstanden werden konnte. Kölderer berichtet beispielsweise zum Jahr 1607, damals sei ein ungewöhnlicher Stern mit «vier Spitzen» zu sehen gewesen – «alda dann allwege vil leüth zue lieffen, und solchen besahen: Darbey auch inn gemein dise rede gienge, das man solchen (oder dergleichen) stern vor sybentzig jaren auch alhie gesehen habe. Darauff ein grosser sterbendt gefolgt seye.» Und durch diesen «empirischen» Schluß wußte man eben auch, daß – wie ein anderer Chronist schreibt – die Kometen von «anbegin der welt mehrer theils nit vil guets» bedeutet hätten, dies zeigten die «Exempel viler jar hero und die erfahrung».

Natürlich ging es auch darum, die Geschichte im nachhinein mit den Naturerscheinungen gewissermaßen zu synchronisieren. Bekannt ist jene kurios anmutende Debatte um das Geburtsdatum Martin Luthers, die Astrologen und Theologen während des ganzen 16. Jahrhunderts entzweite: Eine seltene Sternkonstellation ließ für 1484 das Auftreten eines Propheten erwarten, einen neuen Abschnitt in der abendländischen Religionsgeschichte – nur war Luther eben unglücklicherweise bereits 1483 geboren, so daß sich einige Exegeten allen Ernstes die Mühe machten, das überlieferte Geburtsdatum des Reformators als falsch zu belegen. Auch den Ausbruch des großen Bauernkrieges hatte man ja mit einer Planetenkonstellation in Verbindung gebracht: Schon Jahre vorher war für das Jahr 1524 vorausgesagt worden, daß zwanzig Konjunktionen, von denen 16 im wäßrigen Zeichen der Fische stattfanden, eine sintflutartige Überschwemmung bewirken würden.

Nun ist der Bauernkrieg natürlich nicht *wegen* einer Himmelskonstellation ausgebrochen, und auch der Dreißigjährige Krieg hatte keinen Kometen als Voraussetzung. Auf einem anderen Blatt steht, daß diese Erscheinungen in einer ohnedies – aus ökonomischen, sozialen oder politischen Gründen – gespannten Atmosphäre Stimmungen, innere Einstellungen bewirkten, welche Revolten oder Kriege wahrscheinlicher machten. In der seltenen Konstellation von 1524 mochten sich ebenso Endzeiterwartungen – wie sie in besonderer Weise Thomas Müntzer und seine Anhänger bestimmten – bestätigt finden, wie der Komet von 1618 den Fürsten nahelegte, die Auseinandersetzung zu wagen: sich, je nach Perspektive, zu ‹Ruten› Gottes für Ketzer oder die Anhänger des päpstlichen Antichrist zu machen. Die ‹Sündflutkonstellation› hat 1524 eine regelrechte Panik bewirkt, der Komet von 1618 zumindest eine reiche Publizistik: Auch in Augsburg vermerken die meisten Chroniken sein Erscheinen. Er wurde also möglicherweise zu einer Prophezeiung, die sich selbst erfüllte – indem er zur Steigerung der allgemeinen Spannung beitrug.

Man hat gewiß mit Recht darauf hingewiesen, daß in den Augen der Menschen der frühen Neuzeit ein Komet nicht jenem bläßlichen Lichtstreifen vergleichbar gewesen sein dürfte, als den unsere Generation vor kurzem den Halleyschen ‹Schweifstern› erlebt hat, mit einiger Enttäuschung. Die Nacht des 17. Jahrhunderts ermangelte fast allen Lichts; Helligkeit kam hier am ehesten vom Mond, vielleicht einmal von einer Feuersbrunst. Für die meisten Haushalte waren selbst Kerzen viel zu kostspielig, als daß man mit ihrer Hilfe die Nacht hätte erleuchten können: Wer nach Einbruch der Dunkelheit selbst durch eine Großstadt wie

Augsburg zu spazieren hatte, ging durch stockdunkle Gassen, über menschenleere Plätze, auf denen kein Fünklein Licht die Nacht erhellte; allenfalls mochte der Nachtwächter oder ein Trupp Soldaten mit flackernder Laterne begegnen. Es verwundert kaum, daß Darstellungen nächtlicher Szenen – selbst solcher, in denen überirdische Gestalten wie Engel das Geschehen erhellen – in der Malerei der Epoche ziemlich selten sind, Dunkelheit kann man nicht malen. Andererseits betrachte man die Helligkeit, welche der geniale Adam Elsheimer den Sternen auf seiner ‹Flucht nach Ägypten› verleiht: So könnte der Himmel einer klaren frühneuzeitlichen Nacht gewirkt haben. Was ihre Finsternis neben dem gewohnten Sternenlicht durchbrach, muß als ungeheuer auffällig empfunden worden sein. Die Bedeutsamkeit der Himmelserscheinung folgte so gewiß nicht zuletzt aus der Sensibilität der Bewohner einer dunklen Welt für das Helle.

Für die Auslegung dessen, was am Himmel geschah, hatte die erwartungsvoll oder ängstlich alle «Zeichen» registrierende Gesellschaft, wie wir wissen, eine privilegierte Gruppe von «Auguren» – in Augsburg Leute wie Henisch und Ehinger. Wie allein der Priesterschaft die Auslegung der Bibel gestattet war, durften völlig legal nur die Fachleute die Sterne deuten; gleichwohl wurde das Geschäft von unzähligen «Magiern» und «weisen Frauen» jedenfalls nicht ohne wirtschaftlichen Erfolg betrieben. «Planetenbüchlein», die als ihre Hilfsmittel gelegentlich faßbar werden, stehen für das Vordringen der Schriftkultur selbst in diese Grauzonen. Wir wissen von diesen Interpreten des Himmels vorwiegend deshalb, weil sie wegen ihrer Astrologie gelegentlich vor die Strafherren zitiert wurden. Allerdings dürften sich ihre Prognosen gewöhnlich auf das Private beschränkt haben: Man suchte ihre Hilfe, weil man die Zukunft einer Liebe oder andere Entwicklungen des eigenen Schicksals erfahren wollte. «Staatspolitisch» war das unbedenklich, ganz anders als Vorhersagen, welche das Öffentliche betrafen – wußte man doch um die suggestive Wirkung sensationeller Erscheinungen, und auch, daß der gemeine Mann «vilmaln die lugn für wahrheit glaubt».

Natürlich konnte man eigene Überlegungen anstellen über die in der Welt sichtbaren Zeichen – die im Stillen geführten Chroniken unserer Stadt bezeugen, mit welchen Gedanken die Köpfe voll waren. Doch läßt sich kaum bestreiten, daß es wiederum die offiziellen, die «wissenschaftlichen» Folgerungen aus Planetenkonstellationen und anderem waren, welche auf diese privaten Überlegungen einwirkten. Was beispielsweise Kometen, Regenbogen oder Sonnenfinsternisse anging, findet man auch in den Aufzeichnungen der Bürger ziemlich einheitliche Vorstellungen von den möglichen Bedeutungen dieser Zeichen.

Es war daher eine weitgehend obrigkeitlich kontrollierte Zukunft, die den Menschen bekannt wurde; in der von der Zensur genehmigten Kometenschrift, dem astrologischen Text, zeigte sich die intellektuelle und politische Elite der Stadt im Besitz eines Arkanwissens über künftige Schicksale. Was Ehinger in seinem ‹Iudicium Astrologicum› über den Kometen von 1618 mitteilte, hatte schon deshalb offiziösen Charakter, weil der Verfasser als Rektor des Gymnasiums bei St. Anna die wichtigste Stellung im reichsstädtischen Bildungswesen innehatte. So furchtbar das Himmelszeichen auf die Augsburger wirken mußte – und so wenig Ehinger umhin konnte, den Kometen der Lehrmeinung gemäß als Prodigium schrecklicher Ereignisse zu erklären –, so bedeutend war die Funktion seiner Kometenschrift für die psychische Stabilisierung der Bevölkerung. Zunächst wurde erklärt, begründet; aus dem Unbekannten wurde so etwas Erklärbares, das sich in ein hergebrachtes Weltbild fügte. Indem der Komet als Anzeichen für die strafende Rute Gottes, die bald über das Reich kommen werde, interpretiert wurde, war zugleich der einzige Weg gewiesen, dieser Strafe zu entgehen: Man mußte eben – wie es bereits unser anonymer Pasquillant formulierte – «fridlich, christlich» leben.

Inzwischen war der große Krieg ausgebrochen. Am 23. Mai 1618 wurden die beiden kaiserlichen Statthalter Martinitz und Slavata von Vertretern des böhmischen Protestantentages aus einem Fenster der Prager Burg geworfen – nebst dem Sekretär Fabritius, der als Lohn für das bestandene Abenteuer später den Titel «Herr von Höhenfall» erhielt. Ein Misthaufen hatte den Sturz so weit gemildert, daß Fabritius ebenso wie die beiden hohen Herren mit dem Leben davonkam, sich in Sicherheit bringen konnte.

Die theatralische Inszenierung des «Prager Fenstersturzes» war von einer radikalen Gruppe des böhmischen Adels ausgeheckt worden; sie sollte Tatsachen schaffen und die gemäßigten Vertreter der Stände in einen Aufstand gegen das Haus Habsburg hineinziehen. Die Voraussetzungen dieser revolutionären Bewegung lagen in jener zeittypischen Verquickung ständisch-«antiabsolutistischer» Interessen mit konfessionellen Fragen. Zwar war der Großteil der Stände ursprünglich «wohl mehr zum erasmianischen Ideal vernünftigen Maßes, religiöser Toleranz, politischen Gleichgewichts» geneigt (Josef Polišensky). Indessen hatte sich erwiesen, daß Habsburg die Absicht zu haben schien, die politischen und konfessionellen Zugeständnisse, die Kaiser Rudolf II. 1609 gemacht hatte, zurückhaltend auszulegen. Bis zum Protestantentag von

1618 war der böhmische Adel zusehends in das Lager des antikaiserlichen Widerstands eingeschwenkt.

Nach dem Fenstersturz kam es zum offenen Aufstand: Die Rebellen stellten eine Armee auf, installierten eine Regierung, die von dreißig «Direktoren» geleitet wurde, nahmen Verbindung mit den europäischen Gegnern des Hauses Habsburg auf. Die Stände Mährens, dann Ober- und Niederösterreichs schlossen sich der Bewegung an. Als Kaiser Matthias, der, beraten vom Wiener Bischof Kardinal Klesl, lange Zeit eine Politik der Vermittlung versucht hatte, starb, verweigerte man seinem Nachfolger die Huldigung. Nicht einmal ein halbes Jahr nach Matthias' Tod, im August 1619, wählten die Böhmen Kurfürst Friedrich V. von der Pfalz zum König. Die Situation spitzte sich gefährlich zu.

Ungefähr zu der Zeit, als der Komet über diese bedrohliche Szenerie hinzog – gegen Ende des Jahres 1618 –, hatte man von den böhmischen Ereignissen auch in der fernen Reichsstadt Augsburg erfahren. Es ist nicht uninteressant, welche Feindbilder sich in der unreflektierten und in einigen Details ungenauen Schilderung des Prager Fenstersturzes in der zeitgenössischen Chronik des Jerg Siedeler enthüllen; wir lesen Weltgeschichte aus dem Blickwinkel der Provinz. Die Toleranz des Kaisers Matthias, schreibt der augenscheinlich protestantische Chronist, habe nicht lange vorgehalten –

«sondern weilen er auß antrib seiner fraw kaisere, welche ein grosser Christen feind, oder vil mehr von den verdampten und gottlosen Jesuitten, sich erhebt, zu Prag und anderer ortten die evangelische kirchen gesperrt und einnemen wollen, dessen dann dreij fürneme Herren, so sich dessen gewalts und solchen freuels understanden, ein grosse höhe zum fenster herunder geworfen seindt. Doch nur einer darunder tods verschieden, die andere zwen widerumb mit dem leben darvon kommen sein, welche that von den Papistischen an den Behaimischen und zwar gantzer evangelischer Christenheit zu rechen, gantze papistische Clerisei zur wehr gegriffen, zum Kriegswesen gerüstet, dardurch die Behaim und evangelische Christenheit auch zur wehr getrieben...»

Da begegnet zuerst der Topos des eigentlich guten, indessen «fremdbestimmten» Kaisers: Nur so läßt sich das Verhalten in das politische Weltbild eines Reichsstädters, für den die Person des Herrschers als Garanten der Freiheit der eigenen Stadt nahezu unantastbar sein mußte, einfügen. Zu den Einflüsterungen der «bösen» Gemahlin muß in den Augen Siedelers der Einfluß der jesuitischen «Erzmafia» gekommen sein – hatte doch die Societas Jesu nachgerade als Verursacher praktisch jeder konfessionellen Verwicklung herzuhalten. Die Werkzeuge solchen Tuns, «dreij fürneme Herrn» (eines der Opfer, der arme Schreiberling Fabritius, wurde also ‹nobilitiert›) sollen dafür zu Recht bestraft worden sein; obwohl «nur» einer davon zu Tode gekommen sei (was ebenfalls nicht stimmte), hätte man dies an «gantzer evangelischer Christenheit» zu rächen getrachtet, was die Protestanten zur notwendigen Gegenwehr getrieben habe.

So also entstand nach Auffassung des Augsburger Chronisten der Dreißigjährige Krieg – ein Akt der Notwehr der böhmischen evangelischen Christen gegen die «papistische Clerisei».

Der Rat der Reichsstadt sah jedenfalls allen Anlaß, seine Maßnahmen zur Sicherung Augsburgs voranzutreiben. Im Oktober 1619 wurde verfügt, daß die kleinen Tore jeweils eine Stunde später geöffnet werden sollten; die Wachen an den großen Haupttoren wurden verstärkt, an jedem wurden zehn Soldaten postiert. Die Hauptleute wurden angewiesen, ihnen einzuschärfen, «auf allerhand verdächtige Sachen» zu achten, vor Morgengrauen durfte kein Tor geöffnet werden:

«... das gleich den [sei] den verordneten Soldaten unnder allen thoren ernstlich einzubinden, sich stettigs, beuorab aber zu finssteren, nüblign tagen, morgens und abents auf jeden unversechenen fal mit jren uberwöhren allso gerüst und berait finden lassen sollen, wie sich... von kriegsrechts wegen gebühren thuet...»

So wartete man in diesem Spätherbst auf den Krieg. Erneut war eine Musterung durchgeführt worden, zudem hatte man weitere Truppen angeworben und sie dem Patrizier Matthäus Rehlinger unterstellt: genau 1131 Landsknechte und 110 Reiter. Das war keine besonders imponierende Streitmacht, doch hätte sie wohl ausgereicht, zusammen mit den Bürgern eine nicht allzugut mit Artillerie ausgerüstete Armee eine Zeitlang von der Stadt fernzuhalten. Vielleicht noch mehr dachte die Oligarchie bei diesen Werbungen daran, wie sie sich im Notfall vor den eigenen Untertanen schützen konnte.

Zunächst schien die Gefahr jedoch vorüberzuziehen. Der neue Kaiser, Ferdinand II., war aus anderem Holz geschnitzt als sein Vorgänger – er erwies sich bald als eisenharter Absolutist und als Vertreter einer rigiden Gegenreformation, der zutiefst davon überzeugt war, mit möglichst kompromißloser Konfessionspolitik nicht nur einer Gewissenspflicht zu genügen, sondern auch noch Seelen zu retten. Da kam es auf das Blut sterblicher Leiber weniger an.

Zuerst bekamen die Böhmen die neue Politik zu spüren. Rasch war es Ferdinand gelungen, Verbündete zur Niederwerfung der Rebellion zu finden. Kaiserliche und spanische Truppen vereinten sich mit dem Heer der Liga vor Prag und schlugen am 8. November 1620 die böhmischen Streitkräfte so vernichtend, daß der Aufstand zusammenbrach. Die Schlacht am Weißen Berg beendete das Regiment Friedrichs V., der so nur einen Winter regiert hatte und sich deshalb den Beinamen «Winterkönig» erwarb. In Oberösterreich leistete Bayern Hilfestellung. Maximilian ließ Truppen einrücken, die das Land in Pfandbesitz nahmen. Auch hier wurde der ständische Widerstand rasch unterdrückt. Freilich kam es seit Sommer 1626 zu einem erbitterten Bauernaufstand gegen die bayerische Besatzung, der in einen regelrechten Krieg mündete: Nicht nur gegen die harte Kontributionslast wurde gekämpft, sondern auch um Glaubensfreiheit. Der Kurfürst konnte dann die Bauern, denen es zeitweilig sogar gelungen war, Linz zu erobern, im Herbst 1626 endgültig schlagen.

In Böhmen und Mähren hielt Ferdinand währenddessen ein blutiges Strafgericht. Die Anführer des Aufstandes endeten unter dem Richtschwert, andere wurden des Landes verwiesen, der Rest wurde zwangsweise katholisch gemacht. Den Besitz der Rebellen hat man konfisziert und an kaisertreue, meist landfremde Familien verkauft oder verschenkt. Es war zugleich die große Stunde der Spekulanten und Karrieristen – man konnte in den Jahren nach dem Ende der Herrschaft des «Winterkönigs» in Böhmen märchenhaft reich werden.

Inzwischen verlagerte sich das Kriegstheater in die Pfalz. Maximilian ließ die Oberpfalz besetzen und schickte seinen General Tilly mit einem ligistischen Heer in die Rheinpfalz. Im Zusammenwirken mit einer spanischen Armee gelang es im Laufe des Jahres 1622, die Reste der Truppenmacht des Winterkönigs unter dem Markgrafen von Baden und Christian von Braunschweig, dem «tollen Halberstädter», zu vertreiben. Während die Spanier die linksrheinischen Teile der Rheinpfalz besetzten, rückte der Bayernfürst in die andere Hälfte ein. Die Oberpfalz wurde nach bewährtem Muster in Pfandbesitz genommen. Schließlich sah sich Maximilian am Ziel langgehegter Wünsche: Der Triumph über den ketzerischen pfälzischen Verwandten war vollständig, als es nach zähen Verhandlungen gelang, die Übertragung der Kurwürde auf seine Person zu erreichen.

Der Krieg hätte nun zu Ende sein können. Angesichts des Desasters der pfälzischen Politik und fehlender Unterstützung aus dem Ausland hatte sich selbst die Union aufgelöst. Allein im Norden Deutschlands, wo der protestantische Söldnerführer Ernst von Mansfeld, der aus der Schlacht am Weißen Berg entkommen war, 1622 ein neues Heer aufstellte, war es noch unruhig.

Mithin weit weg von Augsburg. Der Rat hatte bereits 1620 seine teuren Söldner wieder abgedankt, «weilen die sachen, derarten, kriegsgefahr halber, in einen andern standt, Got lob, gerhaten...».

War auch der Krieg vorerst fortgezogen, bekamen die Augsburger indirekte Auswirkungen doch sehr bald zu spüren. Schon seit Jahrzehnten waren die Preise für Lebensmittel und andere Güter langsam, aber spürbar gestiegen – die Klagen darüber bestimmen unzählige Quellen. Im Jahr 1622 aber begann die Inflation plötzlich zu «galoppieren». Lassen wir einen Augsburger Zeitgenossen, den sternenkundigen Arzt Dr. Philipp Hoechstetter, berichten:

«Annus confessionis. Das rehte Babel. Anno 1622. Das ist das jahr, darvonn man lang zuvor prognosticiert hatt; da es ubel solle gehn. Und ists auh. Das verschinen Jahr 1621 war voller scholderey und kipperey, jedermann leget sich auf das scholdern, der arm so wol oder mehr als der reih, der es besser aber zuzusetzen hatte.»

Die «Hyperinflation» von 1622/23 war – wie man heute weiß – nicht durch eine Güterverknappung bedingt; so hatte es durchaus gute Ernten gegeben. Die «Kipper- und Wipper-Inflation» war, wie die einprägsame Bezeichnung sagt, Ausdruck einer dramatischen Münzverschlechterung, für die einerseits die Politik der Münzherren, der Fürsten und Städte also, andererseits Spekulation und illegales Prägen sorgten. Vor allem die hohen Rüstungsausgaben in diesen ersten Jahren des Dreißigjährigen Krieges verführten dazu, Schulden mit möglichst «schlechtem» Geld zu begleichen, den Edelmetallgehalt der Münzen also zu verringern. Hoechstetter schildert das außerordentlich plastisch:

«Die Juden waren des pöfels und der bauren schuelmeister, des gemeinen mans und der rei[c]hen und kaufleit. Inn den stetten war ihr arger geist und geiziges hertz, viellei[c]ht der deifel selbs. Die bauren wächsleten das klein gelt auf; die kaufleit das groß. Beide bra[c]hten für silber geringe münz, entlich kupferblech und schle[c]ht metall, die grobe sorten stigen ho[c]h, daz ein stuckh vil florenos ma[c]hte, und wol bei uns nerrischen teutschen heist, molti floreni poci Zekini. Die ursach solcher böser müntz legte man erstlich auf die Leipziger meess, dann auß dieser inn allen messen heilloser 3 bätzner, und die thaler inn höherem pres kamen. Darna[c]h sahe man daz die umligende münzen so wol inn Bayern, als schwaben daran schuldig waren... Da waren aller guetten müntzen vonn silber, au[c]h die alters halber der rueh inn kästen und sparhafen gewohnt waren, proce[ss]iones und wahlfahrten zu den Küpern, schmeltzern und münzen, gleichsam genötigt angestellt. Und da man verhofft guetten perdon dem gelt zu erlangen haben sie als kezer dem feür zu gemüest, geschmeltzt werden. Und sein ihre kleinste superstites und nachkömling mit ku[p]ffer vemischt und vermählt worden. Darvon dann disse ehbrecherische art der 3 bätzner, 120, 60 etc. herkombt.»

Durch dieses Kippen und Wippen – das Wägen der Münzen, um ihren Feingehalt festzustellen, und das «Herabkippen» der schlechten von der Waage – entstand ein Teufelskreis: Das gute Geld verschwand vom Markt, wanderte in die Schmelzöfen und wurde legal oder illegal neu ausgemünzt; das schlechte vermehrte sich weiter. Schlimmer war, daß zugleich das Warenangebot reduziert war: Wer Lebensmittel und anderes anzubieten hatte, mag es sich zweimal überlegt haben, ob er nicht bessere Zeiten – und besseres Geld – abwarten sollte. Das heizte die Inflation weiter an.

Eine volkswirtschaftliche Theorie zur Erklärung dieser Zusammenhänge besaß das 17. Jahrhundert nicht, auch wenn der französische Staatsdenker Jean Bodin bereits die Bedeutung des Verhältnisses zwischen vorhandenen Gütern und umlaufender Geldmenge als Schlüssel zur Erklärung der Entstehung von Inflationen erkannt hatte. So geraten die «direkt» identifizierbaren «Schuldigen» ins Blickfeld: Reiche, Kaufleute, der «pöfel», Bauern, die ihre Produkte teuer feilboten und – wie immer – die Juden. Freilich gab es noch eine weitere, «höhere» Ursache für die verheerende Geldentwertung. Man erinnerte sich des Kometen von 1618, erkannte die Teuerung als eine der durch die himmlische Erscheinung angedrohten Heimsuchungen.

Bernhard Heupold, Praeceptor bei St. Anna, meint in einem Gedicht, in der Teuerung ein Vorspiel zur Apokalypse zu erkennen: Der Komet, als «rechte rueth» Gottes, habe die vier finsteren Reiter der Endzeit angekündigt – Verfolgung, Krieg, Teuerung und Pest. Deren dritter sei im Heiligen Römischen Reich eingekehrt, zur Züchtigung der verderbten Menschen, die unchristlich und verschwenderisch gelebt hätten,

«sonderlich etlich unnuz kauzen, die tapffer netzten ihre schnauzen, mit pancetiren tag und nacht, soffens daß in die gurgel kracht.»

In der Welt geht der Teufel seinem Geschäft nach, stiftet Kipper und Falschmünzer an, pflanzt Geiz in die Herzen der Menschen. So wird das Prinzip des Bösen Werkzeug der göttlichen Züchtigung, die Teuerung zur notwendigen, reinigenden Etappe im heilsgeschichtlichen Prozeß. Man beginnt zu verstehen, warum der Dreißigjährige Krieg mit seinen Auswirkungen die Spätblüte der Renaissance im Reich beendet hat, ihre weltzugewandten, von ästhetischen Neigungen und einem stillen Stoizismus bestimmten Aspekte unter einer neuen, verinnerlichten Religiosität begrub; warum eine Rückbesinnung auf die eigene Sündhaftigkeit neben dem Bewußtsein, caritativ in die Gesellschaft wirken zu müssen, aktuell wird. Heupoldt:

> «Der reichen aber wann er sich / der armen nicht auch vätterlich / erbarmen und lassens fliessen / ir brünlein deren zu geniessen / sonder ihr hand versperren thuen, / so ist der pact gemachet schon, / daß der dürr und lang beinicht man / der uber all ein steigen kan, / eben so woll bey im steigt ein / allß in eins armen sein heüßlein klein.»

Nicht das Erlebnis von Verfolgung, Krieg, Teuerung und Pest für sich genommen mußte verunsichern; ebenso bedeutsam für die psychische Konstitution der diesen Schicksalen Unterworfenen muß das Bewußtsein gewesen sein, hier nicht von den Folgen politischer und volkswirtschaftlicher Entwicklungen getroffen worden zu sein oder unter biologisch ‹verstehbaren› Vorgängen zu leiden, sondern nichts anderes als die gerechte Strafe für eigene Schuld zu erfahren. Gewiß: Man bemerkte, daß die Nachbarn ebenso von der Teuerung betroffen waren wie man selbst; daß auch in anderen Familien gestorben wurde, die ganze Stadt im Unglück war. Das mochte den Verdacht nähren und die Entschuldigung nahelegen, daß das vom Himmel kommende Unheil mehr Strafe für eine allgemein-gesellschaftliche Sündhaftigkeit war, die in der Ursünde als anthropologischer Gegebenheit wurzelte. Aber da war auch das persönliche, elementare Leid, das «besondere» Schicksal, für das man der Erklärung bedurfte.

Jede weitergehende politische Analyse mußte im Bewußtsein um diese Verstrickung des Menschen in ein undurchschaubares System von Belohnung und Strafe, die Einbindung des eigenen kleinen Schicksals in einen großen historischen Prozeß, der mit der Erschaffung der Welt begonnen hatte und mit dem Jüngsten Tag enden würde, seine Grenze finden. Darin liegt gewiß eine Teilbegründung für die bereits von Jacob Burckhardt registrierte Tatsache, daß der Dreißigjährige Krieg kaum Volksbewegungen gekannt hat, und auch dafür, daß frühneuzeitliche Revolten immer nur sehr begrenzte Ziele hatten.

Während der Kipper- und Wipper-Zeit hat man in Augsburg die Bäkkerläden gestürmt – dabei ging es freilich nur um das Nächstliegende, um Brot. Eine anonyme Chronik aus der ersten Hälfte des 17. Jahrhunderts schildert die dramatische Lage in der von der Teuerung heimgesuchten Stadt:

> «Im Augusti dises ernanten 1622 jars biß inn den October ist alhie ein solcher mangl, jamer und heuffiges anstehen umb dz liebe brot und meel gewesen, daß man dasselbe auch umb dz gelt nicht hatt haben noch

erlangen mögen, und seindt die arme leüth an allen beckhen läden also heüffig angestanden, dz man aller orthen landts knecht und schar wächter an allen beckhen läden hatt gebrauchen muessen, damit nur die leüth in ordnung erhalten werden, dann vor manchen beckhen laden wo inn 100. und mehr persohnen angestanden, und also umb das liebe brot gedrängt haben, dz es ein herzlich jameren zu sehen gewest, ja es haben sich die leüth umb müternacht gleich ann die beckhen läden gelegt, damit wann der beckh außgebachen und dz brot verkaufft werde, dießelbe ehend also andere was bekommen...»

Man schlug den Bäckern die Türen ein, im «tumult und rumor» wurde eine Frau zu Tode gedrückt: Es ging ums Überleben. Die Bevölkerungsstatistik zeigt für die Teuerungsepoche ein deutliches Ansteigen der Sterblichkeit an. Brot war das wichtigste Nahrungsmittel der frühen Neuzeit, es war praktisch nicht zu ersetzen. Getreidepreissteigerungen und Todesraten fallen in der Statistik immer zusammen.

Was die Bitte des Gebets um das «tägliche Brot» für den Alltag der Menschen des 17. Jahrhunderts wirklich bedeutete, wird erst klar, wenn man sich den Speisezettel vergegenwärtigt, der das Leben eines normalen Handwerkerhaushalts dieser Zeit bestimmte. Für den modernen Geschmack handelte es sich dabei um ziemlich eintönige Menüs. Man aß unendlich viel Rüben und Kraut, das gelegentlich mit billigem Fleisch und Würsten angereichert werden konnte; der berühmte Augsburg-Besucher Michel de Montaigne schildert sehr anschaulich, wie er auf der Fahrt nach Bruck (dem heutigen Fürstenfeldbruck bei München) durch ein Meer von Rübenfeldern reist, gleichsam die Vorratskammer für diese Standardmahlzeit der Reichsstädter.

Eier und anderes Gemüse kamen hinzu: Erbsen und Hirse vor allem. In wohlhabenderen Haushalten wurde neben Schweinernem auch Rindfleisch auf den Tisch gebracht, höchst selten die «Luxusspeise» Fisch – und wenn, dann weniger die teuren Forellen, Hechte und Karpfen, sondern «Nasen» und Renken. Letztere wurden auch im Ammersee gefischt und von dort nach Augsburg geschafft. Köstlichkeiten wie jene Krebse, die dem Feinschmecker Montaigne besonders mundeten, waren sehr teuer und mußten zeitweilig bis aus dem etwa hundert Kilometer entfernten Altmühltal herbeigebracht werden.

Für die Zubereitung der Speisen wurde neben Küchenkräutern, die in der Stadt selbst gezogen oder von Bauern auf den Markt gebracht wurden, vor allem Salz verwendet; auch Wacholder scheint häufig gebraucht worden zu sein. Exotische Gewürze wie Pfeffer sind wohl seltener auf den Tisch der Haushalte einfacher Handwerker gekommen.

Der Durst wurde mit Wasser, Milch oder Bier gestillt. Wein war verhältnismäßig teuer und galt als Luxus, begegnet mitunter gar als Medizin. Man führte ihn von Rhein und Neckar ein, in erster Linie aber aus Tirol.

Schmalz wurde in großer Menge verbraucht, nach einer Abrechnung von 1596 in einem Haushalt mit etwa fünf Personen durchschnittlich vier Pfund pro Woche.

Schließlich Getreide und Brot. Gerade in ärmeren Familien scheint man das Korn direkt zu Brei verkocht zu haben, um auf diese Weise seinen Nährwert möglichst vollständig auszunutzen. Brot gab es in zahlreichen Sorten in den Läden und auf dem Brotmarkt, der sich in Augsburg in unmittelbarer Nähe des Rathauses befand: Semmeln, Brezen, «Rögglein», Fastenzelten, Pfundlaibe und anderes – eine Vielfalt, die sich bereits im Augsburger Stadtrecht von 1276 erkennen läßt. Zu Beginn des 17. Jahrhunderts wurde auch in «mittelständischen» Haushalten fast ausschließlich Roggenbrot verzehrt; Roggen war billiger als das «Schöne Getreide», der Weizen, und brachte mehr Brotertrag. Ein Jahrhundert früher konnte sich noch die Mehrheit der Bevölkerung regelmäßig Weizenbrot leisten; der Wandel der Ernährungsgewohnheit weist somit wiederum auf jene auch aus anderen Quellen zu erschließende Verschlechterung der wirtschaftlichen und sozialen Verhältnisse hin.

Die Aufwendungen für Ernährung dürften gewöhnlich mehr als siebzig Prozent der Lebenshaltungskosten ausgemacht haben. Zeitgenössische Berechnungen sind sehr selten, gerade aus den Beständen des Augsburger Archivs aber sind einige Belege bekannt geworden. Danach stellte sich das «Budget» eines Handwerkerhaushalts am Ende des 16. Jahrhunderts folgendermaßen dar:

Lebensmittelkosten insgesamt:	72,2 Prozent
Brot	23,0 Prozent
Fleisch, Schmalz	40,0 Prozent
Milch, Eier	4,6 Prozent
Gemüse	4,6 Prozent
Kleidung, Schuhe	12,3 Prozent
Licht, Heizung	?
Hauszins (Miete)	15,4 Prozent

Da es sich hier um einen Bäckerhaushalt handelte, war der Kostenanteil für Brot vergleichsweise niedrig – als Produzent hatte der «Beck» natürlich billiges Brot. Andere Abrechnungen zeigen, daß die Ausgaben dafür

oft bis zur Hälfte der gesamten Lebensmittelkosten ausmachten und leicht mehr als ein Drittel des Gesamtbudgets erreichen konnten.
Dies gilt aber nur für «normale» Zeiten. Wenn die Getreidepreise durch Mißernten oder Kriegseinwirkung in die Höhe schnellten, wurden die Kosten für das «liebe Brot» sofort zum wichtigsten Faktor in der Haushaltsrechnung. Sie stellten alles andere in den Schatten. Da ein großer Teil der städtischen Bevölkerung ohnedies am Rande des Existenzminimums wirtschaften mußte, zeitigten selbst verhältnismäßig geringfügige Preissteigerungen dramatische Auswirkungen.

Nach der Höhe der Getreidepreise bestimmten die Obrigkeiten frühneuzeitlicher Territorien und Städte das Gewicht, das die einzelnen Brotsorten jeweils haben mußten. Auf der Grundlage eingehender Produktions- und Lebenshaltungskostenanalysen war in Augsburg ein ziemlich kompliziertes System von Preis/Gewichtsrelationen errechnet worden, nach welchem den Bäckern ihr jeweiliger «Anschlag» mitgeteilt wurde – meist in wöchentlichen Abständen. Geheime «Kundschafter», dazu die vereidigten Brotwäger kümmerten sich um die Einhaltung dieser Bestimmungen und kontrollierten zugleich die Qualität der Waren. Das war gerade während kritischer Zeiten wie in den Jahren der Kipper- und Wipper-Inflation leichter gesagt als getan: Manche Bäcker versteckten ihre Vorräte, wenn die Ratsbeauftragten kamen, um sie dann schwarz zu höheren Preisen verkaufen zu können. Da werden im «Kindbettstibl» oder im «Kuechen Kästle» Brotverstecke entdeckt, ein Bäcker behauptet beim ersten Umgang der Brotwäger um sieben Uhr morgens, kein Brot mehr zu haben, wird indessen bei einer erneuten Überprüfung dabei ertappt, wie er altbackene Brötchen feilhält. Kein Wunder, daß das «Erbare Handwerk von Beckhen» sich immer wieder Verdächtigungen und Feindseligkeiten ausgesetzt sah, man sogar argwöhnte, manche Missetäter steckten mit den Brotwägern unter einer Decke. Ertappte Schuldige wurden auf den Schandesel vor dem Rathaus gesetzt oder der Stadt verwiesen. Letzteres geschah im April 1622 den Bäckern Christof Müller, Leonhardt Burckhardt und Hans Jochum.

Der «arme gemaine Mann» jedenfalls litt mit «vilem achzen und seüffzen» unter den Machenschaften der Kriegsgewinnler und wurde dadurch – wie es das Gutachten eines Ratsausschusses formulierte – zu «ärgerlichem fluechen und bösen nachreden» veranlaßt. Schon die Furcht vor Unruhen legte es daher nahe, notfalls Exempel zu statuieren. Aber damit erschöpften sich die versorgungspolitischen Tätigkeiten der Obrigkeit keineswegs. Neben der strengen Markt- und Preiskontrolle – die eben vielfach unterlaufen wurde – war die direkte Unterstützung Bedürftiger mit subventioniertem Brot oder Getreide eine weitere wichtige Maßnahme, um die Ernährung der Bevölkerung sicherzustellen. Vor allem mußten solche Kornverteilungen eine preisdämpfende Wirkung zeitigen, was den dafür zuständigen Ratsmitgliedern – den «Proviantherren» – durchaus bewußt war.

Kornverteilungen wurden in Teuerungszeiten regelmäßig durchgeführt, in Augsburg beispielsweise 1571 und 1614. Auch 1622 griff man zu diesem Mittel. Man beauftragte die «Gassenhauptleute», die in ihrem Bereich lebenden Bedürftigen aufzuzeichnen, mit Angaben über Beruf, Kinderzahl und Alter. Bei den Webern wurde außerdem aufgeführt, mit wievielen Webstühlen in ihren Haushalten jeweils gearbeitet wurde. Das Ergebnis war eine noch erhaltene, in Pergament gebundene Liste mit etwa 6400 Haushalten, die zwar gewiß nicht alle mittellos waren, aber doch zumindest am Rande der Armut lebten. Nahezu das gesamte Weberhandwerk beantragte Getreidehilfen, dazu die chronisch notleidenden Tagwerker, Maurer, Dienstboten und selbst Vertreter eigentlich wohlhabenderer Berufe wie Goldschmiede und Metzger. Besonders hoch war der Anteil von Frauenhaushalten: Frauen, deren Männer in den Krieg gezogen waren oder sie aus anderen Gründen verlassen hatten; denen sie gestorben waren. Viele müssen in armseligen Verhältnissen gelebt haben – von einer erfahren wir, daß sie in einer Bretterhütte hauste. Nach Ausweis ihrer Steuerleistungen hatten die meisten wohl nicht einmal geringen Besitz. Um Holz, Kerzen und Mietzins zu sparen, waren einige dieser Frauen mit Verwandten zusammengezogen, etwa mit der «schwöster». Andere lebten als Hausarme im «ögg», in der Ecke – also in einer fremden Familie –, ohne «eigenen Rauch»; sie leisteten allerdings einen Unkostenbeitrag zu den Aufwendungen des Haushaltes, an dem sie teilhatten. Die meisten dieser Frauen arbeiteten als Wäscherinnen, Spinnerinnen, Mägde und in anderen Berufen, die in der sozialen Skala weit unten angesiedelt waren.

Wer von diesen «Armen» im Herbst 1622 verbilligtes Getreide erhielt, wissen wir nicht. 1614 hatte man an 3642 Haushalte Korn verteilt: wöchentlich 455 «Schaff», was einen «Metzen» ($^1/_8$ Schaff) pro Familie ausmachte. Damals wurden Berechtigungsmarken – kleine Kupferplaketten mit dem Stadtwappen – für einen Gulden pro Stück verkauft. Der Marktpreis für Brotgetreide betrug seinerzeit mehr als das Doppelte. Ein Augsburger Schaff: das war ein Holzkessel von etwa 220 Liter Inhalt. Man kann sich so in etwa die Getreidemengen vorstellen, die über die reichsstädtischen Kornspeicher bis zum Ausbruch des Dreißigjährigen Krieges verteilt waren; über 36 000 Schaff, was einem Kornberg von fast neun Millionen Litern Volumen entsprach, standen 1621 zur Versorgung der Bevölkerung bereit. Besonders als die Preise niedrig waren, kaufte der Rat in der näheren und weiteren Umgebung der Stadt Getreide; selbst während der Hyperinflation von 1622/23 wurden noch umfangreiche Getreidekäufe getätigt. Man hat sechsstellige Guldenbeträge dafür aufgewandt. Bis aus Nördlingen und Dinkelsbühl kamen die Fuhrwerke nach Augsburg, um ihre Fracht vor den großen Magazinen der Frauenvorstadt abzuladen.

Aber auch auf dem Land war die Versorgungslage zu dieser Zeit nicht gerade einfach, obwohl die «arge Bauern», die da «allß geizige verschlagen» lauerten – so dichtete Bernhard Heupoldt –, immer noch eher Nahrung hatten als die hungrigen Städter. Waren doch von den benachbarten Territorien zu allem Überfluß die Grenzen gesperrt worden, um den Abfluß wertvoller Lebensmittel für schlechtes Geld zu verhindern. Da nutzte es wenig, wenn der Rat Gesandte in München antichambrieren ließ und seinerseits an den Stadttoren für strenge Ausfuhrkontrollen sorgte. Ab und zu trugen wagemutige Schmuggler dazu bei, daß gelegentlich Brot, Schmalz, Schweine und andere Kleintiere über den Lech in die Reichsstadt gelangten. 1625, als die bayerischen ‹Pässe› wieder einmal gesperrt waren, flog ein regelrechter Schieberring auf – der allerdings lange Zeit mit obrigkeitlichem Wissen geduldet worden zu sein scheint.

Ausschlaggebend dafür, daß nicht bereits die Teuerung der Kipper- und Wipper-Zeit zu einem verheerenden «sterbendt» führte, die Zahl der Hungertoten mit einigen Hundert sich in Grenzen hielt, waren freilich die gefüllten Kornspeicher und die Verteilung des wichtigsten Grundnahrungsmittels an die Bedürftigen. Die Möglichkeit dazu war, wie sich denken läßt, nur gegeben, weil in diesen ersten Jahrzehnten des 17. Jahrhunderts die öffentlichen Finanzen der Stadt noch ausgeglichen waren. Die Inflation beendete diesen Zustand freilich rasch, mußte doch viel «gutes Geld» für die öffentlichen Aufgaben der Reichsstadt, im besonderen für Lebensmittelkäufe, aufgewendet werden. In den Jahren der Kipper- und Wipper-Zeit leerten sich die Truhen der Schatzgewölbe unter dem Rathaus; die Reichsstadt, immer noch Gläubigerin von Fürsten und Handelshäusern, mußte ihrerseits Schulden machen, um den Etat zu finanzieren.

Die Finanzkrise, welche der Teuerung auf dem Fuße folgte, wirkte sich sofort und nachhaltig auf die Politik des Rates aus. Aufwendige Lebensmittelkäufe waren kaum mehr möglich, an militärische Rüstungen in einem angesichts der unsicheren Zeitläufte angemessenen Umfang

Das Heilig Geist-Spital, erbaut von Elias Holl, 1625–1630. Kupferstich von Matthäus Seutter, 1742

war schon gar nicht zu denken. Der Schwedenkönig Gustav Adolf, der nicht einmal ein Jahrzehnt nach der Teuerungszeit als Eroberer nach Augsburg kam, wird als erstes die Ausbesserung der baufälligen Schanzen und verrotteten Wallanlagen veranlassen – nicht einmal für solche Arbeiten hatten die Mittel der noch bis Kriegsausbruch schwerreichen Gemeinde ausgereicht. Das große Bauprogramm des Rates war ins Stokken geraten. Elias Holl hatte wohl noch während der Inflationszeit eine

Umgestaltung des «Roten Tores» am südlichen Stadtrand vorgenommen, es zu einem imponierenden Torturm ausgebaut; auch im gerade fertiggestellten Rathaus waren noch Maler und Schreiner am Werk. Doch es ging immer schleppender voran. Das letzte größere Gebäude, an dem Holl arbeitete, war das Heilig-Geist-Spital in direkter Nähe des «Roten Tores», ein in einfachen, wuchtigen Formen gestalteter Komplex. Mit nur sechzig Arbeitern hatte der Stadtwerkmeister auszukommen, als 1625 das alte Spital abgebrochen wurde – «damit so große uncosten nit erfolge», notiert er in seiner Autobiographie. Bis 1630 werkelte man am Neubau, ebensolange, wie die Errichtung des riesigen Rathauses gedauert hatte.

Das Spital zum Heiligen Geist zählte zu jenen ursprünglich kirchlichen Einrichtungen, welche die Bürgergemeinde während des Spätmittelalters weitgehend unter ihre Kontrolle gebracht hatte. Im caritativen Gefüge der Reichsstadt besaß es wichtige Funktionen: Vor Holls Umbau – der es ermöglichte, die Zahl der Pflegeplätze auf nahezu 350 zu erhöhen – wurden dort über zweihundert Kranke und Gebrechliche versorgt. Da hatte es Baderäume und Kindbettstuben, die «necessaria» – Aborte – wurden über einem hinter dem Hauptgebäude verlaufenden Kanal eingerichtet. Totenkammer, Hauskapelle und sogar ein Gefängnis hatte der Architekt einzurichten, ein eigener Bereich war für Geisteskranke vorgesehen; schließlich ein Platz, wo die Spitalinsassen «ire klaider und böttgewandt, wegen reverenter deß ungeziefers halben» reinigen konnten.

Der vergleichsweise hohe Hygienestandard des Heilig-Geist-Spitals und seine auch sonst solide Einrichtung – Nachtlichter, Öfen, feuersichere Gewölbe – lassen erkennen, daß wir es mit einer Institution zu tun haben, die eher wohlhabenden Bürgern als dem «armen pövel» offenstand. Ein Zweites wird durch die einigermaßen umständliche Baugeschichte des Spitals erkennbar: Die Krise der öffentlichen Finanzen traf auch und vor allem das Armenwesen der Reichsstadt. Gerade die Unbemittelten, die Kranken und Alten wurden von den Auswirkungen des Dreißigjährigen Krieges als erste getroffen.

Die Zunahme der Unterschichten – eine gravierende Folge der Wirtschaftskrise des späteren 16. und frühen 17. Jahrhunderts – hatte schon vor Kriegsausbruch Finanzierungsprobleme hervorgerufen. Zwar waren die bei Gottesdiensten und in den Almosenstöcken zusammengekommenen Spenden der Bürger nicht unbeträchtlich – allein etwa achttausend Gulden zählte man etwa im Haushaltsjahr 1606/07 –, doch reichten die Mittel zur Versorgung der dramatisch wachsenden Zahl der Bedürftigen nicht annähernd aus. So hatten die Kapitalrücklagen, aus deren Erträgen das öffentliche Almosen mitfinanziert wurde, angegriffen werden müssen. Es läßt sich denken, daß man dadurch zwar kurzfristig über die Runden kommen konnte, langfristig jedoch die Grundlagen eines geordneten Budgets zerstört wurden. Die drei Ratsmitglieder, die für die Verwaltung des öffentlichen Almosens zuständig waren – die «Almosherren» –, machten bereits 1610 die Rechnung auf, daß in ihrem Bereich Einnahmen von rund 20000 Gulden aus Spenden, Kapital- und Immobilienerträgen Ausgaben von nahezu 27000 Gulden gegenüberstünden. Schon 1612 mußte in Betracht gezogen werden, dem Almosen gehörende Liegenschaften zu veräußern; mit dem Jahr 1618 begegnen in den städtischen Rechnungsbüchern regelmäßig Überweisungen aus dem regulären Gesamtetat der Reichsstadt an die Kasse des Almosens, 1620 zum Beispiel 6371 fl. Zwei weitere Zahlen illustrieren schließlich die geradezu dramatische Verschlechterung der Finanzsituation: Hatte man 1623 noch auf Kapital und Grundbesitz im Wert von 91000 fl. bauen können, war im November des folgenden Jahres gerade noch die Hälfte dieser Summe vorhanden, nämlich 45 866 fl. – eine Folge vor allem der verschiedenen Münzabwertungen, mit welchen Augsburg und die umliegenden Herrschaften versucht hatten, die galoppierende Inflation in den Griff zu bekommen. Am Ende des Haushaltsjahres erwies sich, daß man nur 21 100 fl. eingenommen, dafür 43 395 fl. ausgegeben hatte – eine Bilanz, «das man sich billig darab zu entsetzen» habe, wie die Almosherren meinten.

Diese Aufstellung war vor allem deshalb alarmierend, weil schlechterdings keine Alternative zu einer umfangreichen Armenfürsorge bestand. Der «gemeine Mann», schrieben die Autoren der erwähnten Abrechnung, sei so «erschöpfft... das Er ohne des Allmuesens hülff vor dem volligen untergang» stehe, «sich nit schirmen noch ernöhren» könne – das sei «ein so jamer= und erbarmliche sach, dergleichen... bey dießer statt man nie wird erfahren haben...».

Daß es mit Maßnahmen gegen Auswüchse nicht getan war, war dem Rat durchaus bewußt. Wohl ließ sich kontrollieren, ob nicht auch Schwindler unter den Almosenempfängern waren – indessen hatten Nachforschungen bereits 1610 ergeben, daß tatsächlich allenthalben die «eusserste noth und armuth» herrschte,

«allenthalben nichts im haus alls vil kleine kinder, dern etwa das grösste noch nicht recht gehn kan, und die andern sonst ellend, kranckh weder umb noch an, und sambt den eltern, die auch nicht weniger übl conditioniert, uff dem stro ligen, und vor hunger, frost im jamer (erbarmlich anzuschawen) bey und nebeneinander verschmachten – solche noth leidet kein gesaz».

Auch das gehörte zum Bild der Reichsstadt im Schatten des Dreißigjährigen Krieges: äußerste Not, Abertausende von Armen, die vom Almosen lebten, wohl noch mehr Menschen, die irgendwo auf den Straßen, an Kirchen- und Klosterpforten herumlungerten und um Brot bettelten. Von deren Bettelgesängen müssen den Bürgern in den Mangeljahren der Kipper- und Wipper-Zeit die Ohren geklungen haben.

Der Rat sah das «freie Betteln» höchst ungern, wiederholt wurde es verboten. Einerseits paßte das Bild der zerlumpten Gestalten nicht zur Vorstellung des christlichen, «polizierten» Gemeinwesens; andererseits war man der Ansicht, daß die Bürger ihr Geld leichter an Betrüger verschwendeten, während eine Kontrolle eher gewährleistet sei, wenn die milden Gaben zentral über das Almosen verteilt würden. Aufrufe in den Kirchen sollten dazu veranlassen, die Spenden lieber in die Sammelstöcke des Almosens zu tun, als sie den Bettlern in den Hut zu werfen. Solche «leütt», meinten die Almosherren, «seien wegen ihr importunität gantz verdrüeßlich..., ein ubelstand vor den frembden, daß vast alle gassen mit dergleichen betlern schaarweiß belegt sein, daß es manchen, seine geschäfft zuverrichten und etwas mit einem guten freund der notturfft zue reden hinderung bringt».

Wenn man «dergleichen bettler» habhaft wurde, ließ man sie aus der Stadt führen, nicht ohne vorher Nachforschungen anzustellen, welche «verbrechen» sie wohl geplant oder begangen hatten. Die dabei angefertigten Protokolle sind erhalten und lassen Spuren einer armseligen sozialen Welt erkennen: von reisenden Leuten, die vom Land in die großen Städte strebten, zu den Kirchen, Klöstern, wohlhabenden Bürgergemeinden drängten, um dort Brot, einige Heller oder auch einen Strohsack im Pilgerheim zu ergattern; die sich mit Zaubereien und Gaukelwerk ihren Lebensunterhalt verdienten, von Weibern, die ihre Liebe verkauften. Untereinander nannten sich diese Außenseiter mit seltsamen Spitznamen: Da gab es den «Gratzi», den «Igel», den «Näsler», den «Schwarzen Buben» und die «Fresserin». Es läßt sich denken, daß die braven Bürger argwöhnisch, oft auch ängstlich auf solche Zeitgenossen blickten und froh waren, wenn der Rat sie «ausschaffen» ließ.

Diesen «unordentlichen» Armen standen in der frühneuzeitlichen Gesellschaft die «ordentlichen» Bedürftigen gegenüber. Wer sich «ins Almosen schreiben» lassen und auf diese Weise Anspruch auf regelmäßige öffentliche Unterstützung gewinnen wollte, mußte den Armeneid schwören: «Ir werd schweren», wurde den Bedürftigen vorgesprochen, «dz ir in aller Euer Hab und Gut gar nichts, dan allein eure kindt und haus gesindts bettgewandt, haus rath und werckh zeug zu erlegung der nahrung ausgenomen, deß vermögens o seindt.»

Dann mußten die Armen ein blechernes Stadtwappen sichtbar ans Gewand stecken, das «Almoszeichen». Das bedeutete Stigmatisierung, Ausgrenzung – Beleg dafür, daß man gleichsam den «sozialen Offenbarungseid» geleistet hatte. Andererseits erfüllten die öffentlichen Armen als Objekte des caritativen Engagements der Bürger und der Kommune eine wichtige Funktion. Die mehr oder weniger regelmäßigen Opfer, die man den «ehrlichen Armen» im Alltag brachte, schlugen auf einem imaginären ethischen Konto zu Buche. So formuliert ein Aufruf des Rates, dem Almosen zu spenden:

«... dann unser getrewer lieber Gott vnd vatter / hat allzeyt auß sonderm raht vnd bedencken / grosse armut neben und in seiner kirchen lassen fürgehen / das [die Armen] ein heylsame ubung des glaubens und gedult hetten / und die vermöglichen desto mehr verursacht wurden / die werck der barmhertzigkeit an jnen zu beweysen.»

Besonders die strikte obrigkeitliche Organisation des sozialen Systems der Reichsstadt Augsburg verweist auf seine protestantischen Wurzeln: Durch «eine geordnete Armenpflege [solle] das Nötigste nach genauer Prüfung gegeben werden, Gemeinde und Staat [sollten] als christliche Obrigkeit all' dies ordnen» – so hat Schmoller die «ratio» reformatorischer Sozialethik umrissen.

Das Nötigste: Kranke, Alte und Schwache erhielten nach einem Dokument von 1628 wöchentlich einen oder zwei Brotlaibe mit einem Gewicht von je vier Pfund, ein Achtel Weizenmehl; dazu jährlich ein Stück Leinwand für ein Hemd, Loden für den Winter, Wolle, Hose oder Unterrock, gelegentlich ein Paar Schuhe. Das alles reichte, wie die Almosherren wohl wußten, zum Leben nicht hin. Mindestens zehn bis zwölf Kreuzer mußten wöchentlich etwa durch Spinnen noch verdient werden, damit Schmalz, Salz, Kraut und zusätzliches Holz zum Heizen und Kochen erworben werden konnten. Auch Haus- oder «Egg»-Zins mußte von dieser Handvoll Kreuzer bestritten werden. Armen Webern, die den größten Teil der Almosenempfänger stellten, gab man außerdem je nach Größe ihres Haushaltes Arbeitsmaterial; junge und gesunde Arme, die nur keine Arbeit fanden und deshalb – «wie schwer es sy offtermahlen auch ankommet», schrieben die Ratsverordneten – das Almosen in Anspruch nehmen mußten, erhielten wöchentlich einen Vier-Pfund-Laib, außerdem Holz und Kleidung. Überhaupt bewilligte der Rat seine Hilfen nach einem ziemlich

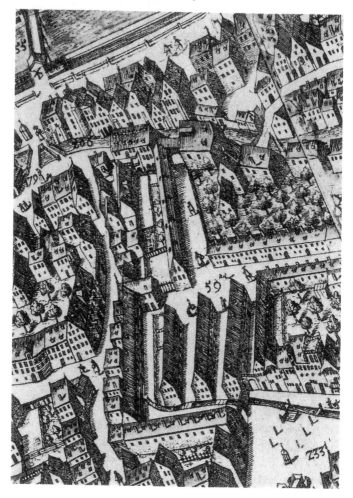

Die Fuggerei. Ausschnitt aus dem Vogelschauplan von Wolfgang Kilian, 1626

differenzierten Schema: Nur wo die äußerste Not offensichtlich war, wurde die volle Unterstützung gewährt. Die meisten der etwa drei- bis viertausend Almosenempfänger, die es in den zwanziger Jahren des 17. Jahrhunderts in Augsburg gegeben haben dürfte, arbeiteten wohl zumindest gelegentlich.

Daß es in der Reichsstadt an Arbeitsmöglichkeiten fehlte, hatte der Rat freilich schon lange erkannt: Noch 1626 wurde – angesichts der Finanzschwierigkeiten des Almosens – eine Lösung dieses Kardinalproblems angestrebt, indem man versuchte, arbeitslose Arme mit Flachsspinnen zu beschäftigen. Zu diesem Zweck stellte der Rat der Kaufmannsfrau Barbara Gegler viertausend Gulden zur Verfügung, mit denen Flachs erworben werden sollte. Vierhundert Weber konnten damit eine Zeitlang beschäftigt werden, doch gelang es nicht, ihre Produkte mit Gewinn zu verkaufen. Das Experiment ging in den Wirren und Katastrophen der folgenden Zeit unter.

Das caritative System der Reichsstadt war so äußerst vielgestaltig. Neben den den Umständen angepaßten Unterstützungen, die in den verschiedenen Stadtdritteln verteilt wurden, sind Arbeitsbeschaffungsmaßnahmen wie die der Geglerin und das Bauprogramm der Holl-Epoche zu beobachten; neben dem Spital wurden Siechenhäuser, ein Blatterhaus und die St. Jakobs-Pfründe unterhalten – letztere eine Art Altenheim für ehemalige reichsstädtische Bedienstete und bessergestellte Bürger. Nachdem die verheerende Teuerung von 1571 vielen Kindern die Eltern genommen hatte, richtete man in einem Handwerkerviertel ein Waisenhaus ein, in dem bis zu zweihundert Kinder unterkamen. Außerdem gab es ein Findelhaus in der Stadt.

Unter den zahlreichen privaten Stiftungen nahm die «Fuggerei» eine Sonderstellung ein: die berühmte Gründung Jakob Fuggers des Reichen von 1516, wo katholische Bürger lebten, die – wie es ein Stiftungsbrief formuliert – «offenlich das almusen nit suchen», Hausarme also. Neben dem Mietzins von einem rheinischen Gulden jährlich (was mehr war als nur ein symbolischer Betrag), bestand für die Bewohner dieser Sozialsiedlung die Verpflichtung, täglich ein «pater noster, ave maria und ein glauben» für den Stifter und seine Nachkommen zu beten. Jeder Familie stand eine eigene Wohnung zur Verfügung: Es gab mehr Privatheit, mehr Freiraum in der Fuggerei als in den Pfründhäusern und anderen Einrichtungen der Armenversorgung. Und natürlich lebte es sich in der Fuggerei besser denn im «Egg» einer fremden Familie. Wie eine Idealstadt, mit schnurgeraden, rechtwinklig aufeinanderstoßenden Gassen und von eigenen Toren beschlossen, lag die Armensiedlung inmitten des Viertels von St. Jakob.

Diese kleine Welt – heute Ziel von Touristen und Spaziergängern – war im Jahr 1625 die Kulisse einer furchtbaren Tragödie. Wenn man als Ausgangspunkt historischer Forschung den duldenden Menschen nimmt, mit Jacob Burckhardt Geschichte «pathologisch» sieht, konkretisiert sich ein solcher Anspruch in der Beschäftigung mit dem Schicksal einer

Familie der Augsburger Unterschicht. Was hinter Statistiken und Ratsgutachten an Lebenswirklichkeit stehen konnte, mag ein Stück ‹Mikrogeschichte› verdeutlichen.

Unsere Erzählung führt in eine Wohnung der Fuggerei, genauer in den Torbau zum Lechviertel hin, heute wie im 17. Jahrhundert die Nr. 52. 1624, zur Zeit der Finanzkrise des Armenwesens, hat man eine Visitation der Wohnungen der Fuggerei durchgeführt und dabei zu dieser Hausnummer vermerkt:

«No. 52 oben. Paulus Braun, vogelheußlenmacher, aufm bogen da man pflegt der herren Fugger kranckhe diener hinzuelegen, hat ein besen ofen, zway bese fensterstöckh, einen schueler an der herberg, so zue den herrn Jesuitern in die schuel gehet unnd iren bueben underweist unnd lehrnet.»

Der Mann mit dem merkwürdigen Beruf «Vogelhäuslesmacher», seine Ehefrau Dorothea und eines seiner drei Kinder, Maria, sind die Hauptpersonen des folgenden Dramas; dann eine Base, die außerhalb der Fuggerei wohnte, Apollonia Heucheler. Die Heuchelerin unterwies die kleine Maria – sie war 1625 elf Jahre alt – im Nähen, dafür brachte ihr das Kind gelegentlich Brot mit Koriander und andere kleine Gaben. Die Brauns und die Familie Heucheler müssen in guter Freundschaft gelebt haben, obwohl Apollonia, als sie einen alten Schneider aus dem protestantischen Württemberg geheiratet hatte, zum Glauben ihres Mannes übergetreten war. Die Brauns waren katholisch – sonst hätten sie nicht in der Fuggerei wohnen dürfen.

Arm waren beide Familien, arm bis an die Grenze des Überlebens. Gewiß konnte Paulus von den Vogelhäuschen, mit denen er wohl in der Stadt hausierte, nicht existieren. Einmal verdingte er sich als Wachsoldat, während Dorothea die Kranken in der ihrer Wohnung benachbarten Siechenstube versorgte. Schlimm wurde es 1622, zur Zeit des «bösen gelts»: Obwohl es den Brauns anscheinend gelungen war, bei der Kornverteilung des Rats ein paar Metzen zu ergattern – Paulus ist jedenfalls auf der Liste der Bedürftigen genannt –, fehlte es am Nötigsten; zu allem scheint unser «Vogelheußlesmacher» ein loser Geselle gewesen zu sein, der seine Kreuzer lieber ins Wirtshaus trug, als Brot dafür zu kaufen. Dorothea meinte später, «ubel essen, ubel trünckhen, ubelhausen» habe ihr Leben gekennzeichnet. Gelegentlich lösten sich die Spannungen in lautem Streit: «Ey, so gebe uns gleich tausent teüffel zu fressen», schrie Dorothea Braun, als wieder einmal nichts Eßbares im Haus war.

Es war dieser Fluch, strafbares Delikt in der christlichen Gesellschaft der Reichsstadt, den Dorothea 1625 für ihr Unglück verantwortlich machte. Hatte sich der Böse nicht damals in ihre Familie gedrängt, nachdem sie ihn gerufen hatte? Als die Frau über diese Frage nachdachte, ging es für sie um Leben und Tod. Anfang Juni 1625 waren Stadtknechte zum Haus Nr. 52 gekommen, hatten gebieterisch Einlaß verlangt und das Weib abgeführt. Man brachte Dorothea in ein Gewölbe hinter dem Rathaus – der Weg dorthin brauchte keine zehn Minuten –, legte sie in Eisenketten; dann wurde sie vor die Vertreter ihrer Obrigkeit geführt. Drei Ratsherren konfrontierten sie mit einer ungeheuerlichen Anschuldigung: Sie sei, habe man sie bezichtigt, eine Unholdin, eine Hexe. Grundlage dieses Verdachts war die Aussage eines Kindes, ihrer eigenen Tochter Maria.

Was war geschehen? Die Anzeige gegen Dorothea Braun hat eine verwickelte Vorgeschichte, die aus einem umfangreichen Aktenkonvolut rekonstruiert werden kann; ihr Fall dürfte zu den am besten dokumentierten Hexenprozessen der Epoche überhaupt zählen. Er ist voller Merkwürdigkeiten, führt tief in eine fremdartig wirkende geistige Welt.

Den Stein ins Rollen gebracht hatte Paulus, der Ehemann. Ende Mai 1625 richtete er eine schriftliche Anzeige an den Rat, in der er eine Frau aus der Nachbarschaft der Hexerei bezichtigte – seine Schwägerin Apollonia Heucheler. Diese habe sein Kind Maria in allerlei Hexenkünsten unterwiesen: wie man auf Bock, Katze und Gabel reite etwa, habe sie zum satanischen Hexensabbat mitgenommen. Urheberin dieser Beschuldigungen scheint nun wiederum Dorothea Braun, die Mutter, gewesen zu sein. Sie berichtete später, die Anzeige gegen die Heuchelerin nicht zuletzt deshalb betrieben zu haben, weil die Base ihr Kind «auff die Lutherische mainung ziehen» wollte – habe sie doch «ihr mägdle inn die nehend, und nicht ander sachen zu lehrnen hingeschickt...».

Apollonia Heucheler war auf Paulus Brauns Anzeige hin in die Eisen gelegt und ebenso wie die kleine Maria über ihre angeblichen Untaten verhört worden. Wir halten uns nicht damit auf, zu schildern, was Maria an phantastischem «Hexenwerk» alles erlebt haben wollte: nächtliche Tänze am Hochgericht, wo der Galgen stand; Gelage in einem «feurigen haus»; der Beischlaf mit einem Buhlteufel namens «Hans Hunds Casperle», den das Kind so detailliert schilderte, daß der Protokollschreiber erschüttert ein «Jesus Maria» an den Rand des Blattes kritzelte. Die Sache sah nicht gut aus für Apollonia Heucheler, als das Verfahren plötzlich eine völlig unerwartete Wende nahm. Maria Braun berichtete nämlich dem Gefängniswärter, ihr sei im Traum ein weißgekleideter Engel erschienen, eine sonderbare Erscheinung, denn der Geist hatte nicht nur zwei große Flügel, sondern trug einen kleinen roten Bart – er mag also eher aus der Hölle gestiegen, als vom Himmel herabgekommen sein. Der «Engel» habe ihr nun gesagt, die wirkliche Hexe sei nicht die Heuchelerin, sondern ihre Mutter, eben Dorothea Braun. Sie und ihr kleiner Bruder Jakob seien von ihr in Hexenkünsten angelernt worden, hätten am Ende Hasen, Wind und Wetter machen sollen.

So wurde Apollonia Heucheler aus dem Gefängnis entlassen – um Haaresbreite dem Scheiterhaufen entronnen und noch einige Zeit nach den Verhören unter dem Schatten des schweren Verdachts. Einmal rief ein Weberknapp, der an ihrem Haus in der Jakober Vorstadt vorüberging, «Hexenhaus, Unholdenhaus» und «Hui unziefer»; doch es geschah ihr kein Leid.

In den Gewölben des reichsstädtischen Gefängnisses vollendete sich indessen das Schicksal Dorothea Brauns. Gleich nach ihrer Verhaftung kam es zu einer Gegenüberstellung mit ihrer Tochter; man hatte dem Mädchen eindringlich die möglichen Folgen ihrer Beschuldigungen vor Augen geführt, sie gefragt, ob es ihr nicht leid täte, wenn man ihre Mutter verbrennen würde? «Nain», hatte das Kind geantwortet, «weil sies solche sachen gelehrnet habe...» Dann die Konfrontation:

«Wie sie nun herein komen, und neben dem mägdlein gestanden, ist es gleich von dem stüehle herunder gewuscht, der muetter die hand gebotten und ihr dieselbe gekusset, sie auch so weit, sie raichen können, umbfangen, aber nichts darzue geredt; dz mägdelein gewaint, die muetter aber kain zehrn vergossen.»

Dorothea Braun bestritt verzweifelt, eine Hexe zu sein, hieß ihr Kind ein «verlogens guet» – das Mädchen aber blieb unter Tränen dabei, «es seje war». So sei, teilt das Protokoll mit, «jede ob ihrer mainung verbliben – die muetter [habe] den namen Jesu angeruffen, dz mägdelein aber mit verstelltem unbärdigem gesicht, zuem 3. und 4. mal der hexerei bezüchttiget».

In den nächsten Wochen setzte der grauenvolle Teufelskreis von Verhören und Foltern ein, der mit fast zwingender Notwendigkeit zum körperlichen und seelischen Zusammenbruch, zum Geständnis führen mußte. Was sie noch leugne, fragte man sie im fünften Verhör, Ende Juli 1625, da sie doch eine Hexe sei, dazu ihr eigenes Kind verführt habe? «Wies die herren mit ihr machen, so seie sie zufrieden», antwortete da endlich die gebrochene Frau, «weils ihr mägdlein sag, sie seie ein unhold, so müess sies halt sein, ... ja, sie seie ein unhold.»

Wohl verneinte sie in den weiteren Verhören, sich dem Teufel ergeben, Menschen oder Vieh Schaden zugefügt zu haben – all ihr Unglück führte

Vom Kriege 199

Die Richtstätte vor der Judenbastei. Ausschnitt aus einer Stadtansicht des frühen 16. Jahrhundert, als Kopie der Zeit um 1700 (?) erhalten

sie darauf zurück, daß sich der böse Feind ihres Kindes bemächtigt haben müsse, erinnerte sich des Fluchs, den sie während der Kipper- und Wipper-Zeit ausgestoßen hatte, auch, daß sie oft mit ihrem Kind unchristlich geschimpft hätte. Die Verhörprotokolle lassen erkennen, wie sich die Frau immer wieder neue Verteidigungslinien aufbaut, einzelne Beschuldigungen abstreitet, darauf beharrt, kein Teufelsmal am Körper zu haben. Immerhin vermochten die Foltern nicht, ihr die Namen weiterer Teilnehmer am blasphemischen Hexensabbat zu entlocken – sie nannte am Ende fiktive Namen und rettete so gewiß zahlreichen Menschen das Leben. Schließlich wurde das diabolische Zeichen an ihrem geschorenen Leib entdeckt; es ging dem Ende zu. Ein Fluchtversuch scheiterte. Am 25. September wurde sie den Bürgern öffentlich vorgeführt – man hatte ihr eine Tafel umgehängt, auf der zu lesen war, Dorothea Braun habe bekannt, seit vier Jahren Hexe zu sein. Sie sei vom Teufel durch die Lüfte geführt worden, habe am Sabbat teilgenommen, ihr eigenes Kind zur Hexerei gebracht und eine Unschuldige als Unholdin denunziert:

«Derowegen ein E[hrsamer] Rat erkhannt, das sy aus gnaden mit dem schwerdt und bluetiger hand vom leben zum todt gerichtet, allßdann inns feuer geworffen, verbrenndt werden solle.»

Mit der Mahnung «Darvor wisse sich menigkhlich zu huetten» schloß der Verruf. Jakob Wagner berichtet in seiner Chronik, man habe die «hex» mit einem Karren, auf dem ein «Mench und Jesuiter gesessen», zum Richtplatz geführt; dazu muß vom Stadtturm das Armsünderglöckchen geläutet haben. Draußen vor der Judenbastei verrichtete der Scharfrichter sein Werk, unter den Augen einer vielköpfigen Menge. 43 fl. 54 kr. händigten ihm die Baumeister dafür und für das Beseitigen der Asche Dorothea Brauns aus.

Die Frau ist bis zum Ende des Dreißigjährigen Krieges das einzige Opfer eines Hexenprozesses in Augsburg geblieben, sieht man vom Fall eines Marodeurs ab, der ausgerechnet auf den Gedanken verfallen war, seine Verbrechen mit der Behauptung zu rechtfertigen, der Teufel habe ihn verführt. Schon dies macht Dorothea Brauns Fall ungewöhnlich, wenngleich städtische Verfahren überhaupt selten gewesen sind. Offenbar fehlte es hier an einer für das Entstehen von Prozessen ganz wesentlichen Voraussetzung: einer natürlichen Umwelt, die der Phantasie zur Konzeption des Hexenbildes Nahrung bot.

Auffällig ist ja, daß nahezu alle Leute, die im 16. und 17. Jahrhundert in Augsburg der Magie oder Hexerei verdächtigt wurden, in jenen Vierteln der Stadt lebten, die sich als «Immigrationsgebiete» bezeichnen lassen, Gegenden, wo sich Neubürger niederließen, wobei sie die Kultur des Landes in die Stadt mitbrachten. Und auch viele der Magier und Hellseher, die gelegentlich mit der Obrigkeit in Konflikt kamen, hatten Verbindungen zum ländlichen Bereich.

Die Stadt bildete gewissermaßen eine Enklave relativer Rationalität inmitten einer Welt voller Geister und übersinnlicher Kräfte; innerhalb ihrer Mauern gab es eben vergleichsweise weniger Erscheinungen, zu deren Erklärung es eines magischen Weltbildes bedurft hätte. Der städtische Raum erscheint so «moderner», vernünftiger organisiert als der ihn umschließende bäuerliche Bereich, zugleich deutlicher christianisiert. Das heißt, daß hier zur Bewältigung der Probleme des Alltags, von Unglück und Leid eine differenziertere Fülle von Regeln und Riten zur Verfügung stand als auf dem von Predigt, Glaubenslehre und – vor allem – Schriftlichkeit weniger durchdrungenen Land.

Natürlich zählte das Phantasiegebilde «Hexe» im 17. Jahrhundert längst zum festen Bestandteil der christlichen Lehre, wobei sich Volksglauben und scholastische Lehrmeinungen auf kaum entwirrbare Weise verknüpft hatten; aber es war doch zweierlei, die Existenz von Hexen theoretisch zu bejahen und diese Vorstellungen in der Identifizierung konkreter Personen zu verdichten.

Das Phantasiegeschöpf «Hexe» hatte im Alltag der Frühneuzeit eine wichtige Funktion: sonst Unerklärbares zu erklären – Krankheiten, eine verlorene Liebe, Impotenz, einen Unglücksfall. Sie hatte den Vorteil, ihrerseits «böse», also schuldig an einem solchen Unglück zu sein. Ihre Existenz enthob somit der unangenehmen Vermutung, von einem guten Gott für persönliche Verfehlungen gestraft worden zu sein. Sie nahm mithin Schuld auf sich, wurde – wie in der Hexenforschung immer wieder betont wird – zum «Sündenbock». Schließlich ging man davon aus, daß sie aus eigenem Willen, aus eigener Schwäche das Superverbrechen der Hexerei beging: Gott verleugnete, sich mit dem Teufel geschlechtlich verband, am grauenvollen Hexensabbat teilnahm und Menschen und Vieh Schaden zufügte.

Es ist bezeichnend, daß Hexen höchst selten zur Erklärung großer Katastrophen, gesellschaftlich erfahrenen Unheils also, herhalten mußten. Die verschwommene Sündhaftigkeit der ganzen Gesellschaft entlastete dabei ohnedies das «persönliche Schuldkonto»; es bedurfte der konkreten Schuldigen weniger, als wenn es um individuell erfahrenes Leid ging. Seuchen, Krieg, ja nicht einmal die Teuerung von 1622/23 wurde als von Hexen verursacht gedacht, obwohl solche Entwicklungen natürlich gelegentlich «privates» Unglück auslösen oder verstärken konnten. Genau dies war ja im Falle Dorothea Brauns gegeben. Die Entstehung ihres Prozesses – weniger die Einzelheiten seines Verlaufes – folgt insofern durchaus einem klassischen Muster: Am Anfang standen durch die Kipper- und Wipper-Inflation verschärfte wirtschaftliche Schwierigkeiten, dazu kamen Spannungen zwischen den Familien Heucheler und Braun, sicher wegen konfessioneller Dinge. Man kann sich vorstellen, daß Dorothea Braun die Base in der Tat als Hexe denunziert hat, weil diese die kleine Maria für ihren lutherischen Glauben gewinnen, sie in der Sicht einer überzeugten Katholikin somit um ihr Seelenheil bringen wollte. Ob hier nicht auch der im Haushalt der Brauns lebende Jesuitenschüler eine unheilvolle Rolle gespielt hat? Dann die für das Schicksal Dorotheas entscheidende Haltung des Kindes; man kann allenfalls vermuten, daß sich ein vertrautes Verhältnis zur Base entwickelt haben muß, eine Bindung, die stärker war als die Liebe zur Mutter – vergessen wir nicht, daß es in der kleinen Fuggerei-Wohnung viel Streit gegeben haben muß, daß Dorothea in einem Verhör zugab, oft «gewaltig» mit ihrer Tochter geflucht zu haben in der Meinung, «Muetterflüech» klebten nicht, wie es in einem zeitgenössischen Sprichwort hieß.

Die Konfliktkonstellation, die dem Prozeß vorausging, gleicht der in zahlreichen anderen Familien, wo es wegen «Übelhausens» zu Verfahren kam. Wer die Akten dazu studiert, erfährt etwas über die beklemmende Alltagswelt der Unterschichten, über Streit, Trunksucht, Mangel, über ein oft jämmerliches Dasein, und es kam im Zusammenhang mit solchen Verfahren – einige Beispiele haben wir schon kennengelernt – wiederholt auch zu Hexereibezichtigungen. Ein weiteres Beispiel bietet das Verhör Jerg Rappolts, das im Jahr 1608 stattfand. Hier findet sich ein Hinweis, der erklären kann, warum die kleine Maria Braun in der Lage gewesen war, den angeblichen sexuellen Verkehr mit dem Teufel so plastisch zu schildern, daß dem Protokollanten der Atem stockte. Rappolt wurde gefragt:

«Ob er sich nit vor Got, den hey[ligen] engelen und seinen unschuldigen kindern schäme, das er die eheliche werkh mit seiner ehewirthin vor den kinderen verrichte und sich sonsten so unverschämbt darinnen erzaige...?»

worauf er antwortete:

«Gott soll in in seinen sünden straffen, wann er dise eeliche werck in gegenwart seiner kinder iemalen verrichtet habe, sonder er heisse dieselbe alezeit hinwegk gehen, welches sie [nämlich seine Ehefrau] gleichwohl wehre, mit vermelden, er solle die kinder bleiben lassen, dann sie solcher sachen unverstendig sein...»

Der Text ist nicht nur ein Beleg für die – nach heutigem Verständnis – unglaubliche Indiskretion der Obrigkeit, die sich selbst über das Sexualverhalten ihrer Untertanen kundig machte. Er gewährt uns erneut einen Blick in die Beengtheit des «ganzen Hauses», wo die Kinder gewiß nicht selten Zeugen der sexuellen Aktivitäten ihrer Eltern werden mußten. Inwieweit «Liebe», Emotionen unter solchen Umständen überhaupt möglich waren, sei dahingestellt. Vieles an alltäglichem Streit, an sexueller Gewalt, was die Quellen überliefern, mag sich aus durch diese Umstände erzwungener Triebunterdrückung erklären. Ob die kleine Maria Braun nur ‹theoretische› Kenntnisse über die Technik des Beischlafs besaß oder darüber hinaus tatsächlich Opfer sexueller Gewalt geworden ist – etwa durch den Vater –, können wir aus den Quellen nicht entnehmen: eine Untersuchung durch eine Hebamme erwies freilich ihre Jungfräulichkeit. Andere Fälle zeigen, daß diese Vermutung nicht völlig abwegig ist.

Es ist auffällig – und der Fall der Familie Braun fügt sich in diese Regel –, daß Hexereidenunziationen sehr oft aus der direkten sozialen Umwelt der Beschuldigten kamen. Die Akten des Hexenprozesses Braun lassen jedenfalls keinen Zweifel daran, daß die Ratsherren felsenfest davon überzeugt waren, in Dorothea Braun eine wirkliche Hexe entdeckt zu haben. Sie verfolgten keine «weise Frau», die magische oder medizinische Künste beherrschte, keine Vertreterin der Volkskultur, auch keine Angehörige einer bestimmten Konfessionsgemeinschaft – bestand doch das urteilende Gremium aus Katholiken und Lutheranern. Dorothea Braun war Opfer des Staatsdenkens einer christlichen Obrigkeit, die bestrebt war, das ihr unterstellte Gemeinwesen vom Bösen freizuhalten. Die Hexe mußte aus zwei Gründen vernichtet werden: einmal, weil sie ihre Mitmenschen bedrohte, Schaden anrichtete, dann, weil sie die Ehre Gottes beleidigte und damit seinen Zorn auf die Gemeinschaft zog. So ist das Schicksal der Augsburger Hexe zugleich eine letzte Konsequenz der hergebrachten Auffassung gewesen, staatliches Leben sei Gottesdienst, die ideale Stadt der frühen Neuzeit gleiche dem himmlischen Jerusalem, innerhalb dessen turmbekrönter Mauer kein Platz für die Feinde Gottes sei – wie der Evangelist Johannes die Zauberer und andere Schlechte untergehen sieht im Meer, das «von Feuer und Schwefel brennt».

Eine zur Verfolgung bereite Obrigkeit war für die Entstehung des Verfahrens und sein blutiges Ende ebenso unerläßlich wie die Überzeugung aller Beteiligten, Hexen existierten wirklich, und das konkret angeklagte Individuum sei dieser schrecklichen Sekte zuzurechnen. Es spricht manches dafür, daß selbst das Opfer des Augsburger Prozesses höhere Mächte für ihr beklagenswertes Schicksal verantwortlich machte, ein Stück eigener Schuld darin erblickte, durch ihr Fluchen dem Teufel die Seele ihrer Tochter geöffnet zu haben. Das Kind, das man auch nach der Hinrichtung der Mutter im Gefangenengewölbe eingesperrt ließ, rief noch nach Monaten im Schlaf nach seinem Buhlteufel, erzählte von phantastischen Hexentänzen draußen am Hochgericht. «Casperle, bistus, bistus», murmelte sie nach einer Aussage des Eisenmeisters im Schlaf.

Erst nach einigen Bittgesuchen des Vaters, der verspricht, sie geistlicher Unterweisung zu überantworten, kommt sie frei. Paulus Braun selbst heiratete noch im Dezember 1625 die Witwe eines Tagwerkers. Er mußte aus der Fuggerei ausziehen. Als «Habnit» finden wir ihn unter den Steuerzahlern der Frauenvorstadt. Das letzte Dokument seines Daseins ist ein Eintrag in einer «Brechhilfeliste» des Jahres 1629: Darin wurden Arme notiert, die als Seuchenkranke unter Quarantäne gestellt worden waren und von der Kommune mit Medikamenten unterstützt wurden. Danach verliert sich seine Spur.

Fünftes Kapitel

An den Strömen Babylons

Augsburg zählt zu den wenigen europäischen Städten der frühen Neuzeit, die durch genaue Aufzeichnungen ihre demographische Lebenslinie festhielten. Seit dem Jahr 1500 sind im «Hochzeitsbuch» der Reichsstadt – wo bürgerliche Ehen zu registrieren waren – die Zahl der Geburten, Eheschließungen und Todesfälle erfaßt. Die daraus abgeleitete Graphik (s. Seite 354) zeigt ein für die Epoche typisches Bild: ein wohl meist relativ ausgeglichenes Verhältnis zwischen Geborenwerden und Sterben, in guten Zeiten gar leichtes Überwiegen der Geburten, was langfristig Bevölkerungszuwachs verheißen konnte; dann aber in mehr oder weniger großen Abständen die «schwarzen Spitzen» der Mortalitätskrisen. Geradezu zwangsläufig erfuhren frühneuzeitliche Populationen dieses unvermittelte Ansteigen der Sterblichkeit durch Hunger, Seuchen oder die unheilvolle Verknüpfung von beidem.

Die Augsburger erlebten 1627/28 eine solche «Mortalitätskrise alten Typs», wie die Demographie-Historiker sagen. Die Versorgungskrise der Kipper- und Wipper-Zeit war – wohl noch durch Getreideverteilungen und andere Unterstützungsmaßnahmen – einigermaßen aufgefangen worden, die «schwarze Spitze» dieser Jahre geht kaum über das gewohnte Maß hinaus. Dann aber bewirkte das Zusammentreffen mehrerer Faktoren eine nachhaltige Verschlimmerung der Lebensverhältnisse. So waren die Jahre 1626, 1627 und 1628 schlechte Erntejahre. In der Chronik des Kaufmanns Jakob Wagner lesen wir beispielsweise zu 1626:

«...weilen es den 27., 28. und 29. Mayo großen reifen gehabt, und starckh gefrert, so die korn, wein und andere blye aller verbrendt und verderbt, auch den sumer in die 7 wuchen lang starckh geregnet, welches den aufschlag in getraid verursacht...»

Die Finanzkrise des Armenwesens ist nicht nur ein Beweis dafür, daß sich die Stadtfinanzen nach der Kipper- und Wipper-Zeit in einem ruinösen Zustand befanden. Sie belegt zugleich, daß das Problem der Verelendung breiter Schichten der Bevölkerung fortdauerte. Die Situation der chronisch notleidenden Weber muß sich weiter verschlechtert haben: Waren im Krisenjahr 1622 noch fast 450000 Weißbarchenttuche hergestellt worden, sank die Produktion 1623 auf 387 456 Stück, 1624 zählte man nur noch 271 469 Tuche. Ursachen dieses dramatischen Rückgangs dürfte mangelndes Kapital bei der Rohstoffbeschaffung, mehr aber noch die Störung der Handelswege durch den Krieg gewesen sein; hatten die Augsburger Weber doch schon um 1600 mehr produziert, als die europäischen Märkte aufnehmen konnten. Die Folgen dieser Entwicklung waren gerade für die Weberstadt Augsburg fatal: Um die Mitte der zwanziger Jahre des 17. Jahrhunderts stellten die Weber den größten Teil der Unterstützungsempfänger, sie belasteten damit den öffentlichen Haushalt; und natürlich bezahlten die Armen unter ihnen – und das waren ja weitaus die meisten – praktisch keine Vermögenssteuern, und nur wenig «Ungeld» – die indirekten Aufschläge auf ihre Produkte.

Die verzweifelte Lage der Weber und anderer Handwerker, denen es an Arbeit und Absatzmöglichkeiten für ihre Waren fehlte, dazu der ungebrochene Anstieg der Getreidepreise und zu alledem die zerrütteten öffentlichen Finanzen, die es nicht gestatteten, all dem kräftig entgegenzuwirken – das bedeutete letztendlich Hunger, Elend, Anfälligkeit für Krankheiten. Man versteht, daß die Zeitgenossen die vier Reiter der Johannes-Apokalypse mit Verfolgung, Krieg, Teuerung und Pest identifizierten, in dieser bezeichnenden Reihenfolge, hatte man doch den Zusammenhang zwischen Preissteigerungen, Hunger und der Ausbreitung von Epidemien oft erfahren.

Der vierte Reiter war 1622 allem Anschein nach bereits unterwegs. Man hatte ihn in der Hafenstadt Amsterdam, zwei Jahre später auch in Danzig wahrgenommen, 1625 dann in London, Bremen und Lübeck. Von diesen Zentren aus war die Epidemie nach Süden vorgedrungen, Mainz, Hannover und Magdeburg waren infiziert worden. Im Herbst 1627 traten die ersten Seuchenfälle in Augsburg auf, im Jahr darauf vermerkt das Hochzeitsbuch 9611 Todesfälle – fast das Fünffache der üblichen Todesraten. Die «schwarze Spitze» der Statistik sprengt die Dimensionen des Diagramms, steht für unzählige Todesfälle.

Die Krankheit kündigte sich an durch Schüttelfrost, heftiges Fieber, Kopfschmerzen, Schwindelgefühl. Manchen lief Blut aus der Nase; Erbrechen, Durchfall, Milz- und Leberschwellungen waren ebenfalls zu beobachten. Der Puls der Kranken ging rascher, er wurde aber zugleich klein und weich, sie konnten nur noch taumelnd gehen und fielen zusehends in tiefe Bewußtlosigkeit. Die Zunge wurde weiß wie Kalk, Beläge und kleine Geschwüre bildeten sich darauf. Vor allem in der Leistengegend und unter den Achseln spürten die Befallenen immer stärkere zen. Dann bildeten sich Beulen aus, zuerst in der Nähe der Lymphknoten; die Ärzte sprachen von «vergiffte[n] Drüsen / und Carfunckel». Die Haut wurde an diesen Stellen rotglänzend und spannte schmerzhaft. Die Kranken – wenn sie nicht bewußtlos wurden – nahmen oft eine seltsame Schutzhaltung ein, zogen ein Bein an, neigten den Kopf zur kranken Seite. Bei vielen drückten die geschwollenen Halslymphknoten auf die Luftröhre, so daß sie kaum noch atmen konnten.

Der Tod kam, dann Erlösung für die Betroffenen, schnell. Viele starben nach zwei, drei Tagen. Bei einer anderen Variante der Infektion trat das Ende schon nach wenigen Stunden ein. Hatten sie zu Mittag noch bei scheinbar voller Gesundheit gespeist, kam die Krankheit rasch und mit furchtbarer Wucht: Unter Schmerzen und Blutspucken starben sie bis zum Abend.

Die zeitgenössischen Berichte lassen kaum einen Zweifel daran, daß es eine Pestepidemie war, welche 1627 über die Bevölkerung Augsburgs hereinbrach. Der Rat reagierte mit den üblichen Maßnahmen: Man hielt zur Sauberkeit an, verordnete Quarantäne, sorgte dafür, daß die Hinterlassenschaft der Pesttoten erst nach einer Zeit gründlicher «Auslüftung» wieder benutzt wurde. In den Häusern sollten Kräuter verbrannt werden, um den Pesthauch zu vertreiben, aus denselben Gründen wurde geraten, in den engen Gassen der Handwerkerviertel und der Vorstädte Scheiterhaufen aus «Kramatbeerholz» zu entfachen. Dies hatte, nebenbei bemerkt, durchaus positive Auswirkungen, obwohl die Zeitgenossen um die wahren Ursachen der Pest – ihre Ausbreitung über den Rattenfloh – nicht wußten: Die qualmenden Holzstöße dürften die Ratten zur Zeit der Morgen- und Abenddämmerung daran gehindert haben, die Gassen zu überqueren.

Um die Ausbreitung der «infizirenden seych» zu verhindern, wurden schließlich ganze Haushalte «eingeboten», also unter Quarantäne gestellt. Den Armen unter ihnen ließ der Rat die erwähnten «Brechhilfen» zukommen – Brot, Schmalz, Mehl, Holz und etwas Geld. Zwischen dem 19. April 1628 und dem 23. Januar 1629 wurden allein über 21 000 Brotlaibe und mehr als 1 500 Pfund Schmalz ausgegeben, das meiste davon im «Armenviertel» Augsburgs, in der Jakober Vorstadt. Untersucht man die Situation der Gassen, in denen besonders viele Kranke versorgt wurden, fällt auf, daß es sich vorwiegend um Gebiete von gleichsam struktureller Armut handelte: viele Weber, Taglöhner, zahlreiche alleinstehende Frauen prägten sie.

Ein Steuerbezirk mit besonders hohem Anteil an Eingebotenen, ein Zentrum der Epidemie, war «Im Kappenzipfel» in der Nähe der Fuggerei. Weit über dreißig Prozent seiner Bewohner waren veranlaßt worden, in ihren Häusern zu bleiben. Daß hier die Pest geherrscht hat, kann man sich leicht vorstellen, wenn man sich etwas in dieser Gegend umsieht: kleine, schmale Häuschen, manche wohl noch mit Stroh gedeckt, die Gassen wahrscheinlich ungepflastert, bei Regen voller Schlamm, der mit Kot und Abfall vermischt war. Es muß eine fast ländliche Atmosphäre geherrscht haben in diesem Teil der Stadt; aus einer Quelle geht hervor, daß hier noch die Gewohnheit bestand, einander beim Vornamen zu nennen.

Der «Kappenzipfel» war schließlich ein bettelarmer Steuerbezirk. Im Durchschnitt bezahlten die Haushalte hier nur 11 Kreuzer Vermögenssteuer – im reichsten Bezirk der Oberstadt lag der entsprechende Betrag bei 175 Gulden, das sind 10 500 Kreuzer. Betrachtet man die Aufteilung der Berufe, so finden sich Begründungen für das Elend der Bewohner des «Kappenzipfels»: Da lassen sich allein 75 Weberfamilien feststellen – sie bildeten über vierzig Prozent der Haushalte. Bauhandwerker, Taglöhner, Metzger und andere Textilberufe, schließlich alleinstehende Frauen – wohl vorwiegend Witwen – prägten weiterhin die Sozialstruktur des Bezirks. 33 Frauenhaushalte (fast 18 Prozent der Steuerzahler im «Kappenzipfel»), das bedeutete Haushalte mit minderen Rechten, geringem Verdienst, schlechtem Auskommen; viele dieser Frauen dürften sich in einer wenig geachteten sozialen Randposition befunden haben, wenn es ihnen nicht gelang, doch noch zu heiraten, als «Hausarme» oder über Pflegschaftsbeziehungen an andere Lebenskreise Anschluß zu erlangen. Wie es diesen Menschen in Pestepidemien erging, läßt sich denken.

Seuchen trafen hier auf eine schlecht ernährte Bevölkerung, die dem Angriff der Krankheit wenig Widerstand entgegenzusetzen hatte. Darin wird ein Stück «Ungleichheit vor dem Tod» erkennbar. Allerdings ist es nicht einfach, das Ausmaß dieser Ungleichheit abzuschätzen. Wohl hat etwa im «Kappenzipfel» die Zahl der Steuerhaushalte im Jahrzehnt zwischen 1625 und 1635 um etwa 62 Prozent abgenommen, zugleich aber läßt sich ein «Namensschwund» von über neunzig Prozent ermitteln. Es muß bereits in der ersten Zeit des Dreißigjährigen Krieges eine sehr weitgehende Umschichtung der Bevölkerung stattgefunden haben – nur jede zehnte Familie, die 1618 im «Kappenzipfel» gewohnt hatte, war 1635 dort noch vertreten. So vollzogen sich beachtliche Wanderungen innerhalb der Großstadt. Sei es, daß man vor den «Pestherden» floh, sei es, daß man die Gelegenheit nutzte, nun leerstehende bessere Häuser zu bekommen – die soziale Welt veränderte sich in vielen Regionen der Stadt auffällig, und dies war eine der einschneidenden Folgen der Pest.

Die Zeitgenossen besaßen wohl ein dunkles Wissen um ihre schichtenspezifischen Auswirkungen. Ein Pesttraktat von 1628 nannte die verschiedenen Dispositionen für eine Ansteckung. «Beim armen Mann», heißt es darin, «ist die Unsauberkeit / schlechtes Geliger / heylose Speyß / rohes Obs / und anders... weiß Bier, dälgigs vom Balck- und nach Meel, roggen brot / hüllft vil zur cacohymica obstructione... und hüllfft dazu ir unsaubers / stinckentes Hausen / daß sie ihre Zimmer und Gassen mit ihrem Gestanck anstecken.»

Auch der «mittelmäßige Mann», fährt der Text fort, habe durch schlechte Ernährung oft Blähungen und melancholische Gemütsstimmungen, zumal er «ausserhalb nichts guts / in seiner Nachbawrschafft vom todt» höre. Der Reiche schließlich – der Patrizier, der Kaufmann – finde in den schwierigen Zeitläuften «den alten calculum» nicht mehr – da gebe es »seuffzen / unruhig schlaffen / sorgsam wachen».

Die Disposition für eine Ansteckung, so wird ausführlich erläutert, könne gewissermaßen auch psychisch bedingt sein: Sie muß nicht mit schlechter Ernährung oder Schmutz zu tun haben. Damit wurde eine «statuskonforme» Begründung für die offensichtliche Tatsache geliefert, daß auch die Oberschichten von der Seuche betroffen wurden – deren Lebenssituation bestimmte sich ja nachgerade fundamental durch die Abstinenz von allem Unsauberen, wie auch Handwerke insgesamt um so angesehener waren, je weniger sie mit Schmutz zu tun hatten.

Überhaupt scheint der Verfasser des Traktates die soziale Wirklichkeit in seiner Stadt gut gekannt zu haben. Er nennt die Speisen des »gemeinen Mannes»: das billigere Roggenbrot, das sich der Arme eher leisten konnte als das «luxuriöse» Weißbrot; Breie, Teigwaren aus «Balck- und nach Meel», also aus den schlechten Rückständen, die vom Getreide nach dem Mahlen blieben; rohes Obst. Einen besonderen Hintergrund dürfte der Hinweis auf Weiß- bzw. Weizenbier gehabt haben. Dieses «Modegetränk» wurde von den Obrigkeiten allenthalben inkriminiert, da seine Herstellung den Verbrauch teuren Getreides erhöhte, und es schließlich zu nichts anderem Anlaß bot als zu Geldverschwendung und außerdem üble Folgen zeitigte, weil man davon «daumelig» wurde. Mit dem Hinweis auf schlechte Ernährung verband sich somit ein für die Zeitgenossen durchaus nachvollziehbarer moralischer Vorwurf.

Durch den Verzehr solcher schlechten Speisen, diese Lehre der galenischen Medizin bildet den Hintergrund der Ausführungen des Traktates, werde die Mischung der Körpersäfte durcheinandergebracht. Die schweren Speisen hemmten die Bewegung der Körperflüssigkeiten, verursachten Verstopfungen, hinderten somit die schädlichen Säfte am Abfließen. Psychische und somatische Einflüsse wurden als ineinander verschränkt begriffen: Melancholie etwa galt als Folge eines Überschusses an schwarzer Galle (weshalb Melancholiker in der Kunst meist mit dunkler Gesichtsfarbe dargestellt werden); und diese ungute Mischung mochte ihrerseits durch Leid, durch schlechte Nachrichten aus der Welt entstehen. Ein dergestalt geschwächter Mensch erschien den Medizinern als besonders anfällig für die «schlechte Luft», den «Pesthauch», der die Krankheit mit sich brachte.

Eine Eigenheit der frühneuzeitlichen Körperkultur findet darin ihre Erklärung: Bis ins 18. Jahrhundert wusch man sich eher selten, weil die Auffassung bestand, Wasser öffne die Hautporen und verschaffe so den Krankheitskeimen Einlaß in den Leib. So wurden Parfüms oder scharf riechende Essenzen verwendet, um dem üblen Geruch zu wehren. Selbst die besonders in den Oberschichten verbreitete reichliche Verwendung von Puder und Schminke ließ sich in gewisser Hinsicht medizinisch begründen, verschloß dergleichen doch die Haut und verwehrte so den in der Luft schwebenden schädlichen Stoffen das Eindringen in den Körper.

Zahlreiche Maßnahmen gegen die Pest gründeten auf diesen Überzeugungen: Der Rat, auf den Gassen Holzstöße anzuzünden oder die Wohnungen mit Wacholder auszuräuchern, wurde schon während der großen Pestzüge des 14. Jahrhunderts gegeben; die Ärzte sollten sich mit kräftigen Duftstoffen schützen – etwa durch mit Essig oder Rosenwasser getränkte Schwämme. Die langen «Schnäbel» ihrer Kopfbedeckung hatten die Aufgabe, sie davor zu bewahren, ihren infizierten Patienten zu nahe zu kommen. Enganliegende Kleidung war dazu gedacht, den Körper gegenüber dem Pesthauch abzuschirmen. Schließlich die «düstere Kunst des Pflasterns»: Wenn in den europäischen Städten seit dem 15. Jahrhundert zusehends damit begonnen wurde, Straßenpflaster anzulegen, dann hatte dies nur bedingt ästhetische Gründe. Vielmehr ging es darum, den Boden gleichsam zu versiegeln, zu verhindern, daß gesundheitsschädliche Dämpfe – der Pesthauch – aufstiegen und die Menschen vernichteten. Es fällt auf, daß im Etat der Reichsstadt Augsburg selbst in Zeiten schwierigster finanzieller Verhältnisse während des Dreißigjährigen Krieges stets ausreichende Mittel für den «Pflestermeister» vorgesehen waren – jene Behörde also, der die Instandhaltung des Straßenpflasters oblag.

Für viele war dann die letzte Station ihrer Erdentage das «Lazarett», ein Pestkrankenhaus im Norden Augsburgs. Auf verhängten Sänften

Fünftes Kapitel

Das «Lazarett» mit der Sebastianskirche, erbaut von Elias Holl, 1613. Ausschnitt aus einem Einblattdruck von 1628. Kupferstich von Raphael Custos

trug man die Kranken, die Sterbenden durch das Oblatter Tor dorthin – zwei einfache Häuser, in denen man die Ankömmlinge wohl nach Konfessionen getrennt versorgte, dienten als Unterkunft. Gerade 1613 hatte der Stadtwerkmeister Elias Holl die Lazarettkapelle St. Sebastian fertiggestellt. Ein Kupferstich von Raphael Custos zeigt die Anlage; zugleich gibt er eine Interpretation der Seuche: Ein Engel mit flammendem Schwert droht die apokalyptischen Heimsuchungen Krieg, Hunger und Pest an, während ein anderer, mit dem Palmzweig in der Hand, Mitleid, Gnade und Güte verheißt. Und wie zur Erinnerung an die Himmelserscheinung von 1618, das ungute Vorzeichen der Epidemie, läßt der Stecher über dem Sebastianskirchlein einen Kometen leuchten.

Unter dem Kupferstich wird eine Chronik aller Pestjahre seit 1042 mitgeteilt – als Beleg dafür, daß Gott in der Tat, wann immer es ihm gut schien, strafend in die Geschicke der Menschen eingriff. Im Kommen und Abflauen der Epidemien erweist sich jene Polarität von Züchtigung und Gnade, die auch die beiden Engel auf dem Kupferstich symbolisieren. Zum Pestjahr 1627 wird erläutert:

«Dieweil die Welt je nicht will von Sünden lassen, sondern dieselb jmmer mit Sünden häuffet / so hat Gott der HErr auch grosse ursach, die Straffen darauf zu multipliciren und vermehren, wie er dann jetzt lange Zeit nicht nur ein Hauptplag nach der andern / sondern alle zugleich auff den Kopf uns geschickt. Jedoch sein Gnad / so wirs nur recht erkennt hätten / darinn sehen lassen / daß da Er verwichnes 1627te Jahr / gegen dem Herbst mit der Pest bei uns einkehrte / hat er sich doch gegen diesem Jahr ganz gnädig erzeigt...»

Das spielt auf das trügerische Abflauen der Seuche an, das Ende des Jahres 1627 die Augsburger glauben machte, das Schlimmste sei überstanden – ein Schreiber notierte auf dem «Einbotzettel» (einem Verzeichnis unter Quarantäne gestellter Personen) zum 4. März 1628, Gott habe die Seuche «widerumb genedigelich von unß abgewendet». Das war ein Irrtum; wie auf dem Einblattdruck Custos' zu lesen ist, eine Konsequenz der Uneinsichtigkeit der Augsburger:

«Dieweil wir aber mit wahrer besserung unsers sündlichen Lebens nit dran wolten / hat er verwichnen Sommer seinen gerechten Zorn uber die Sünd noch vil brennender erzaigt als zuvor.»

Ein Verruf, durch den der Rat im November 1627 Verhaltensmaßregeln gab, formulierte ganz analog diesem Deutungsmuster der Seuche:

«Dieweil Gott der Allmächtige diese Statt von unserer vilfältigen Sünden wegen / mit der Straff der Pestilentz / vätterlich heimbgesucht / ... als will ein Ersamer Rath männiglich erinnert und ermahnet haben / zuforderst mit Besserung des Lebens / embsigen Gebett / und bußfertigem Wandel / sich zu Gott zubekehren / desselben gerechten Zorn dardurch zu erweichen...»

«Menschliche Hülff und Rath», alle die praktischen medizinischen Regeln und Quarantäneanordnungen konnten nur in dieser gleichsam metaphysischen Begrenzung wirksam sein. Die wirkliche, erste Ursache der Seuche lag – nach Überzeugung der Zeitgenossen – tief im menschlichen Herzen. Es war Gottes Sache, die Krankheit abzuwenden oder mit der Züchtigung fortzufahren. So verwundert es nicht, daß die Augsburger trotz aller Quarantänevorschriften, trotz aller Ansteckungsgefahr, zu Tausenden in die Kirchen strömten, um Gott zu bitten, die Seuche von ihnen zu nehmen.

Das ganze Leid der Pestepidemie lassen die Quellen nur ahnen – das massenhafte Sterben in den elenden Häusern der Armenviertel, in Spital, Blatterhaus oder den Pestlazaretten. Eine Inschrift über der Pforte des Pilgerhauses, wo mittellose Kranke unterkamen, schlägt einen düsteren Ton an: «Das Haus ist ain Elend herberg, und soll in Ewig Zeit also pleiben.»

Während hier sonst nur Kranke aufgenommen werden sollten, bei denen Hoffnung auf Genesung bestand, dürfte in Zeiten der Pest alle geregelte Pflege zusammengebrochen sein. In den Krankenquartieren müssen kaum erträgliche Zustände geherrscht haben: Schwerkranke und Sterbende fanden sich auf Strohsäcken in hoffnungslos überfüllten

Räumen zusammengedrängt, im Winter mag sich der beißende Rauch der Kamine mit dem Gestank schmutziger Kleidung, aufgebrochener Geschwüre, den Ausdünstungen der Menschen vermischt haben. Für die meisten war kein Gedanke an jene teuren, exotischen Medikamente, die nach den Empfehlungen der Ärzte gegen das Übel der Pest helfen mochten – aber kam es besonders auf solche «irdischen» Hilfen an?

Die Einordnung der Pest und anderer Übel in eine von göttlicher Allmacht bestimmte Ordnungskonzeption hat ohne Zweifel psychisch und sozial stabilisierend gewirkt: Ein Gebet, eine Bußübung vermochte in den Augen der Zeitgenossen wohl mehr als jede Medizin; und selbst deren Wirkung war vornehmlich von der Reinheit der Seele abhängig und nur in zweiter Linie vom Fluß der schwarzen Galle. Man könnte einen Beleg für die gesteigerte Religiosität der Epoche in der Beobachtung finden, daß die gesellschaftliche Ordnung während der Pestzüge des 16. und 17. Jahrhunderts keineswegs auf ähnliche Weise ins Wanken geriet wie während der verheerenden Pest in der Mitte des 14. Jahrhunderts, als vielleicht bis zur Hälfte der europäischen Bevölkerung der Seuche erlag. Wir lesen nichts von jenen dramatischen Veränderungen der menschlichen Psyche, über die Giovanni Boccaccio und andere Chronisten berichten, von der Abstumpfung der Gefühle gegenüber den Kranken und Sterbenden, vom Zerreißen familiärer Bande oder von jener hysterischen Euphorie, mit der man sich der Liebe, Zechgelagen und anderen Vergnügungen hingab. Der Ton unserer Quellen ist ernst, religiös, die Mitteilungen bleiben oft statistisch – lapidar. Es scheint, als habe man sich nicht nur an die mit eiserner Konsequenz hereinbrechenden Hungerkrisen und Epidemien gewöhnt, sondern zugleich ein Weltbild verinnerlicht, das diese Geschehnisse bewältigen half. 9611 Tote, neunzig Prozent Namensschwund in einem Stadtteil: Diese Zahlen signalisieren das Ausmaß der Katastrophen, die Schnelligkeit des Wandels, welchem sich die Zeitgenossen des Dreißigjährigen Krieges ausgesetzt sahen. Sie machen deutlich, wo die prunkende Düsternis der barocken Vergänglichkeits-Allegorien, das Zelebrieren des *vanitas*-Gedankens ihre Voraussetzungen im wirklichen Leben hatten. «Mein sind die Jahre nicht, die mir die Zeit genommen; / Mein sind die Jahre nicht, die etwa möchten kommen: / Der Augenblick ist mein, und nehm ich den in acht, / So ist der mein, der Jahr und Ewigkeit gemacht» – so drückt Andreas Gryphius um die Jahrhundertmitte eine mögliche Folgerung aus der Erfahrung des raschen Wandels aus. Sein Gedicht ist keine trotzige Aufforderung, für den Augenblick zu leben, sondern eine Mahnung, sich des Augenblicks, des tatsächlichen Daseins, bewußt zu sein, es auf Gott auszurichten.

Daß demgegenüber das armselige Erdenleben wenig zähle, war eine Auffassung, welche in Dichtung und bildender Kunst mitunter fast etwas zu bemüht vertreten wurde – so, als wollte man sich von der Wirklichkeit, die man beschwor, distanzieren. Es scheint zudem, daß ein gewisser Abstand vom Krieg und seinen Folgen nötig war, sollten Tod und Vergänglichkeit künstlerisch bewältigt werden. Die große Konjunktur der «*vanitas*»- und Todes-Bilder entwickelt sich im Deutschen Reich wohl erst in der zweiten Hälfte des 17. Jahrhunderts: Gerippe, welkende Blumen, Lauten mit gesprungenen Saiten, Seifenblasen formende Putten. Der Mensch erscheint als «Madensack», «Spiegel des Elends, Haus der Krankheit und Sorgen», als «Irrlicht», «bald verschmelzter Schnee und abgebrannte Kerzen»; Frau Welt, mit dem Antlitz sowohl des Schönen als auch des Todes – so wurde gesagt – , tritt wieder aus dem Schatten der Geschichte.

Manche steigern die Bilder des Todes zu fast unerträglichem Verismus – da finden sich Darstellungen, die direkte, fundamentale Erlebnisse spiegeln. Das Sterben, Leichen, Tod werden ohne allegorische Verschlüsselungen geschildert, man ahnt die Wirklichkeit der Massengräber, der Pest, des Hungertodes. An einer Grenze, hinter der es nur noch religiöse Hoffnung gibt, bewegt sich Andreas Gryphius' berühmte Schilderung eines Leichnams:

«Der Hals und Rŭckenbeiner Rey
Hangt ja noch so und so beysammen /
Von Adern / Fell und Mausen frey /
Die Rippen, so herausser stammen,
Beschlissen nicht mehr ihre Brust /
Die Ihrer Schätze gantz entleret /
Die Eingeweide sind verzehret /
Verzehrt des Busens doppel Lust.
...
Der Locken Schmuck fleucht und verfällt /
Die Flechten sind verwirrt und stiben,
Kaum was die feuchte Haut anhält /
Ist umb die öffnen Schläffe bliben!
Der Augen außgeleschtes Licht
Beginnt sich scheußlich zu bewegen /
Durch innerlicher Würmer regen /
Die Nase rŭmpft sich und zerbricht.»

Es gibt eindrucksvolle Belege dafür, daß der Gedanke, das Irdische sei nichtig und vergänglich, nicht allein Gegenstand artifizieller Poesie war; daß Pest und Hunger in der Tat auf eine Mentalität trafen, die dazu neigte, das Leben des Menschen als «Pilgramschafft» aufzufassen – «mehr zum Ewigen, als zum Zeitlichen geneigt», wie es in einer Quelle von 1633 heißt.

Gemeint ist die Art, wie mit dem eigenen Lebensalter umgegangen wurde. Es kann nämlich kein Zweifel darüber bestehen, daß die Mehrzahl nicht genau um ihr exaktes Geburtsdatum, um die Zahl ihrer Jahre wußte. So meint eine der Hexerei verdächtige Frau im Jahre 1590, sie sei «im Paurnkrieg» zehn Jahre alt gewesen, als man sie fragt, wie alt sie sei; ein bewegendes historisches Ereignis bot der Erinnerung Halt. Und als man im Rahmen einer Musterung der Wehrfähigen auch ihr Alter wissen wollte – die Aufzeichnungen darüber haben sich erhalten –, finden sich zwar immer Antworten; eine genauere Analyse zeigt jedoch, daß die Befragten *gerade* Zahlen weitaus häufiger mitteilten als ungerade, und weiterhin durch zehn teilbare Altersangaben bevorzugt wurden. So ergibt eine Auszählung, daß etwa sechsmal so viele Augsburger sich für dreißig Jahre alt hielten, als solche, die ihr Alter mit «29» einschätzten.

Dabei läßt sich noch weiter differenzieren. In verschiedenen Berufsgruppen war nämlich der Anteil jener Leute, die solche durch zehn teilbare Zahlen nannten, durchaus unterschiedlich hoch. So waren es bei den Webern fast 34 Prozent, im Bereich der geistigen Berufe nur 30 Prozent und im Handel gar nur 23 Prozent. Unter den Tagwerkern dagegen machten nicht weniger als 41,5 Prozent der Befragten solche runden Altersangaben. Es scheint also, daß zwischen der sozialen Situation und dem Wissen um das eigene Alter ein Zusammenhang bestand – liegt doch die Vermutung nahe, daß ein hoher Anteil von Personen, die durch zehn teilbare Altersangaben machten, einem hohen Prozentsatz von Menschen gleichkommt, die ihr genaues Geburtsdatum nicht kannten.

Unter verschiedenen Erklärungsmöglichkeiten für die seltsamen Unterschiede zwischen den Berufsgruppen dürfte die wahrscheinlichste die sein, daß die geringe Aufmerksamkeit, die etwa ein Tagwerker seinem exakten Alter schenkte, eine spezifische Einstellung zu Leben und Tod reflektiert. Tagwerkerfamilien hatten vergleichsweise wenige Kinder: 1622 zählen wir im Schnitt 1,36 Kinder pro Haushalt (gegenüber 1,94 bei den Webern oder 2,25 bei den Goldschmieden). Das bedeutet vor allem, daß die Kindersterblichkeit in Tagwerkerhaushalten vergleichsweise hoch war, und die Vermutung, der Tod sei hier überhaupt häufiger zu Gast gewesen als in den Häusern anderer, hat manches für sich. Wurden doch die schlecht ernährten, gewiß oft in unguten hygienischen Verhältnissen lebenden Taglöhner von Hungerkrisen und Epidemien härter getroffen als wohlhabendere Handwerker, Kaufleute oder Patrizier.

Ohnedies lassen frühneuzeitliche Kirchenbücher unter den Verstorbenen oft einen Kinderanteil von über fünfzig Prozent erkennen: Schon am Anfang des Lebens stand für viele der Tod, nicht nur in Zeiten des Hungers und der Pest. Und welches Gewicht hatte ein Geburtstag, wenn das Leben vielleicht nur Stunden, Tage, Monate währt? Daß von acht Kindern sechs oder sieben das erste Lebensjahr nicht überstanden, kam häufig vor; wer mochte für eine so kurze Lebensspanne die Sterne aufzeichnen, die über dem Kindbett standen (wie es allerdings in der astrologieerfahrenen Oberschicht üblich war)?

Es gab Strategien, mit denen man dieser Situation Herr zu werden suchte. Die Ästhetisierung des Todes, die Feier der *vanitas*, der düstere Prunk der Leichenbegängnisse zählen dazu, doch war dergleichen den Intellektuellen, den gesellschaftlichen Eliten vorbehalten. «Darunter» entfalteten sich subtile, historisch oft nur undeutlich wahrnehmbare Mechanismen: So war die Gewohnheit verbreitet, darauf zu sehen, daß mindestens ein überlebendes Kind denselben Vornamen trug wie Vater oder Mutter – das konstituierte so etwas wie eine überindividuelle Existenz über den eiligen Tod hinaus. Es gab sehr differenzierte Systeme von Riten, welche das Leid in Formen zwangen und es so eher ertragen halfen: Eine Augsburger Trauerordnung von 1611 kannte nicht weniger als 68 verschiedene Arten, durch Details der Kleidung der Trauer Ausdruck zu verleihen. Wie, hing vom Verwandtschaftsverhältnis ab, in dem man zum Dahingeschiedenen stand. Um Vater oder Mutter klagte die Bürgerstochter 27 Wochen im Trauermantel, um dann verschiedene Schleier anzulegen, fein abgestuft, bis es am Ende der fünfzehnmonatigen Trauerzeit nur noch ein krauser Schleier war, der auf das vorangegangene Leid hinwies. Daß unsere Vorfahren beim Abschied von Freunden oder Angehörigen kaum durch Emotionen bewegt worden seien, ist eine durchaus bezweifelbare Ansicht – nur verbargen sich die Gefühle in einer differenzierten Reglementierung des Trauerns. Sicherlich war aber auch der Tod eher ins Leben eingebunden, er war ein vertrauter Begleiter. Man starb in der Regel nicht im Spital, in fremder, unpersönlicher Umgebung, sondern zu Hause, im Familienkreis. Öffentliche Leichenbegängnisse waren tägliche Erfahrungen im Leben der Großstadt, deren Mauern im 17. Jahrhundert immer noch Friedhöfe umschlossen.

Der Sensenmann wartete jedenfalls für die meisten nicht im Greisenalter, nach langen Jahrzehnten. Wer das erste Lebensjahr überstanden hatte – und das konnte, wie gesagt, eine Minderheit sein –, der sah sich einer äußerst unsicheren Lebensdauer gegenüber: Gewiß, es gab auch in der frühen Neuzeit Menschen biblischen Alters. Alle möglichen Krankheiten aber, «Kindsnöte» – der Tod der Frau im Kindbett –, dann die zyklisch wiederkehrenden Seuchen und Hungerkrisen konnten jeden Tag Opfer fordern. Die Pest zum Beispiel hat Augsburg 1627/28 mit besonders brutaler Gewalt heimgesucht, doch zeigt die Todesstatistik zahlreiche weitere, weniger dramatische «Sterbensläuffe» an – so 1585, 1592/93, 1607/08. Das Ende hatte demnach in der Wirklichkeit eine genauso offenkundige Gegenwart wie in Dichtung und bildender Kunst: Es gab eben nicht einmal die statistische Wahrscheinlichkeit, alt zu werden. Man starb einfach «irgendwann», ob es nun zu dreißig oder zu achtzig Jahren reichte.

Nicht zuletzt war es diese Unsicherheit über die Lebensdauer, welche die Religiosität der Menschen in jener Weise steigerte, wie sie uns im 16. und 17. Jahrhundert entgegentritt; andererseits war es das Religiöse an sich, wodurch dieses Lebensgefühl der Bedrohung, der Instabilität überhaupt erst erträglich blieb. Die bereits in der Reformation wiederholt aufbrechende Endzeitstimmung, die dann in der zweiten Hälfte des 16. Jahrhunderts zunehmend deutlich zutage tretende pessimistische Einstellung unter den Gebildeten Europas beleuchten schließlich nur eine Epoche sozialen und ökonomischen Wandels von zeitweilig dramatischen Ausmaßen. Reformation, Gegenreformation, Glaubensstreit und selbst Religionskrieg sind demgegenüber in gewisser Hinsicht nichts anderes als Artikulationen eines mitunter ins Monströse gesteigerten religiösen Weltzugriffs, über den man sich angesichts der Unsicherheit des Zeitlichen des Ewigen zu vergewissern suchte.

Dabei muß nicht einmal über Konfessionen gesprochen werden. Selbst der Krieg um den rechten Glauben ist – so sehr er im Effekt die Bedeutung des Religiösen relativiert – stets auch ein Kampf gegen den Tod und die anderen Übel der Welt. Geht es doch dabei um nichts weniger als um Wege zum Heil, um das Absolute, Ewige, das gegen alles Unvollkommene, Begrenzte steht. Gemessen an solchen Zielen verwundert kaum, wie erbittert manchmal gekämpft wird – obwohl sich im Ausgang des Ringens, in Sieg oder Niederlage, letztlich nichts anderes erfüllen wird als Gottes Wille. Letzterer freilich erscheint möglicherweise als besonders furchterregend: Ist es doch zugleich ein Gottesurteil über das Gerechte eines Kampfes, die Legitimität politischen Handelns, wenn man unterliegt.

Und nicht weniger gerät der individuelle Tod, die Art des Sterbens für den Menschen der frühen Neuzeit zur letzten Bilanz des Lebens, zum Zeichen für die Geschicke der Seele – entsprechend dem biblischen Muster, in dem der König Herodes bei lebendigem Leib von Würmern aufgefressen wird. Der qualvolle Tod des kaiserlichen Statthalters, der die Augsburger Protestanten wenig freundlich behandelt hatte, erschien einem zeitgenössischen Chronisten folgerichtig als Zeichen, daß Gott diesen habe strafen wollen. Und über einen katholischen Patrizier, der unversehens wohl einem Schlaganfall erlegen war, notiert der Protestant Kölderer sarkastisch, der Verblichene sei nicht nur Papist, sondern auch Säufer gewesen – das waren gleich zwei Gründe für einen schlechten Tod, beide, wohlgemerkt, moralischer Art.

Durch das massenhafte Sterben in Seuchenzeiten oder während Versorgungskrisen wurde gewiß das Gefühl individueller Schuld reduziert. Wir wissen freilich nicht, ob die Menschen von ähnlichen Gedanken umgetrieben wurden wie Petrarca, der in einem Brief an seinen Bruder die Frage aufwarf, warum sich der Zorn und die Rache des Herrn ausgerechnet auf seine Zeit gestürzt habe, warum wohl alle Menschen zusammen gesündigt hätten und Schuld trügen, dann aber nur einzelne bestraft würden.

Wiederum geht es um die Frage, was die Art und Weise des Sterbens aussage über das Leben, über die Haltung Gottes. Wie sehr es stets eingebunden blieb in die kristalline Struktur einer höheren Ordnung, zeigt sich an der merkwürdigen Vorstellung, der Tod kündige sich immer durch Vorzeichen an. Das galt nicht nur für die Pest, deren Nahen Kometen, blutrote Sonnenuntergänge, Erdbeben verhießen; es traf ebenso für den persönlichen, den «normalen» Tod außerhalb von Katastrophenzeiten zu. Da findet man eine Schwalbe tot, da reißt das Glockenseil, bevor ein junger Prediger stirbt; das Klopfen der «Totenuhr» in der Wand, das unvermittelte Erlöschen von Kerzen galt bekanntlich vielerorts als Hinweis auf bevorstehende Todesfälle. Das Vorzeichen wird zum Indiz für das Unausweichliche des Todes, für seine Einbindung in metaphysische Zusammenhänge. Für die Vorstellung eines wahllos zuschlagenden, blinden Zufalls ist in dieser Denkfigur wenig Platz. Das schränkt freilich in erheblichem Maße Verantwortlichkeiten – etwa solche politischer Art – ein; auch solche, auf die man pochen könnte, wenn es zum Beispiel Versorgungsengpässe und in deren Folge Hungersnot gibt. Die Pestverordnung weist ja darauf hin, man könne gegen die Seuche nur ausrichten, was «durch Menschliche Hülff und Rath möglich».

Die *mors improvisa* – der schnelle, plötzliche Tod mitten aus dem

Leben heraus – war aus naheliegenden Gründen besonders gefürchtet. Ließ er doch keine Zeit, mit Gott ins reine zu kommen. Für die Seele verhieß er nichts Gutes: «Vor bösem, schnellem tod behüett unns, lieber herre gott», kommentiert der Chronist Kölderer das Hinscheiden des Patriziers Jacob Rembold, den man tot, gleichwohl noch aufrecht im Sessel sitzend gefunden hatte. Die Gefahr eines plötzlichen Todes legte es nahe, immer auf das Ende vorbereitet zu sein: «Der Augenblick ist mein, und nehm ich den in acht, / So ist der mein, der Jahr und Ewigkeit gemacht.» Der größte Vorzug einer Hinrichtung bestand darin, daß den Delinquenten gewissermaßen dieser Augenblick geschenkt war. Sie hatten die Gelegenheit zur letzten Katharsis, zur Begleichung der offenen Rechnungen mit ihrem Gott. Ob daraus zu erklären ist, warum die weitaus meisten Verurteilten völlig ruhig und gefaßt zur Richtstätte schritten, wie zahlreiche frühneuzeitliche Quellen bezeugen? Auch einer der Augsburger Chronisten schildert mehrere Fälle dieser Art. Nach dem Bericht über die grausame Hinrichtung eines Homosexuellen stellt er fest: «Hatt also (doch nach gnaden) sein verdienten lon bekhomen und zweyfels ohne seine seel erettet worden.» Und eine Frau geht «gar mannlich und dapffer» zum Richtblock, redet zum Volk, man solle sich ein Beispiel an ihr nehmen – es bleibe nichts «ungestrafft». Sie kniet nieder, ein Prädikant fragt sie, warum sie so innig zum Himmel aufblicke, worauf sie bekundet, bereits Gott, der ihre Seele aufnehmen werde, in seiner Majestät sehen zu können.

Religion, gesellschaftliche Instabilität, physische Bedrohung standen in einem vielschichtigen Wechselverhältnis, dessen Dialektik zuzeiten nur schärfer umrissen hervortritt, indessen anthropologisch fundamental zu sein scheint. Nicht nur Riten und Religiosität, sondern auch – die Quellen der Epoche erzählen viel davon – magische Praktiken halfen, dem Tod Paroli zu bieten. Die Magie wurde als Mittel gegen Krankheiten gebraucht; half, die Grenze zwischen Leben und Tod zu überwinden: Der Fall des Geisterbeschwörers Ehemann bietet ein Beispiel dafür. Versuche, wie sie dieser Nekromant unternahm, zeigen, daß zu seiner Zeit der Tote nie völlig tot war und daß sein Fortleben nicht allein als Fortexistenz der unsterblichen Seele gedacht wurde. Es bleibt gewissermaßen noch ein Schatten von Leiblichkeit, der in einem «Zwischenreich» zwischen Diesseits und Jenseits sein Dasein hat.

Der Tod war, auch unter diesem Aspekt, keineswegs etwas Absolutes. Wie man die Abgeschiedenen auf die Welt zurückholen, mit ihnen Zwiesprache halten zu können glaubte, so gab es zahlreiche Möglichkeiten, dem Ende auszuweichen: Selbst in aussichtsloser Lage standen Gebete, religiöse und magische Riten zur Verfügung. Signifikant für die moderne Welt ist das Ausbrechen des Religiösen im christlichen Sinne aus diesen Beziehungen, die Suche nach Ersatz dafür. In den letzten Jahrhunderten wurden die Lebensspannen immer länger, die Pest und andere Krankheiten wurden zusehends besiegt. Der Tod indessen ist geblieben: nun in seinen Voraussetzungen oft schärfer begründet, durch moderne Diagnosemethoden mitunter in seiner zwingenden Unausweichlichkeit vorherzusagen – in einer säkularisierten Welt deutlicher ein «Ende» als je zuvor. Dieser Tod wird durch Geisterglauben und Magie kaum noch relativiert, der im 16. und 17. Jahrhundert alltäglichen Hoffnung auf Wunder bleibt wenig Raum. Er wird zu einem logisch begründbaren Ereignis, zur Konsequenz naturwissenschaftlich erklärbarer Zusammenhänge, nicht der Erbsünde oder der Verderbtheit einer Gesellschaft. Vielfach wird man seiner Schrecken nur durch Verdrängung Herr; die Überzeugung, selbst die Vermutung, der Tod sei etwas Endgültiges, begründet indessen vor allem neue, weitergehende Ansprüche an das Leben – Ansprüche, die so in der Frühneuzeit nicht bestanden. Darin liegt, am Rande bemerkt, eine entscheidende Voraussetzung der modernen Revolution. Und des Selbstmordes: Der kam wohl auch in der alten Gesellschaft vor, war hier indessen weit weniger verbreitet als im 19. und 20. Jahrhundert. Kann Suizid doch nur eine Antwort sein auf zeitliche – im Verständnis der frühen Neuzeit also *unwesentliche* – Probleme. Der Selbstmörder galt als vom Teufel verführt; der protestantische Weber Peter Ferchtner, den man gerade noch von einem Strick, mit dem er sich erhängen wollte, abgeschnitten hatte, bestritt danach ausdrücklich, mit dem Teufel umgegangen zu sein. Immerhin fiel auf, daß er selten zur Kirche gehe, und er mußte auch zugeben, daß er das Abendmahl noch nie empfangen habe. Ein Schatten von Unglauben also auch bei ihm.

Der Leiche des Selbstmörders wurde denn auch meist das christliche Begräbnis verweigert. In der Reichsstadt Augsburg bestand die Gewohnheit, solche Tote in ein Faß zu schlagen, auf dem zu lesen war: «Diese faß soll niemand lassen bestahn / dan dieser hat ihm selbsten den todt angethan.» Der Scharfrichter warf es in den Lech: So verließ der Leib des vom Bösen Verführten den Bannkreis der christlichen Gemeinschaft.

Selbst die Geschichte des Dreißigjährigen Krieges, der eine Kette beispielloser zeitlicher Bedrückungen und Bedrohungen mit sich brachte, kennt keine ansteigenden Selbstmordraten. Bezüglich Augsburgs wissen wir das recht genau, da der Scharfrichter für jede Selbstmörder-Leiche, die er in ein Faß packen mußte, einige Kreuzer Lohn erhielt. Ein, zwei

Fälle pro Jahr lassen sich allenfalls zählen. Das ist auch angesichts einer gewissen Dunkelziffer wenig.

Der Tod in seinen mannigfachen Formen war so in einer Weise auf Gott, auf die jenseitige Welt bezogen, die unserer Gegenwart fremd geworden ist. Ein guter Tod heilte die Versäumnisse des Lebens; und das Leben galt wenig, gemessen an der Ewigkeit. Diese Zusammenhänge sind von fundamentaler Bedeutung für das Verständnis der Epoche. Sie können die geradezu lapidare Bescheidung, die ergebene Gelassenheit verständlich machen, mit der man sich in Pest und Hunger schickte; umgekehrt den Fanatismus, die Unbedingtheit erklären helfen, mit denen man sich um die ewigen Dinge bemühte. Daraus gewinnen die Auseinandersetzungen des konfessionellen Zeitalters ihre Schärfe: Es ging um das Seelenheil, auch um jenes der politisch Handelnden. Augsburg gehörte zu den Städten des Heiligen Römischen Reiches, die darunter in besonderem Maße zu leiden haben sollten: Nacheinander wurde versucht, aus dem Gemeinwesen am Lech eine katholische, dann eine protestantische Idealstadt zu machen, was den jeweils andersgläubigen Teil der Bürgerschaft in schwere Gewissensnöte brachte. Noch zur Zeit des Höhepunktes der Pestepidemie – im März des Jahres 1629 – schrieb ein Chronist an den Rand seiner Aufzeichnungen: «Hie facht der undergang dieser statt an, da es dan von jarren zu jarren ellender und betriebter wirdt. Gott stehe uns bey und helfe uns alles unglickh vberwinden. Und hat der kaiser nit gehalten was er bey der hultigung mit ainem aydt versprochen hat.» Zu dieser Zeit vollzogen sich bereits bedeutende militärische und politische Entscheidungen.

Im Bewußtsein der Bürger war der Krieg indessen weit weg. Gewiß, 1623 war ein merkwürdiger Mann aufgetaucht, der sich der «schwarze Beck» nannte und den Untergang Augsburgs prophezeite – in den Chroniken und anderen lokalen Texten aber finden sich wenige Hinweise, daß man um den Gang der «großen Politik» wußte oder auch nur sich sonderlich dafür interessierte. Gelegentlich stößt man auf Fragmente von Gesprächen, findet Hinweise auf Themen, die in diesem ersten Jahrzehnt des großen Krieges diskutiert worden sein mögen: Spuren vielleicht dessen, was wir «mündliche Kultur» nennen würden; zugleich Belege für die Existenz einer *Öffentlichkeit*, die nicht die Öffentlichkeit der Obrigkeit war.

Da gab es «Winkeldrucker» und Zeitungsschreiber, die mit der Ware «Nachricht» handelten. Oft waren das arme Schlucker, sie verdienten sich mit ihren Liedern ein paar Heller.

Zeitungsverkäufer. Radierung von Jan Georg van der Vliet,
erstes Drittel 17. Jahrhundert

Eine dieser Gestalten war der Weber Thomas Kern, um 1590 geboren. In den zwanziger Jahren des 17. Jahrhunderts lebte er in der Augsburger Frauenvorstadt, wo er als «Habnit» steuerte. Kern pflegte nebenbei im Land herumzureisen – er handelte mit Brillen, sang freilich mitunter gelegentlich, wie er sagte, «etwha an orth und enden lied»; auch beschaffte er sich Drucke, die er vertrieb – von einer Schrift 35 Exemplare im Herzogtum Württemberg, dazu zehn in Augsburg. Selbstbewußt signierte er Produkte seines eigenen Geistes mit den Buchstaben «TKT», was «Thomas Kern Tüchter (Dichter)» heißen sollte. Zu all dem sah sich Kern «aus grosser noth» gezwungen –, dazu war ihm seine schwachsinnige Tochter aus dem «Unsinnigenhäusle» wieder an den heimischen Tisch geschickt worden, die Kommune wollte sie nicht mehr versorgen. Das vergrößerte seine Probleme noch; er muß einer von jenen weit über tausend Augsburger Webern gewesen sein, denen der Verdienst in keiner Weise zum Leben reichte, die auf Almosen oder auf Nebeneinkünfte angewiesen waren.

Kern hatte einen Partner, der ihm beim Vertrieb der Texte half: den Zuckerhändler Hans Mayr, der aber überall nur der «Gallmayr» genannt wurde. Der nutzte seine Hausiererei mit Süßwaren, um den Leuten die Gedichte Kerns und andere Texte vorzusingen. Die Spuren dieser beiden merkwürdigen Kompagnons finden sich in den Strafamtsakten des Augsburger Archivs: Die Obrigkeit tolerierte die Art von Öffentlichkeit, die hier usurpiert wurde, nicht; das «Öffentliche», das *publicum*, war die Domäne der Herrschenden. Was hier geschah, sollte ihrer Kontrolle unterliegen, und nur insofern durfte es stattfinden. Es gab ausschließlich obrigkeitlich kontrolliertes Öffentliches, die Herrschaft darüber konstituierte den Begriff des Staates – *status publicus* – essentiell. Öffentliches Tun sozusagen im Geheimen – das Vorsingen von Liedern im Wirtshaus etwa – wurde als illegal empfunden, war durch Strafen bedroht. Allein aufgrund dessen war freilich die Überlieferung wenigstens einiger Rudimente dieser besonderen Formen des Öffentlichen gewährleistet, nur deshalb haben Denken und Tun des «Tüchters» Kern und des Gallmayr Niederschlag in den Akten gefunden. Der Zensur zum Hohn schrieb «TKT» auf einen seiner Drucke als «Impressum»: «Gedruckt under der Press / mit schwartzen Buchstaben / Im Jahr / 1625. Bratwürst.»

Worum ging es nun in den Texten, die Kern und Gallmayr vortrugen? Unter den Akten seines Verhörs liegt etwa eine köstliche Parodie auf die zeitgenössische Propaganda für den Türkenkrieg, Schriften, die mit Kornwucherern, mit Kippern und Wippern hadern. Dann wird von einem Mann gesungen, der in den Krieg ziehen will, obwohl er hungrige Kinder zu Hause hat – ein Engel, heißt es, habe ihn daran gehindert, fortzuziehen. Man sang von Wundern, von einem Blutweiher (von dem der Gallmayr ein «glesle» mit rotem Wasser vorzeigte); schließlich wurde vom Bauernaufstand in Oberösterreich berichtet, der seit Sommer 1626 den im Land ob der Enns liegenden bayerischen Besatzungstruppen zu schaffen machte. Diese eigentümliche und merkwürdige

Mischung von Themen läßt uns wohl doch für einen Augenblick gewissermaßen Zuhörer von Gesprächen des «gemeinen Mannes» werden, man gewinnt eine Vorstellung davon, welche Gegenstände die Leute interessierten.

Da wird von Wundern, «Sensationen», Himmelserscheinungen erzählt: Mehr noch als Flugschriften, müssen Lieder und Diskurse Mittel der Verbreitung diesbezüglichen Wissens gewesen sein. Die Auftritte Thomas Kerns und des Gallmayr erreichten gewiß eine große Zahl von Zuhörern – dagegen zählten die Traktätchen, die sie verkauften, wenig (sein Hinweis auf die Zahl der verkauften Exemplare einer Schrift – 35 in Württemberg, zehn in Augsburg – ist keineswegs unglaubwürdig). Mit allen Mitteln wurde versucht, von der Wahrheit und Wirklichkeit der Geschichten, die da mitgeteilt wurden, zu überzeugen. Wenn Gallmayr ein Glas mit roter Flüssigkeit aus dem «Blutweiher» vorzeigt, war das vermutlich nicht als eine Art «Showeinlage» gedacht, es diente dem Zweck, diese unerhörte Begebenheit glauben zu machen.

Wieder einmal kommen wir den Details der Entstehung eines frühneuzeitlichen «Wunders» auf die Spur...

Schwer zu beurteilen ist, ob Leute wie der Weber und der Zuckerhändler innerhalb ihres engeren Lebenskreises ein besonderes Prestige genossen. Wahrscheinlich ist es durchaus, gehörten doch von vornherein etwas Mut und die Fähigkeit, sich zu produzieren, zu ihren Auftritten. Und wer als einfacher Weber in der Lage war, nicht nur zu schreiben, sondern gleich Gedichte und Lieder zu fertigen –, dem mag man durchaus einen besonderen Kopf zutrauen. So ist es möglich, daß die vorgetragenen Meinungen schon durch die Person der Sänger und Erzähler besonders überzeugungsmächtig wirkten.

Bei genauerer Betrachtung sind ja zweifellos im weiteren Sinne politische Fragen als Themen der inkriminierten Lieder zu identifizieren. Der Krieg wird «von unten» gesehen – nicht aus dem Blickwinkel der Schlacht, der diplomatischen Schachzüge, sondern aus der Sicht der Familie, deren Vater sich in eine der Armeen schreiben läßt, aus der Perspektive der armen Leute, die unter Kornwucher und Münzverschlechterung leiden, schließlich aus der Sicht der Protestanten, die sich in ihrer eigenen Stadt unterdrückt fühlen und sicher mit größter Aufmerksamkeit vom Widerstand der Bauern gegen das gegenreformatorische Bayern erfahren.

Der Ton, in dem solche Sichtweisen vorgetragen wurden, klingt am deutlichsten in der Parodie auf die zeitgenössische Türkenpropaganda an – Kern stellt den Aufbau der Türkendrucke geradezu auf den Kopf, verkehrt die Welt. Dabei gelingt ihm eine pralle Satire, voller Bilder und gewiß verbreiteter Klischees.

Die Zuhörer werden sich den Bauch gehalten haben vor Lachen, wenn er und der Gallmayr die Zusammensetzung der «christlichen Armee» schilderten (wobei wir annehmen, daß eine Geschichte des Lachens sich um die spezifischen Kriterien frühneuzeitlichen Humors bemühen müßte: das Naiv-Burleske spielte dabei eine große Rolle). So kämen aus Holland 4000 «Käßfresser», die Schweiz schicke «2000 starcke Hencker / 15. hundert Kühmelcker / Item dreyhundert Millichlecker»; Bayern organisiert 2000 Mesner und Ampelschürer, zwei Regimenter Hirtenbuben und 3000 feiste Schweinsrüssel. Augsburg werde 3000 Weber und «Ruffenschneller», dazu ein Fähnlein «verdorbne Kauffleuth und 7000 Fräschmörder» ins Feld stellen. Der Text schließt mit der in Türkendrucken üblichen Versicherung, diese Armee werde den Türken zu Paaren treiben – in einer blutigen Schlacht am «ersten und letsten Schweinhardtus» bis zur «Narren Faßnacht» –, und der ebenfalls obligatorischen Aufforderung, der eigentlichen Ursache der Türkenplage durch gottgefälliges Leben zuvorzukommen. Bei Kern liest sich das so: «... also weißt sich ein jeder zu richten unnd vor groß fressen und sauffen zu hütten».

Diese Parodie kann als Beispiel für die Entlarvung von «propagandistischen» Schlagwörtern gewertet werden. Da klingt nur wenig Respekt durch vor dem hohen Ziel des Religionskrieges gegen den «Erbfeind christlichen Namens», vor der Kampfkraft der bunt zusammengewürfelten Streitmacht des Abendlandes. Der Text könnte weiterhin einen Hinweis auf die Existenz eines kritisch räsonierenden Publikums liefern – der Autor jedenfalls scheint den argumentativen Aufbau der Türkendrucke klar durchschaut zu haben. Eine andere Frage ist, ob im Hintergrund dieses um 1627 entstandenen Textes bereits Vorbehalte gegenüber dem Kaiser und seiner angemaßten Stellung als Haupt der Christenheit festzustellen sind. Konnte doch zu dieser Zeit kaum übersehen werden, daß sich die Waffen des Reichsoberhaupts mehr gegen die eigenen protestantischen Untertanen richteten als gegen den «Türcken in Ungern».

Das erste Jahrzehnt des Dreißigjährigen Krieges, für die meisten Zeitgenossen im Süden Deutschlands hauptsächlich eine Zeit der Teuerung, des Hungers, der Pest, sah anderswo vor allem Erfolge der kaiserlichen, der katholischen Armeen. In Böhmen und Mähren, in Oberösterreich war – wir haben bereits davon berichtet – aller Widerstand erstickt worden, Ober- und Kurpfalz waren von bayerischen und spanischen Truppen besetzt. Truppen der Liga waren nach Norddeutschland vorgedrungen, wo der Söldnerführer Ernst von Mansfeld und Christian von Braunschweig – der «tolle Halberstädter» – operierten. Diese beiden protestantischen Heerführer hatten sich aus dem böhmischen Zusammenbruch retten können. Die Internationalisierung des Konflikts schritt damit weiter voran. Mansfeld war bereits 1622 in die Dienste der Generalstaaten getreten und organisierte die Aufstellung eines neuen Heeres – die Niederlande, natürliche Verbündete der Gegner Spaniens, hatten nach dem Ablauf eines zwölfjährigen Waffenstillstandes Spielraum für eine aktivere Politik. Hinter Christian von Braunschweig, der mit Rückendeckung des niedersächsischen Reichskreises agierte, stand wiederum König Christian IV. von Dänemark.

1625 wurden die Konturen der großen Koalition, die sich gegen das Übergewicht Habsburgs und seiner katholischen Verbündeten formierte, deutlich sichtbar: Die Haager Konvention besiegelte das Zusammengehen Englands, Dänemarks, der Generalstaaten und verschiedener protestantischer Reichsfürsten gegen den Kaiser. Im Hintergrund wirkte weiterhin die französische Monarchie, wo seit 1624 der Kardinal Richelieu als leitender Minister die Außenpolitik gestaltete.

Das ganze Ausmaß der Krise wird deutlich, wenn man daran erinnert, daß im Mantuanischen Erbfolgekrieg bereits 1627 der habsburgisch-bourbonische Gegensatz in eine offene kriegerische Auseinandersetzung mündete: Zugleich erweist sich hier, daß der konfessionelle Gegensatz nur eine Komponente der europäischen Konfliktkonstellation darstellte. In Oberitalien stand das katholische Frankreich gegen das katholische Habsburg, das seine Armee gegen einen Kandidaten um die Erbfolge in Mantua in Bewegung setzte, der vom Papst unterstützt wurde. Das militärische Engagement Ferdinands II. wäre wiederum ohne das Einwirken Madrids auf die deutschen Verwandten kaum denkbar gewesen. Der Kaiser hätte sich schließlich gewiß nicht in einen italienischen Krieg hineinziehen lassen, wenn sich die Dinge im Reich nicht so glänzend entwickelt hätten, wie das im Jahre 1627 der Fall war. Die Analyse der komplizierten europäischen Verflechtungen des Konflikts macht eine Kettenreaktion immer weiter spannungsverschärfender Elemente deutlich, und es läßt sich nicht sagen, welche Konsequenzen das Fehlen auch nur eines Gliedes dieser Kette gehabt hätte.

Jedenfalls – was sich freilich erst später erweisen sollte – zersplitterte Habsburg durch die Mantuaner Unternehmung seine militärischen Kräfte auf gefährliche Weise. Auch hier lag eine Wurzel späterer Katastrophen. Das sahen wenige so klar wie jener Mann, der seit 1625 als

Oberbefehlshaber eine eigene kaiserliche Armee aufgebaut hatte: Albrecht von Wallenstein. Er hatte dringend abgeraten, einen weiteren Kriegsschauplatz zu eröffnen. Es mögen übrigens kaiserliche Truppen auf dem Weg nach Italien gewesen sein, die die Pest nach Augsburg mitbrachten.

Der böhmische Adelige war rasch zur wichtigsten Gestalt der kaiserlichen Politik aufgestiegen. Bereits 1606 zum katholischen Glauben konvertiert, wurde er einer der großen Gewinner der böhmischen Umwälzungen. Durch geschickte Spekulation mit Ländereien und Gütern hatte er sich ungeniert bereichert. 1623 schon befand sich etwa ein Viertel des Königreiches in seiner Hand, damals wurde das Gebiet vom Kaiser zum Reichsfürstentum erhoben. Die Besitztümer machten ihren Herrn kreditwürdig, waren die Basis für den Aufbau einer schlagkräftigen Streitmacht. Modernem Denken ist fremd, wie Wallenstein als *Condottiere*, als Kriegsunternehmer, diese Armee für den Kaiser in Dienst nahm, für ihn den Krieg ausfocht. Das Heer war so eine Art Kapitalanlage. Die Deckung der laufenden Kosten dieses freilich risikoreichen Unternehmens besorgte Wallenstein nach einem ebenso einfachen, wirkungsvollen, wie für die betroffenen Regionen unerquicklichen System: Der Krieg sollte den Krieg ernähren – aus den Ländern, wo die Soldaten des Wallensteinschen Heeres lagen, preßte man möglichst alle zu ihrem Unterhalt, zur Beschaffung von Lebensmitteln und Ausrüstung nötigen Mittel. Selbst der Sold wurde auf diese Weise aufgebracht. In der Regel fand diese Methode ohne Unterschied bei Freund und Feind Anwendung. Nur die Ligastände wurden normalerweise geschont.

Es war dieses Heer, dem der Kaiser die Unterwerfung Norddeutschlands vor allem verdankte. Die militärische und politische Bedeutung, die dem Emporkömmling und seiner Streitmacht rasch zuwuchs, gab freilich auch im katholischen Lager zusehends zu Mißtrauen Anlaß. Das Gewicht des Kaisers nahm zu, bedrohte die «Libertät» der deutschen Reichsstände. Schon das Jahr 1626 sah wichtige Siege über Heere der Großen Allianz: Ende April schlug Wallenstein den Grafen von Mansfeld, am 27. August siegte der Ligageneral Tilly über König Christian von Dänemark bei Lutter am Barenberg. Die katholischen Armeen drangen weiter nach Nordwestdeutschland vor, Mecklenburg – mit dem Wallenstein vom Kaiser 1629 belehnt wurde –, Pommern, schließlich Jütland wurden besetzt. Allein Stralsund trotzte der Belagerung durch Wallensteinsche Truppen. Der Feldherr des Kaisers erwies sich in dieser Situation zugleich als Politiker und Diplomat. Der Frieden von Lübeck, den er am 22. Mai 1629 mit Dänemark schloß, schonte die Territorien

Christians IV. und forderte keine Kriegskostenentschädigung. Dafür sollte der König auf weitere Einwirkungen auf die Reichsangelegenheiten und auf die niedersächsischen Stifter verzichten. Es war ein maßvoller Friedensschluß, der die norddeutschen Verhältnisse beruhigen sollte; Wallenstein wollte einmal seinen neuerworbenen mecklenburgischen Besitz sichern, dann einem Eingreifen Schwedens zuvorkommen und die Kräfte auf die mantuanische Angelegenheit konzentrieren können. Vor allem aber erweiterte der Frieden von Lübeck die politischen Gestaltungsmöglichkeiten des Kaisers im Reich.

Noch vor Friedensschluß – am 6. März 1629 – hatte Kaiser Ferdinand das Restitutionsedikt erlassen. Rechtlich bedeutete dies die aus kaiserlicher Machtvollkommenheit verfügte Erneuerung eines Artikels des Augsburger Religionsfriedens, der von den Protestanten nie anerkannt worden war – des sogenannten «Geistlichen Vorbehalts», nach dem geistliche Fürsten, die zum Protestantismus übertraten, ihr Amt verlieren sollten. Zugleich wurde die weitgehende Rückführung des seit dem Passauer Vertrag von 1552 säkularisierten Kirchengutes unter katholische Herrschaft angeordnet. Faktisch mußte diese Verfügung die Zwangsbekehrung einer Millionenbevölkerung zum alten Glauben zur Folge haben: Sah doch der Augsburger Religionsfrieden Herrschaft und Konfession der Untertanen in engem Zusammenhang; der Fürst, die Obrigkeit hatten danach die Entscheidung über den Glauben der Menschen.

Das Restitutionsedikt steht für Höhepunkt und Wende der kaiserlichen Macht zugleich. Wende, weil es zu Gegenwirkungen Anlaß gab, welche diese Stellung sofort wieder erschüttern sollten; Höhepunkt, weil sich hier wie später nie wieder die religiöse Implikation der Macht verwirklichte.

Man hat das Restitutionsedikt wegen seiner katastrophalen Folgen für die kaiserliche Stellung, überhaupt für die weitere Entwicklung der europäischen Verhältnisse als schweren politischen Fehler bezeichnet. Diese Interpretation ist aus der Perspektive eines modernen, säkularisierten, eines «machiavellistischen» Politikverständnisses ohne Zweifel zutreffend, und sie kann darauf verweisen, daß es auch Zeitgenossen gab, die den Maßnahmen Kaiser Ferdinands gehörige Skepsis entgegenbrachten. Dennoch vernachlässigt eine solche Deutung wesentliche Aspekte des Zeithorizonts, Überlegungen, die einen handelnden Politiker – zumal, wenn er Kaiser des Heiligen Römischen Reiches war – nicht weniger bestimmen mochten, wie andere Menschen der Epoche auch. Religion, christliches Leben, Seelenheil – das war für den Herrscher eben keineswegs Privatsache. In vieler Hinsicht liegen Größe und Abgründe des frühmodernen Staates in der religiösen Ausrichtung des Machtgedankens: Das ideale Gemeinwesen der frühen Neuzeit ist der *Gottesstaat* – nicht allein, wie Calvin ihn in Genf auf wenig freudvolle Weise konzipierte –, sondern in vielen Variationen, zugleich in einem sehr umfassenden Sinn. Die «Policeyordnungen» halten allenthalben in erster Linie zu frommem, bußfertigem, gottgefälligem Leben an, mit für unser Verständnis enormer Indiskretion wird über die privatesten Dinge gewacht, selbst das Verhalten in den heimischen vier Wänden kann mit einbezogen werden. Branntweintrinken während der Gottesdienstzeit, Fluchen, alle möglichen Arten von «Unzucht» unterlagen obrigkeitlicher Sanktion. Das Öffentliche wurde bekanntlich bis in Einzelheiten der Kleidung hinein durch Vorschriften zu regeln versucht, Zeremoniell, Kleiderordnungen und andere Reglements konfrontierten das Chaos der Wirklichkeit mit dem Modell eines Ordnungssystems, das in christlich-religiösen Überzeugungen wurzelte. Das Böse war auf jede Weise aus diesem idealen Gemeinwesen zu verbannen – dies war wenigstens teilweise eine Folge des durch die Dialektik von Reformation und Gegenreformation gesteigerten religiösen Bewußtseins. Man drängte – so auch in Augsburg – die Prostituierten und Hurenhäuser vor die Stadt; man veranstaltete Razzien auf Bettler und Vaganten, deren Anwesenheit allzu augenfällig die Unvollständigkeit des Ordnungssystems belegte. Wie man die «unreinen» Leichen von Selbstmördern in Fässer schlug und dem vorbeifließenden Strom anvertraute, verbannte man Magier und vermeintliche Hexen vor die Tore der Städte, vertrieb sie über die Grenzen der Länder oder vernichtete sie mit Feuer und Schwert.

Dies alles war zunächst Resultat einer Auffassung der Untertanen, der Bürger und Einwohner der Städte als christliche Gemeinschaften, diese Konzeption ging von einer nicht nur sozialen, sondern nachgerade spirituellen Interdependenz zwischen den Gliedern dieser Verbände aus. Das Handeln und selbst das Denken der einzelnen berührte so stets das Ganze. Selbst ein «harmloser» Fluch – Beleidigung der Ehre Gottes – mochte den Zorn des Herrn über das Gemeinwesen bringen, und schon deshalb war es Aufgabe der Obrigkeit, für ein möglichst christliches Leben im «gemeinen wesen» zu sorgen. Die Hexenverbrennungen waren eine der absurden Konsequenzen dieser Denkweise, ebenso der Kampf gegen Ketzer – in den Augen des Kaisers waren Protestanten und Calvinisten nichts anderes. Doch zeitigten diese Denkstrukturen auch weniger dramatische, positivere Konsequenzen: etwa ethische Ansprüche an die Bürger – von der Pflicht zur Mildtätigkeit bis hin zur

Aufforderung, zu beten und an den christlichen Riten teilzunehmen. In gewisser Hinsicht erscheint mithin das Leben im Staat der frühen Neuzeit als Gottesdienst, als Vorbereitung auf das ‹eigentliche› Leben jenseits des Todes.

Aus diesen Denkkategorien, so scheint es, gewinnt das Restitutionsedikt eine eigene, innere Logik, die nicht einmal nur aus der Psychologie des tiefreligiösen Ferdinand II. zu folgern ist, sondern sich aus der Wirklichkeit des Alltags im christlichen Gemeinwesen ergibt. Die Besonderheit der Situation des Jahres 1629 kommt dazu: War doch kaum seit den Tagen Karls V., vielleicht nicht einmal mehr seit dem Mittelalter, einem Kaiser des Heiligen Römischen Reiches vergleichbare Macht zugewachsen. War eine solche Entwicklung anders denkbar als durch göttliche Fügung? Und verpflichtete diese Willensäußerung des Herrn nicht dazu, die gewonnene Macht in seinem Sinne zu gebrauchen? Daß schließlich Gott auf seiten der Katholiken war – dies stand wohl für den gegenreformatorischen Herrscher ohnedies fest (und auch seine späteren Niederlagen dürften an dieser Überzeugung wenig geändert haben).

Solche oder ähnliche Gedankengänge müssen Ferdinand bestimmt haben, als er an die Rekatholisierung des Reiches ging: Macht, an sich dämonisch, «böse» (Jacob Burckhardt), gewinnt nur durch das ethische Ziel Legitimität. Darüber hinaus wäre zu fragen, ob Macht im Verständnis des frühen 17. Jahrhunderts überhaupt Macht war, implizierte sie nicht eben die Einwirkungsmöglichkeit auf die Seelen der Untertanen. Sie im Sinne der eigenen Konfession, also der «allein seligmachenden», zu gebrauchen – das muß für einen Mann vom Schlage Ferdinands II. eine Aufgabe gewesen sein, an deren Bewältigung sich sein eigenes Geschick vor dem Richterstuhl Gottes entschied.

Ob freilich aus solchen Überzeugungen die Vorgehensweise des Kaisers zu *rechtfertigen* ist, steht auf einem ganz anderen Blatt. Die Konsequenzen für die Menschen waren hart genug. «Hyr gheet die ohnrhue im gantzen Reich an», lesen wir bei dem Augsburger Chronisten Jakob Wagner. Das Restitutionsedikt habe «im gantzen reich onrhue, verderbung landt und leidt und alles unglickh verursacht und dem fass den boden (als man im sprichwort redt) gar ausgestossen.»

Schon 1625 hatte es in Süddeutschland angesichts starker Truppenbewegungen die «gemeine Red» gegeben, der Kaiser wolle in den Reichsstädten das Papsttum einführen. Augsburg, die Stadt, welche der Konfession der Protestanten den Namen gegeben hatte, war wohl nicht zuletzt wegen dieser ihrer Symbolfunktion als Musterfall für eine Erprobung entschiedener Rekatholisierungspolitik ausgewählt worden.

Weiterhin spielten strategische Erwägungen eine Rolle: Ein nicht nur kaiserliches, sondern noch dazu völlig katholisches Augsburg wäre zum wichtigen Stützpunkt weiterer Initiativen geworden. Außerdem erschien die gemischtkonfessionelle Reichsstadt dem gegenreformatorischen Bayern stets als ein scharfer Stachel. Dazu hatten die Augsburger einen unangenehmen Gegner gleichsam im eigenen Haus: ihren Bischof Heinrich V. von Knöringen, der – als geistlicher Reichsfürst – über ein nicht unbeträchtliches Territorium gebot. Im Inneren seines Staates war Knöringen mit Maßnahmen zur Hebung der Bildung, der Einrichtung eines Diözesanseminars und zahlreichen Verordnungen, die ein gottgefälliges Leben der Untertanen bewirken sollten, als ein erfolgreicher Vertreter katholischer Reformen hervorgetreten. Ansonsten erscheint er als besonders engstirniger, unversöhnlicher Vertreter militanter gegenreformatorischer Bestrebungen. So war er eine der treibenden Kräfte der Konstituierung der Liga, und er unterstützte dieses Militärbündnis zwischen 1609 und 1629 mit der astronomischen Summe von 1 845 000 fl. Bischof Heinrich kann als einer der eigentlichen Schuldigen an der Katastrophe des Dreißigjährigen Krieges gelten. Ähnlich dem habsburgischen Kaiser war er ein Mann, der das religiöse Gewissen weit über Erwägungen der Staatsräson stellte, letztlich zum Unglück für sich und seine Untertanen, sollte doch sein Land am Ende zu den am meisten verwüsteten Gebieten des Reiches zählen.

Es war Heinrich V. von Knöringen, der sich in Wien und andernorts dafür einsetzte, aus den Augsburgern möglichst rasch und vollständig gute Katholiken zu machen. Immer wieder wird sein Bestreben hinter den Maßnahmen des Kaisers spürbar, während selbst katholische Ratsherren zögerten, die kaiserliche Politik mitzutragen. Was der Begriff *Gegenreformation* inhaltlich bedeuten konnte – das wird am Fall Augsburg so deutlich wie an kaum einem zweiten Exempel.

Schon 1628 hatte das Restitutionsedikt in Augsburg Schatten vorausgeworfen. Eine kaiserliche Kommission war gekommen und hatte sich bemüht, Einzelheiten über das Zusammenleben der Konfessionen herauszufinden. Besser gesagt, es ging um die Suche nach Beweisen für Anschuldigungen Bischof Heinrichs, daß die Protestanten ihre katholischen Mitbürger unterdrückten oder in ihrer Nahrung beeinträchtigten. Die Bemühungen der Kommission zeitigten wenig Erfolg. Rat und Stadtpfleger hoben in Stellungnahmen gegenüber den Kommissaren hervor, seit dem Kalenderstreit habe sich ein gutes Verhältnis entwickelt, bei der Besetzung der Stadtämter werde in erster Linie auf Tüchtigkeit gesehen. Man warnte davor, die Protestanten völlig zu entmachten, die geistlichen Güter zu restituieren, erinnerte an die Unruhen im Zusammenhang mit der Einführung des Gregorianischen Kalenders. Auch wurde auf die wirtschaftliche Bedeutung der lutherischen Bürger hingewiesen, die Relevanz ihrer Spenden für das Almosen.

Daß es dem Rat ernst war mit seinen Bemühungen, die geplanten Eingriffe in das empfindliche Gleichgewicht zwischen den Konfessionsgruppen zu verhindern, zeigte eine diplomatische Unternehmung, die der Rat 1628 ins Werk setzte. Der Ratsconsulent Dr. Georg Theisser sollte in Wien versuchen, den Initiativen Bischof Heinrichs entgegenzuarbeiten. Dort traf er freilich auf einen Mann, der dem Augsburger Bischof an gegenreformatorischem Eifer in nichts nachstand – den Jesuitenpater Wilhelm Lamormaini, den Beichtvater des Kaisers (in seinem Diarium über die Reise nach Wien nennt Theisser ihn kurioserweise stets den «Lemmermann»). Theisser erreichte nichts. «Lemmermann» meinte, man halte den katholischen Rat Augsburgs ohnedies für indifferent – für «kühl catholisch», sagte er. Es gibt wohl Hinweise darauf, daß die Ansichten unter den Beratern des Kaisers in der Frage der Augsburger Restitution durchaus geteilt waren – am Ende aber entschied man sich, gewiß im Sinne Lamormainis, für eine unnachgiebige Politik.

Erste Aufgabe war, sich der Zusammenarbeit führender Augsburger Familien zu versichern. Diesem Zweck dienten diverse Standeserhöhungen: Im Sommer 1628 erhob Ferdinand einige Katholiken zu Geschlechtern, meist reiche Kaufleute. Manche scheinen sich mehr oder weniger entschieden geziert zu haben, die neue Ehre anzunehmen, was ebensowenig Auswirkungen hatte wie Interventionen des alten Patriziats. Ein kaiserliches Reskript bestätigte die Maßnahmen kurz nach der Veröffentlichung des Restitutionsedikts.

Bereits die erste Ratswahl danach – jene vom 1. August 1629 – bot Gelegenheit, das katholische Element im Rat zu verstärken. Auf freie Stellen kamen ausschließlich Katholiken; nur aus Mangel an geeigneten Kandidaten mußten für das Stadtgericht noch zwei Beisitzer Augsburger Konfession akzeptiert werden.

Noch im selben Monat begann der Kaiser damit, das Programm der Restitution ins Werk zu setzen – weit entschiedener, als selbst sein Edikt erwarten ließ. Am 8. August wurde eine Ratssitzung angesagt, dazu eine Ausgangssperre verhängt. Einige hundert Musketiere nahmen am Rathaus Aufstellung. Ein kaiserlicher Diplomat überbrachte die Befehle des Kaisers: Die protestantische Religion sei abzuschaffen, ihre Kirchen zu schließen, die Prediger Augsburger Konfession sollten entlassen werden.

Das geschah noch am selben Tag. Wer von ihnen nicht im Besitz des

Bürgerrechts war, wurde ausgewiesen. Der Rat verlieh seinen Anordnungen Nachdruck, indem er am Fischmarkt – direkt neben dem Rathaus – einen Galgen aufrichten ließ. «Ein spott ist es», notierte grimmig ein Chronist, «Ir burger, danckht eurer oberkait darumb...»

Unter dem Druck des Kaisers und wohl mehr noch Heinrichs von Knöringen schritt die Gegenreformation in der nächsten Zeit weiter voran – Knöringen wollte sogar unterbunden sehen, daß man das Almosen an protestantische Bedürftige verteile oder «uncatholische» Kranke versorge.

Die «gemain» blieb trotz des zunehmenden Drucks ruhig, doch war es eine gespannte, nur mühsam aufrechterhaltene Ruhe. Wie sehr es unter der Oberfläche gärte, wird am Verhör eines Goldschmiedes deutlich; der war in die Eisen gelegt worden, weil er einen Büchsenschuß abgefeuert hatte und man glaubte, er habe die «weber und gemein» zum Aufruhr angestiftet. In den Wirtshäusern, auf Straßen und Märkten wurde diskutiert, kritisiert; alles war voller «Schenden, Schmähen, verspott: und Stumpfierung», wie es in einem «Verruf» hieß, der zur Ruhe anhalten sollte.

Die Situation scheint in vieler Hinsicht jener des Jahres 1584 zu gleichen. Doch kam es, anders als ein halbes Jahrhundert zuvor, im Zusammenhang mit der Verhängung des Restitutionsedikts zu keinen größeren kollektiven Aktionen. Der Vergleich ist für die Psychologie frühneuzeitlicher Massenbewegungen nicht ganz unergiebig: Hunger, dann die Pestepidemie können als spannungserhöhende Momente gewertet werden, die Verhängung des Edikts, die Maßnahmen des Rates hatten den Charakter auslösender Faktoren. Anders als 1584 fehlte es indessen an Meinungsführern – waren doch die Prediger rechtzeitig kaltgestellt worden. Das starke Militäraufgebot gewährleistete, daß die Dinge nicht außer Kontrolle gerieten. Wie es scheint, hatte man aus dem Kalenderstreit gelernt. Weiteres kam hinzu: Die historische Erfahrung der Niederlage, die als Stellungnahme Gottes gegen Widerstand und Aufruhr interpretiert werden mochte; eine Interpretation, die ohnedies dem protestantischen Obrigkeitsverständnis konform ging. Dann ein allerdings unwägbares Faktum, nämlich die Reduzierung gerade des bisher bedeutendsten Konfliktpotentials, der Weberschaft, durch Hunger und Seuchen.

Wenn freilich der Bogen überspannt wurde, kam es doch zu Unruhen, die zwar nicht eskalierten und in offenen Widerstand mündeten, den Machthabern aber doch zeigten, daß es Grenzen gab, die nicht überschritten werden konnten. Eine solche Grenze war erreicht, als der Rat

Waisenkinder durch Soldaten zur Messe eskortieren lassen wollte, um kleine Katholiken aus ihnen zu machen: Da rottete sich das Volk zusammen und drohte, die Musketiere allesamt zu erschlagen.

Doch blieb es im wesentlichen bei «stillem Widerstand», bei Reden, Spotten, mehr oder weniger Kritik. Die «geheime Öffentlichkeit», über die schon berichtet wurde, entfaltete all ihre Möglichkeiten.

Die Methoden der Kritiker waren gelegentlich höchst subtil. So wurde ein Fischer denunziert, weil er ein Schmählied gesungen habe, und zwar – wie im Verhör herauskam – auf die Melodie «an wasser fliessen babilon». Dies war eine Psalmenweise, der zugehörige Bibeltext lautet:

«An Babels Strömen saßen wir und weinten, wenn wir Sions gedachten... Denn dort verlangten unsere Zwingherren von uns Lieder, unsere Bedrücker Freudengesänge...»

Bereits mit der Melodie wurde also Stellung bezogen – das «Jerusalem» Augsburg wird unter der Herrschaft der Gegenreformation zu einem neuen Babel gemacht. Es ist anzunehmen, daß selbst der gemeine Mann die Weise samt dem dazugehörigen Text identifizieren konnte und so die Anspielung verstand. War doch der Psalm in der protestantischen Welt der frühen Neuzeit die verbreitetste musikalische Erfahrung; man könnte beinahe sagen, daß Psalmen und deren eingängige Melodien etwa die Funktion moderner Schlager hatten. Am Ende des 16. Jahrhunderts war einem Weber ähnliche Unbill wie dem Fischer Glatz widerfahren, weil er in der «dunckh» – dem halb unterirdischen Raum, wo viele Weber ihre Arbeitsstätte hatten – ebenfalls ein provozierendes Lied gesungen hatte. Der Anlaß dazu macht für einen Augenblick die Wirklichkeit des Alltagslebens der Epoche lebendig: Ein katholischer Kollege hatte den Weber verspottet, weil der zur Arbeit eben *Psalmen* sang. Dergleichen Gesänge müssen ein gewohntes «Geräusch» in einigen Gassen Augsburgs gewesen sein.

Hier hatte das Singen eines Kirchenliedes wohl zunächst vor allem unterhaltende Funktion (der Weber machte sich sozusagen Musik, wie man heute nebenher ein Radiogerät laufen läßt). Dazu aber kam die eindeutig protestantische Prägung dieser Musikform, sie forderte Reaktionen.

Der Psalm wurde so zugleich zur wichtigen kulturellen Identifikationskraft, wenngleich seine aggressive, kritische Stoßrichtung selten so deutlich wird wie im Falle des Gesangs von «Babels Strömen». Immerhin ist daran zu erinnern, daß Psalmen in der englischen Revolution oder in den französischen Religionskriegen die Rolle von Kampfliedern spielten. Der Augsburger Rat wußte sehr wohl um die Brisanz, die nicht ungefährlichen Funktionen des Psalmensingens und versuchte dergleichen abzustellen. Ein zur Zeit der Restitution abgefaßter Text empfiehlt, man solle nur «lateinische cantiones et textus catholicos» auf den Gassen singen lassen. Daneben wäre es gut, das «privat psalliren» abzustellen.

Auch dies war eine Form, so möchte man sagen, nicht so sehr des Widerstands, als der inneren Emigration: Wie schon zur Zeit des Kalenderstreits traf man sich in möglichst diskret organisierten Zirkeln, um die Bibel, den Katechismus und alle möglichen Trostschriften zu lesen; vielleicht auch, um zu singen – einander «selbß zu trösten», meinte der Weber Wilhelm Pfandler, den man wegen eines solchen Vergehens festgenommen und verhört hatte. Pfaudler wies dabei darauf hin, daß man allein Evangelientexte in Luthers Übersetzung und dessen Auslegung dazu gelesen habe; gepredigt habe er nicht: «Dieweil er nur ein lay und weber, zu solcher function weder gstudiert noch beruffen seye.» Er wollte damit sagen, daß er sich kein falsches Priestertum angemaßt, keine häretischen Lehren verbreitet hatte. Auch gegen solchen Verdacht hatten sich die Protestanten immer wieder zu verwahren.

Ein anderer Zirkel traf sich im Haus des Webers Thomas Schuler. Es waren vor allem Leute aus der Nachbarschaft, ein Sackträger, eine Karrerin und zwei andere Frauen, denen der Gastgeber ebenfalls aus dem Evangelium und der «Außlegung der Postill» las. Dazu habe ihn «die andacht und der geist gottes angetrieben», sagte er im Verhör, «anderst ers umb nichts genossen oder zuwissen begert». In diesen Worten klingt das Empfinden durch, gleichsam auf Geheiß des Herrn tätig geworden zu sein, Andacht und Inspiration – «der geist gottes» – bringen ihn dazu.

Dieses Gefühl der Auserwähltheit, der gerechten, weil von Gott gesandten Prüfung zeigt sich in der Geschichte der Augsburger Restitution immer wieder als für das soziale und psychische Überleben wohl fast entscheidende Geisteshaltung. Da kommt es zu einer merkwürdigen Szene auf dem Friedhof am Stephinger Tor: Ein siebenjähriges Kind liest den Leuten aus den unterdrückten lutherischen Schriften und anderem vor, die Menschen strömten, geradezu durstig nach dem Wort, in Massen dorthin. Stadtknechte ziehen auf, umstellen den Gottesacker –, das lesekundige Kind entkommt, die Menge aber bleibt, trotzig weiterbetend und singend – eine Szene von geradezu biblischem Pathos. Auch mangelte es nicht an Zeichen dafür, daß Gott sich seiner bedrohten Gemeinde annahm. Einmal wurden drei Engel wahrgenommen, die protestantische Kirchenlieder sangen. Und im Mai 1630, als die Gegenreformation den Protestanten die Kehle immer enger zuschnürte, regnete es Schwefel.

An den Strömen Babylons 235

Obſchon zu ſeiner Kirch GOtt allzeit treue Liebe
In ſeinem Hertzen trägt/ ſo läſt Er doch auch trübe
Und dunckle Leidens-Tag ſie offt mit Thränen ſeh'n/
Ja über ſie manch' ſtreng' und rauhe Wetter geh'n.

Wie Er dann hie zugab/ daß nider wurd gelegt
Das Hauß/ wo man ſein Wort zu predigen gepflegt:
Doch iſt ſein Braut bey Ihm nie im Vergeß geſtellt/
Er zeigt ſein' Lieb zu ihr/ bald wider aller Welt.

Die Reste der in der Restitutionszeit abgerissenen evangelischen Heilig Kreuz-Kirche. Radierung von Johann Jakob und Johann Ulrich Kraus, Mitte 17. Jahrhundert

Eine gewisse Vorstellung von der Zahl der unter der Hand verbreiteten Schriften vermittelt das Protokoll eines Verhöres vom Sommer 1630. Man hatte den Buchbinder Gabriel Mehlführer in die Eisen gelegt, weil er protestantische Schriften gebunden hatte. Aus seinen Aussagen geht hervor, daß er allein von den ‹Trostschriften› des ehemaligen Pfarrers bei St. Anna, Dr. Johann Konrad von Goebel, sechshundert Exemplare verarbeitet hatte, von Dr. Rimeles Traktat ‹Wiltu noch nit Catholisch werden?› waren es zweihundert Stück und von der Schrift ‹Wiltu dich nit accomodiren?› auch noch fünfzig. Diese Zahlen sind für frühneuzeitliche Verhältnisse ungewöhnlich hoch – sie dürften Rückschlüsse auf Auflagen zulassen, wie sie vielleicht einmal während des «Lesebooms» der Reformationszeit möglich gewesen waren. Schließlich wurden solche Schriften gewöhnlich nicht nur von einem Leser benutzt, sie wanderten von Hand zu Hand, wurden in Kreisen wie dem des Webers Schuler vorgelesen. Goebels Text kostete 6 kr., die anderen Schriften 2 1/2 kr. bzw. 1 1/2 kr. – das waren Beträge, die sich auch weniger Wohlhabende leisten konnten (ein Maurer mag pro Woche über 1 fl. [= 60 kr.] verdient haben).

Der Rat, unter dem Druck des Kaisers und Heinrichs von Knöringen, setzte weitere gegenreformatorische Maßnahmen durch: Man unterband beispielsweise, daß protestantische Goldschmiedgesellen zur Meisterprüfung zugelassen wurden; protestantische Metzger (und das waren fast alle) durften während der Fastenzeit nicht mehr schlachten, den katholischen gestand man dagegen 18 Kälber und ebensoviele Lämmer zu. Eine solche Politik der Nadelstiche ergänzte die anderen Maßnahmen des Rates.

Im Juni 1630 wurden die protestantischen Kirchen von St. Georg und Hl. Kreuz abgerissen. Dann ging man daran, Stadtämter und Rat vollends von Protestanten zu säubern: Dabei machte man kurzen Prozeß. Einfache Taglöhner, Stubenheizer und Trabanten wurden ebenso wie Ratsherren und höhere Amtsträger vor die Wahl gestellt, den katholischen Gottesdienst zu besuchen oder den Dienst zu quittieren. Abermals wird eine für moderne Vorstellungen von Religion und Konfession fremde Auffassung von Konversion und Glauben bemerkbar: Es ging tatsächlich um den Besuch der Messe, also darum, an katholischen Riten teilzunehmen, nicht um eine Konversion in anderer Form. Gewiß, die Bedeutung konfessionsspezifischer Riten, die gruppenkonstitutive Funktion des Predigt- oder Gottesdienstbesuchs waren in der Gesellschaft des 17. Jahrhunderts sehr ausgeprägt, aber es ist doch auffällig, daß die protestantischen Ratsherren sich ein theologisches Gutachten beschafften, das klären sollte, ob sie als gute Lutheraner am katholischen Gottesdienst teilnehmen könnten. Das Gutachten, erstellt vom sächsischen Hofprediger Dr. Matthias Hoë, kam zu dem Ergebnis, der Besuch der Kirchen der anderen Konfession – sonst eher ein «Mittelding» – sei in Augsburg als erster Schritt zur wirklichen Konversion zu verstehen und so nicht mehr Sache des freien Willens.

Nicht einer der evangelischen Ratsherren behielt sein Amt. Vor die Wahl gestellt, der kaiserlichen Anordnung zu folgen oder der Stimme des Gewissens, entschieden sie sich für das letztere. Doch scheint die Stimme des Gewissens nicht eindeutig gewesen zu sein – daß die Theologie Entscheidungshilfen liefern mußte, kennzeichnet die Schärfe des inneren Konflikts. Schließlich ging es dabei um die Entscheidung zwischen der Achtung vor der Ordnungskonzeption des modernen Staates und der individuellen Gewissensfreiheit. Ein alter und immer wieder aktueller Konflikt also: Er ergibt sich auf einer Stufe der staatlichen Entwicklung, wo obrigkeitliche Macht ihre Legitimation gerade über den Eingriff in das Gewissen der Untertanen zu gewinnen meint. Das Gewissen der Herrscher, darin kulminiert der dramatische Widerspruch des konfessionellen Zeitalters, fordert politische Konsequenzen und kollidiert so mit den Ansprüchen, welche die Religion nicht weniger zwingend an Untertanen und gegnerische Machthaber stellt. Im Verhalten der Augsburger Ratsherren gewinnt diese Widersprüchlichkeit geradezu symbolischen Charakter: Noch wird die Möglichkeit, wenigstens durch äußeres Verhalten dem Staat schuldigen Gehorsam erweisen zu können, ohne das Gewissen zu verletzen, sehr ernsthaft erwogen, noch geht es um die Frage, ob oder in welchem Ausmaß das äußere Betragen des Menschen die innere Freiheit berührt, wie weit äußerlicher Gehorsam gehen kann, bis die Reinheit des Herzens in Frage steht. Dieses Problem stellte sich in besonderer Schärfe in einer Epoche, in der der Konfessionalisierungsprozeß noch keineswegs abgeschlossen war, und wo in den Augen mancher mit der Teilnahme an den Riten einer Konfession bereits das Bekenntnis zu ihr erfolgte – ganz im Sinne einer vergleichsweise primitiven, noch «mittelalterlich» erscheinenden Einstellung zum Glauben, nach der Gebärden, Handlungen, Formeln bereits zum Wesentlichen der religiösen Einstellung gezählt wurden. An diesem Punkt sind die Beziehungen zur Magie noch besonders eng, insofern, als ihr vielfach das Handeln genügt, als sie des Denkens, der inneren Anteilnahme nicht bedarf, um Wirkungen hervorzubringen.

Religionsgeschichtlich machte die zunehmende Verlagerung des Glaubens «nach innen» einen wichtigen Aspekt des Modernisierungsprozesses im konfessionellen Zeitalter aus. Das blieb auch keineswegs auf den protestantischen Bereich beschränkt, obwohl Luthers berühmte Deutung christlicher Freiheit als innere, geistige Freiheit einen entscheidenden Abschnitt markiert. Warum es für die Politik, für die Fürsten des Reiches und Europas, für den Kaiser, für städtische Obrigkeiten nicht einfach war, diese Trennung sogleich nachzuvollziehen, mag an einer Gestalt wie Ferdinand II. klarwerden: Sein Gewissen dürfte ihn geradezu gezwungen haben, nach außen zu wirken, zu versuchen, in die Innenwelt der Menschen einzugreifen.

Vor einer Überwindung dieser Verschränkung von Religion und Politik standen bekanntlich schmerzliche Erfahrungen. Erst das 18. Jahrhundert wird ausdrücklich die Einsicht formulieren, daß der Staat nicht da sei, um Seelen zu retten, sondern um den Frieden zu schützen. Diese

Einsicht bedeutete gewiß nicht das Ende des Krieges. Aber sie nahm vielen Auseinandersetzungen auch ihre prinzipielle Schärfe, ihre Tendenz zur Totalität, die vielleicht zum ersten Mal in der neueren Geschichte im Dreißigjährigen Krieg sichtbar geworden war. Daß es nicht lange dauerte, bis sich der säkularisierte Krieg neue Ideen suchte, die ihm zu höherer Legitimation verhelfen sollten, ist bekannt; ebenso, daß das Ende des religiösen Gemeinwesens im 18. Jahrhundert keineswegs eine Epoche der Gedankenfreiheit einleitete.

Sechstes Kapitel

«Gott mit uns!»

Viele Augsburger wichen dem äußeren Zwang, zeigten sich dazu bereit, den katholischen Gottesdienst zu besuchen: ging es doch um ihr Brot, ihre Familie. Alle Ratsherren, dazu die höheren Amtsträger blieben standhaft. Die meisten müssen sich untereinander abgesprochen haben und teilten der katholischen Obrigkeit in nahezu gleichlautenden Schreiben mit, es sei ihnen «ohne versehr und laedierung» des Gewissens nicht möglich, in die katholischen Gottesdienste zu gehen. In politischen Sachen versicherte man Kaiser und Rat stetigen Gehorsams.

Der Arzt Philipp Hoechstetter, der auch für das Augsburger Almosen tätig war, übermittelte seine Entscheidung für den Glauben und gegen dieses Amt mit bemerkenswert offenen Worten:

«... wie ich dan ein medicus, also ist mein objectum aeger, patiens und morbidus. Gehöre zu ihm, weiß derowegen nit, wie nöttig ich in die kirchen khan geschickt werden, weil in der kirchen kein medicus nichts zu thuon noch curieren hatt. So hatt auch mein medicinischer aydt nicht der kirchen halben, sondern der patienten und morborum inn sich.»

Am 19. Dezember 1630 mußte auch er zurücktreten.

Bei den nächsten Ratswahlen wurden die freigewordenen Stellen mit Katholiken besetzt. An allen Fronten schritt die Gegenreformation voran: Im Heilig-Geist-Spital, vorher eine protestantische Domäne, wurde das «Ave Maria» gebetet. Die protestantischen Armen erhielten keine Almosen mehr. Ein für die Evangelischen bitterer Höhepunkt war erreicht, als Bischof Heinrich von Knöringen das ehemalige St.-Anna-Kloster, inzwischen mit der benachbarten Schule und der einstigen Klosterkirche eine der wichtigsten Stätten des deutschen Protestantismus, voller historischer Erinnerungen, an die Jesuiten überstellte.

Vor dem Hintergrund dieser Ereignisse entfaltete sich die Gegenbewegung der europäischen Mächte. 1629, im Jahr des Restitutionsedikts, schien die politische Situation eindeutig zu sein: auf der einen Seite die Machthöhe des Kaisers, die dominierende Stellung der katholischen Liga unter Führung Bayerns – auf der anderen Seite das Frankreich des Kardinals Richelieu, das dazu gegen Spanien und England stand. Im Innern der Bourbonenmonarchie waren die Hugenotten besiegt und durch zahlreiche Sonderrechte besänftigt. Durch einen Friedensschluß mit England – gerade 1629 – wurde Spielraum für eine konsequentere Politik gegenüber den deutschen Angelegenheiten gewonnen. Das alles bereitete sich noch im Stillen vor, eine Kombination von Maßnahmen, deren Ergebnisse schließlich umstürzende Auswirkungen hatten – Auswirkungen, die von Richelieu selbst wohl kaum in ihren Dimensionen vorhergesehen und gewiß nur teilweise gewollt waren. Ein entscheidender Schritt war die Vermittlung eines Waffenstillstandes zwischen Polen und Schweden, Voraussetzung für die Eröffnung einer neuen antihabsburgischen Front im Norden. Nachdem der schwedische König Gustav Adolf seinen Fuß auf deutschen Boden gesetzt hatte, schloß Richelieu einen Bündnisvertrag mit dem neuen Akteur auf dem deutschen Kriegstheater: gegen Subsidien von jährlich einer Million Livres sollte der Schwedenkönig ein Heer von 30000 Mann Infanterie und 6000 Reitern unterhalten.

Daneben suchte Richelieu den fundamentalen Antagonismus zwischen Kaiser und Liga für die französische Außenpolitik zu nutzen. Diesem Zweck dienten einerseits Geheimverhandlungen mit Maximilian von Bayern, an deren Verlauf ein weiteres Mal deutlich wird, wie verwirrt, ineinander verschränkt die konfessionellen und machtpolitischen Fragen zu dieser Zeit waren: Eine Schlüsselfigur bei den Verhandlungen war, neben dem für Frankreich agierenden Kapuziner Père Joseph, Guidi di Bagno, Nuntius des Heiligen Stuhls in Paris. Hier ging es nicht mehr darum, einfach «katholische» Politik zu machen – Papst Urban VIII. verfolgte die Doppelstrategie, eine zwar prokatholische, zugleich aber antihabsburgische Front im Reich zu errichten. Die Verhandlungen fanden 1631 ihren Abschluß im feingesponnenen Vertragswerk von Fontainebleau. Es kam einem Nichtangriffspakt zwischen Bayern und Frankreich gleich, die Partner versprachen einander gegenseitige Hilfe bei einem Angriff durch Dritte. Dem bayerischen Kurfürsten ging es dabei um die Sicherung seines Besitzstandes, die Anerkennung der neuerworbenen Kurwürde, um außenpolitischen Spielraum. Vor allem aber stand für ihn und die anderen Ligafürsten die Stellung im Reichsverband im Vordergrund – die Bedrohung durch die absolutistischen Ambitionen des nun übermächtig scheinenden Hauses Habsburg.

Diese Befürchtungen waren schon Voraussetzung der folgenschweren Entscheidungen des Jahres 1630 gewesen. Auf einem in der Reichsstadt Regensburg einberufenen Kurfürstentag war es der bayerischen (und der französischen) Diplomatie gelungen, dem Kaiser eine Reihe von Nieder-

«Gott mit uns!»

Gustav Adolf von Schweden nach der Landung auf der
Insel Rügen. Kupferstich von Johann Eder

lagen beizubringen: Man hatte ihn zum Nachgeben in der Mantuaner Frage genötigt, ihn gezwungen, sein Heer zu reduzieren und dessen Finanzierung an Bewilligungen durch die Reichsstände zu binden.

Von weitreichender Bedeutung aber wurde, daß die Versammlung den Kaiser zur Entlassung seines Oberbefehlshabers hatte zwingen können. Das Ausscheiden Wallensteins erfolgte zu einem kritischen Zeitpunkt: Von Norden her drang der schwedische König ins Heilige Römische Reich vor. Seine militärischen Erfolge machten rasch alle Kombinationen der europäischen Politik zunichte, auch die Richelieus, der in Gustav Adolf gewiß nur einen Subsidienempfänger in Diensten der französischen Außenpolitik gesehen hatte – wenngleich aufgrund gemeinsamer strategischer Interessen. Indessen wurde der König rasch zu einer Macht aus eigenem Recht. Gleich nach der Landung auf Usedom eroberte er Pommern. Schon jetzt deutete sich die Tragweite der Entscheidung an, den Generalissimus Wallenstein zu entlassen. Was wäre wohl geschehen, hätte der Friedländer Gustav Adolf mit einem wohlgerüsteten Heer erwartet, sein Eingreifen in Deutschland verhindert? Es mag sein, daß die Geschichte einen anderen Verlauf genommen hätte. Jedenfalls gab es ausländische Beobachter, für die der wirkliche Krieg erst jetzt, 1630, begann. Als es tatsächlich zum Duell zwischen Wallenstein und dem Schwedenkönig kam, 1632, hatten sich die Verhältnisse bereits völlig gewandelt.

Nach der Entlassung Wallensteins hatte der Oberbefehlshaber der ligistischen Armee, Tilly, auch das Kommando über die kaiserlichen Truppen übernommen. Doch verfügte er nicht über die außerordentlichen Vollmachten, die Wallenstein zugestanden worden waren. Er hatte Order, sich nicht allzu weit von den ligistischen Territorien zu entfernen und Angriffe auf die protestantischen Kurfürsten zu vermeiden, um sie nicht in Bündnisse mit den Schweden zu treiben. Aber der Vormarsch Gustav Adolfs legte schließlich doch einen Einmarsch in Sachsen nahe. Magdeburg wurde geplündert, ging in Flammen auf. Die Soldaten, die in den Belagerungsgräben große Entbehrungen, Hunger und Krankheiten, überstanden hatten, plünderten, schlachteten die Menschen hin. Viele Magdeburger starben in den Flammen. «Das grausame Vorgehen der Soldaten in Magdeburg war an sich für die damalige Zeit nichts Besonderes – die Plünderung und Verwüstung einer Stadt, die Widerstand geleistet hatte, war allgemein geübter Kriegsbrauch –, ungewöhnlich war lediglich das Ausmaß des Gemetzels. Daß ein Dorf oder ein kleiner Marktflecken geplündert oder gebrandschatzt wurde, kam alle Tage vor, aber die Vernichtung einer Stadt von 20000 Einwohnern, noch dazu einer Hochburg des Protestantismus, war etwas Unerhörtes.» (Geoffrey Parker) Die Passion Magdeburgs – bald über Flugschriften in ganz Europa bekannt – wurde zu einem Symbol für die Grausamkeit kaiserlichligistischer Kriegsführung und stand jeder Stadt, die eine Belagerungsarmee vor ihren Mauern sah, als Menetekel vor Augen. Die Zähigkeit, ja der für den späteren Beobachter an Dummheit grenzende Heroismus, mit dem Augsburg einmal gegen die Kaiserlichen verteidigt werden sollte, mag durch das Magdeburger Beispiel genährt worden sein. Unmittelbare Folge des Ereignisses war, daß Kurfürst Johann Georg von Sachsen nun mit den Schweden zusammenging.

Den alliierten Armeen gelang am 17. September 1631 bei Breitenfeld ein Sieg über Tillys Heer. Der Erfolg war so vollständig, daß die katholische Machtstellung in Norddeutschland mit einem Schlag zusammenbrach. So stand den Protestanten auch der Süden des Reiches offen: Während Bernhard von Weimar die Bayern aus der rechtsrheinischen Pfalz vertrieb, drang Gustav Adolf nach Würzburg und Mainz vor.

Die Zeit der Winterquartiere wurde zu intensiven Verhandlungen genutzt. Kurfürst Maximilian von Bayern trat in Gespräche um eine mögliche Neutralität ein, in der Hoffnung, dadurch wenigstens sein Territorium geschont zu sehen und die Schweden zum Abzug aus den besetzten Ländern anderer Ligastände bewegen zu können. Beim Scheitern dieser Verhandlungen, so signalisierte Richelieu, werde Frankreich den bayerischen Partner im Sinne des Vertrages von Fontainebleau – dem «Nichtangriffspakt» von 1631 – unterstützen. Das waren leere Versprechungen, wie sich zeigen sollte, als die Gespräche in der Tat zu keinem Ergebnis führten. Ein Grund dafür war, daß Gustav Adolf neben anderem die Rückgabe der bayerischen Unterpfalz forderte.

Der Kaiser, auf dessen Hilfe Maximilian ohnedies kaum noch zählte, hatte inzwischen Wallenstein zurückberufen und mit der Neuorganisation eines Heeres beauftragt. Als Gustav Adolf nach den gescheiterten Neutralitätsverhandlungen mit dem Kurfürsten im März 1632 erneut zur Offensive ansetzte, hatte dieser nur noch einen Rest des Ligaheeres unter dem 73jährigen Tilly zum Schutz seines Landes. Eine letzte Verteidigungslinie wurde an der Donau aufgebaut.

In Augsburg vernahm man in banger oder hoffnungsvoller Erwartung – je nach konfessioneller Ausrichtung – vom Siegeszug Gustav Adolfs, des «Löwen aus Mitternacht». Der Rat hielt zu strenger Zucht an – wie in der Zeit der Pest, ermahnte zu gottgefälligem Leben. Komödien, Musizieren, selbst Schlittenfahren wurde verboten, um sich vielleicht doch noch vor der Geißel Gottes zu retten. Andere diskutierten schon im Dezember 1631, ob man dem König wohl die Tore öffnen werde, wenn er vor der Stadt erschiene. In der Umgebung Augsburgs waren Truppendurchzüge und Einquartierungen zu bemerken. Dem Rat gelang es indessen noch lange, die Stadt von lästigen Gästen freizuhalten. Hegte man doch die gewiß nicht unbegründete Vermutung, den Kaiserlichen gehe es mehr um Kontributionen und Proviant, als darum, Augsburg zu schützen. Erst Anfang 1632 sah sich der Rat gezwungen, einer drängenden Anfrage Wallensteins zu entsprechen und kaiserliche Artillerie samt zugehörigen Mannschaften aufzunehmen.

Da die schwedische Hauptarmee immer weiter nach Süden vordrang, konnte man nicht umhin, bayerische Soldaten in die Stadt zu lassen, etwa tausend Mann, die den Bürgern der Jakober Vorstadt in die Häuser gelegt wurden. Der Rat verhängte eine Ausgangssperre, entwaffnete die protestantischen Bürger; inzwischen war Donauwörth, keinen Tag von Augsburg entfernt, von den Schweden genommen worden. Am 7. April überschritt Gustav Adolf die Donau.

Augsburg wurde in Verteidigungszustand gesetzt: Immer weitere Truppen rückten in die Stadt, Pikeniere mit langen Spießen, Musketiere, Soldaten des Bischofs, schließlich wieder Kavallerie: Pappenheimer Reiter, furchterregend auf schweren Pferden mit schwarzen, geschlossenen Helmen und Eisenharnischen. Draußen vor den Mauern wurden fieberhaft Schanzen aufgeworfen. Eine Chronik berichtet, am 12. April sei der alte Tilly nochmals nach Augsburg gekommen, um sich ein Bild von der

Abzug der kaiserlichen Truppen aus Augsburg am 20. April 1632. Kupferstich eines unbekannten Künstlers, wohl 1632

Lage zu machen. Er soll geseufzt haben, «daß schantzen seye schon vergebens...». In der Tat mußte die Entscheidung am Lech fallen, wo die Schweden in der Nähe der Stadt Rain dem letzten Aufgebot der Liga – etwa 22 000 Mann – gegenüberstanden. Die Armee des Schwedenkönigs mag etwa doppelt so stark gewesen sein.

Der entscheidende Angriff der Schweden fand in der Nacht vom 14. auf den 15. April statt. Es gelang ihnen, auf einer Kiesbank des Lech einen Brückenkopf zu errichten. Gegenangriffe brachen im Feuer der gut postierten Artillerie zusammen. Bei einer solchen Attacke wurde Tilly schwer verwundet. Er starb zwei Wochen später in der Festung Ingolstadt, wo sich die restlichen Truppen Maximilians sammelten.

Bayern, dazu die Reichsstadt Augsburg standen Gustav Adolf offen. Zwei Tage nach der Schlacht bei Rain lagerten die Schweden in dem Dorf Lechhausen vor Augsburg. Gerade noch gelang es einigen Reiterkompanien, die Stadt zu verlassen – Kurfürst Maximilian hatte sie nach Ingolstadt beordert. Ein Chronist überliefert das eindrucksvolle Bild, wie die schwarzen Reiter in tiefer Dunkelheit aus der Stadt zogen, jeder mit einem flackernden Wachslicht auf dem Helm – «welcher aufzug der manier und ordnung in dieser sehr finsteren nacht einer procession nit ungleich geschinen».

Der Kommandant der in der Stadt liegenden bayerischen Truppen, Oberstleutnant de Treberey, dürfte kaum im Zweifel über seine Lage gewesen sein. Eher symbolisch gedacht war eine Beschießung der jenseits des Lech verschanzten Armee, sie richtete keinen Schaden an. Unruhen unter der Bürgerschaft ließen erkennen, daß bei einer Verteidigung der Stadt kaum auf die geschlossene Loyalität der Bevölkerung zu rechnen gewesen wäre.

Ein schwedischer Trompeter, den man mit verbundenen Augen durch den Festungsgürtel geführt hatte, überbrachte die Übergabebedingungen. Als der katholische Rat versuchte, mit dem Schwedenkönig zu verhandeln, verständigte der sich direkt mit dem bayerischen Befehlshaber, dem freies Geleit bis in die Festung Ingolstadt zugesichert wurde. Mit wehenden Fahnen und den brennenden Lunten der Gewehre, unter klingendem Spiel zog die bayerische Garnison ab, durch das «Rote Tor» im Süden Augsburgs. Beiderseits der Straße eskortierte die schwedische Armee mit ihrem König an der Spitze die erste Wegstrecke.

Ein Bild der Ordnung also inmitten der Verwirrung eines mit letztem Einsatz geführten Krieges: Dergleichen begegnet öfter, noch in der frühen Neuzeit, bildet wiederholt einen merkwürdigen Kontrast zur Absolutheit, mit der es um Macht und um den rechten Glauben geht. Die kurze Beschießung der Schweden durch die in Augsburg liegende Artillerie fügt sich in das gleiche Muster – eine Aktion, die Verteidigung andeutet, aber nicht militärisch gemeint ist. Der Militärkommandant hatte damit seiner Pflicht Genüge getan, seine Ehre verteidigt. Der Sieger respektierte seinerseits die getroffenen Abmachungen, obwohl es ein leichtes gewesen wäre, sich der abziehenden Truppen zu bemächtigen. Diese demonstrieren symbolisch das Ehrenhafte ihres Abmarschs: durch die brennenden Lunten, die jederzeit die mit Pulver und Blei geladenen Musketen entzünden mochten; durch die wehenden Banner, die gleichsam ungebrochene, unbesiegte Identität behaupteten; durch Musik, die die Ordnung des Marsches hörbar machte.

In all dem deutet sich eine Spur des – wie Johan Huizinga sagt – agonalen Charakters noch des frühneuzeitlichen Krieges an. Er erinnert daran, daß der Stadtkommandant des von den Niederländern belagerten Breda 1637 einen erbeuteten Wagen höflich an seinen Besitzer zurückgeben ließ, zusammen mit neunhundert Gulden für dessen Soldaten. Huizinga interpretiert dies als Rest einer Auffassung, die den Krieg als edles

Spiel der Ehre versteht. Daß dieses Element der Regelhaftigkeit, diese vom Ehrgefühl oktroyierte Selbstbeschränkung, stets im Widerstreit liegt mit der menschlichen Bosheit, dem Wunsch, Macht mit welchen Mitteln auch immer zu steigern, ist freilich genauso zutreffend. Die Ehre allerdings, der man treu bleiben wolle – so wiederum Huizinga –, werde allein den Gleichen gegenüber gewahrt. Geht es gegen als «minderwertig» eingeschätzte Gegner, hat die Beschränkung der Gewalt schnell ein Ende.

Diese Überlegungen lassen wiederum eine der Voraussetzungen erkennen für die Erbitterung, die oft alle Schranken durchbrechende Grausamkeit, die den Dreißigjährigen Krieg kennzeichnet. Identifizierte man doch im Gegner wechselseitig den Ketzer, den Feind Gottes: Der Papst galt den Protestanten als Antichrist, umgekehrt erschienen die Evangelischen manchen katholischen Eiferern als Häretiker, die es mit Feuer und Schwert auszutilgen galt. Dabei hielt man die eigene Partei oft genug für die Streitmacht eines höheren Geschicks, die allein einer zwangsläufigen heilsgeschichtlichen Entwicklung zur Wirklichkeit verhalf.

Konsequent zu Ende gedacht und in Handlungen umgesetzt, hätten diese Vorstellungen von Geschichte in eine Kette namenloser Grausamkeiten, letztendlich Morden münden müssen. Daß es nicht so kam, war wohl vor allem eine Folge des Umstands, daß die Logik des Denkens immer mit einer Wirklichkeit konfrontiert wird, die anderen Gesetzen folgt. Auch der eifernde Fanatiker sieht sich Sachzwängen ausgesetzt: revoltierenden Bürgern, Soldaten, die meutern, wenn man sie nicht bezahlt; Politikern, bei denen Gottvertrauen nicht zu wütendem Eifer, sondern zu Bescheidung führt. Schließlich entsteht in jenem Raum zwischen dem Glauben an die Determiniertheit der Geschichte und der Erschütterung dieser Überzeugung durch eine grausame Wirklichkeit, die unmittelbaren Sinn nicht erkennen läßt, das Völkerrecht: Ein Ideal der Gerechtigkeit zwischen den Völkern, das durch vernünftige Einsicht in die Realität verwirklicht werden soll und an das hergebrachte Gefühl der Ehre anknüpfen kann – jenen für das Zusammenleben der Bürger so zentralen Wert, der Anwendung auf die zwischenstaatlichen Verhältnisse findet. Es ist gewiß kein Zufall, daß das Hauptwerk dieser Rechtslehre – Hugo Grotius' ‹De iure belli ac pacis› – in einer Epoche des Kampfes um den rechten Glauben entstanden ist. Grotius war zugleich ein früher Vertreter des Toleranzgedankens, der erst nach blutigen Auseinandersetzungen und schmerzlichen Erfahrungen historisch relevant werden sollte.

Im geordneten «Spiel» der Übergabe Augsburgs an die Schweden (als einem Exempel von vielen) wird zugleich ein Ansatz für künftige Erscheinungsbilder des Politischen identifizierbar. Die Auseinandersetzung wird zusehends und immer eindeutiger in bestimmte Formen gebracht. Die Kriegsführung nimmt ebenfalls mehr und mehr den Charakter einer «Kunst» an, zu deren Beherrschung es detaillierter Fachkenntnisse bedarf; eine Sache eben nicht mehr des ritterlichen Amateurs wie im Mittelalter, sondern des dafür ausgebildeten Fachmanns. In manchen kriegerischen Auseinandersetzungen des Hochabsolutismus – nicht in allen – wird wieder der Spielcharakter des Krieges durchschimmern, nun aber auf diesem professionellen Niveau. Ehre und Recht begrenzen die kriegerischen Auseinandersetzungen; mitunter werden sie ohnedies eher den Charakter monströser Familienstreitigkeiten annehmen.

Dies sind Züge des Krieges, die sich erst nach und nach herausbildeten, indessen eben auf geistesgeschichtliche Traditionen zurückgreifen konnten, die selbst in einer so prinzipiellen Auseinandersetzung, wie es der Dreißigjährige Krieg gewesen ist, nicht ganz verschüttet wurden. Andererseits war es doch gerade das religiöse Motiv, welches dem Krieg besonders in seiner ersten Hälfte ein eigenes Pathos, ja gelegentlich eine gewisse Moralität verlieh. Es mag sein, daß dies mit dem anfangs noch verhältnismäßig eindeutigen Verlauf zusammenhing: Bis zum Ende der zwanziger Jahre Erfolge der Katholiken, dann ein halbes Jahrzehnt lang Siege der Protestanten, das alles eben noch mit einer ziemlich klaren Übereinstimmung politischer und konfessioneller Fronten (obwohl es auch hier, wie wir sahen, Brüche gab). Wer in der Geschichte einen Sinn suchte, mochte ihn jetzt noch einigermaßen sicher aufspüren können. Später würde es immer weniger um den Glauben gehen, um Gottes Ehre, sondern um Kontributionen, Sold, Länder und Rechtstitel.

Die schwedische Armee, die am selben 20. April 1632 in Augsburg einrückte, an dem die katholischen Soldaten die Reichsstadt verlassen hatten, präsentierte sich den Einheimischen jedenfalls als eine Streitmacht von recht ungewöhnlicher Art. Sie lagerte auf dem Weinmarkt, unter freiem Himmel; gegen vier Uhr «abents» wurden, wie ein Chronist mitteilt, vom Feldprediger Betstunden gehalten. Die Finnen und Schweden hätten – «das uns anfangs frembdt fir komen» – mit heller Stimme Psalmen gesungen. Die lutherischen Frauen brachten ihnen Getränke und Essen – sie hätten sie als «Gotes engel und ire erlöser gegriesst», notiert der katholische Pfarrer Johann Georg Mayr in sein Dia-

Der König hört das Te Deum in der St. Annakirche

Tanz mit Augsburger Patrizierinnen

Begebenheiten während des Aufenthalts Gustav Adolfs in Augsburg. Ausschnitte aus einem undatierten Einblattdruck

rium. Immerhin ließ man verlauten, protestantische Bürger sollten die Worte «Gott mit uns» an ihre Haustüren schreiben, um sich vor Plünderungen zu schützen.

Am 24. April hielt König Gustav Adolf selbst feierlich Einzug in Augsburg. Der erste Ritt in der Stadt führte ihn nach St. Anna, in die Hauptkirche der Protestanten. Dort hörte er die Predigt, dann wurde das «Te Deum Laudamus» gesungen. Es war der Höhepunkt seiner Laufbahn.

Er selbst hatte durchaus das Gefühl, als Werkzeug Gottes zu handeln, eine Überzeugung, die durch seine geradezu unglaublichen Erfolge genährt wurde. Wer hätte noch 1630 mit einem solchen Umschwung der Verhältnisse rechnen können? In diesen Siegen lag für ihn und für viele Zeitgenossen ein Beweis für die Legitimität seiner Politik.

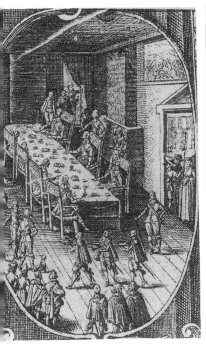 

Festbankett Ballspiel auf dem Fronhof

Die Geschichte seines Weges durch Deutschland war sehr bald vom Glanz des Wunderbaren umgeben. Er selbst, in Flugschriften als Held, als ein neuer Gideon gefeiert, war vielleicht die einzige charismatische Gestalt, welche der Dreißigjährige Krieg hervorgebracht hat (seinem großen Gegenspieler Wallenstein wird man dieses Prädikat wohl kaum ohne weiteres zuerkennen): großgewachsen, blond, in schwarzem Gewand mit rotem Wams behalten ihn die Augsburger in Erinnerung. Man schreibt davon, wie er mit einigen Vornehmen den Ball schlägt, sich allerdings einer Dame so leidenschaftlich nähert, daß er ihr den Spitzenkragen zerreißt. Er sei ein «guter Orator», schreibt einer, der mit dem König zu tun hatte, spräche mit «zierlichen, freindlichen, gudsten, doch darneben gravitätischen worten». «Liebe, gute freundt», sagt er zu einigen protestantischen Vertretern der Reichsstadt bei einer ersten Begegnung, «ich zweiffle gar nit, gott habe euer eyferiges, fleissiges gebet und ruem wirdige bestendigkeit erhört und mich disen weiten weg, euch auß euer betrangung zu erretten, herauß gesandt...»

Gerade um die Einnahme Augsburgs entstand eine große Zahl von Flugschriften. Die Reichsstadt wurde zum Symbol für die Befreiung der Protestanten. In einem Text, der ‹Schwedische Weck-Uhr› betitelt war, wurde der Weg des Schwedenkönigs durch Deutschland mit einem Uhrzeiger verglichen, der sich über eine große Trommel bewegt; Waffen, Rüstungen sind die Gewichte dieser Uhr.

«In Augsburg thets den fünfften Schlag /
In dem da wurd es eben tag /
Daß man gieng aus der Mette /
Auch thet gantz Wachtsam her für gohn /
Die Augspurgisch Confession /
Von ihrem Trangsahls Bette.»

Auf anderen Drucken sehen wir Gustav Adolf – den «Mann, Der helffen kan» – eine allegorische Figur mit dem Feldherrnstab berühren: die verwitwete protestantische Kirche Augsburgs symbolisierend. Im Hintergrund ist die Stadtsilhouette zu sehen, dazu ein «papistischer» Tempel, vor dessen Eingang Jesuiten und Mönche damit beschäftigt sind, die Bibel und andere Schriften zu vernichten. «Geängstigt ward Augspurg die Stadt: Gott durch Gott ihr geholffen hat», steht als Motto über der Darstellung.

Zwei offenbar zusammengehörige Blätter feiern den schwedischen König als Streiter der Apokalypse, als Vollender des göttlichen Heilsplans. «Die betrangte Stadt Ausgspurg» und «Die durch Gottes Gnad erledigte Stadt Augspurg» sind die Einblattdrucke betitelt. Der erste schildert die Bedrängung der Restitutionszeit: die Ungeheuer der Johannes-Apokalypse werden als Papsttum und Jesuiten-Orden gedeutet, die «ihre Brut» über die Stadt «speyen». Das folgende Blatt zeigt das Gegenbild: Gustav Adolf, der, übergroß vor der Darstellung Augsburgs, die Ungeheuer mit Schwerthieben erlegt hat. Jesuiten, Kapuziner und andere Träger der Gegenreformation fliehen aus den Toren der Stadt, die Evangelischen – deren Emigration auf dem Pendant des Druckes gezeigt worden war – ziehen wieder ein. Ablaßbulle und Papstkrone liegen im Staub.

Die Flugblatt-Panegyrik mag etwas von der Aura erkennen lassen, die den neuen Caesar, den zweiten Konstantin, umstrahlte. Aber natürlich geht daraus weniger hervor, welche Ziele er wirklich hatte. Es gibt allerdings einige Fakten, die mögliche Pläne andeuten, Pläne, die wohl eher aus einer vom König selbst kaum erwarteten Situation gestaltet werden

Die Eidesleistung der Augsburger Bürger vor König Gustav Adolf auf dem Weinmarkt. Der König nimmt die Huldigung von einem Fenster des Fuggerpalastes aus entgegen. Im Hintergrund der Herkulesbrunnen mit dem Siegelhaus und die Basilika St. Ulrich und Afra. Kupferstich von Raphael Custos, 1632

mußten, als daß sie Frucht langfristiger Strategien gewesen wären: Von Sieg zu Sieg müssen sich für den schwedischen König die politischen Horizonte geweitet haben.

Kurz nach dem Einzug in Augsburg hat er erste Maßnahmen zur Sicherung seiner Herrschaft ergriffen, die eine größere Konzeption ahnen lassen: Gleich nach dem Gottesdienst bei St. Anna und einem Rundgang durch die Innenstadt wurden die Bürger auf den Eroberer vereidigt – ein reichsrechtlich höchst bedenklicher Vorgang, der die Stellung Augsburgs als Reichsstadt tangierte. Er erhob einige wohlhabende Kaufleute und «Mehrer» zu Patriziern, beschenkte diese großzügig mit säkularisiertem Kirchengut und war somit bestrebt, führende Familien an das neue Regime zu binden. Natürlich war der katholische Rat umgehend abgesetzt worden.

Es war dieser «Schwedenrat», der für die nächsten Jahre Augsburgs Obrigkeit wurde; er ersetzte den völlig katholischen Rat der Restitutionszeit. Analysiert man die Zusammensetzung der neuen Gremien, zeigt sich, daß dem protestantischen Rat weit wohlhabendere Leute angehörten als den vorigen Institutionen: Die katholischen Patrizier hatten durchschnittlich 91 fl. Steuern bezahlt, die Protestanten brachten es auf nicht weniger als 131 fl. Noch krasser waren die Unterschiede bei den Kaufleuten. Die Katholiken des Rates von 1631 hatten es im Schnitt nur auf 43 fl. 30 kr. gebracht. Die Protestanten des Gremiums von 1632 bezahlten über 216 fl., wenngleich man berücksichtigen muß, daß ein «Superreicher» unter ihnen – der Kaufmann Matthias Koch – allein 534 fl. 10 kr. Steuern bezahlte. Er muß ein riesiges Vermögen von bis zu 213 600 fl. Wert besessen haben.

Selbst die Steuerleistungen der protestantischen Handwerker im Kleinen Rat übertrafen die der Katholiken um ein Vielfaches (46 fl. gegenüber 12 fl.).

Im Großen Rat, jenem wichtigen Gremium, das zahlreiche integrierende Funktionen entfaltete und seinen Mitgliedern Prestigevorzüge bot, lagen die Verhältnisse ganz ähnlich. Die Vertreter aller Stände des «Schwedenrates» übertrafen unter dem Strich ihre katholischen Vorgänger erheblich an wirtschaftlicher Potenz. Beispielsweise lag die Steuersumme von 141 protestantischen Handwerkern hier im Schnitt bei 11 fl., bei den katholischen Vorgängern dagegen nur bei 5 fl. 38 kr. Und lassen sich im Großen Rat von 1631 immerhin 19 «Habnit»-Steuerzahler finden (16,2 Prozent), waren es im «Schwedenrat» von 1632 nur noch vier oder 2,8 Prozent.

Diese Zahlen besagen nichts anderes, als daß die Protestanten den größeren Teil der Augsburger Bevölkerung bildeten. Als es in der Restitutionszeit darum gegangen war, die vakanten Ratsstellen mit Katholiken zu besetzen, fehlte es ja überhaupt an Kandidaten: Es ist kein Zufall, daß verstärkt auf städtische Bedienstete zurückgegriffen wurde, die aufgrund ihrer Stellung praktisch verpflichtet waren, das Ratsamt anzunehmen. 1631 gehörten über 23 Prozent der Mitglieder des Großen Rats zu dieser Berufskategorie, 1632 waren es nur noch 8,4 Prozent. Goldschmiede und andere Kunsthandwerker, Gastwirte, Nahrungsmittelhandwerker, der Handel, schließlich Leute, die als Textilhandwerker arbeiteten, prägten die Struktur des «Schwedenrats». Die Weber waren, wie meist, unterrepräsentiert. Unter den «schwedischen» Ratsherren finden wir allerdings immerhin nahezu zehn Prozent. Es war wiederum die Spitzengruppe des Handwerks, die es nun schaffte, in den Rat aufzusteigen, darunter vorwiegend Weber mit – im Hinblick auf die Struktur ihres Berufs – ungewöhnlich hohen Steuersummen. Es war die gemessen an ihrem engeren sozialen Umfeld gute wirtschaftliche Lage, die ihren Aufstieg ermöglichte.

Schwedische Zolltafel aus Lauingen in Schwaben, 1632

Augsburg, das zeigen die Einsetzung des Schwedenrates und andere Maßnahmen des Schwedenkönigs, sollte ein wichtiger strategischer Punkt für weitere Unternehmungen werden. Man mag an ein süddeutsches Territorium gedacht haben, mit Augsburg als Hauptort (wenn auch nicht als neuer Residenz, wie der katholische Chronist Reginbald Moehner argwöhnte). Gustav Adolf selbst meinte einmal, Ulm, Augsburg, dazu das «Trigon» von Lech und Wertach bildeten eine «solche sedem belli», daß ihn der Feind hier so leicht nicht wieder herausbringen werde. In der Tat begannen die Schweden in der nächsten Zeit – so durch die Einrichtung von Zollstationen – mit der administrativen Durchdringung Schwabens. Die Organisation einer protestantischen Allianz – des «Heilbronner Bundes» – läßt deutlicher zukünftige Optionen der schwedischen Politik erkennen.

In der Stadt beobachteten selbst protestantische Bürger die umwälzenden Veränderungen, die sich nun seit 1632 vollzogen, nicht ohne Sorge. Die schwedische Okkupation galt einem Chronisten als Grund

Embleme von Augsburger Bürgerfahnen: Rakete mit der Devise: «ELEVAT ARDOR»

zur «herzens freüd» nicht «umb deß zeitlichen, sondern umb des geistlichen willen», vor allem «nicht darumb, daß (das) liebe vatterland, die statt Augspurg, under einem frembden und kriegerischen dominat (warbey nichts dann krieg und kriegs verderbungen vor augen zu sehen gewesen) auf gnad und undergang sich ergeben befinden müssen». Ein anderer reimte – das klang nicht weniger skeptisch und angstvoll: «...ach Gott durch deine gnad verley, auff das es ewig hab bestand/ ach HERR gib frid dem vatterland.»

Die Kehrseite der Medaille zeigte sich ohnedies schon bei den ersten Gesprächen, welche Vertreter der Augsburger Protestanten mit dem Schwedenkönig führten. Da wurde nicht verhandelt, sondern gefordert – so die Aufstellung einer Bürgerwehr. Wider alle Bedenken meinte der König: «Mich bedunckht, das durch eueren so lang gehabten friden ihr das courage verlohren habtt, welches ihr wieder bekomen mießet...»

Die Bürgerkompanien wurden unter mit Emblemen geschmückte Fahnen gestellt. Der Chronist Reginbald Moehner hat von diesen aquarellierte Federzeichnungen gefertigt. Auch sie waren Medien einer über-

«Gott mit uns!»

Regenbogen, Kirche, die schwedische Krone mit der Devise:
«Lucem Fert Et Serenitatem»

steigerten Panegyrik protestantischen Märtyrertums und Sendungsbewußtseins. Die mit lateinischen Motti versehenen Embleme sind Variationen eines einzigen Themas: der Errettung der Augsburger Protestanten durch den Schwedenkönig, ihre Standhaftigkeit in den Zeiten der Bedrängung.

Zur Deutung dieser Bilderrätsel kann man auf einen gedruckten Text zurückgreifen, den Caspar Augustin, Schulhalter bei St. Anna, 1633 vorlegte. Da ist die schwedische Krone zu sehen, über einem Regenbogen, dem Zeichen des göttlichen Bündnisangebots: «Lucem Fert Et Serenitatem», Licht bringt sie und Heiterkeit, wird erläutert – nach den Verfolgungen zur Zeit der katholischen Dominanz habe die protestantische Kirche nun göttliche Gnade und Beistand erfahren. Phönix ist abgebildet, aus der Asche steigend: ein Sinnbild des Christentums, der Kirche Augsburgischer Konfession, aber auch des Schwedenkönigs, der unter Einsatz seines eigenen Lebens die Protestanten befreit habe. Ein anderes Bild zeigt einen Kranich, beliebtes Symbol soldatischer Wachsamkeit und in dieser Bedeutung auch auf den Fahnen der Bürgeraufgebote anderer Städte zu sehen. Eine Augsburger Schöpfung scheint das etwas kuriose Emblem «ELEVAT ARDOR», auf der Fahne des Hauptmanns Jeremias Lidel, zu sein: es zeigt eine Rakete, die durch die Hitze in die Luft gehoben werden soll. Ganz entsprechend, so deutete Augustin das Bild, erfahre die Kirche durch das Feuer der Angst ihre Antriebe. Pulver, Salpeter und Schwefel der Rakete seien wie die Drangsale, welche die Kirche zusammenhielten. Und: Bei Trübsal und Unterdrückung schickten die Gläubigen «einen Raketenseufzer nach dem anderen» zum Himmel, um ihn durch Angstfunken gleichsam zu bestürmen.

Diese Interpretation ist gewiß – zurückhaltend ausgedrückt – eigenwillig. Jedenfalls entfalten Augustins Deutungen alle Möglichkeiten, die sich aus der Metaphysik der Dinge ergeben. Sein Traktat zeigt erneut, wie schwer sich selbst Zeitgenossen mit dem «Lesen im Buch der Natur» tun mußten, wie wenig eindeutig die Sprache der Dinge war. Man bedurfte der Auslegung, und der Interpret selbst war sich oft einer stringenten Lösung nicht gewiß. Wie wohl die einfachen Bürger die kryptischen Botschaften der Fahnen aufgenommen haben? Die Bilder wird man sicher verstanden haben, zumindest die Tendenz, die sie zum Ausdruck brachten (und es mag sein, daß es Gebildete gab, die ihnen einzelnes erklärten). Die lateinischen Motti aber hatten, aus der Perspektive des «ungebildeten» Publikums betrachtet, eine möglicherweise ambivalente Funktion: Sie steigerten die Rätselhaftigkeit des Bildes, standen aber zugleich für eine höhere, in gewisser Weise geheime Wahrheit, die sich hinter dem Zeichenkomplex verbergen mochte; erklärten, ohne zu erklären, ergänzten sie doch das Mysterium des Bildes um die Chiffre einer Buchstabenfolge, die zwar einen Sinn haben mochte, für den Großteil des Publikums indessen nicht entschlüsselbar war.

Letztlich erhöhten die Embleme den militärischen Einsatz der Bürgerfähnlein zum Gottesdienst, versahen Wacheschieben und dergleichen mit einer moralischen Attitüde. Deutlicher ins Auge fallend – und verfassungsrechtlich bedenklicher – war die übrige Gestaltung der Fahnen: Sie bestanden aus gelbem Tuch, die Embleme waren von einem mit vier Rosen bestückten Lorbeerkranz umgeben, und weiße Lilien schmückten die Ecken: Das war nichts anderes als das Grundmuster der Feldzeichen, welche die Schweden auch sonst führten. Sinnfälliger konnte die Unterwerfung der Bürger der freien Reichsstadt unter schwedische Botmäßigkeit nicht zum Ausdruck gebracht werden. So wurden die Bürgerfähnchen subtil gestaltete Medien konfessioneller wie politischer Propaganda.

Die eigentlichen militärischen Aufgaben sollten allerdings vier bis fünf

Regimenter Besatzung erfüllen. Dafür verlangte König Gustav Adolf eine monatliche Kontribution von 30 000 Gulden. Das war eine enorme Summe: Sämtliche Steuereinnahmen der Reichsstadt überstiegen selbst in guten Zeiten kaum 70 000 bis 80 000 fl. jährlich. Das alles war durch Aufschläge auf Lebensmittel zu finanzieren. Auch die Geistlichkeit sollte nicht ungeschoren davonkommen. Immerhin standen einem gemeinen Soldaten täglich zwei Pfund Brot, ein Maß Wein, dazu entweder noch ein Pfund Fleisch oder die Kost, die es am Tisch seiner (unfreiwilligen) Gastgeber gab, zu.

Nicht einmal die Fuggerei blieb von Einquartierungen verschont, man legte das Wildensteinsche Regiment in die Armensiedlung. Die Bewohner mußten innerhalb weniger Stunden ihre Sachen packen und ausziehen, Interventionen der Fuggereiverwalter blieben erfolglos:

«...haben wir also beede supplicierende verwalter unverrichter sachen ganz hilflos mit der langen naasen, wie man sagt, abziehen und die sach gott und der zeit bevelchen müessen».

Die Bewohner waren fassungslos:

«...darüber ein solches erbärmliches heulen, schreien und weinen mit zuesamen schlagung der händ über die häupter erfolgt, das es einen stain zuegeschwiegen einen menschen bewegt haben solte».

Nach Abzug des Regiments blieb die Fuggerei zunächst verlassen, Diebe holten sich Baumaterial, brachen selbst die Holzverkleidungen von den Wänden – es sei «mit ainem wort auß der wolerbawten und underhaltenen schönen fuggerei, ein hessliche spelunken und schier gar ein mördergrueb [gemacht worden]».

Dann die Schanzarbeiten. Gustav Adolf hatte gleich bemerkt, daß die Befestigungsanlagen der Reichsstadt in schlechtem Zustand waren. Bis zu dreitausend Leute soll man zum Schanzen gezwungen haben. Vor den Wallanlagen wurden Gärten zerstört, Bäume abgehauen, Lusthäuser eingerissen, um der Artillerie notfalls freies Schußfeld zu schaffen und feindlichen Soldaten die unbemerkte Annäherung unmöglich zu machen. Eine Idealvedute zeigt, daß in gewaltigen Dimensionen zu bauen beabsichtigt war: In einem riesigen Oval sollten die Wälle mit 22 Schanzen die Stadt umschließen, drei Kilometer Durchmesser würde der Verteidigungsring an seiner breitesten Stelle messen.

Man mußte die an den Wällen arbeitenden Menschen schließlich mit Stockhieben antreiben, die Zeit drängte. Denn es zeigte sich immer deutlicher, daß die schwedische Herrschaft trotz allem auf tönernen Füßen stand.

Gewiß, am 16. Mai zog Gustav Adolf in München ein, Bayern wurde verheert: Planmäßig steckten die Soldaten Häuser und Hütten in Brand, verwüsteten die Felder, quälten die Bauern. Der Schwedenkönig wollte, wie er sagte, «dem feinde seine nervos, die er sonsten aus diesem herzogtum hätte», entziehen. Doch dieser Feind hatte wohl empfindliche Niederlagen hinnehmen müssen, völlig geschlagen war er nicht.

Nachdem Wallenstein die sächsische Armee aus Böhmen vertrieben hatte, stießen Ende Juni Maximilians Truppen zu seinem Heer. Bei Zirndorf, nahe der Reichsstadt Nürnberg, gelang ein erster großer Erfolg gegen die Schweden, die vergeblich gegen Wallensteins stark befestigte Stellungen anrannten und dabei große Verluste hinnehmen mußten. Der Kurfürst wandte sich nun wieder nach Bayern, um dort mit den Resten des Ligaheeres und kaiserlichen Truppen – beide unter dem General Johann von Aldringen – die Schweden zu vertreiben. Das gelang freilich vorerst nicht. Kennzeichnend für die Situation blieb ein fortwährender Kleinkrieg, blieben Streifzüge kaiserlicher und ligistischer Truppen, blieb Unsicherheit auf dem flachen Land; nach wie vor gab es Plünderungen, Raub und Verwüstung.

Am 16. November 1632 standen sich die Heere Wallensteins und Gustav Adolfs beim sächsischen Lützen gegenüber. Der Generalissimus hatte das Treffen nicht gesucht, es war eine unvorhergesehene Überraschung für ihn, als der Schwedenkönig ihn dazu zwang, die Schlacht anzunehmen. Ein ungewöhnliches Dokument läßt etwas von der Dramatik der Situation ahnen: der eilig – «cito, citissime» – ausgefertigte Befehl Wallensteins an Feldmarschall Graf Pappenheim, mit seinen Reitern zum Ort der Schlacht zu eilen: «Der herr lasse alles stehen undt liegen...» Das Schriftstück trägt das Datum vom 15. November, des Vortages der Schlacht. Die Ränder des heute im Heeresgeschichtlichen Museum zu Wien aufbewahrten Blattes sind von eingetrocknetem Blut braun gefärbt. Man fand ihn im Gewand Pappenheims, der gerade noch rechtzeitig nach Lützen geeilt war, dort aber fiel. Es berührt seltsam, einmal solch eindeutiger Spuren vergangener Wirklichkeit, realen Lebens gewahr zu werden.

Es gibt Historiker, welche die Schlacht von Lützen als schwedischen Sieg werten, andere sprechen von unentschiedenem Ausgang. Solche Fragen zählen nichts gegenüber dem Hauptereignis der Schlacht: dem Tod Gustav Adolfs. Der etwas kurzsichtige König war in eine Abteilung kaiserlicher Soldaten geraten; ein Musketier hatte ihn verletzt, einige Reiter besorgten den Rest. Nach dem Kampf, im Dunkel der frühen Nacht, fand man seinen entkleideten Leichnam.

Dieser Tod in der Schlacht machte den «Löwen aus Mitternacht» endgültig zum Helden, ja geradezu zum Heiligen. Man wußte, daß sein Körper nicht verwese; durch Zeichen des Kopfes tue er ratsuchenden Evangelischen seinen Willen kund. Zwei Monate nach Lützen ging unter den Augsburger Protestanten die Rede um, er lebe noch, «seye übel zufrieden, daß man ihm Leichpredig gehalten, werde mit viel 1000 Soldaten wider ankomen, den bayerfürsten ganz auszutilgen». Selbst manche Katholiken hatten dem König schließlich Respekt gezollt. So wurde ein Augsburger Handwerker in die Eisen gelegt, weil er ausgerufen hatte: «Ihr lutherische hundt es würdt bald anders werden.» Als man ihn fragte, was er damit gemeint habe, sagte er: «Der teufel häb den könig mitt seinem volckh herein geführt: er sey ein wackherer herr, sein volckh aber wehre teuffelhaftig...»

Was aber dachte der protestantische «gemeine Mann» wirklich über die Schweden, wie wichtig war ihm die «Befreiung des Gewissens», die schließlich durch die Besetzung Augsburgs möglich geworden war?

Ein Spottgedicht aus der Zeit nach der schwedischen Besatzung scheint einige Hinweise zu geben. Es heißt darin:

«Vom starcken löwen aus mitternacht
hat man schon lang vil wunders gemacht,
etlich hielten ihn für einen gott,
jezt lacht man, weil er ist todt.

Zu Augspurg in der werthen statt
ein jeder weber sein bildtnuß hat,
genagelt an der kamerthür,
die kinder müßen kniehen darfür
und sprechen ‹lieber Schwed helff mir›.

Alle frome frauen und mans personen
des königs bildtnuß angetragen hon,
von silber und von gold gemacht
weil er ihnen die religion hat bracht
und schöne jungfrau zu damen gemacht.»

Ein bitterböser Text. Er will glauben machen, daß der Schwedenkönig vor allem unter den Webern geradezu kultische Verehrung genossen habe, bei den Armen also, die bereits 1584 den «sozialen Humus» eines Aufstandes gebildet hatten. Es finden sich allerdings Indizien in den Quellen, die in eine andere Richtung weisen.

Während der Zeit der schwedischen Besatzung Augsburgs gab es einige Eltern, die, gewiß aus lauter Begeisterung für den König oder um an ihn zu erinnern, ihre Kinder nach ihm nannten – also etwa «Adolph», «Gustav» oder «Gustaphus Adolphus»; vor 1632 kommen diese Namen in den Taufbüchern nicht vor. Man kann weiter differenzieren: Weitaus die meisten Fälle begegnen in der wohlhabenden Pfarrei St. Anna. 3,7 Prozent der 374 Kinder, die hier zwischen 1632 und 1635 getauft wurden, bekamen einen solchen schwedischen Namen. In der Barfüßerkirche, wo im gleichen Zeitraum 633 kleine Augsburger zum Taufbecken getragen wurden, waren es nur 1,7 Prozent. Noch aufschlußreicher ist, daß die Eltern aller Wahrscheinlichkeit nach zu den wohlhabenden Bürgern der Reichsstadt zählten, zur wirtschaftlichen Spitzengruppe. Man kann das an den Vermögenssteuerleistungen ablesen: Sie lagen bei durchschnittlich 22 fl. 50 kr. und waren damit etwa dreimal so hoch, wie die mittleren Steuerleistungen der Bürgerschaft insgesamt. Und die Paten dieser kleinen Gustavs und Adolphs brachten es im Schnitt gar auf über 41 fl. Kaufleute, Patrizier, Ärzte und andere Berufe der reichsstädtischen Führungsschicht dominierten unter den Eltern und Paten.

Solche «schwedischen» Namengebungen können gewiß als Ausdruck besonderer Verehrung für den König gewertet werden. Es scheint also, daß eine solche Begeisterung eher in der Oberschicht anzutreffen war: Hier fanden sich in der Tat auch die «Gewinner» der schwedischen Okkupation, Personen, die Ämter, Ehren erhielten, Intellektuelle, die unter der Unterdrückung der Restitutionsjahre bestimmt in besonderer Weise gelitten hatten und daher den Umschwung der Verhältnisse als befreiendes Ereignis empfanden. Vielleicht läßt sich aus dieser eindeutig auf bestimmte soziale Schichten konzentrierten Neigung, dem Nachwuchs den Namen des Idols zu geben, schließen, daß hier der Grad der Konfessionalisierung besonders weit fortgeschritten war. Die Fälle konfessioneller Indifferenz, die wir kennengelernt haben, spielten sich dementsprechend meist auf mittlerem oder niederem sozialem Niveau ab. Allerdings darf das methodische Problem nicht übersehen werden: Begeisterung für eine charismatische Gestalt wie Gustav Adolf muß nicht unbedingt nur mit konfessioneller Bewußtheit zu tun haben, es können sich zweifellos viele Motive in einer solchen «Abstimmung am Taufbecken» verdichten.

Eindeutig ist freilich, daß sich die Kirchen Augsburgischer Konfession gleich nach dem Einmarsch der Schweden wieder füllten. Man kann das gut an den Kirchenspenden ablesen; ein aufgrund der Aufzeichnungen des Augsburger Almosenamtes gefertigtes Diagramm macht wieder ein Stück Religionsgeschichte sichtbar.

Die Türmchen zeigen Monat für Monat die Spendenerträge des Jahrzehnts zwischen 1626 und 1635. Wir sehen wieder einen gewissen Jahresrhythmus: die höheren Spendenaufkommen zu Ostern, in der Weihnachtszeit. Im Herbst 1628 fällt auf, daß besonders viel gegeben wurde, vielleicht Ausdruck der Dankbarkeit wegen der abflauenden Pest (während in den eigentlichen Seuchenjahren kein erhöhtes Spendenaufkommen feststellbar ist). Dann folgen die für die protestantischen Bürger bitteren Jahre der Restitution, die graphisch als tiefes Tal erkennbar werden – eine Entwicklung, welche zugleich die Finanzkrise des Almosenamtes weiter verschärfte.

Die schwedische Okkupation läßt sich an wieder steil ansteigendem Spendenaufkommen ablesen. Bereits im Mai 1632 wird gegeben, wie sonst nur an Weihnachten. Im Dezember klingelt das Geld in den Sammelbüchsen wie seit vielen Jahren nicht mehr, in allen Stadtdritteln. Es wird kaum überraschen, daß im Drittel von St. Ulrich, wo die Patrizier und Kaufleute wohnen, wo auch St. Anna, die Hauptkirche der Protestanten liegt, am meisten zusammenkommt.

Die Stabilität, das Ansteigen dieser Spendenleistungen ist vor allem deshalb erstaunlich, weil in den Jahren der schwedischen Besatzung nicht nur die Bevölkerung zurückging, sondern immer neue Steuern und Sonderabgaben aufgebracht werden mußten, um die in der Stadt liegenden Soldaten zu finanzieren. Die Lasten trafen die ärmeren Bürger im Übermaß: So mußten die Besitzer von über 10 000 fl. Vermögen zwei Reichstaler pro Familienmitglied, dazu 30 kr. pro Ehehalten bezahlen; einen Reichstaler hatten jene aufzubringen, die über 2000 fl. besaßen, 30 kr. alle übrigen Bürger. Weitere Abgaben folgten, so etwa im August 1632 die Verpflichtung, für jeweils 100 fl. Besitz 6 kr. Sondersteuer abzuführen. Man schlug Steuern auf Kaufmannsgüter, erhob Ungelder von Lebensmitteln. Es kam so weit, daß die Erträge dieser außerordentlichen Steuern bald die regulären Einkünfte des reichsstädtischen Ärars überstiegen. Vor allem blieb das Geld nicht in Schatzgewölben, sondern mußte an die schwedischen Machthaber und ihre Soldaten weitergegeben werden. 20 000 fl. holte man sich von den geistlichen Institutionen Augsburgs.

Noch 1633 stellten sich indessen keine größeren Versorgungsprobleme. Kamen doch die Bauern des Umlandes, so sie konnten, in die ummauerte Reichsstadt, um vor den marodierenden Soldaten draußen Schutz zu suchen; sie brachten ebenso Waren mit wie die Soldaten, die Plünderungsgut verschleuderten. Das war das Resultat eines hinterhältigen Systems. Da es oft nicht so einfach war, aus den Bauern auf dem

Land herauszupressen, wo sie ihr Geld versteckt hatten, besannen sich die Soldaten auf eine einfachere Methode: Sie trieben das Vieh zusammen und verkauften es den Landleuten andernorts wieder. Die mußten ihr bißchen Bargeld zusammenkratzen, um sich in den Besitz dessen zu bringen, was ihre Existenzgrundlage war. So erklärt sich die Notiz des Augsburger Chronisten Jakob Wagner, mancher Bauer habe in der Stadt zuerst eine Henne für einen Gulden verkauft; für denselben Gulden sei sogleich wieder «ain roß, ain khue und ain gaiß» zu haben gewesen. Sarkastisch resümiert er: «Das sein die fructus belly.»

Auf dem Land allerdings verschlechterte sich die Situation zusehends, und dies blieb natürlich nicht ohne Folgen für die Versorgungslage der Reichsstadt. Eine Chronik schildert als «ellendts und erberrmliches spectackel», wie Bauern mit ihren Frauen und Kindern die Fuhrwerke in die Stadt zogen, weil es auf dem Land keine Pferde mehr gab. Nur unter Lebensgefahr gelang es den Fischern, in den Gewässern der Umgebung auf Fang zu gehen – umherstreifende kaiserliche und bayerische Soldaten machten das Land unsicher. Und dazu mangelte es, spätestens ab Herbst 1633, an Getreide. Mit starker militärischer Bedeckung gelang es mitunter, größere Getreidelieferungen auch aus weiter entfernten Gegenden herbeizuschaffen; so wurden im Dezember 1633 zweitausend Schaff Fesen – eine Getreidesorte – vom schwäbischen Lauingen nach Augsburg gebracht, im Februar holte man tausend Schaff Getreide bis von Heilbronn. Eine solche Menge reichte allerdings auch nur wenige Wochen aus.

Der «Schwedenrat» befleißigte sich vor allem der Verwaltung des Mangels: Man verbot die Ausfuhr von Brot und Getreide, untersagte Zwischenhandel, den «Fürkauf». Und man versuchte, die Versorgungslage durch künstlich niedere Preistaxen zu verbessern: So wurde schon im Oktober 1632 der Preis für ein Schaff Roggen auf 7 fl., für ein Schaff Kern auf 9 fl. festgelegt (danach wiederum bemaß sich das Gewicht, zu dem ein Brotlaib verkauft werden mußte). Indessen weigerten sich die Bäcker, zu einem derart unrealistischen Preis Brot zu backen und zu verkaufen.

Für die Augsburger stellte sich somit die Situation höchst ambivalent dar. Manchem, der «ainen frischen krieg begert und darnach geruefen», schreibt Jakob Wagner, käme der «iezzt nur gar zue frhue in das haues…, da die soldaten wollen ihre sachen haben…». Gewiß, den Glauben durfte man wieder bekennen, und das war nicht wenig. Doch wurden die zeitlichen Bedrängnisse immer drückender, zumal die Schweden außerhalb der Städte die Kontrolle über die Dinge zusehends verloren.

Schon im Juni 1632 eroberten katholische Truppen das bayerische Grenzstädtchen Friedberg, das nur wenige Kilometer von Augsburg entfernt am Rande des Lechtales liegt: 140 schwedische Soldaten, von denen die Hälfte «todtkranckh» gewesen sei, hätten die Kaiserlichen «ellendigelich» niedergehauen. Kurz darauf, Mitte Juli, gewann der schwedische General Banér den Ort im Sturmangriff wieder zurück. Die Stadt wurde in Schutt und Asche gelegt. Gefangene machte man nicht, nur Frauen und Kinder durften den Ort verlassen.

Der Krieg steigerte sich im schwäbischen und bayerischen Land in seine wohl grausamste Phase. Es bedarf noch heute starker Nerven, wenn man die später angefertigten Berichte bayerischer Amtleute über die Verwüstungen in ihren Landgerichten studiert (obwohl viel davon von Haß und vom Wunsch, den Gegner zu diskreditieren, diktiert sein mag). Da lesen wir von einem Bauern, dem man den Vater erschießt, die Mutter in den Backofen steckt und verbrennt; von einem neunjährigen Buben, der in einem Dorf bei Friedberg aufgehängt wird; von einer Frau, der man die Brüste abschneidet, als sie den Soldaten nicht zu Willen ist. Von einem Dorf mit ursprünglich 27 Anwesen – fünf Höfen und 22 Sölden – wurden ganze drei Häuser und die Kirche verschont.

Dies war das eigentliche Gesicht des Dreißigjährigen Krieges. Freilich haben Truppendurchzüge oder versprengte Söldnerhaufen das Land in sehr unterschiedlicher Weise in Mitleidenschaft gezogen. Nur wenige Kilometer weiter im Süden, im Landgericht Schongau, wurde nicht annähernd so gewütet wie in der näheren Umgebung Münchens oder Augsburgs.

Die Bauern, denen es nicht gelang, in einer Stadt Unterschlupf zu finden, versteckten sich in den Wäldern. Manche schlossen sich zusammen, um Plünderern das Handwerk zu legen. Auch von den Bauern konnten dann unbeschreibliche Grausamkeiten verübt werden. Gegen die schwedische Armee führten die bayerischen Bauern einen erbitterten Kleinkrieg. Im Dezember 1633 kam es zwischen Isar und Inn zu einem regelrechten Aufstand gegen die fremde Soldateska, gegen die Belastungen durch den Krieg: Die Bauern sammelten sich, mit Heugabeln, Morgensternen, Musketen bewaffnet, forderten den Abzug des Militärs – Kurfürst Maximilian wurde «der Bauern größter Feind» genannt, er mußte verhandeln, Truppen abziehen; nach diesem Teilerfolg zogen sich die Revoltierenden in ihre Dörfer zurück. Ein Haufe allerdings harrte im Ebersberger Forst aus und wurde von Soldaten des Landesherrn zersprengt.

Der unerwartete Überfall. Aus einer Folge von Radierungen Hans Ulrich Francks, 1656

Andererseits kam es vor, daß sich Bauern und Soldaten zusammentaten. Die Bewohner des Dorfes Herrsching am Ammersee gewährten dem Militär Quartier und wurden dafür an Plünderungsgut beteiligt. Viele Landbewohner, verarmte Bürger, Bettler und Vaganten folgten den Truppenwerbern, ließen sich – wie man sagte – zum Kalbsfell locken. Das war Folge der Einsicht, daß es vermutlich besser war, zu plündern als ausgeplündert zu werden.

Die Heere des Dreißigjährigen Krieges wurden so mit zunehmender Dauer der Kampfhandlungen internationaler, immer weniger entsprach ihre Struktur politischen Grenzen oder konfessionellen Gegebenheiten. Das Bild einer Psalmen singenden und betenden Streitmacht, wie es das finnisch-schwedische Heer am Beginn der Okkupation Augsburgs bot, ist in späteren Phasen des Krieges wohl kaum noch zu beobachten gewesen. Das Aussehen der Soldatenhaufen stimmte nur sehr begrenzt mit dem heroischen Glanz überein, den manche Schlachtengemälde der Epoche widerspiegeln: Uniformen gab es noch nicht; manche Armee war

Des Reiters Ende. Radierung von Hans Ulrich Franck, wohl 1656

zusammengewürfelt aus zerlumpten Gestalten, von denen einige – wie die Musterung eines spanisch-italienischen Regiments Ende 1633 zeigte – mangels anderer Gewänder in Frauenkleider gehüllt waren. Man versteht, wenn ein katholischer Augsburger Chronist über die Soldaten Gustav Adolfs nur verdrossen bemerkt, es sei «ein müedes, abscheulich und ungewohnliches volckh».

Krankheiten und Seuchen kamen mit diesen hungrigen, stinkenden Heerhaufen; einen seltsamen Kontrast dazu müssen manche Offiziere und Heerführer geboten haben, von denen einige freilich auch nichts anderes als Bandenführer unter besonderem Rechtstitel waren: bunt, oft kostbar gekleidet, im blitzenden Harnisch, herausgeputzt mit Spitzenkragen und Straußenfedern auf dem Hut.

Den Typus des «soldatischen Renommisten» repräsentiert auch der schwedische Oberbefehlshaber in Augsburg, Johann Georg aus dem Winckel, Obrist der «Königlichen Mayestätt und der Reich Schweden», Herr des «Alten Blauen Regiments». Lucas Kilian stellt ihn auf einem

Johann Georg aus dem Winckel, Obrist und schwedischer Gubernator in Augsburg. Kupferstich von Lucas Kilian, 1634

Porträtstich dar. Wenn Winckel einmal als «feine discrete persohn» charakterisiert wird, mag das auf dessen modische Gewandung anspielen, wie Kilian sie zeigt: Spitzen an den Handschuhen, ein bestickter, mit Rüschen verzierter Rock, über dem eisernen Goller ein reicher Spitzenkragen – das ist aus spanischer «Kreß» und Halskrause geworden (der Maler Peter Paul Rubens, besonders modebewußt, trug dergleichen schon 1610, wie sein Selbstbildnis mit Isabella Brant in der Münchner Alten Pinakothek belegt).

Auch Haar und Bart gehorchten dem Trend der Kriegszeit. Auf der linken Seite hängt unserem Mann nach französischer Mode das Haar als eine Art Zopf – cadenette sagte man – herab. Andere ließen die Kopfzier betont nachlässig wild um das Gesicht flattern. Je länger die Haare wurden, desto kleiner wurden dann Schnauz- und Kinnbart. Winckel läßt beides noch verwegen sprießen.

Spitzenkragen und anderen Putz hatte er ebenso nötig, wie ihm das ehrfurchtgebietende Bartgeflecht von Nutzen war: Die Epoche des Dreißigjährigen Krieges kannte noch keine Uniformen; Offiziere unterschieden sich von ihren Mannschaften nur durch ihre aufwendigere Kleidung (und das Soldatengewand wurde von allen Bevölkerungsschichten nachgeahmt, was zu einem guten Teil den Einzug bunter Farben in die Mode begünstigte). Auf Kilians Porträt ist allerdings nicht einmal eine Schärpe, sonst das übliche «Rangabzeichen» der Offiziere, zu sehen – es ist der Feldherrnstab, der Winckel als Kommandanten der Augsburger Garnison ausweist. Höhere Chargen schmückten ihr Haupt mit einem Federhut oder ließen ihren Eisenhelm mit Federn bestecken. Als Simplicius Simplicissimus sich zum Jäger von Soest staffiert, beschreibt er, wie er sich ein grünes Kleid zulegt und daherreitet wie ein junger Edelmann – «ich war so kühn», läßt Hans Jakob Christoffel von Grimmelshausen ihn sagen, «meinen Hut mit einem dollen Federbusch zu zieren wie ein Offizier, dahero bekam ich bald Neider und Mißgönner...».

Es wäre der Mühe wert, einmal über die Gegensätzlichkeit zwischen der finsteren Kriegsepoche voller Tod und Leid und dem Wandel der Mode zu – man möchte sagen: trotziger – Buntheit nachzudenken. Doch war das Leben des schneidigen Jägers von Soest, wie man weiß, letztlich weniger groß und schön, als sein Gewand suggerieren mochte – und es wäre, sieht man näher hin, eher vom Soldatenelend zu schreiben als von der Freiheit und dem stolzen Anblick jener, die den Trommeln der Werber gefolgt waren. Aber wenn die grellen Farben, die im Wind wehenden Straußenfedern, die in der Sonnen blinkenden Degen schon nicht als Kampfansage an die Vergänglichkeit gewertet werden können, so mag mancher junge Mann dadurch doch zu den Heeren verlockt worden sein. Das war im 17. Jahrhundert nicht anders als in früheren und späteren Epochen.

Der sich wandelnden Struktur der Heere des Dreißigjährigen Krieges entsprach ein Wandel der Ziele, um die dieser Krieg geführt wurde. Man könnte von einer allmählichen Entideologisierung, zugleich einer Säkularisierung sprechen. Das waren Vorbedingungen eines gerechten Friedensschlusses. Doch ging damit selbst der Schein eines ethischen, eines höheren Zweckes dieses Mordens und Brennens verloren – wenn dergleichen für den einfachen Musketier jemals eine Rolle gespielt hatte. Es wird um Beute, schließlich nur noch um Nahrung, ums Überleben gegangen sein.

Der Krieg «selbst», das, was in den Gefechten und großen Schlachten stattfand, entzieht sich moderner Vorstellungskraft, will man sich nicht auf die Beschreibung taktischer Konzepte oder der Heeresorganisation beschränken. Es wäre von der grauenhaften Wirkung der Feuerwaffen zu schreiben, der völlig unzureichenden medizinischen Versorgung; vor allem aber davon, daß der Kampf – wie in jedem Krieg in der alten Gesellschaft – direkte Konfrontation der Soldaten bedeutete, Schießen und Stechen Mann gegen Mann. Krieg war dann nicht nur trainierte Übung, Umgang mit Technik.

Gewiß, Artillerie, Musketen und Pistolen schufen Distanz, doch war es kennzeichnend für den Verlauf der Schlachten, daß diese Distanz schwinden konnte, daß das Leben davon abhing, schneller als der Gegner zu reagieren, zu schießen, zu hauen: Der Abstand des Soldaten zu den Folgen seiner Handlung wurde dann denkbar gering. Es war dies – so zynisch eine solche Formulierung klingen mag – eine *unzivilisierte* Form des Krieges, in der Grausamkeit, Lebensverachtung förmlich eingeübt wurden, durch die man gegen das Erlebnis von Verwundungen und Tod abstumpfte und zugleich eher bereit war, Schreckliches zu begehen.

Bekanntlich zeigte sich das auch bei den manchmal äußerst rohen Bestrafungsmethoden der Epoche. Im «schwedischen» Augsburg, im Mai 1634, wurde eine solche – im militärischen Milieu durchaus übliche – Bestrafungsart praktiziert: Drei Soldaten, die versucht hatten, einen Konvoi aufzubringen, mußten um ihr Leben *würfeln*. Der Verlierer wurde an einem Galgen gehenkt.

Nur mit derart drakonischen Strafen konnte in der Stadt Ordnung gehalten werden. Allein die Chronik des Präzeptors Ludwig Hainzelmann berichtet von zehn Hinrichtungen; ein Soldat wurde mit dem Strang gerichtet, weil er, wie Johann Georg Mayr schreibt, «brot und gelt» begehrt habe – «alsdan hat er kains mer braucht», schließt er sarkastisch.

Im übrigen war bei Plünderung ausdrücklich Notwehr mit der blanken Waffe erlaubt.

Augsburg, innerhalb seiner geometrisch-idealen Fortifikation, glich einem künstlichen protestantischen Utopia inmitten einer feindlichen Umwelt. Man versuchte, durch Einführung einer neuen Schulordnung, durch Predigt und Gottesdienst der Okkupation einen höheren Sinn zu geben; allerdings wurde der Alltag in der Stadt immer schwieriger. Die auf den Wällen wachenden Bürger hielten keine Disziplin, ein «Verruf» gegen Fluchen und Gotteslästern mag da wenig gefruchtet haben – auch wenn der Rat darauf hinwies, daß durch solche «schröcklichen» Sünden Gottes Zorn und «alles Unheyl über ein gantze Comun und Gemein» geführt werde.

Die verwirrte Lage im schwäbischen und bayerischen Umland Augsburgs war eine Folge der militärischen Schwäche der Liga und zugleich der Zurückhaltung Wallensteins, der mit der Hauptmacht seiner Armee in Böhmen und Schlesien blieb. Er scheint eher den Norden des Reiches als Schauplatz künftiger entscheidender Auseinandersetzungen gesehen zu haben, wollte sich wohl auch am bayerischen Kurfürsten für die Entlassung auf dem Regensburger Kurfürstentag von 1630 rächen. In der gewiß zutreffenden Einsicht, daß eine Befriedung des Reiches ohne einen Kompromiß mit den Protestanten unmöglich sei, verhandelte er mit den Schweden und mit dem sächsischen Kurfürsten. Dies ließ den Schweden etwas Spielraum im Süden; im November 1633 gelang es Bernhard von Weimar sogar, die Reichsstadt Regensburg zu erobern.

Die Entwicklungen der großen Politik stellten sich von Augsburg aus unklar, vage dar; einige Gerüchte werden in den Chroniken kolportiert. Man meint im Juli 1633, der Friedensschluß Wallensteins mit Sachsen stehe vor der Tür, für die Protestanten sei freie Religionsausübung vereinbart worden, hört, die Jesuiten würden ausgerottet, der Friedländer bekomme die böhmische Krone, Schlesien solle sächsisch werden. Dann sei eine Vereinigung der christlichen Armeen gegen den Türken geplant. Der Universalfrieden schien manchen nur vorstellbar als endzeitliches Ereignis, vor dem letzten, apokalyptischen Kampf der Geschichte – obwohl sonst eschatologische Stimmungen im Dreißigjährigen Krieg selbst erstaunlich selten faßbar werden.

Die Gestalt Wallensteins, des eigentlichen großen Gegenspielers des Kardinals Richelieu, übte auch aus der Ferne Faszination aus. Als der Feldherr am 25. Februar 1634 in Eger ermordet wurde, habe dies – so schreibt der katholische Chronist Reginbald Moehner – bei Augsburgs Protestanten viel Herzen «consterniert».

Mit Wallensteins Tod war der Weg frei für gemeinsame Initiativen der kaiserlichen und der ligistischen Armee. Das Kriegsgeschehen verlagerte sich zurück nach Süddeutschland, die Schweden unter dem General Horn und Bernhard von Weimar wurden aus dem Kurfürstentum gedrängt. Regensburg wurde zurückgewonnen. Ende August vereinigten sich die beiden Armeen mit einer dritten: spanischen Truppen unter dem Herzog von Feria, die seit Herbst 1633 im Reich operierten und vor allem die Aufgabe hatten, die Verbindungen zwischen Oberitalien und den spanischen Niederlanden zu sichern.

Diese Armee vor allem war in den bayerischen Winterquartieren zu jener Landplage geworden, welche die Revolte der Bauern im Winter 1633 herausgefordert hatte. Doch war sie nun an einer der entscheidenden Schlachten des Dreißigjährigen Krieges beteiligt: Unter dem Kommando des Generals Gallas schlugen die vereinigten Heere bei Nördlingen die Schweden am 6. September 1634 vernichtend. Es war ein Sieg, dessen Auswirkungen jenen des Erfolgs von Breitenfeld gleichkamen: Ganz Süddeutschland stand den Katholiken wieder offen, der Heilbronner Bund zerfiel.

Man konnte den Kanonendonner der Schlacht noch im siebzig Kilometer entfernten Augsburg hören. Das Ereignis verhieß für die Stadt und ihre Bürger nichts Gutes.

Augsburg im September 1634: Wieder deutete sich ein dramatischer Umschwung der Verhältnisse an, die Stadt erlebte die vielleicht bitterste Zeit ihrer Geschichte. Zum Hunger war mit den Soldaten seit 1632 auch wieder die Pest gekommen. In den Sommermonaten des Jahres 1633 war ein erster Höhepunkt erreicht. Nach den erhaltenen Quellen zu urteilen, scheint sich die Seuche von den Armenvierteln der Jakober Vorstadt und vom Lechviertel aus in der Stadt verbreitet zu haben. Einige der Seuchenopfer von 1633 können noch im Steuerbuch des Vorjahres aufgefunden werden; daraus läßt sich ein gewisser Eindruck ihrer wirtschaftlichen Lage gewinnen:

«Habnit»		68 (43,0 Prozent)
Steuer bis	60 kr.	49 (31,0 Prozent)
Steuer bis	10 fl.	25 (15,8 Prozent)
Steuer bis	100 fl.	12 (7,6 Prozent)
Steuer über	100 fl.	4 (2,5 Prozent)

Wieder läßt sich vermuten, daß unter den Seuchenopfern besonders viele Arme, wenige Wohlhabende gewesen sind. Der Anteil der Leute, die weniger als 1 fl. entrichteten, muß erheblich über dem entsprechenden Wert des Jahres 1618 gelegen haben, obwohl sich – was die Prozentwerte anbelangt – fast kein Unterschied ergibt. Doch führten Geldentwertung und die allgemeine Finanzkrise dazu, daß auch kleinere Sachvermögen von der Steuer erfaßt wurden (wer 1632 1 fl. Steuern bezahlte, war somit wahrscheinlich ärmer als ein Censit mit der gleichen Summe im Jahre 1618). Dazu kommt, daß in unserer Quelle keine Frauen erfaßt sind, die 1618 einen überproportionalen Anteil an «Habnitsen» gestellt hatten. Insgesamt bestätigt die Statistik so die Vorstellung der «Ungleichheit vor dem Tod».

Auch in anderer Hinsicht läßt sich eine solche Ungleichheit feststellen: Wir finden unter den Opfern übermäßig viele Vertreter von «kommunikativen» Berufen – Händler, Wirte, Heilberufe. Es leuchtet ein, daß solche Leute stets besonderer Ansteckungsgefahr ausgesetzt waren. *Weber* dagegen sind – obwohl viele von ihnen in den «Pestzonen» der Stadt lebten – anfangs kaum übermäßig betroffen gewesen (nur drei von fünfzig Toten der Monate Januar bis März 1633). Erst später hielt der Tod in dieser wirtschaftlich so schwachen Bevölkerungsgruppe reiche Ernte.

1634 verzeichnet die Mortalitätsstatistik 4664 Tote, 1635 werden 6243 genannt; in «normalen» Zeiten waren – zum Vergleich – vielleicht 1500 Todesfälle im Jahr gezählt worden. Diese Zahlen erscheinen gerade dann erschreckend hoch, wenn man bedenkt, daß die Reichsstadt erst 1627/28 durch einen Pestzug einen großen Teil ihrer Bevölkerung eingebüßt hatte. Es scheint also kaum eine Immunisierung erfolgt zu sein; die Seuche traf auf eine vom Hunger geschwächte Einwohnerschaft und zeitigte entsprechende Folgen.

Wie dieser massenhafte Tod wirklich aussah, was die trockenen Zahlen nicht mitteilen, wird an einer makabren Auseinandersetzung der Augsburger Totengräber mit dem Rat deutlich. Man hatte ihnen die Entlohnung für das Begraben von Armen gekürzt, von 30 auf 20 kr. – mit der Begründung, es sei fiskalisch nicht mehr zu rechtfertigen, da allein für diese Armenbestattungen wöchentlich fünfzig bis sechzig Gulden «draufgingen». Die Totengräber hielten dem entgegen, ihre Arbeit sei gefährlich und abscheulich, die Bestattungsplätze im Bereich der neu aufgeworfenen Fortifikationen quöllen inzwischen von Toten über, verwesende Körper kämen beim Aufgraben immer wieder zum Vorschein: Daraus entstehe «ein so yber auß abscheuen und schröcken, das sich gleichsam ab disem ungebürenden geschmackh einer entsetzen und entferben sollte...».

Das war bereits zur Zeit der Nördlinger Schlacht. Kurfürst Maximilian von Bayern wußte sich mit den Kaiserlichen darin einig, daß man Augsburg am ehesten wieder zu «schuldigstem gehorsam» bringen werde, wenn man es von der Lebensmittelzufuhr abschneide.

In Augsburg entschied man sich dafür, durchzuhalten. Die Wachen auf den Wällen werden verstärkt, man hält sie an, Tag und Nacht besondere Aufmerksamkeit walten zu lassen. Draußen vor den Toren sind kaiserliche und bayerische Soldaten Herren der Lage. Zeitweilig gelingt es, der Stadt das Wasser abzuschneiden, das vom Lech durch ein vielgliedriges Kanalsystem in die Handwerkerviertel kommt, gleichsam die Lebensadern des Gemeinwesens. Und zusehends werden die Lebensmittel knapp – besser gesagt noch knapper, als sie es bisher schon sind. In den Vorratsspeichern der Stadt befinden sich ohnedies kaum noch «Victualien». Gelegentlich kommt noch Schmuggelgut auf versteckten Wegen in die Stadt – wenn die Belagerer diese Schwarzhändler fangen können, ergeht es ihnen schlecht: Man schneidet ihnen Nase und Ohren ab. Einen Bauernbuben, der Lerchen in die Stadt bringen will, hängt man auf – zur Abschreckung werden die Vögel an seinem Gürtel befestigt.

Am 24. September wird die Steuer für ein ganzes Jahr erhoben. Getreidevisitationen zeitigen wenig ermutigende Ergebnisse. Anonyme Pasquille zirkulieren: Der Autor, der sich einen «guten Patrioten evangelischen Glaubens» nennt, meint, es sei besser, sich mit dem Kaiser zu vergleichen – solle man auf «halß sterige höchere ambts tragende Perschonen» hören?

«So sein wir alle verlhoren, sambs weib und kündern, in das eißerste verderben gebracht: darum ist es vil beßer, das ezliche halssterige perschonen laiden, als die ganze gemeine burgerschafft und soldaten...»

Die Leidensfähigkeit der Menschen hatte, das zeigt dieser Text, Grenzen. Die Hoffnung auf ein ähnliches Wunder wie 1632, als der Schwedenkönig wider alles Erwarten die Augsburger Protestanten aus ihrer Zwangslage befreit hatte, war durchaus nicht überall gleichermaßen vorhanden – wenngleich sie allem Anschein nach die Haltung des Schwedenrates trug. Dem Deutschmeister Graf Stadion, der nach der Nördlinger Schlacht den Ausgleich zwischen der Reichsstadt und dem Kaiser vermitteln wollte, schrieb man:

«Auf allen unverschuldeten und nicht hoffenden Fall aber sind wir alles dasjenige gewissenshalben zu erdauern gezwungen, was der liebe Gott in diesem schnöden Jammertal über uns in seinem göttlichen unwandelbaren Willen beschlossen: getrösten uns auch gegen Gott und eine ganze ehrbare Welt unserer Unschuld, und daß alle zeitliche Macht, Hab und Gut, Leid und Freud in dieser flüchtigen Zergänglichkeit gar bald ihre Endschaft gewinne, die Gewissensruhe und Seligkeit aber immerwährenden bestehe und rechtschaffener Christen ewiger Trost und erwünschtes Heil sei.»

Das Schreiben scheint für die Nachwelt verfaßt, von Leuten, die sich bewußt waren – vielleicht etwas *zu* bewußt –, ein Glaubenszeugnis abzulegen. Natürlich ging es gleichzeitig um eine gewissermaßen propagandistische Wirkung in der Gegenwart. Man mußte sich schließlich der eigenen Bürgerschaft versichern, und wenn es für die schwedischen Ratsherren nicht um den Kopf ging, so ging es doch um Macht, um Ehre, um Pfründen. Das alles, so ließ sich absehen, würde dahin sein, wenn Augsburg wieder an die Kaiserlichen fiel. Besondere Motive, Durchhalteparolen auszugeben, hatte auch der Kommandant der in Augsburg liegenden Truppen, Johann Georg aus dem Winckel. Er erinnerte seine Soldaten an ihren Eid, er forderte sie auf, sich loyal zu verhalten, auch sich an solche «leichtfertige Pasquill nit zu kehren». Die Soldaten hätten darauf geantwortet, teilt ein Chronist mit, sie wollten treu sein und bleiben, «ganz beständig biß an ihr endt»: «... darauf heren comendanten die augen übergangen, ihnen zuegesprochen, er wölle ihr vatter sein und leib und leben bei ihnen lassen. Darauf ein bettstund gehalten worden.»

Das war im November 1634. Man hoffte wohl noch auf Entsatz, meinte gar, ein allgemeiner Friedenschluß stehe vor der Tür, denn in der Tat hatte der Sieg von Nördlingen die Kompromißbereitschaft der protestantischen Partei erheblich verstärkt.

Winckel scheint zu den ‹Falken› in der belagerten Stadt gehört zu haben, ungeachtet seines «feinen» und «diskreten» Äußeren (allerdings war er in seinen Entscheidungen keineswegs frei – bei leichtfertiger Übergabe eines festen Platzes riskierte ein Oberbefehlshaber schließlich den Kopf).

Im Laufe des Winters mehrten sich auch im Schwedenrat die Stimmen, die dazu rieten, das sinnlose Märtyrertum der Stadt zu beenden. Hinter den Kulissen scheint frühzeitig versucht worden zu sein, mit den Katholiken einen Ausgleich zu suchen, den Weg zu einem «leidlichen Akkord» freizumachen – jedenfalls behaupteten das einige der führenden Vertreter der Protestanten später in ihren Diarien. Kompromißbereit schien auch einer der beiden von den Schweden eingesetzten Stadtpfleger, Jeremias Jakob Stenglin, eine allerdings durch «Donationen» (die Schweden hatten ihm Ländereien Augsburger Bürger übertragen) und seine politische Stellung kompromittierte Gestalt; daß es «überal frome und böse in allen ständen» gebe – diese Erfahrung hatte er gewiß nicht zufällig erst in der nahezu aussichtslosen Situation des Belagerungswinters 1634/35 verinnerlicht.

Ein anderes anscheinend dem Ausgleich geneigtes Ratsmitglied war der Kunstagent Philipp Hainhofer, eine schillernde Gestalt mit weitreichenden Ambitionen: Schon zu Beginn der Schwedenzeit hatte der weitgereiste und diplomatisch versierte Mann versucht, eine protestantische Partei zu organisieren. Unter dem neuen Regime brachte er es zum Baumeister, stieg also in eine der wichtigsten Positionen der Reichsstadt auf – ein agiler, wendiger Mann, der bis in die Kriegsjahre hinein mit Fürsten und Herren unterschiedlicher Konfession in Verbindung stand. So findet sich in seinem Stammbuch etwa mancher Eintrag katholischer Honoratioren, darunter auch des Stadtpflegers Marcus Welser. Er korrespondierte mit München und Eichstätt nicht weniger als mit dem protestantischen Hof von Wolfenbüttel. Ob dem eine irenische Grundhaltung im Geist des späten Humanismus entsprach, ist natürlich ungewiß; immerhin scheint ihn seine offenkundig «laue» Position bei seinen Glaubensgenossen diskreditiert zu haben. Ebensowenig, wie es ihm gelungen war, sich 1632 an die Spitze der protestantischen Bürgerschaft zu setzen, folgte man jetzt seinem Rat, mit den Katholiken einen Ausgleich zu suchen und die Stadt zu übergeben. Kilian überliefert Hainhofers Physiognomie: das Bild eines Mannes, den man sich gut im jovialen, weltgewandten Gespräch vorstellen kann, in dessen Blick aber auch etwas eher Verschlagenes als Verschmitztes liegt.

Um der Durchhaltepolitik eine breitere Basis zu verschaffen, wurde der Große Rat zusammengerufen. Hier wiesen die «Realpolitiker» auf die verzweifelte Versorgungslage hin, erinnerten daran, daß kaum auf Entsatz zu hoffen sei und machten die Rechnung auf, daß man allein für die Soldzahlungen und anderes monatlich zwischen 7000 und 8000 fl. brauche, während nur 300 fl. einkämen. Doch das Plenum entschloß sich, es «biß auffs eüsserste» kommen zu lassen. Die protestantischen Prediger – an ihrer Spitze der Pfarrer bei St. Anna, Johann Conrad von Goebel – versuchten, die Moral der Augsburger zu stärken. Der meinte allerdings in einer Predigt am 11. Februar 1635 düster, wie man gleich gelernt habe, finnische, schwedische und «allàmode»-Kleider anzuziehen, würden die Augsburger sich nun bald «in spanische, ungrische und croattische Kleider auch ein lassen miessen».

Vielleicht noch zu dieser Zeit wurde ein Flugblatt verbreitet, das mit galligem Spott der Augsburger Belagerung gedachte: «Augspurgerisch Proviant Hauß» ist es betitelt, ein Kupferstich zeigt die Augusta vor leerem Säckel und leerer Proviantkiste. Daneben sind Tiere abgebildet, die von den Augsburgern in ihrer Not verzehrt wurden: Pferd, Esel, Hund, Katze, Mäuse. Dazu wird gereimt:

«Hundt.
O Augspurger wie seyd ihr so keck /

Wir Hundt haben kein Ruhe / frest uns hinweck /
Und seyn bey euch so angenemb daß mich halb /
Umb sechs Taler gefressen für ein Kalb.

Katz.
Die Augspurger bedörffen kein Katz mehr /
Dann die Mäuß so wir gfangen vorher /
Die fressen sie selbert / bleibt nit darbey /
Sie fressen uns Katzen auch / wir seynd nit frey.»

Daß Augsburg «abtrinig und meineydig» geworden sei, nennt der Text als Ursache für die desolate Lage der Stadt; «Doctor Gebele», der «lose Mann», erscheint als der eigentlich Verantwortliche für die katastrophale Politik, welche zu dieser Entwicklung geführt hat.

Die letzten Reime des Flugblattes drehen ein protestantisches Kirchenlied um, dessen erste Strophe lautete:

«Es ist da heyl uns kummen her /
von gnad vnnd lauter güten /
Die werck helffen nymmer mer /
Sie mügen nicht behüten».

Auf der Flugschrift heißt es demgegenüber:

«Es ist das Unheyl uns kommen her /
Mir haben ein schlechte Güte /
Last uns dem Kayser ergebn nunmehr /
Mir künden uns nimmer behüten.»

In der Stadt kursierten Pasquille, die in gleicher Weise die Ursache der Krise in der «Rebellion» und in den Sünden der Augsburger namhaft machten – auch im Drama des Belagerungswinters von 1634/35 glaubte man die ordnende, die strafende Hand Gottes zu erkennen, eines Gottes, der anscheinend zum katholischen Glauben konvertiert war, jedenfalls die Protestanten nachdrücklich darüber zu belehren schien, daß die Freiheit des Glaubens eben eine *innere* war, die nicht vom Gehorsam gegenüber den weltlichen Instanzen entband.

Die ersten Monate des Jahres 1635 zeigten ein schauerliches Szenarium. Zum 16. Januar berichtet der Chronist Jakob Wagner, wie die Augsburger die Häute von Ochsen und Kühen einweichen, die Soldaten Hunde und Katzen abschießen, um zu Fleisch zu kommen. Und er fährt fort:

Zunftgefäß der Augsburger Kornmesser von Jacob Eggelhof, um 1653/55. Das Gefäß trägt eine Inschrift, die an die Belagerung von 1634/35 erinnert

«Ist auch nit gar ohn, das totte menschen cerper sein angrifen worden; es hat alhie wunderliche leidt geben, die sich an den stattmairen [Stadtmauern], in den öden und ohnbewonte heißeren aufgehalten – die haben wunderliche sachen getriben. Ob dem land ist es ofentlich gesechen, das sye menschen cerper angewandt und geeßen haben, also das großer iamer und noth ist.»

Dann der schwedische Karneval. Anstatt bunten Maskentreibens, so schildert es ein Chronist, habe man Gruppen von Armen bemerken können – «wie eingeschnurpfet, dürreß holz one farb»:

«... und mit erbärmlichen heuelen und klagen nur ein brosamb brott begerten, eineß nach dem anderen ganz erhungert, an allen orthen dahin gefallen, verschmachtet und den elenden geist auffgeben, da entzwischen in dem zehenten hauß kaum ein sticklin brott und gleiche noth ware, also daß die vornembste herren sich mit ungeschmalznen habermuesen contentieren mißten.»

Man hört Jammern, Schreien auf den Gassen, nur um ein Stücklein Brot – «Ja, der da sterben kundte, der achtet sich für glikhseelig», schreibt Pfarrer Mayr in sein Diarium, und er meint, Augsburg könne nun besser *Angstburg* genannt werden.

Sterbende liegen auf den Gassen, neben verwesenden Leichen; die Totengräber berichten, daß man ihnen Leiber bringe, denen die Brüste und andere Körperteile fehlten – verzehrt in der Verzweiflung des Hungers. Ein Soldat raubt einer Frau ihren Korb und findet zu seinem Schrecken ein Stück Leichenfleisch darin. Die «leiber der lebendigen», so schreibt einer, würden so «zu gräber[n] der todten». Man wühlt im Unflat, macht sich an Tierkadavern zu schaffen – der Abdecker wird mit Steinwürfen daran gehindert, die Gerippe der krepierten Pferde fortzuschaffen.

Was *Hunger* indessen für die Augsburger der Kriegszeit bedeutet haben muß, wird nur aus einigen Andeutungen in den Quellen erahnbar. Hunger: das heißt nach einiger Zeit des Nahrungsmangels zunächst nur Mattigkeit, zunehmende Ermüdung. Dann wird der Magen immer empfindlicher, die ersehnte Nahrung wird nur in kleinsten Mengen verdaut. Bald, so lesen wir in der Augsburger Chronistik, verbreitete sich Dysenterie unter den Soldaten. Die Quellen sprechen von Nachtblindheit, einer Folge des Vitaminmangels. Die Schilderung des «schwedischen Karnevals», von der «eingeschnurpften», wie Holz wirkenden Haut läßt an Symptome des Skorbuts denken: Die Medizin beschreibt, wie zunächst die Gesichtsfarbe fahl wird, dann kommen Glieder- und Gelenkschmerzen. Dazu erkrankt die Mundschleimhaut. Das Zahnfleisch wird dunkelblau, löst sich von den Zähnen, blutet bei der leisesten Berührung. Oft schwillt es zu schwammigen Wülsten an. Die Zähne lockern sich, Kauen wird unerträglich schmerzhaft. Manche Kranken bluten aus Mund und Nase. Auf der Haut bilden sich durch Blutungen bläuliche Flecken und Striemen.

Nach einer gewissen Zeit des Hungers stellt sich der Körper um, seine Funktionen werden reduziert. Kraft und Aktivität lassen nach, es kommt zu heftigen Kopfschmerzen, Halluzinationen treten auf. Manche reden irr, toben, schreien. Der Speichel wird bitter, der Atem übelriechend. Die Körpersekretionen vermindern sich oder hören ganz auf, die Schleimhäute werden trocken. Das Ende kommt nach sechs, acht Wochen.

Das Erlebnis des Hungers und die ständige Angst um das tägliche Brot müssen die Befindlichkeit des frühneuzeitlichen Menschen fundamental geprägt haben. Wie diesem Gespenst zu entgehen war, wie man überleben konnte, beherrsche gewiß das Handeln und Denken vieler – manches Wunderbild, manche Phantasiegestalt mag, wie schon einmal bemerkt, aus den Halluzinationen des Hungers entstanden sein, in den ausgelaugten, schmerzenden Hirnen. Aber es muß eine Grenze gegeben haben, einen Zustand der Erschöpfung und inneren Leere, hinter dem nichts mehr gedacht wurde und wo man nicht mehr in der Lage war, die seltsamen Vorgänge im Kopf niederzuschreiben, über sie zu reflektieren. Von dieser Scheidelinie zwischen Leben und Tod ist der Geschichtsschreibung nichts überliefert, sie bezeichnet wohl einen Ort, wo selbst Gott schweigt und keine Botschaften mehr schickt. Von finsteren Vorzeichen, von kämpfenden Heeren, einer Leichenbahre am Himmel lesen wir noch 1633 – danach aber ist in den Chroniken von derartigem nicht mehr die Rede.

Man konnte Buße tun, konnte beten, um der Gottesstrafe zu entgehen; in den Kirchen wurde zum Weihnachtsfest 1634 nochmals gespendet wie an Weihnachten nach dem Einzug Gustav Adolfs zwei Jahre zuvor, in glücklicheren Tagen. Das zeigt die Graphik (s. Seite 363): Das Türmchen steigt zum Jahresende nochmals steil an. Es hat fast den Anschein, als würden wiederum alte Vorstellungen von Werkgerechtigkeit lebendig, in der immer noch vorwiegend protestantischen Stadt ein bemerkenswerter Vorgang – Konsequenz eben der Konfrontation der Bürger mit dem «eüssersten».

Dieser extreme Punkt war spätestens im Februar 1635 erreicht. Nochmals wurde der Große Rat einberufen: man ersuchte das Gremium um Zustimmung zu Verhandlungen mit dem Kaiser. Auf menschliche Hilfe sei nicht mehr zu hoffen, Gott habe den Bürger «gleichsam mit fingern» zeigen wollen, daß es besser sei, sich in seine Allmacht zu schicken, ihn nicht durch äußerste Verwegenheit zu versuchen. So wurde eine Delegation – angeführt von Stadtpfleger Stenglin und dem Juristen Dr. Johann Georg Forstenheuser – nach Leonberg ins Lager des kaiserlichen Generals Graf Matthias Gallas gesandt. Es wurde eine abenteuerliche Reise durch das zerstörte schwäbische Land. Am 20. Februar langte man in Leonberg an, sechs Tage später wurde Audienz gewährt.

Die Kaiserlichen wußten genau, wie es um die Reichsstadt stand und ließen den Augsburgern keinen Zweifel, daß sie nicht gedachten, über die Bedingungen eines Akkords zu verhandeln. Die Gesandten wußten, daß Tag für Tag die Menschen dahinstarben, beinahe jede Stunde des Redens weiteres Leben kostete.

Der «Leonberger Rezeß» sah im wesentlichen eine Wiederherstellung der Verhältnisse von 1629 vor. Die Protestanten durften allerdings auf eigene Kosten eine Kirche unterhalten; die verfassungsrechtliche Stellung Augsburgs als reichsunmittelbare Stadt wurde bestätigt. Den schwedischen Soldaten war freier Abzug zugesichert, wer wollte, sollte die Stadt mit den abziehenden Truppen verlassen können. Bayern sollte 50 000 fl. Kriegskostenentschädigung erhalten, die Gefangenen mußten freigelassen werden. Vor allem wurde dabei an die Geiseln gedacht, welche die Schweden aus München mitgebracht und im alten Tanzhaus auf dem Weinmarkt einquartiert hatten – eine Gruppe von 42 Bürgern, die Gustav Adolf als Sicherheit für eine Kontribution von 50 000 Talern aus München mitgenommen hatte. In allen politischen Entscheidungen sollte schließlich ein Militärgouverneur Mitspracherecht haben.

Bis zum Bau der bewilligten Kirche, das legte ein Nebenrezeß zum Leonberger Akkord fest, sollte man in der Barfüßerkirche Gottesdienst halten können. Dieses Zugeständnis kann als wichtiges Indiz für ein Zurücktreten des absoluten Anspruchs auf Rekatholisierung – und damit der Dominanz des Religiösen – gewertet werden. Gallas mag sich auf Drängen Dr. Forstenheusers dazu bereitgefunden haben; der hatte darauf hingewiesen, daß man andernfalls mit Unruhen unter dem «gemeinen Mann» zu rechnen habe. «Die erhaltung des exercitii werde die gemüeter gewinnen, daß contrarium aber solche exahperieren.»

Am 24. März stimmte der Große Rat trotz heftiger Gegenreden einiger intransigenter Köpfe den Leonberger Vereinbarungen zu. Zwei Tage später wurden die ersten Fuhren mit Lebensmitteln in die Stadt gelassen, die Bürgerfahnen wurden abgedankt. Am 28. März verließen die schwedischen Truppen die Stadt, begleitet von zahlreichen Emigranten und eskortiert von kaiserlicher Kavallerie. Durch das Wertachbrucker Tor rückte kaiserliches Militär in die Stadt. Von den Wällen löste man Geschützsalven, die Glocken läuteten; am 29. März wurde bei St. Ulrich das «Te Deum Laudamus» angestimmt, Abgesang der schwedischen Herrschaft in Augsburg.

Siebentes Kapitel

Zwischen zwei Frieden

Die vagen Hoffnungen auf einen bevorstehenden Friedensschluß, die wohl vor allem den Durchhaltewillen und Opfermut der Augsburger genährt hatten, schienen sich knapp zwei Monate nach dem Fall der Reichsstadt zu erfüllen: Am 30. Mai 1635 konnte der Frieden von Prag verkündet werden, das eigentliche Ergebnis der für die Katholiken siegreichen Nördlinger Schlacht. Der sächsische Kurfürst Johann Georg und Kaiser Ferdinand hatten sich darin auf eine tragfähige Kompromißlinie geeinigt, die in mancher Hinsicht künftige Regelungen vorzeichnete. Der Bekenntnisstand wurde auf 1627, also auf die Zeit vor dem Restitu-

Evangelischer Gottesdienst im Hof des Kollegiums von St. Anna. Kupferstich von Raphael Custos, 1635

tionsedikt, fixiert; Bayerns Erwerbungen wurden bestätigt, auch Sachsen sollte Gebiete gewinnen. Vor allem aber stärkte der Friedensschluß die Stellung des Kaisers als Reichsoberhaupt: Ihm gehörte der Oberbefehl über die Reichsarmee, der das sächsische und das bayerische Heer integriert wurden. Fast alle Stände traten dem Prager Frieden in der nächsten Zeit bei. Wer sich gegen den Kaiser entschied – wie Wilhelm von Hessen-Kassel –, wurde zur Zustimmung gezwungen.

Der Prager Frieden war ein Resultat der Staatsräson. In der Umgebung des Kaisers hatte es allerdings noch immer Berater gegeben, die zur Unnachgiebigkeit rieten: In der Nördlinger Schlacht, so deutete der Beichtvater Ferdinands, Pater Wilhelm Lamormaini, den Sieg, habe die Vorsehung erneut gezeigt, daß der Weg der Geschichte mit den Kaiserlichen sei. So müsse man unerbittlich weiterkämpfen. Andere Theologen, die den Kaiser berieten, meinten, der Nördlinger Erfolg sei nur mit knapper Not gelungen – diesem Urteil der Mehrheit seiner geistlichen Berater schloß sich Ferdinand an: aus der Art, wie der Sieg erfochten wurde, schloß man so auf den Willen Gottes, darauf, daß es naheliege, nun zu einem Kompromiß mit dem Gegner zu gelangen.

Der Prager Friede gilt als entscheidender Wendepunkt in der Geschichte des Dreißigjährigen Krieges (Geoffrey Parker). Er entsprach der politischen Strategie des spanischen leitenden Ministers Olivares, der Kaiser Ferdinand gedrängt hatte, im Reich den Ausgleich zu suchen, um sich dann gegen die äußeren Feinde Habsburgs zu wenden – gegen die Niederlande, womöglich Frankreich. In Wien hatten zusehends Pragmatiker das Sagen, so Maximilian von Trauttmannsdorff, der seit 1637 Präsident des Geheimen Rats und Obristhofmeister Ferdinands III. war und einer der Väter des Westfälischen Friedens werden sollte. Demgegenüber sank der Stern von Lamormaini.

Noch im April hatten sich der Augsburger Stadtpfleger Jeremias Jacob Stenglin zusammen mit Dr. Forstenheuser und dem Ratskollegen Hans Ulrich Oesterreicher auf den Weg nach Wien gemacht, um eine Milderung der Bedingungen des «Lewenberger» Vertrages zu erreichen. Ungeachtet dessen, daß sie mit den üblichen Bestechungen – beispielsweise mit einigen «schönen uhren» – ihren Anliegen Gewicht zu verleihen suchten, blieb ihre Mission erfolglos. Lamormaini meinte der Augsburger Delegation gegenüber, er wünsche nichts mehr, «als daß er erleben solte, daß gantz Augspurg zur catholischen religion gebracht wurde». Das Heilige Römische Reich glich in seinen Augen einem wilden Wald, welcher gerodet werden müsse. Während Stenglin, einer der

Ottheinrich Fugger, Kaiserlicher Statthalter in Augsburg.
Kupferstich von Lucas Kilian, 1636

Nutznießer des schwedischen Regiments, bei seiner Rückkehr nach Augsburg arretiert wurde (er starb 1645 in ärmlichen Verhältnissen), gelang es den Katholischen, die meisten Belastungen auf die Protestanten abzuwälzen. Für diese begann nun erneut eine Zeit der Unterdrückung. So zwang man sie, die katholischen Feiertage wieder einzuhalten; die protestantischen Ratsherren wurden durch Katholiken ersetzt. Allein in der Barfüßerkirche fanden noch Taufen statt. Im Hof des Collegiums von St. Anna hielt man in den folgenden Jahren Gottesdienst, so sei – wie die Zeitgenossen formulierten – der Himmel selbst zur Kanzel gewandelt worden (vgl. Abb. S. 280). Da die geforderten und teilweise im Leonberger Vertrag festgeschriebenen Kriegskostenentschädigungen nicht sogleich aufgebracht werden konnten, stellte der kaiserliche Statthalter Ottheinrich Fugger die abgedankten Ratsherren kurzerhand unter Arrest.

Fugger, der in den nächsten Jahren in Augsburg das Sagen hatte, war ein bedeutender Militär-Befehlshaber eines spanischen Regiments in Böhmen, Teilnehmer an der Schlacht am Weißen Berg. Er kämpfte 1633 an der Alten Veste bei Nürnberg gegen Gustav Adolf und befand sich unter den Siegern der Nördlinger Schlacht. 1634 wurde er Nachfolger Aldringens als Oberbefehlshaber der bayerischen Truppen. Ottheinrich Fugger ist kein ungebildeter Mann gewesen. Er war bei den Ingolstädter Jesuiten zur Schule gegangen und hatte an der päpstlichen Hochschule zu Perugia studiert. Der Kunstliebhaber förderte den großen Bildhauer Georg Petel; als Statthalter hat er schamlos versucht, sich am ausgebluteten Augsburg zu bereichern. Seinen Augsburger Gegnern gelang es gegen Ende der dreißiger Jahre des 17. Jahrhunderts, Fugger weitgehend zu entmachten – es waren gewiß nicht nur die Protestanten, die dies erreichten. 1644 ist er gestorben, die Chroniken schreiben von dem prächtigen Leichenbegängnis, das man ihm ausrichtete.

Die Bürgerschaft hatte auch ohne einen Fugger genug unter den Lasten des Krieges zu leiden. Das können einige Zahlen verdeutlichen. Noch 1632 hatte das Baumeisteramt, über das die wichtigsten Ausgaben der Reichsstadt getätigt wurden, etwas über 191 000 fl. verbraucht; 1633 erreichten die außerordentlichen Ausgaben nahezu die ordentlichen: 319 652 fl. mußten zusätzlich zu den ebenfalls dramatisch gestiegenen ordentlichen Ausgaben von 349 660 fl. aufgewendet werden. Bis 1635 überstiegen die zusätzlichen, kriegsbedingten Belastungen immer die regulären Ausgaben. Erst danach normalisieren sich die Verhältnisse wieder – eine positive Folge des Prager Friedens, der dem Süden des Reiches immerhin ein gutes Friedensjahrzehnt inmitten des Dreißigjährigen Krieges beschert hat.

Wie hoch die Summen waren, die in der schwedischen Zeit und danach – nun aus einer stark geschrumpften Bevölkerung! – gepreßt wurden, lassen einige Vergleiche erkennen. Noch 1628 hatten die gesamten Ausgaben der Reichsstadt etwas über 461 000 fl. ausgemacht. 1634 wurden demgegenüber allein an Dragoner-Servitien, Kontributionen und «soldatesca neu servits und lehnung» über 295 000 fl. gefordert. Das Geld wurde über drastische Steuererhöhungen und Kredite, zu deren Gewährung wohlhabende Bürger gezwungen wurden, aufgebracht. Man kann auch folgende, allerdings recht vage Schätzung versuchen: Hatte die durchschnittliche Pro-Kopf-Belastung durch Steuer und Ungeld 1614 etwa 5 bis 6 fl. ausgemacht, muß sie 1635 zwischen 25 und 30 fl.

gelegen haben; 1645 mag man diese Belastung immer noch auf zwischen 11 und 12 fl. beziffern.

Die Zerrüttung der öffentlichen Finanzen war freilich, wie wir gesehen haben, bereits ein Resultat der Kipper- und Wipper-Inflation gewesen – vor allem, weil es durch die Geldentwertung nicht gelungen war, Rücklagen zu bilden; mehr noch, weil sich der Rat gezwungen gesehen hatte, zur Erfüllung der drängendsten Aufgaben Kredite aufzunehmen, während der Reichsstadt das verliehene Geld in schlechter Münze zurückgezahlt wurde (wenn die Schuldner überhaupt ihren Verpflichtungen nachkamen). Die katastrophale Hungersnot während der Belagerungszeit hatte ja in der Tat nur wegen mangelnder Vorratsbildung ein solches Ausmaß erreichen können. Noch 1623 hatte der Rat für die ungeheure Summe von 1 202 677 fl. – das waren über vierzig Prozent der laufenden Ausgaben – Lebensmittel und Holz erworben. In den folgenden Jahren scheint die Konsolidierung des Haushaltes das vornehmlichste Ziel der reichsstädtischen Finanzpolitik gewesen zu sein – mit der notwendigen Konsequenz, daß man die Vorratsbildung vernachlässigte und so für die Versorgungsengpässe der Kriegszeit nicht gerüstet war.

So traf die Krise – und dies war eine entscheidende Voraussetzung für ihre Härte – auf einen bereits ruinierten Haushalt. Die Kosten für Fortifikationen, der Sold und Unterhalt der Besatzungstruppen mußten gleichsam aus dem Nichts finanziert werden. Der Bauunterhalt der Stadtbefestigungen hatte in den letzten Jahrzehnten vor Kriegsausbruch stets nur geringe Summen gefordert (allerdings um den Preis einer mangelnden Verteidigungsfähigkeit Augsburgs); 1580 etwa hatte man 1650 fl. (oder 1,3 Prozent der Ausgaben) dafür aufgewandt, 1595 – als das Bauprogramm der Holl-Ära angelaufen war – gab das Baumeisteramt schon einmal über 13 000 Gulden für die Fortifikationen aus. Allein im Jahre 1633 finden wir indessen über 73 297 fl. in den städtischen Ausgabenrechnungen: Kosten, welche der gewaltige Ring aus Schanzen und Bastionen verursachte, mit dem die schwedischen Ingenieure und der Stadtwerkmeister Holl die Reichsstadt umgeben wollten. Selbst wenn man vermutet, daß sich in früheren Jahren auch Ausgaben für Befestigungen im Etat des allgemeinen Bauwesens verbargen, ist das eine enorme Summe – so erreichte der Bauetat selbst während der Errichtung des Rathauses, im Jahre 1615, nicht einmal 50 000 Gulden.

Die Analyse der Haushaltsrechnungen läßt recht deutlich erkennen, wo gespart wurde. Beispielsweise am Etat des Proviantamtes: Waren an diese Institution im Stichjahr 1628 noch 28 500 fl. überwiesen worden

(13,6 Prozent der Ausgaben), machte dieser Etatposten 1633 nur noch 3,5 Prozent der Ausgaben (bzw. 11 500 fl.) aus.

Auch sonst veranschaulicht die Entwicklung der Ausgaben des Baumeisteramtes die politische Geschichte in prägnanter Weise. Der gewissermaßen «offizielle» Militäretat umfaßt im Jahre 1636 gerade noch zehn Prozent des entsprechenden Postens während der Schwedenzeit (4624 fl. gegenüber 48 247 fl.) – aber nur deshalb, weil die eigentlichen Aufwendungen dafür nun direkt von den Bürgern erhoben wurden, und zwar vor allem von den Protestanten. Es wird kaum überraschen, daß die Kosten für Botenlohn und «Gelait», also für die militärische Bedeckung etwa von Kaufmannsreisen, einen erheblichen Anteil des Stadthaushalts betragen. Die Entwicklung sieht etwa so aus: 1628 gab man 7282 fl. (oder 3,5 Prozent) dafür aus, 1633 nicht weniger als 33 051 fl. (10,2 Prozent) und 1636, wieder in «kaiserlicher Zeit», immer noch 13 053 fl. Das waren 10,4 Prozent des nun freilich erheblich geschrumpften Budgets.

Die politische Wende wird besonders deutlich ablesbar an den Gehaltszahlungen für Schulmeister und Prädikanten: 7427 fl. hatte der Rat 1628, vor der Restitution also, für diese vorwiegend protestantischen Beschäftigten ausgegeben (damals 3,5 Prozent des Etats), 280 fl. finden wir im Baumeisterbuch von 1636. Ähnlich geringe Summen werden bis zum Ende des Krieges in dieser Sparte veranschlagt.

Die Zahlungen für die übrigen städtischen Bedienten blieben dagegen ungefähr auf dem Niveau der Zeit vor der schwedischen Besatzung. 23 104 fl. hatten die Baumeister 1628 ausgegeben, 1636 waren es 19 064 fl. (15,2 Prozent), bei Kriegsende waren wieder 23 186 fl. erreicht – eine Summe, die immer noch den doppelten Anteil an den Gesamtausgaben ausmachte, beispielsweise gegenüber dem Etat von 1615. Diese Zahlen sind sehr aufschlußreich. Bürokraten und andere Angestellte der Reichsstadt dürften danach ihre Stellung im Gefüge des Haushalts stabilisiert haben; einer wesentlich zurückgegangenen Bevölkerung muß bei Kriegsende eine vielleicht sogar gewachsene Zahl städtischer Bedienter gegenübergestanden haben – obwohl zu vermuten ist, daß diese Leute weniger verdienten als vor dem Krieg. Die Reichsstadt, so läßt sich folgern, wurde so ebenfalls von einem über den Augenblick hinaus bedeutsamen Trend erfaßt: Administrative Differenzierung, Steigerung der kommunalen Leistungen, möglicherweise eine Rationalisierung von Verwaltungsvorgängen deuten sich im relativen Wachstum des Etatpostens «städtische Bedienste» an, negativ jene «Verknöcherung», jenes Entstehen eines bürokratischen Wasserkopfes, das die Verwaltungsgeschichte der Stadt noch im 18. Jahrhundert bestimmen wird.

Selbst während der schlimmsten Haushaltskrisen blieb für jene Bediensteten, die für die Sauberkeit der Stadt verantwortlich waren – wie der Scheufelmeister oder den Pflestermeister –, der Anteil am Budget weitgehend gleich. Für den Scheufelmeister, der mit seinen Bedienten für die Beseitigung von Unrat zuständig war, waren 1628 4579 fl. ausgegeben worden, 7244 fl. waren es 1633 und 1636 immerhin noch 4110 fl. Diese Zahlen ermöglichen Einsichten in die Bedeutung, die der Hygiene zugemessen wurde, reflektieren Bestrebungen der Obrigkeit, mit Sauberkeit die Ausbreitung der Epidemien zu bekämpfen. Ähnliche Überlegungen dürften hinter der Entwicklung des Etats für die Erhaltung und den Ausbau des Straßenpflasters gestanden haben: Es ging keineswegs nur um die Ästhetik der Stadt, sondern darum, den Boden gewissermaßen zu versiegeln, um das Ausströmen für gesundheitsschädlich gehaltener Dämpfe zu verhindern.

Solche Maßnahmen indessen waren, wie sich denken läßt, nicht besonders wirkungsvoll. Die unheilvolle Verbindung von Pest und Hunger hatte weit mehr als die Hälfte der Augsburger Bevölkerung dahingerafft. Eine Volkszählung, die im Herbst 1635 durchgeführt wurde, machte die katastrophale Situation klar: Hatte es vor Kriegsausbruch vielleicht 45 000 Menschen in der Stadt gegeben, zählte man jetzt nicht mehr als 16 422. Nahezu drei Viertel dieser Leute waren protestantischer Konfession – es ist das erste Mal in der Geschichte der Stadt, daß diese Strukturen erkennbar werden. Dies ist zugleich ein Hinweis darauf, daß der Stellenwert des Konfessionellen im Alltag bisher keineswegs so bedeutend war, wie die Rede vom «Zeitalter der Glaubenskämpfe» vermuten ließe. Jedenfalls hatte der Rat bis in die Zeit der Umbrüche zwischen 1628 und 1635 offensichtlich keine Notwendigkeit gesehen, die Größe der Konfessionsgruppen genau zu ermitteln, den Faktor «Konfession» bei Musterungen zu berücksichtigen. Die Volkszählung von September/Oktober 1635 überliefert allerdings noch weitere Einzelheiten der Augsburger Sozialstruktur auf dem Höhepunkt des Dreißigjährigen Krieges (s. Seite 287).

Bezieht man die dabei ermittelten Daten auf die Zahl der Steuerhaushalte (nämlich ca. 5800), läßt sich erkennen, daß im Schnitt nicht mehr als drei Personen und nur noch 1,3 Kinder in einem Haushaltsverband lebten; zu vermuten steht allerdings, daß viele der viertausend in der Statistik genannten «Weiber» alleinstehend waren.

Die niederen Kinderzahlen – um 1622 hatten wir immerhin noch oft zwei Kinder pro Haushalt gezählt! – deuten an, wer besonders hart und direkt vom Krieg getroffen wurde: Die Epidemien und Versorgungseng-

Volkszählung 1635

	Protestanten	Katholiken	
Männer	2 085	647	
Söhn	580	103	
Knecht	557	355	
Weiber	3 225	784	
Töchter	829	164	
Mägd	1 079	848	
Fremde	37	694	
Summe	12 017	4 405	= 16 422

pässe müssen die Kinder- und Säuglingssterblichkeit dramatisch erhöht haben. Es scheint auch, daß in den Krisenjahren die eheliche Fruchtbarkeit abnahm.

Dazu ergeben sich auffällige Unterschiede zwischen den Konfessionsgruppen: 30,2 Prozent der protestantischen Einwohner waren Kinder, aber nur 18,4 Prozent der katholischen. Diese Unterschiede sind nicht leicht zu erklären. Deuten die Zahlen unterschiedliches Sexualverhalten an, stehen sie für unterschiedliche Überlebenschancen der Kinder, je nach der Konfession der Familie, in der sie aufwuchsen? So mochten katholische Eltern gestorbene Kinder als Fürbitter im Himmel betrachten – doch hieß das auch, daß man ihren Tod eher akzeptierte, ihnen weniger Fürsorge angedeihen ließ? Das Seltsame ist, daß in den Familien der Protestanten anscheinend weniger Kinder geboren wurden, als bei den Katholiken; dafür aber haben offenbar mehr protestantische Kinder *überlebt*. Finden wir hier bereits Spuren einer spezifisch protestantischen Rationalität, die Geburtenkontrolle gutheißt, um die Kinderzahl nach den ökonomischen Möglichkeiten des Haushaltes ausrichten, dem Nachwuchs bessere Lebensbedingungen bieten zu können?

Solche Erklärungen wurden am Beispiel des calvinistischen Genf entwickelt, wie überhaupt die geringere eheliche Fruchtbarkeit in frühneuzeitlichen protestantischen Familien öfter nachweisbar ist. Im Augsburger Fall wird daran zu erinnern sein, daß die protestantischen Haushalte im Schnitt wohlhabender waren als die Haushalte der Altgläubigen. So mag es ihnen selbst in der schwierigen Zeit der schwedischen Besatzung eher möglich gewesen sein, ihre Kinder zu ernähren.

Vergleicht man die Steuerbücher der Zeit vor und nach den demographischen Katastrophen – etwa jene von 1625 und 1635 –, so wird deutlich, daß die Bevölkerungsabnahme keineswegs alle Regionen der Stadt in gleicher Weise traf (s. Karte Seite 365). Die Steuerbezirke am Rand der Stadt, in der Nähe der Mauern, erlitten die größten Verluste. In den Armenvierteln der Reichsstadt, in der Frauenvorstadt, in der nördlichen Jakober Vorstadt sind die Schwerpunkte des demographischen Einbruchs zu erkennen. Hier gab es ganze Gassen, die weitgehend ausgestorben waren, öd lagen; etwa in der Nähe des Blatterhauses, beim Spital, am «Kappenzipfel», jenem Zentrum bereits der Pest von 1628. Im «Kauzengäßle» in der Frauenvorstadt betrug der Rückgang der Steuerzahler über 73 Prozent.

In den reichen Bezirken der Oberstadt entwickelten sich die Strukturen völlig anders. Hier ist oft nicht nur kein Abnehmen, sondern sogar ein Zuwachs an Steuerhaushalten zu registrieren: Im Bezirk «Rathaus» sind 1625 77 Steuerhaushalte nachweisbar, 1635 sind es 98. Ähnlich lagen die Dinge in manchen anderen Bereichen der Oberstadt, so in den Bezirken «Vom layenpriester», «Schongauers gaß» oder «Vom rappolt». Daraus läßt sich allerdings nicht einfach folgern, daß hier weniger gestorben worden wäre. Vielmehr werden in diesen Zahlen innerstädtische Wanderungen erkennbar. Viele, so scheint es, nutzten die Gelegenheit und zogen von schlechteren in bessere Wohngegenden, verließen die zerfallenen, leer stehenden Häuser der Vorstädte und bezogen bessere Unterkünfte in der Innenstadt. Die Mieten wurden nun auch hier erschwinglich, da die Immobilienpreise zusammenbrachen. Häuser, für die man früher 6000 fl. bis 12 000 fl. hätte bezahlen müssen (Summen, die etwa für einen repräsentativen Stadtpalast aufzuwenden waren), würden nun – so berichtet ein Chronist 1639 – «kaum fir 1/3 stimirt». Man hätte kein Geld, die Häuser zu reparieren, das Baumaterial der Ruinen werde verkauft.

Tatsächlich zeigen die Grundbücher, daß selbst in den für den Erwerb von Immobilien eigentlich günstigen Jahren nach 1635 überraschend geringe Besitzumschichtungen stattfanden. Auffällig ist höchstens, daß juristische Personen als Erwerber von Häusern und Grund hervortreten: Die Reichsstadt, Stiftungen, Handwerkskorporationen erben oder kaufen.

Vergleichsweise stabil blieben indessen die Wohnverhältnisse der Oberschichten, der Kaufleute, der Mehrer und des Patriziats (auch wenn der eine oder andere sein Stadtpalais durch Erwerb eines Nachbarhauses arrondiert haben mag). Was das *Haus* als «Stammsitz», als Ort familiärer Identifikation für die Spitzengruppe der reichsstädtischen Gesellschaft bedeutete, lassen einige Zahlen erkennen. Beobachtet man das Verhalten einer Gruppe von 23 Patriziern, so ergibt sich, daß 14 von ihnen zwischen 1618 und 1646 in ihren angestammten Wohnungen blieben; acht zogen einmal um, einer wechselte zweimal die Wohnung. Völlig anders war die Situation bei einer Gruppe von Handwerkern.

Ortsveränderungen von Steuerzahlern zwischen 1618 und 1646:

Zahl der Ortswechsel	Patrizier	Kaufleute/ Mehrer	Handwerker
0	14 (60,9%)	16 (47,1%)	59 (39,1%)
1	8 (34,8%)	11 (32,4%)	47 (31,1%)
2	1 (4,3%)	5 (14,7%)	30 (19,9%)
3	–	–	12 (7,9%)
4	–	2 (5,9%)	2 (1,3%)
5	–	–	1 (0,7%)

Vor allem die Mitglieder der «gemain» waren, wie die Statistik zeigt, umzugsfreudig, wenngleich die meisten nur ein paar Gassen weiter zogen, in den angestammten Stadtvierteln blieben. Manche, wie der Schreiber Peter Paul Kaut, scheinen sich aufgrund wirtschaftlichen Erfolgs eine bessere Wohnung geleistet zu haben: Der hatte 1618 in der Frauenvorstadt gelebt und dort 15 Kreuzer Steuern bezahlt; 1625 entrichtete er die vierfache Summe – einen Gulden –, war aber inzwischen in den Bezirk «Schusterhaus» im Herzen der Stadt umgezogen, unweit der Fuggerpaläste. Das Gegenbeispiel bietet der Arzt Dr. Adam Occo, der zunächst im Steuerbezirk «Vom rohr» in der Oberstadt mit einer Steuerleistung von einem Gulden nachweisbar ist, dann – 1625 – als «Habnit» in der Jakober Vorstadt lebt.

Diese und andere Fälle stützen die Vermutung, daß man gewissermaßen ein angemessenes Wohnambiente suchte, in Gegenden zog, deren soziale Struktur dem eigenen Selbstverständnis entsprach. Dies erklärt die über Generationen dauernde Stabilität sozialer Topographien trotz der bedeutenden innerstädtischen Fluktuation, welche die Quellen erkennen lassen – wenngleich die Gesichter, die Namen oft wechselten, die Struktur blieb.

Doch standen hinter den Unterkunftsveränderungen der Menschen in der Stadt natürlich nicht nur ökonomische Erwägungen. Man bekommt von Freunden oder Verwandten eine gute Wohngelegenheit geboten, sucht die Nähe einer sozialen Gruppe, der man sich zugehörig fühlt. Es ist ein Beleg für die zunehmende Bedeutung des Konfessionellen im bürgerlichen Alltag, wenn im Laufe der Kriegszeit eine gewisse topographische Zusammenballung der Glaubensgemeinschaften stattfindet. Es scheinen sich zunehmend geschlossene protestantische und katholische Wohngegenden geformt zu haben: Die Karte auf Seite 366 zeigt die Situation bei Kriegsende. Einige Einzelschicksale lassen erahnen, wie die hier dargestellten Gebiete entstanden sein mögen: Da lebt ein katholischer Tuchscherer, Marx Wegelin, in einem typisch protestantischen Bereich, nämlich am «Judenberg»; im Schwedenjahr 1632 finden wir ihn «Ausserhalb St. Gallen», wo ein weit überproportionaler Katholikenanteil (63,1 Prozent) nachweisbar ist. Ein weiterer Umzug, in den Bezirk «St. Anthonino» unweit des Domes, führte unseren Mann wiederum in eine vergleichsweise katholisch geprägte Umgebung (44,9 Prozent Altgläubige). Derartige Fälle finden wir verhältnismäßig oft. Auch auf diese Weise wurden Strukturen fortgeschrieben – daß unser Kartenbild Verhältnisse zeigt, die sich bereits in der ersten Hälfte des 16. Jahrhunderts herausgebildet haben, steht außer Zweifel.

Der Krieg hat zwar Flüchtlinge, Zuwanderer nach Augsburg gespült, aber allem Anschein nach hat dieser Bevölkerungszuwachs von außen die Strukturen zunächst nicht wesentlich verändert. In konfessioneller Hinsicht allerdings ergaben sich langfristig bedeutende Wandlungen. Nach 1635 wurden praktisch keine Protestanten mehr zum Bürgerrecht zugelassen (einen Hinweis darauf liefert bereits die Volkszählung von 1635: hier stehen 37 protestantischen «Fremden» 694 katholische gegenüber). Dazu kam, daß Augsburg von einem sehr weitgehend katholisch geprägten Umland eingeschlossen war: Auch ohne besondere administrative Vorkehrungen zogen in erster Linie Katholiken in die Stadt. Dies hatte jene tiefgreifende Umstrukturierung Augsburgs in den nächsten Jahrhunderten zur Folge – die dominierende Bedeutung der Protestanten verlor sich zusehends.

Bis in den Dreißigjährigen Krieg hinein hatte der Augsburger Rat das Bürgerrecht, selbst den Beisitz – eine Art Aufenthaltserlaubnis – ziemlich selten gewährt. Diese restriktive Politik gegenüber Zuzüglern läßt sich im Bürgerbuch und den Beisitzer-Akten seit der zweiten Hälfte des 16. Jahrhunderts ablesen. Zwischen 1585 und 1630 wurde alljährlich immer nur sehr wenigen Leuten das begehrte Bürgerrecht gewährt – man hatte in der Stadt des «volckhs» ohnedies genug. Die Menschen, die vom Land hereinkamen, suchten Arbeit, hofften auf die Vorteile des städtischen Sozialsystems; der Rat dagegen war vor allem an wohlhabenden Zuzüglern interessiert, nicht an Leuten, die das ohnedies in Schwierigkeiten steckende Almosen noch weiter belasteten. Man kann den Erfolg dieser Politik an den im Bürgerbuch vermerkten Zahlen ablesen. Waren zwischen 1561 und 1570 noch etwa 47 000 fl. Vermögen in die Stadt gekommen, zählen wir in den ersten beiden Jahrzehnten des 17. Jahrhunderts jeweils über 65 000 fl. – trotz einer erheblich gesunkenen Zahl von Neubürgern.

Diese Verhältnisse änderten sich im Krieg, genauer gesagt: ab der zweiten Hälfte der zwanziger Jahre des 17. Jahrhunderts, grundlegend. Die wirtschaftliche Entwicklung, dann auch die pointierte Rekatholisierungspolitik des Rates führten dazu, daß die ökonomische Bonität der Neubürger merklich abnahm.

Man kann gelegentlich aus den Steuerbüchern ermitteln, wo die Zuzügler ihren Wohnsitz nahmen. Die weitaus meisten gingen ins Lechviertel – jene traditionell von Handwerk und Gewerbe geprägte Gegend der Stadt, deren Sozialstruktur man am ehesten als «mittelständisch»-solide bezeichnen möchte. Dann folgte die Oberstadt. Die wenigsten Neubürger zogen in die Jakober Vorstadt. Diese Verteilung dürfte die wirtschaftlichen Möglichkeiten der Neubürger spiegeln: Sie bevorzugten deutlich die ‹besseren› Regionen der Stadt. Während 1610 nur 11,6 Prozent der Augsburger in der Oberstadt lebten, sind über 32 Prozent von Neubürgerhaushalten der Zeit zwischen 1590 und 1618 hier zu identifizieren. Im Krieg ging dieser Anteil zurück: Nur noch etwa 23 Prozent der ermittelbaren Neubürgerhaushalte sind in diesem Bereich Augsburgs aufzufinden.

Mit dem Krieg wandelte sich auch die soziale Struktur der Zuwanderer. Vor der Kriegsepoche finden wir – entsprechend den hohen Vermögen der Neubürger – Kaufleute, Handwerker, Künstler, auch einmal einen im Umland begüterten Adeligen, der um das Bürgerrecht anhält; im Krieg selbst begegnen zunehmend auch Bauern aus dem Umland, Flüchtlinge, die ihre Existenzgrundlage bedroht sehen oder verloren haben und in der ummauerten Reichsstadt Schutz suchen. Manche gaben dabei in Ermangelung von Barmitteln einfach ihren Grundbesitz als Vermögen an – so ein Wirt aus Inningen, der zehn Jauchert Acker sein eigen nannte.

Und es kamen immer mehr alleinstehende Frauen in die Stadt. Noch im 16. Jahrhundert scheint der Rat darauf gesehen zu haben, daß die Zahl der unverheirateten weiblichen Neubürger möglichst gering blieb – die mochten dem Almosen zur Last fallen oder sich verheiraten, Kinder haben und so den Bevölkerungsdruck verstärken. Im Krieg ändert sich das grundlegend. Jetzt ging es nur mehr darum, die leere Stadt mit Menschen zu füllen, wenngleich man es sich leistete, darauf zu achten, daß es gut katholische Menschen waren, die man zum Bürgerrecht ließ.

Wo nun kamen die Zuwanderer her? Es überrascht etwas, daß Augsburg – im Verständnis der Zeitgenossen noch im 16. Jahrhundert eine der europäischen Großstädte – nie ein wirklich interurbanes Milieu gehabt zu haben scheint. Die Neubürger, aber auch die meisten Handwerksgesellen und selbst Bettler und Vaganten kamen vorwiegend aus einem recht begrenzten Gebiet, dem «Umland» der Stadt. Das änderte sich auch im Dreißigjährigen Krieg nicht – abgesehen davon, daß die Zahl der Bettler, der «Mausköpfe» und Vaganten dramatisch abnahm. Es scheint, daß sie der Krieg aufgesogen oder vernichtet hat – viele ernährte er als Marketender, Soldaten, als Zuarbeiter der Kriegswirtschaft. Aber er zerstörte und verteuerte das Leben, besonders für jene, die nicht auf der Seite der bewaffneten Macht standen.

Jedenfalls wäre die Vorstellung, der Krieg habe Menschen aus aller Herren Länder durch Europa und auch in die Reichsstadt gespült, falsch. Nicht nur die Neubürger und Neubürgerinnen, sondern auch Bettler und anderer «pövel» stammten aus Gegenden westlich und südlich von Augsburg, dazu aus Dörfern und Städten an der Donau – aus einer Region, die einem Halbkreis mit einem Radius von etwa sechzig bis siebzig Kilometern entsprach. Etwas überraschend ist, daß aus dem bayerischen Bereich kaum Leute kamen, die sich in Augsburg ansiedelten, sich als Gesellen verdingen oder hier betteln wollten. Das «demographische» Umland Augsburgs entsprach so nur teilweise seinem wirtschaftlichen, bestand doch mit Bayern von jeher ein reger Güteraustausch. Hier wuchsen Korn und Rüben, von hier kamen Salz, Waldfrüchte und allerhand Vieh, von Rössern bis zu Kühen und Schafen, auf die Märkte Augsburgs. Die Grenzen zur Reichsstadt scheinen aber schon vor den Auseinandersetzungen im großen Krieg ziemlich undurchlässig gewesen zu sein.

Anders lagen die Dinge im Süden, Norden und Westen, wo unzählige kleine und größere Territorien und Herrschaften einen bunten Fleckerlteppich bildeten: Besitz des Hochstifts Augsburg, der großen Abteien wie Ottobeuren oder Roggenburg, der Habsburger, der Fugger, der Waldburg-Zeil und vieler anderer. Daß zwischen fuggerschen Orten und der Reichsstadt enge Bindungen bestanden, verwundert nicht. Viele Webergesellen kamen aus dem «Staudengebiet» westlich von Augsburg, aus den Tälern auch der Flüßchen Kammel und Mindel. Dort wuchs, so weit das Auge reichte, Flachs, der wichtigste Rohstoff der Barchentweberei; war schließlich eine «Zulieferindustrie» beheimatet, die Tausende von Menschen ernährte und mit der Reichsstadt und ihrem Textilmarkt in Verbindung brachte: Spinner und Spinnerinnen, von denen gewiß manche versuchten, in Augsburg Fuß zu fassen.

Wirtschaftliche Beziehungen und Herrschaftsstrukturen bestimmten so gerade im Westen Augsburgs die Wege der Zuwanderer, und das änderte sich auch im Dreißigjährigen Krieg nicht. Wie weit diese Beziehungen in die Vergangenheit zurückreichten, ist nicht mit Sicherheit zu sagen; mindestens wohl bis ins 14. Jahrhundert. Jedenfalls bewahrten sich in manchen Regionen der Stadt Verhaltensweisen, die an den generationenlangen Kontakt zur ländlichen Umwelt Augsburgs erinnern. Dazu gehört nicht nur die in manchen Teilen der Stadt noch verbreitete Gewohnheit, einander beim Vornamen zu nennen oder die vor allem in den Vorstädten verbreitete Magiegläubigkeit. Ein etwas überraschendes Indiz für Reste einer «ländlichen Prägung» finden wir im Fortbestehen ländlichen Sexualverhaltens in einigen – nicht allen – Regionen Augsburgs.

Man kann das an der durchschnittlichen Zahl der Konzeptionen bzw. der über die Taufbücher erschließbaren Geburten ablesen. Wenn man die Taufbücher des Doms und der protestantischen Barfüßerkirche vergleicht, findet sich, daß in den ersten Monaten deutlich mehr Geburten verzeichnet werden als im Sommer. Die meisten Kinder kamen in der Dompfarrei im März auf die Welt, bei den Protestanten im Februar. In der «aristokratischen», von alteingesessenen Familien geprägten Pfarrei von St. Moritz dagegen fanden die meisten Geburten in der zweiten Jahreshälfte statt: Die größte Zahl ist für November zu registrieren, die Monate Juni, Oktober und Juli folgen auf den nächsten Plätzen.

Solche Strukturen sind – im Gegensatz zu den Verhältnissen in der Dompfarrei und der Barfüßerkirche – für ländliche Verhältnisse völlig atypisch. In bäuerlichen Gesellschaften Alteuropas kamen die meisten Kinder zwischen Januar und März auf die Welt, die geringsten Zahlen sind für die heißen Sommermonate Juni und Juli festzustellen. Es läßt sich nicht leugnen, daß dieser Ablauf recht praktisch war: Im Winter war das Infektionsrisiko für die Gebärenden geringer, ihre Arbeitskraft wurde nicht gerade in den Erntemonaten durch Schwangerschaft und Wochenbett beeinträchtigt. So scheint es, als ob sich der Rhythmus von Geschlechtsleben, Geburtenhäufigkeit und bäuerlicher Arbeit zu einem «jahrhundertealten Muster» entwickelt «und zum besten des entstehenden Lebens» eingespielt hätte (Arthur E. Imhof).

Es ist gewiß nicht zutreffend, hier nur bewußte Geburtenplanung vorauszusetzen. Wahrscheinlich handelte es sich eher um unbewußte, durch generationenlange Übung internalisierte Verhaltensweisen, die auch im städtischen Lebenskreis lange Zeit überdauerten. Interessant ist, *wo* sie zu beobachten sind: Im Gebiet der Jakober Vorstadt eben, jener hergebrachten Einwanderungszone der Stadt. Hier zeigt sich, daß das generative Verhalten von Katholiken und Protestanten keineswegs besonders voneinander abweicht – die Unterschiede zwischen dem Verhalten der Bewohner der «aristokratischen» Pfarrei St. Moritz und der Dompfarrei sind jedenfalls viel augenfälliger, als zwischen Katholiken und Protestanten. Doch gibt es auch Unterschiede im generativen Verhalten, die mit der Konfession zusammenhängen dürften. Zum Beispiel hielten sich die Katholiken von St. Moritz eher an das Gebot zur sexuellen Enthaltsamkeit während der Adventszeit – eine Feststellung, die für die Dompfarrei nicht zutrifft. Hier könnte sich «Konfessionalisierung» erneut als Elitephänomen enthüllen.

Bei beiden Glaubensgemeinschaften ist indessen zu erkennen, daß die sexuelle Aktivität in der *Fastenzeit* deutlich eingeschränkt war. Der Dezember ist jedenfalls stets der Monat, in welchem durchschnittlich weitaus die wenigsten Geburten stattfanden. In der Zeit nach den Umbrüchen zwischen Restitution und Schwedenzeit treten die Geburtentiefs des Dezember deutlich stärker hervor – möglicherweise ein Hinweis auf die nun ausgeprägtere konfessionelle Bewußtheit der Bürger. Gewiß: Man hat am Beispiel Mainz bestätigen können, daß das Gebot zur Fastenabstinenz nur ein diskreter Rat für einige «Elite-Seelen» gewesen sei, sich zu vervollkommnen; wenn dies für Augsburg nicht zuzutreffen scheint, dann vielleicht deshalb, weil in der bikonfessionellen Gesellschaft eben eine schärfere «moralische Konkurrenz» herrschte – zugleich ein Bemühen der konfessionellen Gruppierungen, ihre Identität zu finden. Der französische Historiker Etienne François spricht in diesem Zusammenhang von «Abgrenzungsdynamik», einem Prozeß, der zur Definition der Konfessionsgruppen, zur Ausprägung bestimmter Formen des kulturellen und sozialen Lebens führen wird, wie sie im 18. Jahrhundert in aller Schärfe ans Licht treten werden.

Wie häufig in der «Mentalitätsgeschichte», sind diese Entwicklungen nicht mit letzter Sicherheit an Voraussetzungen im Historischen Prozeß zu binden. Wir werden Zeuge von Verhaltensweisen, die sich nicht bei einzelnen, sondern nur im Gesamt der Lebensäußerungen eines Kollektivs nachvollziehen lassen: Hinweise auf eine tiefe, nachhaltige Prägung des Bewußtseins. Es ist kaum zweifelhaft, daß es die konfessionellen Umbrüche waren, dann die entschiedene Gegenreformation nach 1635, die den Konfessionalisierungsprozeß förderten.

Noch deutlicher wird das, wenn man sich die *Wahl der Vornamen* der Augsburger betrachtet. Schon immer hatten die Protestanten – im Vergleich zu den Katholiken – Namen aus dem Alten Testament bevorzugt:

Abraham, Elias, Daniel beispielsweise. Sie standen gewissermaßen gegen die Namen katholischer Heiliger und ergänzten den Namensvorrat in der nachreformatorischen Epoche. Während «Johannes» oder «Hans» bei beiden Konfessionen den ersten Platz einnimmt, ist bei den Protestanten der «politische» Name «Johann Georg» (so hieß der sächsische Kurfürst, einer der Hoffnungsträger der Bürger Augsburger Konfession) deutlich im Vormarsch. Hatte er vor der Zeit der Restitution Platz acht eingenommen, finden wir ihn danach auf Platz vier der Beliebtheitsskala. Und «Emanuel» – gleichsam der Ruf «Gott mit uns» – verfünffacht seinen Anteil in derselben Zeit von 0,4 auf zwei Prozent.

Evident ist auch die Steigerung des konfessionellen Bewußtseins, wenn man die Namenwahl der Katholiken betrachtet, wie sie sich in den Taufbüchern der Dompfarrei widerspiegelt. «Michael», in den Taufregistern der Barfüßerkirche auf Platz acht, liegt bei den Katholiken auf dem dritten Rang – der geradezu emblematische Name der Gegenreformation. Seine Quote ist nach der Umbruchszeit von 4,2 auf 5,6 Prozent gewachsen. Und auch «Ignaz» – der Name des Gründers des Jesuitenordens – begegnet nun mit zählbarem Anteil.

Analysiert man schließlich die protestantischen *Mädchennamen*, fällt besonders das Vordringen des Namens «Regina» auf. Er verdrängt «Maria» vom zweiten Platz der Beliebtheitsskala und kann seinen Anteil nahezu verdoppeln (von 6,6 auf 12,6 Prozent). Bei den Katholiken hielt Maria mit etwa 18 Prozent der Namen traditionell den ersten Rang.

Was «Konfessionalisierung» heißt, mag an einem solchen Vorgang besonders deutlich werden. Bis in den Dreißigjährigen Krieg hinein muß die Namenswahl «Maria» auch für Protestanten einigermaßen unverfänglich gewesen sein – der konfessionell gebundene Charakter des Namens der Himmelskönigin, die im katholischen Kult zusehends gefeiert, neben Gott in seiner Glorie gezeigt wird, bildet sich offenbar zu Beginn des 17. Jahrhunderts im Bewußtsein breiterer Bevölkerungsschichten erst allmählich heraus. «Regina» dagegen war ein neutraler Name, war nicht mit gegenreformatorischen Assoziationen belastet; möglicherweise wurde er von vielen Protestanten auch deshalb geschätzt, weil er an die Patronin der Hauptkirche Augsburgs, des Domes denken ließ – der war eben der Gottesmutter geweiht. Werden so alte, in vorreformatorische Zeiten zurückreichende Traditionen manifest? Immerhin behauptete auch «Maria» selbst bei den Protestanten – wie gesagt – einen bedeutenden Anteil am Namensbestand.

Während die Untersuchungen der Geburtenhäufigkeit pro Monat und der Namengebung den Vorgang der Konfessionalisierung immer noch in einer Art Inkubationsphase zeigen – die Beliebtheit des Namens «Maria» in beiden Glaubensgruppen erweist dies wohl am deutlichsten –, kommt es in der Bürgerschaft zu verschärfter Polemik. Da wird der Maler Abraham Raiffinger ausgepeitscht und der Stadt verwiesen, weil er von der Gottesmutter ein «Narrenbild» gemacht hat. Zur Entschuldigung sagt er, ein «Pfaffe» bei Memmingen habe Maria in der Predigt sogar mit einem «Schweinskopf» verglichen. Andere geraten mit der Obrigkeit in Konflikt, weil sie einem großen, schwarzen Hund einen Rosenkranz und ein Kapuzinerkreuz umgehängt haben. Einem Prädikanten werden drei Galgen an die Hauswand geschmiert, am Annacollegium werden «Schandzettel» gefunden: Darauf wird der betrunkene, schlafende Luther mit einem Engel gezeigt; der reicht ihm einen Strick, mit dem er sich aufhängen soll.

Dergleichen ist nicht einmal zur Zeit des Kalenderstreits vorgekommen. Die in den Quellen überlieferten Fragmente schriller Polemik haben ihre Voraussetzung in den wechselseitigen Bedrückungen, denen sich die Glaubensgruppen ausgesetzt gesehen hatten: Man hatte geradezu physisch zu spüren bekommen, was es hieß, eine *Konfession* zu haben. Jetzt, nach dem Ende des schwedischen Intermezzos, hatten die Protestanten höhere Steuern zu bezahlen; sie wurden mit Einquartierungen mehr belastet als ihre katholischen Mitbürger und benachteiligt, wenn es um die Besetzung städtischer Posten oder um die Zulassung zu Meisterprüfungen ging. Der Wandel der Verhältnisse bot Chancen für kleine Karrieren: Da gibt es arbeitslose Weber, die sich am Ende des Krieges als Gassenkehrer oder Pflasterer wiederfinden – es war vor allem ihre katholische Konfession, die ihnen diese Stellungen verschafft hatte. Der ebenfalls katholische Taglöhner Sebastian Borst – er wurde 1589 geboren – lebte bis 1635 als Hausarmer in irgendeiner Familie der Reichsstadt, partizipierte an deren «Rauch». 1635 endlich finden wir ihn in der Fuggerei, wo er einen selbständigen Haushalt führen konnte. Damit nicht genug des kleinen Glücks – er ergatterte eine Stellung als Kornmesser, ein verantwortungsvolles Amt, das ihm wohl zu bescheidener Festigung seiner wirtschaftlichen Verhältnisse verhalf. Obwohl er als Bewohner der Fuggerei für «arm» galt, entrichtete er 1639 bereits 25 kr. Vermögenssteuer. 1646 finden wir ihn außerhalb der Fuggerei, im benachbarten Bezirk «An der Wierin Bielbrugg», mit 31 kr. Vermögenssteuer.

Eine Karriere am unteren Ende der sozialen Skala, die aber doch erkennen läßt, was das Konfessionelle im Alltag wohl bedeutete. Manche, wahrscheinlich nicht allzu viele, wechselten den Glauben, um sich unter dem neuen Regiment Vorteile zu verschaffen, gelegentlich auch, um heiraten zu können. Ein katholischer Konvertit aus dem oberpfälzischen Anzenhofen erbat von Bischof Heinrich Dispens von der Pflicht zur öffentlichen Trauung mit einer Protestantin, weil er sich vor dem «Schimpf» seiner früheren Glaubensgenossen fürchtete: So konnte er daheim getraut werden; man verzichtete auf den Zwang zur äußerlichen Darstellung einer Gewissensentscheidung (wohl in der Hoffnung, langfristig auch die Ehefrau zur Konversion bringen zu können). Allerdings scheinen sich die Verhältnisse gründlich gewandelt zu haben. Mischehen waren noch Montaigne als häufiges, alltägliches Phänomen in der bikonfessionellen Gesellschaft erschienen, im 17. Jahrhundert scheinen solche Verbindungen zusehends zurückgegangen zu sein.

Der Krieg war indessen von Augsburg wieder einmal fortgezogen. Die Nördlinger Schlacht und der Prager Frieden hatten Entlastung gebracht. Doch trat das Frankreich Richelieus noch 1635 offen in die Schranken. Der Krieg gewann mehr und mehr den Charakter eines bloßen Machtkampfes, in dem Religion, Konfessionen zusehends in den Hintergrund traten.

Allerdings war das Kriegsglück bis zum Ende der dreißiger Jahre immer noch mehr auf der Seite der Habsburger. Schweden und die Generalstaaten schienen zum Ausgleich geneigt. Eine Folge guter Ernten verbesserte die Versorgungslage in Süddeutschland entscheidend – schließlich war ja nur mehr eine stark geschrumpfte Bevölkerung zu ernähren. Die Kurve der Brotanschläge (s. Seite 367) – der Preise für dieses Grundnahrungsmittel – zeigt jedenfalls nach 1635 einen deutlichen Abschwung. Für die Zeitgenossen dürfte zunächst kaum nachvollziehbar gewesen sein, daß sich um 1640 das Kriegsglück langsam wieder den Gegnern Habsburgs zuzuneigen begann. Ein Aufstand in Katalonien und der Abfall Portugals schwächten Spanien, den wichtigsten Bundesgenossen des Kaisers, entscheidend.

Charakteristisch für die Endphase des Dreißigjährigen Krieges waren weniger die großen Entscheidungsschlachten, wie es Breitenfeld und Nördlingen gewesen waren, typisch sind kleinere Gefechte, Truppenbewegungen, daneben aber auch schon diplomatische Verhandlungen, bei denen die beteiligten Diplomaten sensibel auf den Kriegsverlauf achteten. Das alles stellte sich verwirrend und undurchsichtig dar. Der Augsburger Chronist Jakob Wagner kommentiert die Anwesenheit eines dänischen Diplomaten in der Reichsstadt mit den Worten: «Und ist des hin und wider raißens kain endt und scheintt kainem theil rechter ernst zue sein, darumen ist bey disen zuesamen kunften auch weder glieckh noch segen.»

Im Reich wuchs die Friedenssehnsucht. Es könne «ohne vergissung vieler Thränen und grosser herzensbewegung» nicht beschrieben werden – so heißt es in einer Denkschrift von 1640, wie der Krieg gewütet hätte – er habe «alles bis auff stumpf und stiel ersogen, verwüesstet und ruinirt». So werde die «grausame zerrittung des reiches durch den krieg ie lenger, ie grösser...».

Aus dieser Erfahrung entstanden Gefühle, die man mit dem Begriff «Reichspatriotismus» umschrieben hat. Die zitierte Denkschrift bietet ein gutes Beispiel dafür, wie man sich nun gerade in den kleineren Territorien des *Sacrum Imperium* auf die rechts- und friedenswahrenden Funktionen dieses Staatsorganismus besann. Die Autoren klagten darin über «diese im heyligen römischen reich teitscher nation, unserm geliebten vatterland, wider desselben hailsambe constitutiones und fundamental geseze eingerissene unordnungen, grausame bluetstürzungen und under christen sonsten ganz unerhörte weise zukriegen»; das habe sie «auch als treue und auß altem teutschen fürstlichen geblüet entsprossene reichs patrioten... bis dahero mit sonderbahrem herzenlaid gequelet und betrüebet».

Gerade bayerische Truppen trugen freilich noch dazu bei, daß Süddeutschland von Invasionen verschont blieb. Der Reitergeneral Johann von Werth gelangte 1636 in einem abenteuerlichen Unternehmen weit nach Frankreich hinein; in den Schlachten bei Tuttlingen (1643), Freiburg (1644) und Mergentheim errang der wohl bedeutendste bayerische Heerführer der Zeit, Franz von Mercy, wichtige Erfolge gegen die Franzosen. Mit der Niederlage in der Schlacht von Alerheim in Nordschwaben (3. August 1645), in der Mercy den Tod fand, wendete sich jedoch das Blatt erneut. Im Herbst 1646 drangen die Heere der Alliierten wieder nach Süddeutschland vor.

Kurz nach dem Alerheimer Treffen ging man in Augsburg daran, zu untersuchen, wie es um die Stadt stand. Die Gassenhauptleute fragten die Bürger nach der Größe ihrer Haushalte, nach ihrer Konfession, nach Vorräten an Waffen, Pferden, Getreide. Diese «Beschreibung» hat sich erhalten – gleichsam die Bilanz des Krieges.

Nach den Aufzeichnungen der Gassenhauptleute gab es nun noch knapp 20 000 Menschen in Augsburg: 13 790 Protestanten und 6170 Katholiken. In wehrfähigem Alter waren bei den Katholischen 1619 Männer, bei den Bürgern Augsburger Konfession 3368. 4848 Feuerstätten wurden gezählt, 457 Pferde, 1756 Büchsen, 2795 Wehren, 13 377 Schaff

Getreide im Besitz der Bürger und dazu noch 7438 Schaff «fremdes», also für Fremde, in erster Linie wohl Flüchtlinge, aufbewahrtes Korn.

Seit der letzten Bestandsaufnahme im Jahre 1635 ist ein beträchtlicher Bevölkerungszuwachs zu verzeichnen, etwa 3500 Personen. Die durchschnittliche Haushaltsgröße lag nun bei ungefähr 4,2 Personen. Das entspricht Werten, die sich bei Kriegsbeginn für *arme* Haushalte finden ließen.

Augsburg war am Ende des Dreißigjährigen Krieges trotz der Erholungspause zwischen 1635 und 1645 eine der am schwersten getroffenen Städte des Reiches. Noch 1678 zählte man wiederum nur 15495 Personen in seinen Mauern, so daß unter den etwa 20000 Personen der Volkszählung von 1645 zweifellos viele Zuwanderer sind, die sich lediglich aus Sicherheitsgründen für einige Zeit hier aufhielten und rasch wieder wegzogen. Die Bevölkerungsverluste betrugen somit mindestens die Hälfte, wahrscheinlich sogar sechzig Prozent.

Im *süddeutschen* Raum ergeben sich übrigens ganz ähnliche Befunde – so für München, das etwa sechzig Prozent seiner Vorkriegsbevölkerung einbüßte, oder für die nahegelegene Reichsstadt Kaufbeuren. Nur ein Viertel ihrer Einwohnerzahl hat den Krieg überstanden. Die Bevölkerungsverluste des gesamten Allgäus werden auf ca. 65 Prozent veranschlagt.

Das sind naturgemäß alles recht vage Angaben, zumal es sehr schwierig ist, kurzfristige Fluchtbewegungen und Emigration von wirklichen Verlusten zu unterscheiden. Freilich: Allein die für den süddeutschen Bereich überlieferten Daten reichen eigentlich aus, eine These des amerikanischen Historikers Sigfrid Henry Steinberg zu widerlegen. Danach seien die demographischen und ökonomischen Auswirkungen des Dreißigjährigen Krieges eher peripher gewesen. Nur einige Regionen hätten gravierendere Bevölkerungsverluste erlebt, die aber rasch wieder ausgeglichen gewesen seien. Gewiß, es gab Gebiete des Heiligen Römischen Reiches, die nicht annähernd so stark vom Krieg betroffen worden waren, wie Bayern, Schwaben und Südwestdeutschland – so etwa einige Regionen Norddeutschlands mit Hamburg oder Tirol; die Verluste der Reichsstadt Straßburg werden auf nur etwa zwanzig Prozent geschätzt. Aber weite Gebiete Mitteldeutschlands – etwa Sachsen – hatten unter dem großen Krieg nicht weniger zu leiden als der Süden.

Der Bevölkerungsrückgang traf nicht alle Bevölkerungsschichten gleichmäßig. Besonders auffällig ist der Bedeutungsverlust des Weberhandwerks. Hatte es bei Kriegsausbruch weit über zweitausend Augsburger Weberhaushalte gegeben, finden sich im Steuerbuch von 1646 gerade noch 385. Wenn dieses einst tragende Gewerbe der reichsstädtischen Wirtschaft nun nur mehr geringe Bedeutung hat, heißt das nicht allein, daß besonders viele Weber den Seuchen und Hungerkrisen der Kriegszeit zum Opfer fielen, es besagt auch, daß viele den Beruf wechseln mußten, zu Taglöhnern, Straßenfegern, Pflasterern wurden, weil es um die Absatzchancen für ihre Produkte schlecht stand. So finden wir den Weber Peter Elchinger – 1618 war er 27 Jahre alt – am Ende des Krieges als Gassenkehrer wieder, und sein Schicksal teilten viele: Der Krieg hatte Handelsverbindungen zerstört, Märkte abgeschnitten, bedrohte die Absatzwege. Dies war vielleicht seine ökonomisch bedeutsamste Konsequenz, und besonders die vom Export abhängigen Weber mußten eben darunter leiden.

Andererseits hat es den Anschein, als ob die Weberschaft – oder besser: das, was von ihr übriggeblieben war – am Ende des Dreißigjährigen Krieges ökonomisch besser, solider dastand, als an dessen Anfang. Diesen Eindruck vermitteln jedenfalls die Steuerleistungen; die Zahl der Weber ohne Vermögenssteuerleistung ist von 67,3 Prozent auf 137 Steuerzahler oder knapp 38 Prozent zurückgegangen. Demgegenüber ist die Zahl der Weber, die bis zu einem Gulden Steuern zahlten, deutlich angestiegen. Wohlhabende oder gar reiche Weber gab es in der Textilstadt Augsburg in der Mitte des 17. Jahrhunderts freilich nicht mehr – nur 16 entrichteten bei Kriegsende eine Vermögenssteuer von mehr als einem Gulden.

Entsprechend ihrer engen wirtschaftlichen Verflechtung mit den Webern haben auch die übrigen zum Textilhandwerk zählenden Gewerbe schwere Einbußen erlitten – Tuchscherer, Bleicher, Färber und andere, deren Wohl und Wehe mit dem der Weber verbunden war. Ihre Zahl ist um die Hälfte zurückgegangen. Und während die Weber schon vor dem Krieg arm gewesen waren und deshalb nicht viel verlieren konnten, erlebten diese wirtschaftlich doch halbwegs gesicherten Handwerke eine ökonomische Katastrophe: Hatten sie 1618 im Mittel nahezu zwei Gulden Vermögenssteuern bezahlt, sind es 1646 gerade noch 34 kr. Das entspricht einem Viertel der Vorkriegssumme.

Auch die Müller wurden schwer getroffen. Nur noch acht – nicht einmal die Hälfte der Vorkriegszeit – finden sich im Steuerbuch von 1646. Allein zwei von ihnen steuerten über einen Gulden. Kein Wunder, denn sie hatten eben nur noch eine stark geschrumpfte Bevölkerung mit Mehl zu versorgen. Die Bäcker hatten nicht weniger unter dem demographischen Einbruch des Krieges zu leiden: Waren vorher bis zu 1400 Schaff Getreide verbraucht worden, waren es 1639 gerade noch vierhundert bis fünfhundert Schaff. Daß das «alhieige beckhenhandtwerckh... von tag zue tag wegen zu viler beckhen und so wenigen burgerschafft an dem vermögen und haußlichen wolfart» abnehme, wurde 1642 geklagt. Bäcker, Bierbrauer, Wirte und sonstige im Nahrungsmittelbereich arbeitende Handwerker hatten, wie sich denken läßt, den Krieg allerdings immer noch besser überstanden, als die meisten anderen. So ist die Zahl der Wirte und Bierbrauer nur um 15 Prozent zurückgegangen.

Und obwohl der Krieg gewiß keine gute Zeit für die Künste war, konnten sich die Goldschmiede anscheinend einigermaßen halten. Zwar haben bei ihnen – wie bei fast allen anderen Handwerken der Stadt – die unteren Steuergruppen zugenommen, sind ihre durchschnittlichen Vermögenssteuerleistungen stark zurückgegangen. Doch blieb eine nicht unbedeutende «Mittelschicht» erhalten (über 47 Prozent), die mehr als einen Gulden Steuer entrichtete. Es ging diesen Handwerkern in jedem Fall besser als Elfenbeinschnitzern, Stechern und anderen «Künstlern», deren Steuerleistungen auf eine ziemlich ungünstige ökonomische Lage schließen lassen.

Anscheinend haben viele Leute, die im Dienst der Reichsstadt standen, einfache und grobe Arbeiten verrichteten, in der zweiten Hälfte der Kriegszeit das Bürgerrecht erhalten und begegnen nun als selbständige Steuerzahler. Anders ist nicht zu erklären, daß sich die Zahl der «reichsstädtischen Bedienten» gegenüber 1618 um nahezu ein Drittel erhöht hat. Ganz andere Ursachen hat natürlich die relative Zunahme des Prozentsatzes der Frauenhaushalte an der Gesamtzahl der Censiten: Betrug ihr Anteil an den Steuerhaushalten der Vorkriegszeit etwa zwanzig Prozent, zählen wir bei Kriegsende nahezu 27 Prozent. Der Krieg hatte den Frauen die Männer genommen und so den traditionellen Frauenüberschuß vergrößert.

Kommen wir schließlich zu Patriziat und Kaufmannschaft. Die Geschlechter finden sich nun hinter Mehrern und Kaufleuten auf dem dritten Platz der ökonomischen Rangfolge. Ergab sich 1618 eine durchschnittliche Steuerleistung von über 111 fl., sind es am Ende des Dreißigjährigen Krieges gerade noch 23 fl. 32 kr. Im Gegensatz zu den meisten anderen Ständen und Gewerben hat sich unter den Patriziern nicht eine Nivellierung der Steuervermögen vollzogen, sondern eine weitere Konzentration. So hatten die wohlhabendsten zehn Prozent der Patrizier 1618 38,8 Prozent der Steuersumme, welche diese Schicht insgesamt entrichtete, bezahlt, 1646 stieg dieser Wert auf 45 Prozent an. Genauer gesagt: Die drei reichsten Patrizier – nämlich Friedrich Endorfer, Hieronymus Walter und Hieronymus Rehlinger – brachten zusammen mehr als ein Viertel der Steuern auf. Sowohl bei den Mehrern (durchschnittliche Steuerleistung 1646: 49 fl.), als auch bei den Kaufleuten hat eine leichte Abschwächung der Vermögensunterschiede stattgefunden.

Die Verluste der Kaufleute waren bei weitem nicht so gravierend wie die des Patriziats oder der Mehrer: Hatten sie 1618 45 fl. bezahlt, waren es nun nur noch 32 fl. «Superreiche» mit einer Vermögenssteuer von über 500 fl. gab es nun nicht mehr.

Das vergleichsweise günstige Abschneiden der Kaufmannschaft ist etwas überraschend. Hatte nicht der Krieg das weitausgedehnte Handelsnetz der großen Firmen zerstört, Absatzmärkte abgeschnitten? Es scheint jedenfalls, daß der Handelsstand mit den Auswirkungen der Katastrophe besser fertig wurde, als das ja auch politisch exponierte Patriziat. Allerdings könnten die großen Rückgänge der patrizischen Steuerleistungen auch genausogut einen Strukturwandel der Steuervermögen signalisieren: Es mag sein, daß angesichts der Entwicklung der politischen Verhältnisse verstärkt in Grund und Boden investiert wurde – dafür waren nach dem Augsburger Steuersystem eben nur 0,25 Prozent des Wertes an Steuer zu entrichten, gegenüber den 0,5 Prozent für Barvermögen.

Als weiteres Kriterium der Differenzierung könnte die Unterscheidung nach Konfessionen dienen. Also: Haben die Protestanten anders gewirtschaftet als die Katholiken? Ihre Steuerleistung lag im Durchschnitt nicht unwesentlich über jener der Altgläubigen, nämlich bei 3 fl. 38 kr. gegenüber 2 fl. 54 kr. Eine genauere Analyse ergibt, daß es wohl bei den Protestanten eine größere Zahl von «Habnitsen» gab als bei den Katholiken, dafür aber auch eine Mehrzahl verhältnismäßig wohlhabender oder gar reicher Bürger, deren Steuerleistung den Durchschnitt anhob. Folglich erscheint die ökonomische Situation der Protestanten, gemessen an ihren Steuerleistungen, als etwas unausgeglichener.

Wenn die Augsburger Katholiken insgesamt weniger wohlhabend waren als die Protestanten, liegt dies vermutlich daran, daß es sich bei ihnen zu einem nicht unbeträchtlichen Teil um Zuwanderer aus dem Umland handelte – um Personen, deren «Hauptqualifikation» für den Erwerb des Bürgerrechts eben in ihrer Konfession lag und nicht in ihrer ökonomischen Stärke.

Wie sah nun die soziale Struktur Augsburgs am Ende des Dreißigjährigen Krieges aus? Eine einfache Frage, die schwer zu beantworten ist! Man muß, wie fast immer, von den Steuerleistungen ausgehen; dazu aber können wir auf eine weitere Angabe im Musterungsbuch von 1645 zurückgreifen: die jeweils in den Bürgerhaushalten befindlichen Getreidevorräte. Wer nur irgendwie konnte, muß sich in den Jahren des Preisabschwungs, der nach dem Ende der Belagerung von 1634/35 einsetzte, mit Vorräten versorgt haben. So kann man gewiß davon ausgehen, daß nur wirklich Arme kein Getreide in ihren Kammern bewahrten. Eine Auswertung des Musterungsbuches unter diesem Aspekt ergibt, daß etwas mehr als vierzig Prozent der Augsburger Haushalte über keine solchen Vorräte verfügten; nahezu die Hälfte hatte einen Getreidevorrat von bis zu einem Schaff, weitere sechs Prozent (oder 285 Haushalte) besaßen mehr als diese Menge. Große Getreidemengen von zehn Schaff und mehr befanden sich fast ausschließlich in Haushalten des Patriziats, der Kaufmannschaft – die mit diesen Vorräten wohl auch handelte – und bei Leuten, die beruflich mit dem «lieben traidt» umgingen, bei Bäckern und Müllern also.

Vierzig Prozent der Augsburger Bürger waren demnach bei Kriegsende ohne wesentliche Lebensmittelreserven; das Steuerbuch von 1646 teilt mit, daß etwa derselbe Bevölkerungsanteil, nämlich 37,2 Prozent keine Vermögenssteuer zahlte. Weitere 4,2 Prozent entrichteten nur den geringen Betrag von bis zu 15 Kreuzern.

Die Steuerleistungen der Augsburger Bürger 1618 und 1646 im Vergleich:

	Anteil 1618	Zahl	Anteil 1646
«Habnit»	48,5 %	1570	37,2 %
1–15 kr.	13,2 %	176	4,2 %
16–30 kr.	7,0 %	928	22,0 %
31–60 kr.	6,7 %	522	12,4 %
1fl.1kr.–10fl.	16,5 %	761	18,0 %
10fl.1kr.–100fl.	6,6 %	241	5,7 %
bis 500 fl.	1,35 %	20	0,5 %
über 500 fl.	0,01 %	–	–

Der Vergleich der Steuerleistungen von 1618 mit jenen von 1646 zeigt recht deutlich, was sich im ökonomischen Gefüge der Reichsstadt in den nun nahezu dreißig Kriegsjahren verändert hat. Evident ist das Abbrechen der wirtschaftlichen Spitze, das Ende gewissermaßen des «goldenen Augsburg» des Frühkapitalismus. Es gibt keinen einzigen Steuerzahler mehr, der in der Kategorie der «Superreichen» über 500 Gulden steuerte; nur noch zwanzig Bürger und Bürgerinnen bezahlen mehr als hundert Gulden. Zwar leben nun wesentlich weniger «Habnitse» in der Stadt, doch hat sich der Anteil der unteren Steuergruppen insgesamt kaum verändert. Der prozentuale Rückgang der «Habnit»-Haushalte dürfte so eher darauf hindeuten, daß der Rat aus den Zwängen der Kriegszeit heraus die Steuerschraube fester anzog, die Vermögen schärfer erfaßt oder auch im Wert höher eingeschätzt wurden. In einer Epoche, die Werte vernichtet hatte wie keine andere zuvor, mag das Übriggebliebene doppelt gezählt haben.

Verfolgt man einige «wirtschaftliche Karrieren» von Überlebenden im Detail, läßt sich gut nachvollziehen, wie die Reichen weniger wohlhabend, die vorher Wohlhabenden arm wurden: Der Kaufmann Marx Stenglin etwa zahlte 1618 40 fl. Steuern, 1646 nur noch 2 fl. 40 kr., die Steuerleistung seines Stubengenossen Daniel Hoser sank von über 177 fl. auf 25 fl. Und der Goldschmied Hans Petrus, der vor dem Krieg die für einen Handwerker hohe Summe von 50 fl. entrichtet hatte (sie entsprach damals dem Jahreseinkommen eines Tagwerkers), wurde 1646 nur noch mit 1 fl. 10 kr. veranschlagt.

Gewinner hatte der Krieg im städtischen Bürgertum kaum. Wenn, dann finden sie sich vorwiegend unter Gastwirten, Bierbrauern, im Nahrungsmittelhandwerk. Der wohl ungewöhnlichste Fall ist der des «Bierpreus» Carl Meiting, der 1618 7 fl. Vermögenssteuer bezahlt hatte und es bei Kriegsende auf die sechsfache Summe, nämlich auf über 43 fl. brachte.

Überraschend ist bei allem, daß der Krieg die vorher geradezu dramatischen Vermögensunterschiede kaum nivelliert hat, obwohl das Gewicht der obersten Steuerklassen etwas abgenommen hat. Der Computer ermöglicht einen ziemlich genauen Befund und dazu eine graphische Darstellung der Vermögensverteilung: Mit der Hilfe des Rechners gelingt es, sämtliche Steuerzahler der Reichsstadt in der Reihenfolge ihrer Steuerleistung zu ordnen; so läßt sich sagen, welchen Anteil an der Gesamtsteuersumme jeweils die reichsten oder weniger wohlhabenden Bürger aufgebracht haben, indem man zehn Klassen bildet, von denen jede einem Zehntel der Steuerzahler entspricht. Die graphische Umsetzung dieser Befunde zeigt, daß es vor allem die reichsten zehn Prozent der Bürger waren, die den weitaus überwiegenden Anteil der Gesamtsteuersumme aufbrachten (s. Seite 340). Genauer gesagt, entrichteten diese zehn Prozent im Jahr 1618 91,9 Prozent der Steuern, und 1646 waren es immer noch 84,55 Prozent. Das ist nicht viel, wenn man an die Umbrüche denkt, welche Augsburg zwischen 1618 und 1646 erlebt hat.

Die ökonomische Topographie, wie sie die Karte auf Seite 365 zeigt, ist dementsprechend jener der Vorkriegszeit (s. Seite 342) nicht unähnlich. Das ingesamt gesunkene Niveau der Steuerleistungen tritt dadurch zutage, daß die schwarzen Flächen der Vorkriegskarte grau, die dunklen heller geworden sind.

Vergleichsweise wohlhabende Bezirke sind vornehmlich entlang den großen Straßen zu erkennen – insbesondere an der Reichsstraße, die zum Jakober Tor führt. Hier wohnten eben Gastwirte, Bierschenken, Bäcker – jene Gewerbe, die von jeher wirtschaftlich gesund strukturiert waren – und profitierten von den Bedürfnissen der Reisenden.

Die ökonomisch offenkundig schwächsten Steuerbezirke liegen vorwiegend in Gebieten der Stadt, die von Seuchen und Nahrungsmittelknappheit besonders hart getroffen worden waren, als Zentren der Mortalität identifiziert werden konnten. Wem es möglich war, der hatte diese Gegenden der Stadt – sie lagen fast ausnahmslos in der Nähe der Mauern des Lechviertels und der Jakober Vorstadt – verlassen; so lebten nun besonders viele Witwen und ledige Frauen in diesen öd gewordenen Bezirken, und diese Eigenheit ihrer sozialen Struktur erklärt die Tatsache der niederen durchschnittlichen Steuerleistungen.

Was die gewerbliche Struktur der Steuerbezirke anbelangt, so ist es ebenfalls weitgehend bei den Vorkriegsverhältnissen geblieben – wo 1618 eine auffällige Konzentration bestimmter Gewerbe zu registrieren war, ist das meist auch am Ende des Dreißigjährigen Krieges der Fall. Das Lechviertel ist die Zone eines mittelschichtigen Handwerks geblieben, die Region der Kürschner, Schlosser, Schmiede, der Gerber, Sailer und Goldschmiede, und den niederen Steuerleistungen der Bewohner der Jakober Vorstadt entsprechen ihre Berufe: Tagwerker, Bauhandwerker, Weber.

Die «Weberbezirke», die sich 1646 noch identifizieren lassen, wiesen ebenfalls schon vor dem Krieg einen hohen Anteil dieses in Augsburg damals dominierenden Handwerks auf. Aber während es für 1618 möglich ist, 37 Steuerbezirke mit einer überproportionalen Zahl von Webern zu identifizieren, sind es bei Kriegsende gerade noch 16 (immer im Verhältnis zur ohnedies stark geschrumpften Bevölkerungszahl!). Auch wenn der Rückgang des Handwerks teilweise durch Emigration, mehr noch durch Berufswechsel bedingt gewesen sein mag, sind die Verluste unter dem Strich ungeheuer und das sozialgeschichtlich bei weitem folgenschwerste Ergebnis des Dreißigjährigen Krieges für Augsburg.

Immerhin wohnten die Überlebenden aller Wahrscheinlichkeit nach besser als frühere Generationen – das heißt, sie hatten mehr Platz in ihrer Stadt. 1618 finden sich 687 Familien – damals 26,9 Prozent der Steuerhaushalte –, die ein ganzes Haus für sich hatten, 1646 sind es 893 (44,7

Prozent). Zwei bis drei Haushalte pro Haus waren 1618 in 823 Fällen (32,6 Prozent) zu zählen, 1646 war es nahezu derselbe Anteil: 36,5 Prozent. Entsprechend hat die Zahl der mit vielen Familien belegten Häuser abgenommen – immerhin 87 Häuser (oder 3,4 Prozent) beherbergten bei Kriegsausbruch elf bis 15 Familien, 16 oder 0,8 Prozent waren es noch 1646.

Am deutlichsten verändert haben sich die Wohnverhältnisse in der Jakober Vorstadt. Hier hat sich die Zahl der nur von einem Haushalt belegten Häuser praktisch verdreifacht. In der Oberstadt hingegen sind die Verhältnisse weitgehend gleich geblieben – diese Region Augsburgs hatte eben durch die bereits erwähnten innerstädtischen Wanderungen Zugewinne erfahren, welche die Kriegsverluste durch Hunger und Seuchen weitgehend ausglichen.

Hier waren schließlich auch die Haushalte am größten. 5,37 Personen wohnten im Durchschnitt gemeinsam in einem Haushalt, gegenüber nur 3,95 in der Jakober Vorstadt, 4,17 in der Frauenvorstadt und 4,27 im Lechviertel – Werte, die recht genau der Reihenfolge der Stadtteile nach den Vermögenssteuerleistungen entsprechen und erneut daran erinnern, daß die Größe eines Haushalts vor allem auch eine Folge der wirtschaftlichen Möglichkeiten ist.

Versuchen wir, uns nun ein Gesamtbild der ökonomischen und teilweise der sozialen Struktur unserer Reichsstadt am Ende der Kriegszeit zu machen. Das Ergebnis muß wesentlich ungenauer ausfallen, als es die scheinbare Exaktheit der Daten der Steuerbücher, der Berechnungen des Computers glauben macht.

Über den «pövel», die Bettler, Vaganten, das «Strandgut» des großen Krieges läßt sich praktisch nichts sagen, weil jene Quellen, die vor dem Krieg zur Verfügung standen, inzwischen schweigen. Die Strafbücher, die Urgichten und andere Aufzeichnungen der Augsburger Polizei- und Justizbehörden teilen kaum noch etwas über diese Leute mit, sie bleiben namenlos. Man mag in der allgemeinen Verwirrung der Verhältnisse nicht mehr dazu gekommen sein, sich administrativ mit ihnen zu befassen; da indessen die Verwaltung der Reichsstadt bis zum Ende des Krieges allem Anschein nach reibungslos funktionierte, ist es wahrscheinlicher, daß es die Scharen von Entwurzelten, die im 16. und zu Beginn des 17. Jahrhunderts in die Reichsstadt drängten, nicht mehr gab. Sie waren an Hunger und Seuchen gestorben, waren mit den Soldaten gezogen oder hatten es – im besten Fall – zu Beisitz oder Bürgerrecht gebracht.

Dann die städtische «Unterschicht». Nach ihrer Steuerleistung wären die diesem Teil der städtischen Gesellschaft zugehörenden Haushalte

«Habnitse», könnten aber auch bis zu einem Gulden Steuern bezahlt haben; wir finden Almosenempfänger unter ihnen und gehen davon aus, daß sich keine oder nur sehr geringe Getreidevorräte in ihrem Besitz befanden. Bis etwa 45 Prozent der städtischen Gesellschaft, um 1645 also acht- bis neuntausend Personen wären ihr zuzurechnen.

Dann wäre eine bei Kriegsende wohl keineswegs saturierte, bei Teuerungen und Lebensmittelverknappungen bedrohte Schicht aufzuführen, in der gleichwohl noch über Reserven verfügt wurde. Man könnte von einer «künftigen Mittelschicht» sprechen und damit jenen großen Teil der reichsstädtischen Bevölkerung meinen, der Kreuzerbeträge, gelegentlich auch mehr als einen Gulden steuerte und Getreidevorräte besaß. Den Anteil dieser Schicht an der Augsburger Gesellschaft könnte man auf bis zu fünfzig Prozent beziffern, auf vielleicht zehntausend Menschen.

Dann etwa tausend bis zweitausend Personen, fünf bis zehn Prozent der Bevölkerung, die zwischen einem und über zehn Gulden Steuern entrichteten, dazu mehr als ein Schaff Getreide ihr eigen nannten: Haushalte, die eine gewisse Wohlhabenheit über den Krieg gerettet haben. «Mittelschicht» möchte man sie vor allem deshalb ungern nennen, weil ihre Zahl zu klein ist; vermutlich bildete dieser Bevölkerungsteil das Reservoir für einen gehobenen Mittelstand, auch für die Oberschicht der Nachkriegszeit.

Um 1646 läßt sich indessen nur ein kleiner Teil der Bevölkerung als wirtschaftliche Spitzengruppe kennzeichnen – vielleicht hundert bis hundertfünfzig Personen, ein halbes Prozent etwa: Haushalte, deren Steuerleistung zwischen Beträgen über zehn bis über hundert Gulden lag. Sie hatten meist nicht nur Geld und Grundbesitz, sondern auch beträchtliche Getreidevorräte, konnten selbst in Krisenzeiten ohne Schwierigkeiten überleben. Die Grenze zwischen einer «oberen Mittelschicht» und der «Oberschicht» wäre wohl innerhalb jener Kreise der Einwohnerschaft zu ziehen, die über der sicheren «Armutsgrenze» von einem Gulden steuerten (10 Prozent der Haushalte) und die mehr als ein Schaff Getreide pro Haushaltsmitglied besaßen (6 Prozent). Das wäre jene stark zusammengeschmolzene ökonomische Elite der Reichsstadt, hinter deren wirtschaftlichem Gewicht allerdings immer noch alle anderen Gruppen und Schichten der Bevölkerung zurückstanden.

Augsburg um 1645 – das war eine im Inneren weitgehend gewandelte, in ihrer sozialen und ökonomischen Struktur erschütterte Stadt. Doch der Krieg war noch nicht vorbei. Das Musterungsbuch von 1645, das uns so viele Einblicke in die Wirklichkeit Augsburgs am Ende des Dreißigjährigen Krieges gewährt hat, war schließlich nicht ohne guten Grund angelegt worden. Noch einmal kam der Krieg vor die Tore Augsburgs.

Trotz der Niederlage bei Alerheim war man jenseits der Donau noch bis zur Mitte des Jahres 1646 unbehelligt geblieben, so daß der sparsame Rat schon erwogen hatte, dreihundert Mann Stadtguarde abzudanken. Indessen wandelte sich im August die Situation: Die schwedische Armee unter General Wrangel und die Franzosen unter Turenne hatten sich bei Gießen vereinigt; bei Hanau wurde der Übergang über den Main erzwungen. In Augsburg hat man diese Entwicklungen mit gemischten Gefühlen verfolgt. Der Rat verhandelte mit dem bayerischen Kurfürsten über eine Sicherung der Stadt, zugleich führte man Gespräche mit den Protestanten, um sich deren Unterstützung zu versichern. Immerhin wurden sie damit als politische Partner anerkannt.

In die Rolle des diplomatischen Führers der Augsburger Lutheraner wuchs in dieser Zeit der Patrizier Johann David Herwart hinein, ein außerordentlich geschickter und prinzipienfester Mann. 1603 in der Reichsstadt geboren, Jurist, aufgrund der Zeitläufte aber an einer Karriere in seiner Heimatstadt gehindert, war er bereits mehrfach als maßgebliche Figur des Augsburger Protestantismus hervorgetreten. Auf dem Regensburger Reichstag von 1640 hatte er die Interessen seiner Glaubensgenossen ebenso vertreten wie auf einem kurfürstlichen Kollegialtag in der Reichsstadt Nürnberg.

Zuerst wurde erreicht, daß die protestantischen Ausschüsse, die dem Rat als Verhandlungspartner gegenübertraten, erweitert wurden – am Ende umfaßten sie 51 Personen, darunter auch zwanzig Handwerker. Während die alliierten Armeen näherrückten, formulierte man als Forderung an den Rat die völlige Wiederherstellung der politischen und kirchlichen Verhältnisse. Das war eine Maximalposition, der Rat verhielt sich abwartend – einige Zugeständnisse auf kirchlichem und politischem Gebiet zeigten immerhin, daß man sich aufeinander zubewegte – zur «restabilirung gutes vertrawens under beederley religions verwandten». So sagte man in inoffiziellen Verhandlungen, deren Protokolle sich in den Akten des Evangelischen Wesens erhalten haben. Manchen erschien die Restitution in der Tat als das «gewiß unnd sicherste, auch bestendigste mitel, dz gemeine staatsweesen unnd vertrawen widerumb zugleich inn alten stand zuebringen».

Beide Seiten hatten zu bedenken, daß seit 1644 in den westfälischen Städten Münster und Osnabrück um «Universal-Tractaten» gerungen wurde, mit denen der große Krieg beendet werden sollte. Neutralität, wofür manche plädierten, war schon deshalb eine unrealistische Option, weil Bayern sich niemals mit einer solchen Haltung der Reichsstadt abgefunden hätte. Und noch war die Lage nicht so, daß man alles hätte akzeptieren müssen. Die Wälle und Vorwerke befanden sich in gutem Zustand, Kredite hatten den Einkauf von Lebensmittelvorräten ermöglicht – dazu befanden sich nahezu fünftausend Schaff an privaten Getreidevorräten in Augsburg. Allein damit ließ sich einige Monate überleben.

Allerdings drängten wieder Flüchtlinge in die Stadt. In der ersten Septemberhälfte hatten die feindlichen Armeen die Donau erreicht, Donauwörth, Rain am Lech waren gefallen. Gerade noch erreichte ein Trupp bayerischer Kavallerie das nun bedrohte Augsburg, am 26. September brach der bayerische Obrist Rouyer durch die feindlichen Linien, um die Besatzung zu verstärken. Er übernahm das Kommando in der Reichsstadt.

Für die Besetzung der Wälle wurde jeder verfügbare Mann gebraucht. Wer sich zur Verteidigung der Stadt bereitfand, sollte zwanzig Kreuzer Sold am Tag erhalten. Unter dieser Bürgerwehr fanden sich bald auch Protestanten. Es ging nun, mit allen Mitteln, darum, den Feind vor den Toren zu halten. Der Feind: Das war nun der *Krieg*, waren nicht mehr katholische, protestantische, französische oder schwedische Armeen...

In den ersten Oktobertagen machten die Belagerer ernst. Kanonenkugeln pfiffen über die Wälle; sie trafen vor allem die Frauenvorstadt. Nasse Kuh- und Ochsenhäute wurden bereitgelegt, vom Perlachturm wehte die Brandfahne dorthin, wo die Türmer Rauch und Feuer wahrnahmen. Und nach Sonnenuntergang erleuchteten Laternen gespenstisch die Szenerie – ungewohnt für die Bürger, die bisher nur stockfinstere Nächte kannten.

In der Stadt stieg die Spannung. Die Beschießung strapazierte die Nerven: Einmal drängten sich einige hundert Frauen mit ihren Kindern vor dem Haus des Stadtpflegers Rembold, weinten, schrien und forderten, den Jammer zu beenden. Eine weitere Demonstration «gemeiner weiber» und auch einiger vornehmer Frauen lösten Kürassiere mit der blanken Waffe auf.

Die Bürger sparten anscheinend nicht mit gegenseitigen Beschuldigungen. Die Lutherischen, so hieß es, hätten die «Schwöden» hergelockt; der Rat bat die Protestanten, an ihren Glaubensgenossen Wrangel eine Petition zu richten. Die aber entgegneten, schließlich liege noch eine französische Armee vor der Stadt, und auch die Schweden würden nicht gerade auf die Religion, sondern auf den *«statum belli»* sehen.

Wieder kam es zu Plünderungen, Bäckerläden wurden gestürmt: Ob

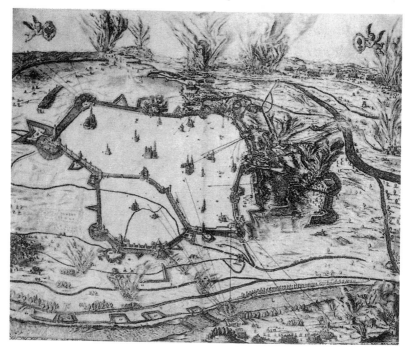

Die Belagerung Augsburgs 1646. Anonymer Kupferstich auf zeitgenössischem Einblattdruck

der «pövel» nichts mehr zu essen hatte, oder ob man sich an die Erfahrungen der Belagerung von 1634/35 erinnerte und deshalb rechtzeitig die Vorratskammern zu füllen trachtete, verraten die Quellen nicht. Die Lage schien so ungewiß, daß der Rat zumindest erwogen haben dürfte, die Stadt zu übergeben.

Der Feind schien zudem entschlossen, Augsburg – sei es auch im Sturmangriff und unter Verlusten – in seinen Besitz zu bringen. Die Laufgräben waren bereits in den ersten Oktoberwochen dicht an die Stadtmauern vorgetrieben worden – die Wachen konnten sich mit den Musketieren der Belagerer unterhalten. Ein Spion hatte berichtet, daß er im Lager der Feinde «grosse quantität fewr kuglen, darunter theils 4 centner schwehr... gesehen, damit man die statt zu ängstigen trohe.»

Am 11. Oktober, eine Stunde nach Mitternacht, war es soweit: Heftiges Artilleriefeuer, Kanonendonner und das Krachen der Petarden schienen einen Sturmangriff einzuleiten. Wer nur ein Gewehr halten konnte, half bei der Verteidigung der Reichsstadt. Protestantische Bürger standen neben einer Gruppe von Jesuitenschülern, die unter wehender schwarzer Fahne kämpften. Es bedürfte einer Palette mit kräftigen Farben, das Drama eines solchen Angriffs zu schildern: die im Finstern aufzuckenden Lichtblitze der Kanonen, die den weißen Pulverdampf beleuchteten; überall, wie Glühwürmchen, die glimmenden Lunten der Musketiere, der infernalische Lärm der Gewehre, der explodierenden Petarden, Schreie der Verwundeten, die Befehle der Offiziere – und hinter den Mauern die hektische Aktivität der Verteidiger, klappernde Hufe auf den Gassen, flackernde Fackeln und Pechpfannen, da und dort brennende Häuser, die man in der allgemeinen Verwirrung so gut es geht zu löschen sucht; dazwischen ein Trupp Soldaten mit schwarzen Harnischen und matt glänzenden Helmen, der zu einem bedrohten Mauerabschnitt marschiert...

Bis zum Morgen hatte sich die *furia* des Angriffs ausgetobt. Die Verteidiger behielten die Oberhand; weitere Versuche am nächsten Tag, die Stadt zu nehmen, blieben erfolglos. Der Mut der Eingeschlossenen mag durch das Wissen um das Näherrücken einer Entsatzarmee genährt worden sein – ein kaiserlich-bayerisches Heer, das unter Erzherzog Leopold Wilhelm und dem Reitergeneral Johann von Werth heranzog und gerade am Nachmittag des 12. Oktober am Ostufer des Lech Quartier machte. Einen Kanonenschuß davon entfernt stand die schwedisch-französische Belagerungstruppe, die Hauptarmee hatte sich westlich von Augsburg, bei dem Dorf Stadtbergen, verschanzt. Sollte sich das Schicksal der Reichsstadt in einer Schlacht unter ihren Mauern entscheiden?

Es kam nicht dazu. Wrangel und Turenne brachen die Belagerung ab und zogen nach Norden fort. Das war am 13. Oktober 1646, an dem man in Augsburg das Fest des Bistumspatrons St. Simpert feierte.

Katholische Chronisten führten die Rettung ihrer Stadt natürlich auf die Fürsprache des Heiligen zurück, auch auf die Unterstützung der guten Sache durch die Gottesmutter, die ebenfalls durch eifrige Gebete gewonnen worden war. Wie in der antiken Mythologie, so scheint es, begleitete den Kampf der Menschen auf der Erde ein unsichtbares Ringen himmlischer Mächte.

Der konfessionelle Frieden war indessen durch die gemeinsam bewältigte Gefahr nicht gewonnen. Wie die Glaubensgruppen zu einem Arrangement kommen sollten, war noch nach der Belagerung von 1646 völlig unklar. Von weitgehender Rekatholisierung bis zu verfassungsrechtlicher Gleichstellung der Protestanten mit der anderen Partei waren die verschiedensten Lösungen denkbar. Entscheidend mußte der weitere

Verlauf des Krieges werden; die Sache wurde dadurch kompliziert, daß der Krieg kaum noch um Religion geführt wurde, was selbst vielen Zeitgenossen klar war. «Non religio, sed regio spectatur», äußerte sich in diesem Sinne der Lindauer Gesandte auf dem Westfälischen Friedenskongreß, Dr. Valentin Heider, gegenüber Johann David Herwart: Nicht um den Glauben gehe es mehr, sondern um Land. Im Verlust der weltanschaulichen, der religiösen Dimension lag wohl überhaupt eine Chance, den Krieg durch Kompromisse zu beenden – das konnte freilich auch heißen, daß eben «Partikularinteressen» auf der Strecke blieben, wenn es an die Lösung der großen Probleme ging. Denn die Querelen der Augsburger zählten schließlich nur wenig angesichts des gordischen Knotens von Problemen, den die Gesandten der europäischen Mächte, die seit 1644 in Münster und Osnabrück tagten, zu entwirren hatten. Ging es doch zugleich um die Regelung der konfessionellen Fragen, um die Organisation der Reichsverfassung und die «Satisfaktion» der kriegführenden Mächte durch Land und Geld.

Die Stellung der Augsburger Protestanten auf dem Westfälischen Friedeskongreß war darüber hinaus alles andere als einfach und rechtlich eindeutig. Ihr offizieller Vertreter war der Frankfurter Gesandte Dr. Zacharias Stenglin, eine eher zwielichtige Gestalt, der – positiv betrachtet – den Typus des kompromißbereiten und -geneigten «Realpolitikers» repräsentierte. Während andere auf das Erreichen des Idealzieles, die verfassungsrechtliche Parität, setzten, riet er eher zum Einlenken. Der eigentliche Stratege der Augsburger Lutherischen war Dr. Valentin Heider, der stets in engem Kontakt mit Herwart stand. Der Augsburger Rat tat sein möglichstes, dessen Aktionen zu torpedieren – so schrieb man einmal an die Obrigkeit Heiders, die Lindauer Ratskollegen, ihm sein «zu unnachbarschafft raichendes vornemen nit zu gestatten, sondern vilmehr denselben daran abzuhalten». Und zugleich unterhielt der katholische Rat einen eigenen Vertreter in Osnabrück: Dr. Johann Leuxelring, einen unbeugsamen Vertreter gegenreformatorischer Standpunkte. Dieser aus einfachen Verhältnissen zum Doktor beider Rechte und Stadtkanzler von Augsburg aufgestiegene Mann – er vertrat auf dem Friedenskongreß noch fünfzehn weitere Städte – versuchte, die Politik der protestantischen Agenten und Gesandten zu hintertreiben, wo es nur ging.

Die Protestanten mußten darauf hoffen, daß die Krone Schwedens ihre Position stützte (wohlgemerkt dasselbe Schweden, gegen dessen Soldaten auch die Augsburger Protestanten im Herbst 1646 ihre Musketen abgefeuert hatten!). Der Kampf wurde an vielen Fronten geführt.

Mit «Verehrungen» versuchten die Vertreter aller Parteien ihre Gönner günstig zu stimmen; «Bestechung» würde man das heute etwas unvornehm nennen, hätte dergleichen nicht zu den weitgehend akzeptierten diplomatischen Gepflogenheiten gehört. Bei den Schweden allerdings, so schien es den Augsburgern, waren Mittel in solcher «Abundanz» vorhanden, daß es Wasser ins Meer schütten hieß, ihnen etwas zu geben...

Immerhin meinte der schwedische Gesandte Johann Adler Salvius gegenüber Heider, Augsburg aufgeben heiße für seine Krone, das ganze evangelische Wesen lassen. Die Kaiserlichen sperrten sich freilich gegen allzu weitgehende Zugeständnisse. Lieber wolle er tausendmal sterben und sich «martyrisieren» lassen, meinte der kaiserliche Primargesandte Maximilian Graf Trauttmannsdorff (übrigens eine der bedeutendsten Persönlichkeiten des Kongresses, einer der Väter des Friedens), als Salvius neben anderem die Forderung nach Parität in Augsburg vortrug.

Mehr Gewicht erhielten die Vorstellungen der Augsburger Evangelischen und der schwedischen Diplomaten durch die Entwicklung der militärischen Lage. Ein spektakuläres Indiz dafür, daß sich die Verhältnisse zuungunsten der Kaiserlichen und ihrer Verbündeten entwickelten, war ja bereits die Belagerung Augsburgs gewesen – trotz des Entsatzes der Reichsstadt: Die alliierten Armeen gewannen im Süden Deutschlands zusehends die Oberhand. Die Dinge standen so schlimm, daß sich Kurfürst Maximilian von Bayern gar zum Abschluß eines Waffenstillstandes durchrang und den Kaiser allein im Feld ließ. Auch er wollte nun Frieden, Frieden fast um jeden Preis.

Wohl ein Effekt des Ausscheidens Bayerns aus der katholischen Front war, daß den Augsburgern endlich die begehrte Parität zugesichert wurde. Nur zwei Wochen nach Abschluß des Waffenstillstands, am 25. März 1647, bestätigte der kaiserliche Sekundargesandte Dr. Volmar, die kirchlichen Verhältnisse in Augsburg würden so wiederhergestellt, wie sie 1624 bestanden hätten; alle Ämter seien paritätisch mit Katholiken und Protestanten zu besetzen. «Cum anhelitu», keuchend vor Eile, überbrachte ein schwedischer Legationssekretär Dr. Heider die frohe Botschaft.

Wie die Augsburger Protestanten jetzt wohl dem Friedensschluß entgegenfieberten! Noch war nichts unterzeichnet und gesiegelt. Und gegen Ende des Jahres 1647 näherte sich der Bayernfürst dem Kaiser wieder an. Die *ultima* der Schweden, die am 20. Januar 1648 überreicht wurden, hielten an der Augsburger Parität fest, doch fühlten sich die Katholiken wieder stark genug, in ihren Gegenvorstellungen am 2. Februar das Gewünschte zu verweigern.

Osnabrück und Münster waren freilich selbst in diesen aufregenden Tagen für die meisten Bürger Augsburgs weit weg, bildeten nicht den Mittelpunkt der Welt. Denn der Krieg war ihrer Stadt bedrängend nahe geblieben. Zwar habe es gute Ernten gegeben, schreibt der Chronist Jakob Wagner in der letzten erhaltenen Jahresbilanz seiner Chronik (der von 1646), doch sei durch die Soldaten und Kriegsnöte «alles zue schaden und schanden gemacht und bracht worden». Man wolle Gottes Strafen nicht erkennen, fuhr er resignierend fort, obwohl die Prediger stets mahnten – doch helfe «kain vermanung noch strafen nicht. Gott erbarme sich unser.»

Die schlechte Versorgungslage führte nochmals zu einem Ansteigen der Mortalitätskurve – 1488 Tote zählte man 1646. Das wäre angesichts der geschrumpften Bevölkerungszahl vielleicht am Anfang des 17. Jahrhunderts normal gewesen. Nochmals sank die Barchentproduktion ab, gingen die Kirchenspenden zurück; in der Stadt fehlte es an Kapital, es kam zu Konkursen. Die Rückkehr des Krieges nach Schwaben brachte den Handel zum Erliegen. Angesichts der verzweifelten Situation richtete sich der Zorn des Volkes wieder gegen die direkt faßbaren «Schuldigen» an der Misere. Ein anonymes Pasquill forderte:

«Meine Herrn thun sich wol bedenckhen –
Sie sollen ein bäckhen, 3 oder 4 auffhencken,
und zween brot wäger darneben:
Man köndt wol ein 16 laib umb 8 geben...»

Im Archiv erhaltene Aufzeichnungen der Müller lassen darauf schließen, daß um diese Zeit noch etwa vierhundert Schaff Getreide pro Woche verarbeitet wurden. Um die zwölfhundert Schaff waren es früher gewesen. Einquartierungen und Kontributionen, dazu fallende Preise für Agrarprodukte (wenn der Feind Vieh und Feldfrüchte nicht überhaupt plünderte oder vernichtete), machten das Dasein auf dem Land zu einem bitteren Kampf ums Überleben.

Im Mai 1648 flohen zahlreiche Bauern wieder in die Reichsstadt, da sich eine kaiserlich-bayerische Armee unter dem General Holzapfel – oder Melander, wie sich der Kriegsmann humanistisch-vornehm nannte – näherte, mehr, um Beute zu machen, als aus bedeutenderen strategischen Erwägungen. Als ein schwedisch-französisches Heer ihn stellte, versuchte er die Retirade auf Augsburg, wurde jedoch unweit des Dorfes Zusmarshausen gestellt. Holzapfels Infanterie scheint weitgehend vernichtet worden zu sein, er selbst wurde verwundet und starb in Augsburg. Der Rest seiner Truppen sammelte sich unter den Mauern der Reichsstadt.

Fern im Westfälischen waren in der Zwischenzeit bedeutende Entscheidungen gefallen. Die Augsburger Protestanten hatten nochmals erhebliche Gelder aufgetrieben und damit den Eifer des schwedischen Reichskanzlers Oxenstierna, sich für ihre Sache zu engagieren, geschürt. Schweden wankte in der Sache der Augsburger Parität jedenfalls nicht, als in zähen Verhandlungen die Einzelheiten der neuen Stadtverfassung festgeschrieben wurden: Restitution der Rechte und Güter der Protestanten, Abschaffung der während des Krieges eingeführten Neuerungen, völlige Gleichberechtigung der Protestanten mit den Katholiken. Das hieß, daß in den zahlreichen Gremien und Stadtämtern auf strikte Gleichheit gesehen werden sollte (allein im Geheimen bzw. Kleinen Rat blieb es bei einer Stimme Übergewicht für die Katholiken). So war in Zukunft stets je ein katholischer und ein evangelischer Stadtpfleger zu wählen, manche Ämter sollten zwischen den Konfessionen alternieren, andere doppelt besetzt werden.

Das katholische Regiment vernahm mit Bestürzung von diesem Erfolg der Protestanten. Man versuchte Druck auf sie auszuüben, sprach von unerhörten «noviteten», die nur zur Zerrüttung bürgerlichen Wohlstands beitragen würden; an den Bayernfürsten, an den Kaiser gingen Gesandtschaften.

In Augsburg fühlte sich allerdings niemand mehr zuständig. Unser Chronist Wagner, der als einer der Exponenten der Protestanten galt, verweigerte die Annahme eines Schreibens des Rates, Vertreter der protestantischen Ausschüsse meinten, die evangelischen Stände in Osnabrück hätten die Augsburger Frage als Sache des gesamten evangelischen Wesens betrachtet – deren Voten sei ohnedies nicht vorzugreifen. Die Parität, jenes einst ferne, jetzt greifbar nahe Ideal, mußte den Augsburger Protestanten gerade in den dramatischen Herbsttagen des Jahres 1648 als besonders kostbar, begehrenswert erscheinen, bekamen sie doch nochmals zu spüren, was ein hartes bayerisches Regiment bedeutete. In der Stadt kommandierte mit dem Obristen Firmund von der Nörß ein alles andere als zimperlicher Statthalter des Kurfürsten; die Soldaten forderten Servitien und Kontributionen. Als sich die alliierten Armeen im September wieder nach Augsburg wandten, um sich vielleicht doch noch, in letzter Stunde, der Reichsstadt als Faustpfand zu versichern, rückte eilig zusätzliches bayerisches Militär ein – etwa 2400 Mann standen nun zur Verteidigung der Stadt bereit.

Aber es kam zu keiner Belagerung mehr; am 24. Oktober 1648 war der Frieden geschlossen worden. Am 1. November, einem Sonntag, noch kurz vor Mitternacht, traf ein Kurier in Augsburg ein, um die

Siebentes Kapitel

Triumph des Augsburger Friedens. Allegorie auf den Westfälischen Friedensschluß. Kupferstich von Wolfgang Kilian, 1649

Nachricht zu überbringen. «Dahero die freüd wieder zu genommen», berichtet ein Chronist, «und hats einer dem andern verkündigt.»

Was man in Münster und Osnabrück unterschrieben hatte, war für lange Zeit der Frieden aller Frieden. Er wurde zur Basis eines politischen Systems, welches die europäische Ordnung bis in die Zeit der Französischen Revolution hinein bestimmen sollte. Das Heilige Römische Reich gewann im Westfälischen Frieden sein wichtigstes Grundgesetz für die letzte Epoche seines Bestehens. Es formte sich zu einem Organismus mehr oder weniger selbständiger staatlicher Einheiten, einem wichtigen Faktor für die Stabilität Mitteleuropas.

Der konfessionelle Konflikt war wohl durch den Westfälischen Frieden nicht aus der Welt geschafft worden. Doch hatte das Vertragswerk Regelungsmechanismen dafür bereitgestellt; beispielsweise wurden auf dem Reichstag Mehrheitsentscheidungen in Glaubensfragen unmöglich gemacht – die Reichsstände hatten dann in ein «Corpus Catholicorum» und ein «Corpus Evangelicorum» auseinanderzutreten. Mit wenigen – allerdings wichtigen – Ausnahmen hat man 1624 als Stichjahr für den Bekenntnis- und Besitzstand der Glaubensparteien definiert, der Calvinismus wurde reichsrechtlich anerkannt. Die Reichsbehörden waren paritätisch zu besetzen.

Augsburg, nun keine europäische Stadt mehr, fand im Reichssystem eine von außen kaum noch gestörte, ruhige Existenz. Das protestantische Kirchenwesen konnte ungeachtet einiger Schwierigkeiten rasch reorganisiert werden. Die in der Restitutionszeit abgebrochene evangelische Kirche von Heilig Kreuz wurde 1650 bis 1653 wiedererrichtet. Von den Protestanten ganz Europas, von Königen und Fürsten, kamen die Mittel dazu.

Die Ordnung der Parität, wie sie in Augsburg und einigen anderen Städten des Reiches – so in Dinkelsbühl, Ravensburg und Biberach – 1648 in Kraft trat, hat sich im Alltag der folgenden eineinhalb Jahrhunderte zweifellos bewährt. Auswärtigen Besuchern erschien sie allerdings zusehends eher als Kuriosum, als seltsames Relikt einer untergegangenen Epoche. Besonders das aufgeklärte 18. Jahrhundert sparte nicht an Spott über das «Unthier Parität» (wie Christian Friedrich Daniel Schubart formulierte). Die wohl bissigsten Äußerungen stammen von Wilhelm Ludwig Wekhrlin, der über ein Jahrhundert nach dem Friedensschluß von 1648 durch Oberdeutschland reiste und seine Beobachtungen unter dem Pseudonym «Anselmus Rabiosus» publizierte. In Augsburg nahm er den *Drachen der Parität* wahr, in seiner vollen Lebensgröße, wie er sich ausdrückte. Sie zeigte sich dem Kritiker als Hindernis nützlicher caritativer Einrichtungen, der Entwicklung von Handwerk und Gewerbe, als Hemmschuh einer effektiven Verwaltung – vor allem aber schien sie ihm alles andere als ein Ausdruck von Toleranz zu sein: «Diese Parität ist so weit von ihrem wahren Charakter, dem Duldungsgeist, entfernt, daß jede von den zwo Religionspartien alle Augenblick bereit ist, der andern den Hals zu brechen, wenn der Magistrat nicht in beständiger Wachbarkeit bliebe.» So zeitgebunden diese Bewertung sein mag – mit wirklicher Toleranz, mit Respekt vor anderen Überzeugungen, Achtung vor der Meinung anderer hatte diese Verfassungskonstruktion in der Tat nicht einmal in ihren Anfängen zu tun gehabt. Sie war Resultat des Zwangs der Verhältnisse, war als einzige, letzte Alternative geblieben. Man hatte sich fügen müssen, nachdem die Welt nun einmal weder völlig katholisch, noch ganz evangelisch zu werden bereit war.

Was jenseits des Horizonts der meisten aufgeklärten Kritiker der

Augsburger Parität lag, war indessen ihre Vorgeschichte, war das Maß an Opfern, an physischer und psychischer Not, das vor diesem Ergebnis stand. Kaum eine andere Stadt Deutschlands hatte die Schrecken des Dreißigjährigen Krieges in vergleichbarer Weise erleben müssen wie dieses Augsburg – ihre Schuld an Heroismus, Glaubenseifer, Duldsamkeit hatte diese Stadt wahrlich erbracht. Es verwundert wenig, daß man sich unter dem Dach der Parität, hinter der Ringmauer nun auf sich selbst zurückzog.

Epilog

Wäre Dr. Faust nun, im Jahre 1648, nochmals hinauf zum Himmel geflogen – der Blick auf Augsburg hätte ihm nur wenige Veränderungen gezeigt: Im großen Umkreis der Reichsstadt die mächtigen Wälle der Schwedenzeit, zusammengeschossene, ausgebrannte Mauertürme, da und dort Häuser, in deren rußschwarzes Innere man durch ein Gitterwerk verkohlter Dachbalken blicken konnte. In der Mitte der Stadt, so hätte er gesehen, ragte unversehrt der mächtige Kubus des Rathauses mit dem Perlachturm daneben auf, die großen Kirchen der Stadt – St. Anna und der Dom, St. Ulrich, die Barfüßerkirche – hatten die Kriegsjahre überdauert, ebenso der Palast der Fugger und andere Prachtbauten der Innenstadt. Vom Krieg unberührt waren die großen Strukturen geblieben – die Armenviertel der Vorstädte, die Handwerkerquartiere an den Abhängen zum Lech hinunter. Von dort hätte der Luftreisende bei günstigem Wind nach wie vor das Klappern der Mühlen, das Stampfen und Klingen der Eisenhämmer hören können. Aber es wäre weniger Lärm gewesen, als auf der Himmelsreise ein halbes Jahrhundert zuvor. Es war stiller geworden in der Stadt, denn es gab – was Dr. Faust sicher auch bemerkt hätte – eben weniger Menschen in Augsburg.

Vor allem deshalb bedeutete der Krieg einen tiefen Einschnitt für die Geschichte der Stadt. Die Grundlagen für das Ende politischer Macht und wirtschaftlicher Bedeutung waren indessen, so scheint es, lange vorher schon entstanden. Wer die Wirtschaftsgeschichte des wichtigsten italienischen Handelspartners unserer Reichsstadt, nämlich Venedigs, verfolgt, wird bemerken, daß der Abstieg dieser einstigen Weltmacht schon im 16. Jahrhundert dem Niedergang Augsburgs vorausgeht – und das heißt, daß eine Säule der Augsburger Wirtschaft, nämlich der Südhandel, zerbröckelte. Langfristig wurde entscheidend, daß – im Rahmen einer expandierenden Weltwirtschaft – Augsburg zusehends nicht mehr an einem Knotenpunkt der zentralen «Schiene» von Süden nach Norden und Nordwesten lag, vielmehr durch äußere Entwicklungen immer mehr an die Peripherie rückte. Das hatte viele Gründe.

Zuerst und als wichtigsten die Erschließung des atlantischen Raumes in der Folge der Entdeckung Amerikas. Die Seestädte gewannen dadurch an Bedeutung. Dann die Schwierigkeiten Venedigs, das im 16. Jahrhundert große Teile seines adriatisch-ägäischen Imperiums einbüßte, auf dem Festland Regionalmacht blieb und überhaupt darunter zu leiden hatte, daß die Bedeutung des Mittelmeeres als Handelsraum durch die Umorientierung der großen Wirtschaftsströme abnahm.

Darüber hinaus ist an einen säkularen Prozeß zu erinnern: den Aufstieg des modernen Staates, die Verdichtung der Staatlichkeit durch Bürokratie, Militär und die Konstituierung einheitlicher Wirtschaftsräume. Hier wohl lag der entscheidende Grund für den Bedeutungsverlust der kleinen Stadtrepubliken des Reiches und Italiens. Die Zukunft gehörte den Territorialstaaten und den entstehenden Nationen insbesondere im Westen Europas.

Was die Geschichte Augsburgs in diesen großen Zusammenhängen betrifft, so ist sie bisher noch kaum erforscht. Wir wissen viel über Augsburg selbst, wenig über die internationalen Verflechtungen seiner Wirtschaft im 16. und 17. Jahrhundert, in der die schwäbische Stadt eine bedeutende Stellung hatte. Hier liegen Aufgaben künftiger Forschung.

Wenn wir, aus Dr. Fausts imaginärem Drachenwagen auf unsere Stadt blickend, sagten, sie stelle sich wohl äußerlich wenig verändert dar, ist damit noch nichts gesagt über das, was *in* den Köpfen der Menschen war. Der Krieg hat hier und anderswo Erinnerungen, historisches Bewußtsein an eine finstere Zeit geformt, er blieb eine *Erfahrung*, welche in unwägbarem Maß das Zukunftsbild der Menschen mitbestimmte. Doch war diese Erfahrung für viele, ja die meisten Augsburger des Jahres 1648 eine bereits indirekt vermittelte – der Krieg mit allen seinen Schrecken, das waren die Jahre zwischen 1629 und 1635 gewesen. Von der Generation dieser Zeitgenossen hatten nur wenige überlebt. Freilich gab es genug Waisen, Witwen, deren Schicksal völlig vom Krieg bestimmt worden war; und es waren Erzählungen, Beschreibungen, Chroniken entstanden, von denen – was dieses Buch erst möglich gemacht hat – manches bis in unsere Zeit überkommen ist.

Wir haben keine Hinweise darauf, daß das «kollektive Gedächtnis» durch die Kriegserfahrung traumatisiert, tiefgreifend verändert worden wäre. Vielleicht – aber das ist ein anderes Thema und betrifft andere Regionen – war das Kriegserlebnis Auslöser für die großartige Entfaltung des süddeutschen Spätbarock. Ein beachtlicher Aufschwung der bildenden Künste und des Bauwesens setzt ja gleichzeitig mit der Erholung der Finanzen der Äbte und Prälaten, des Adels und der Fürsten ein – seit etwa 1670/80. Im Glanz dieser Kunst, in der auftrumpfenden Verwirklichung monumentaler architektonischer Utopien (wie anders soll man eine «Idealarchitektur» wie die etwa der Klöster von Weingarten oder Ottobeuren bezeichnen?) – im Glanz dieser Kunst mag ein ferner Reflex auf den überstandenen Krieg begegnen, jene Euphorie zu registrieren sein, die nach Auffassung der modernen Sozialpsychologie oft Verhaltensweisen nach Katastrophenzeiten prägt.

Viele dieser großartigen Kunstwerke waren – was eine rein sozialhistorisch denkende Forschung leicht übersehen wird – nach wie vor und vor allem Ausdruck der Suche nach Seelenheil. Es wird oft vergessen, daß das Zeitalter der religiös oder konfessionell nicht mehr gebundenen Staatsraison, schließlich der an Vernunft und Toleranz glaubenden Aufklärung auch Resultat der Erfahrung der Glaubenskriege ist – daß aber zugleich die religiösen Bedürfnisse der Menschen bleiben. Hier, in der Religion, lagen die Möglichkeiten zur Bewältigung des Alltags, zur Sublimation der Bedrängungen, welche Krieg, Hunger und Pest mit sich brachten. Hinter dem Chaos der Wirklichkeit – dessen blieben sich die meisten Menschen sicher – verbarg sich eine ewige Ordnung, deren Beständigkeit gerade in der gleichermaßen permanenten Auseinandersetzung mit dem Bösen erwiesen wird, ja die ihre subjektive Realität eben als utopisches Gegenbild gewinnt.

Dieses Weltbild blieb im Prinzip auch durch den Krieg unbeschädigt. Daß der Gang der Geschichte letztlich in Gottes Hand lag, war eine Überzeugung, die auch spätere Generationen noch trug. Selbst die Möglichkeiten des Teufels, Unheil auf der Welt zu stiften, sind durch den Willen Gottes beschränkt. Am Ende seines Lebensberichts erzählt Simplicius Simplicissimus, wie ein Postillon zum Fürsten der Hölle geflogen kommt und ihm meldet: «O großer Fürst, der geschlossene teutsche Frieden hat beinahe ganz Europam wiederum in Ruhe gesetzt; das Gloria in excelsis und Te Deum Laudamus erschallet allerorten gen Himmel, und jedermann wird sich befleißen, unter seinem Weinstock und Feigenbaum hinforder Gott zu dienen.» Da habe Luzifer, meint der Autor, «schröcklich... griesgrammet»: «... er knarbelt mit den Zähnen so greulich, daß er weit und breit forchterlich zu hören war, und seine Augen funkelten so grausam vor Zorn und Ungedult, daß ihm schwefelichte Feurflammen gleichsam wie der Blitz herausschlugen und sein ganze Wohnung erfülleten...».

Aber was konnte der Böse letztlich ausrichten? Sah Simplicius doch den «höllischen Großfürsten» wohl «auf seinem Regimentsstuhl sitzen, aber», so beschreibt er das Bild, «mit einer Ketten angebunden, daß er seines Gefallens in der Welt nicht wüten könnte». Wie in einem machtlosen deutschen Kleinstaat die Hofschranzen, erschienen hier allein «die viele höllischen Geister», die «durch ihr fleißigs Aufwarten» der Größe seiner Macht genügt hätten.

Noch ist der Teufel indessen kein völlig untätiger Geist, der in der Tiefe der Hölle müßig des Gerichts harrte. Und auch Gott ist noch lange nicht der kunstreiche Instrumentenmacher, der nach getaner Arbeit das Uhrwerk der Welt seinen Gang gehen ließe. Hinter der Dialektik von Gut und Böse stehen die Konturen eines dualistischen Weltbildes, da mag der Teufel an noch so schwere Eisenketten geschmiedet sein. Gerade in einer solchen Konzeption aber hatte der freie Wille für die meisten Zeitgenossen des Ancien régime seinen Platz, konnten die Kraft des Gebets, aber auch der magische Ritus Wirkung entfalten, und mancher mochte glauben, das eine Prinzip gegen das andere ausspielen zu können.

Erst spätere Epochen werden Luzifers Ketten lösen und Gott vom Thron seiner Allmacht stoßen. Die Ursachen von Krieg, Hunger und Elend wird man folgerichtig nicht mehr im fundamentalen Antagonismus guter und böser Geister suchen; wird «Ursachen» von Unheil rational analysieren und begreifen können, daß Kriege und anderes Unheil zuerst von Menschen gemacht werden – und also auch von Menschen zu verhindern sein sollten. Das ist eine Einsicht, die dem 17. Jahrhundert völlig fremd war (jedenfalls, wenn es um die Frage nach den «eigentlichen» Ursachen des Elends in der Welt ging). Es ist paradox: Die Entzauberung der Welt, die Säkularisierung des historischen Denkens sind einerseits Voraussetzungen der rationalen Analyse, aber was an Vernunft gewonnen wurde, reichte bis heute nicht aus, Kriege zu verhindern.

Auch Augsburg wurde nach 1648 noch mehrmals vom Krieg heimgesucht: Der Spanische Erbfolgekrieg traf die Stadt schwer, in den Revolutionskriegen hatte sie Einquartierungen und Kontributionen zu ertragen. 1944 und 1945 war sie verheerenden Bombenangriffen ausgesetzt, deren schlimmster – in der Nacht vom 25. auf den 26. Februar 1944 – 730 Tote forderte. Ein großer Teil Augsburgs wurde damals dem Erdboden gleichgemacht.

Darüber mochten die Schrecken und Wirren jener fernen Epoche, über die in diesem Buch zu berichten war, wohl in Vergessenheit geraten – auch das, was einmal so endgültig ausgesehen hatte, eben der Frieden aller Frieden. Ein Nachklang der Freude von damals blieb freilich bis heute. Wer an einem 8. August – dem Tag, an dem 1629 die protestantischen Prediger entlassen worden waren – Augsburg besucht, erlebt dort Sonntagsstimmung, auch wenn im übrigen Land gearbeitet wird. Mit einem eigenen Feiertag gedenkt die Stadt, seit 1650, des Westfälischen Friedens.

Anhang

Abkürzungen

ADB	Allgemeine Deutsche Biographie
AK	Ausstellungskatalog
ARG	Archiv für Reformationsgeschichte
EWA	Evangelisches Wesensarchiv des Stadtarchivs Augsburg
HJb	Historisches Jahrbuch der Görresgesellschaft
HZ	Historische Zeitschrift
NDB	Neue Deutsche Biographie
StadtA	Stadtarchiv Augsburg
SStBA	Staats- und Stadtbibliothek Augsburg
Urg.	Stadtarchiv Augsburg, Strafamt, Urgichtensammlung
VSWG	Vierteljahresschrift für Sozial- und Wirtschaftsgeschichte
ZBLG	Zeitschrift für Bayerische Landesgeschichte
ZHF	Zeitschrift für Historische Forschung
ZHVS	Zeitschrift des Historischen Vereins für Schwaben

Anmerkungen

Die Anmerkungen sind ein Angebot an den Fachmann und den interessierten Laien. Sie sollen die zentralen Aussagen des Buches belegen und zeigen, was der Autor den Arbeiten anderer Forscher schuldet. Sie geben zugleich Hinweise, wo sich die angeschnittenen Probleme und Themen vertiefen lassen. Dabei werden nur die wichtigsten und bevorzugt möglichst aktuelle Arbeiten angegeben. Einen umfassenden wissenschaftlichen Apparat zu vielen Fragen, die auch im vorliegenden Buch eine Rolle spielen, bietet Roeck 1989.

Erstes Kapitel

Seite 9
Der Doktor...: Historia von D. Johann Fausten, dem weitbeschreyten Zauberer und Schwartzkünstler, Neudruck Hildesheim/New York 1981 (Original o. O. 1587), S. 93–98; zit. nach der modernisierten Fassung bei C. Ott-Koptschalijski/W. Behringer, Mythen und Märchen vom Fliegen, Frankfurt/M. 1989.

Seite 12
... europäische Großstadt: Roeck 1987, S. 66–82. – *... Protestanten:* Warmbrunn passim; E. François, Die unsichtbare Grenze. Protestanten und Katholiken in Augsburg 1648–1806, Sigmaringen 1991. – *Jörg Seld:* Stadtlexikon, S. 339; AK Hans Holbein d. Ä. und die Kunst der Spätgotik, Augsburg 1965, Nr. 222 (m. weit. Lit.). – *Kilian:* Stadtlexikon, S. 202, m. weit. Lit.; AK Welt im Umbruch I, S. 259 f.

Seite 13
Baureglement: Roeck 1985, S. 176; Bauordnung 1623, StadtA, Schätze 85, I/II. – *... Produkte verkauften:* Heyne, S. 307 ff. – *Rathaus:* AK Elias Holl. – *Gögginger Tor:* ebd., S. 271 f. – *... beim ersten Morgenlicht:* Roeck 1989, S. 806; StadtA, Ratserlasse 1600–1668, Ordnung für die Torleute, 1600, Feb. 10; Ordnungen u. Statuten. Karton 20, Nr. 431. – *... Menschentrauben:* ebd. – *... Juden:* Roeck 1989, S. 471 f. – *Prostituierte:* Roper 1989, S. 89–131. – *Annakloster:* Stadtlexikon, S. 13, m. weit. Lit.; Gottlieb 1984, S. 364 (B. Bushart).

Seite 14
... Bildungseinrichtungen: Köberlin passim; *1531–1981:* 450 Jahre Gymnasium bei St. Anna in A., A. 1981. – *Seneca Schreiber:* Roeck 1984, 2 S. 26. – *Kornschranne:* Roeck 1987, S. 123–130. – *... liebe traidt:* StadtA, Handwerkerakten, Bäcker passim.

Seite 15

Weber, Weberhaus: Clasen 1981. – *... mit Fresken geschmückt:* S. Netzer, Johann Matthias Kager, Stadtmaler von Augsburg, 1575–1634, München 1982. – *... zwei Millionen Tuche:* Gottlieb 1984, S. 281 (H. Kellenbenz). – *Verarmung:* Clasen 1981, passim. – *Handel:* Gottlieb, S. 259–301, insbes. die Lit. S. 299 f. (H. Kellenbenz). – *... ein Brunnen:* Friedel 1974, Inschrift: ebd., S. 59 f. – *Rathaus:* AK Elias Holl. – *Perlachturm:* Stadtlexikon, S. 279, m. weit. Lit. – *Kaufleutestube:* Kaufleutezunft und Kaufleute in A. zur Zeit des Zunftregiments (1368–1548), in: ZHVS 35 (1909), S. 133–151; ders., Zur Geschichte der A.er Zunftverfassung, 1368–1548, in: ZHVS 39 (1913), S. 144–243; Stadtlexikon, S. 197 f. – *Brotmarkt:* Roeck 1987, S. 130 ff.

Seite 16

... Der Rat veröffentlichte: Roeck 1987, S. 130 ff. – *Tanzhaus:* Stadtlexikon, S. 373 f.; *Stadtpfeifer:* A. Layer, Musik und Musiker der Fuggerzeit, Augsburg 1959, S. 50–52; J. Mančal, A.er Musikleben, in: C. Grimm (Hrsg.), Aufbruch ins Industriezeitalter, München 1985, S. 544–555. – *Salzscheiben, Salzstadel:* S. Freundl, Salz und Saline, Rosenheim 1968; Schremmer, S. 673–677.

Seite 17

Wein: Stadtlexikon, S. 406; Altmann, S. 53–67. – *Siegelhaus:* AK Elias Holl, S. 241 f.; *Herkulesbrunnen:* zuletzt L. O. Larsson, Die großen Brunnen und die Stadterneuerung um 1600, in: AK Alias Holl, S. 135–147, hier S. 141–145; Friedel, S. 72 ff. – *Fuggerhäuser:* N. Lieb, Die Fugger und die Kunst im Zeitalter der hohen Renaissance, München 1958; ders., Octavian Secundus Fugger (1549–1600) und die Kunst, Tübingen 1980.

Seite 18

Pfründhaus: Roeck 1989, S. 283, 458 f., 610; Stadtlexikon, S. 277. – *Kölderer:* Roeck 1989, S. 36, Anm. 113; seine Chronik: SStBA, 2 Cod. S. 39–44. – *Firma Weis:* Kellenbenz in Gottlieb, S. 277. – *«Gurr alls gaull...»:* 2 Cod. S. 43, fol. 8v; «gurr» – nach K. Schmeller, Bayer. Wörterbuch, Sp. 932 f. – ist eine «schlechte Stute» oder eine «liederliche Weibsperson».

Seite 19

Hippolytus Guarinonius: vgl. unten, S. 42–44. – *Einige Schlaglichter...:* Roeck 1989, S. 880–888. – *So gab es Zeiten...:* vgl. unten, S. 271.

Seite 20

Kannibalismus: unten, S. 276 f. – *Callot, Hans Ulrich Franck...:* Beispiele in AK Um Glauben und Reich, passim; vgl. auch unten Abb. S. 264 f. – *Die Geschichtsschreibung:* vgl. insbesondere Barudio 1982, 1985, Parker 1984/87, Repgen 1988, Schormann 1985, Polišenský 1971, und nach wie vor Wedgwood. – *Wallenstein:* Diwald, Mann; *Tilly:* Junkelmann 1980. – *Mansfeld:* AK Um Glauben und Reich II,2, S. 364 (Lit.). – *Die sicherheitspolitischen Debatten...:* vgl. vor allem G. W. Baker/C. W. Chatman, Man and Society in Disaster, New York 1967;

W. Kinston/R. Rosser, Disaster: Effects on mental and physical state, in: Journal of Psychosom. Research 18 (1974), S. 437–456; R. S. Laufer, Human Response to War and War-Related Events in the Contemporary World, in: M. Lystad (Hrsg.), Mental Health Response to Mass Emergencies. Theory and Practice, New York 1988, S. 96–129; K. Lohs, Nach dem Atomschlag, Frankfurt a. M. u. a. 1983, insbes. E. I. Tschasow/M. E. Vartanian, Auswirkungen auf das Verhalten des Menschen, S. 217–221; E. Smith, Lee Robins u. a., Psychological Consequences of a Disaster, in: J. H. Shore, Disaster Stress Studies..., Washington 1986, S. 49–76; N. A. Milgram (Hrsg.), Stress and Coping in the Time of War, New York 1986; M. Shaw, War, State and Society, New York 1984; J. F. Ph. Hers, Stress..., Leiden 1988; J. P. Wilson, Human Adaption to Extreme Stress. From the Holocaust to Vietnam, New York 1988.

Seite 21
...der englische Psychologe: vgl. J. A. Thompson, Psychological Aspects of Nuclear War, Chichester 1985 (dt.: Nukleare Bedrohung: psychologische Dimensionen atomarer Katastrophen, München 1986). – *Eines Kölner Chronisten:* Hermann von Weinsberg, Das Buch Weinsberg, Kölner Denkwürdigkeiten..., bearb. v. K. Höhlbaum, Bd. I, S. 13.

Seite 24
... die geographische Welt: Roeck 1989, S. 38 f., Anm. 116. – *Analysiert man...:* Einzelnachweise bei Roeck 1989, S. 38 f., Anm. 116. – *Nürnberg*: L. Sporhan-Krempel, Nürnberg als Nachrichtenzentrum zwischen 1400 und 1700, Nürnberg 1968.

Seite 25
... so verlegt er einmal: Roeck 1989, S. 38 f., Anm. 116. – *... Leonhard Rauwolff:* nach F. Junginger (Hrsg.), L. R. – ein schwäbischer Botaniker und Entdeckungsreisender des 16. Jahrhunderts, Heidenheim 1969, S. 91. – *... die Welt jenseits der vertrauten Kulturräume:* Ohler 1986; auch R. Wittkower, Die Wunder des Ostens: Ein Beitrag zur Geschichte der Ungeheuer, in: ders., Allegorie und der Wandel der Symbole in Antike und Renaissance, Köln 1983; E. Holländer, Wunder, Wundergeburt und Wundergestalt, Stuttgart 1921; J. Baltrusaitis, Das phantastische Mittelalter. Antike und exotische Elemente der Kunst der Gotik, Frankfurt/M./Berlin/Wien 1985.

Seite 26
Presbyter Johannes: u. a. E. Dennison Ross, Prester John and the Empire of Ethiopia, in: A. P. Newton, Travel and Travellers of the Middle Ages, London 1926, S. 174–194. – *... wanderte nach Abessinien:* ebd. – *Kugelgestalt:* 2 Cod. S. 39, fol. 6. – *So wunderte sich...:* StadtA, Chroniken 20, fol. 202 (vgl. Roeck 1989, S. 36). – *«eliphant»:* Roeck, ebd.; vgl. auch S. Oetermann, Die Schaulust am Elefanten. Eine Elephantographia curiosa, Frankfurt/M. 1982. – *Drei Chronisten:* Roeck 1989, S. 35. – *5 Kreuzer:* ebd.

Seite 27

Seine Reise...,... dessen Artgenosse: Oetermann, passim. – *Bücher besaßen...:* u. a. R. Engelsing, Analphabetentum und Lektüre, Stuttgart 1973; ders., Die Perioden der Lesergeschichte in Deutschland, in: ders., Zur Sozialgeschichte deutscher Mittel- und Unterschichten, ²Göttingen 1978, S. 112–154. – *Kalender:* vgl. das Inventar eines Augsburger Metzgerhaushaltes: StadtA, Baumeisteramt, Bauamtsberichte 1570–1601, zu 1600, Juli 24. – *Bücherschätze:* vgl. Lenk, daneben Kellenbenz 1980. – *Man las...:* Engelsing, Perioden. – *Zahl der Lesekundigen:* Zusammenfassend Schulze 1987, S. 121–127.

Seite 28

... der Nürnberger Patrizier: Schulze 1987, S. 126. – *Verborgene Lesekultur:* R. Darnton, The Literary Underground of the Old Regime, Cambridge 1982; R. W. Scribner, For the Sake of the Simple Folk. Popular Propaganda for the German Reformation, Cambridge 1981; M. U. Chrisman, From Polemic to Propaganda: The Development of Mass Persuasion in the Late Sixteenth Century, in: ARG 73 (1982), S. 175–196; dies., Lay Culture, Learned Culture: Books and Social Change in Strasbourg 1480–1599, London 1982.

Seite 29

Zensuramt: Costa. – *Öffentlichkeit:* J. Habermas, Strukturwandel der Ö. Untersuchungen zu einer Kategorie der bürgerlichen Gesellschaft, ³Neuwied/Berlin 1968; W. Brückner u. a., Literatur und Volk im 17. Jahrhundert, Probleme populärer Kultur in Deutschland, 2 Bde., Wiesbaden 1985; K. Koszyk, Vorläufer der Massenpresse..., München 1972; Schulze 1978; Böttcher; U. A. Becher, Politische Gesellschaft. Studien zur Genese bürgerlicher Öffentlichkeit in Deutschland, Göttingen 1978; H. J. Köhler, Flugschriften als Massenmedien der Reformationszeit, Stuttgart 1981; B. Balzer, Bürgerliche Reformationspropaganda. Die Flugschriften des Hans Sachs in den Jahren 1523–1525, Stuttgart 1973. – *Ein Augsburger Weber:* Roeck 1989, S. 371 (StadtA, Urg. 312, 1629, Juni 30, Thomas Kern).

Seite 30

Reisegeschwindigkeiten (auch zum Folgenden): Ohler, S. 142 f.; Braudel, S. 461, 465. – *Tagesleistung:* Ohler, Tab. S. 141. – *... die Strecke Metz-Trier:* Ohler S. 55. – *Strömungsgeschwindigkeit:* ebd. S. 54.

Seite 31

... zum Flößen genutzt: K. Filser, Lechflößerei: Konjunktur und Niedergang eines Gewerbes während der Industrialisierung, in: R. A. Müller (Hrsg.), Aufbruch ins Industriezeitalter II, München 1985, S. 226–237. – *Hochseeschiffahrt:* Braudel, S. 456, 465; Ohler, S. 30. – *Um 1500...:* z. B. M. Newett (Hrsg.), Canon Pietro Casola's Pilgrimage to Jerusalem in the Year 1494, Manchester 1907; H. Barnaby, A Voyage to Cyprus in 1563, in: The Mariners Mirror LVI (1970), S. 309–314. – *Wundersüchtigkeit:* vgl. F. Graus, Mentalität – Versuch

einer Begriffsbestimmung, in: ders. (Hrsg.), Mentalitäten im Mittelalter..., Sigmaringen 1987, S. 9–48, hier S. 15.

Seite 32
... *katzenlermen* (und zum Folgenden): Roeck 1991/2. – *Schwefelregen:* Roeck 1989, S. 750. – *Ein Chronist...:* ebd., S. 33 (nach SStBA 2 Cod. S. 64, S. 405); zur Problematik auch R. Habermas 1988.

Seite 33
«*Das Phänomen...*»: Camporesi, S. 158. – ... *folgender Dialog:* ebd., S. 164.

Seite 34
... *einem englischen Historiker:* H. R. Trevor-Roper, Der europäische Hexenwahn des 16. und 17. Jahrhunderts, in: Religion, Reformation und sozialer Umbruch, Frankfurt a. M./Berlin/Wien 1970, S. 95–180 (engl. 1967). – ... *zu einem modernen Hieronymus Bosch:* Camporesi, S. 160. – ... *eine Geistergeschichte:* vgl. auch A. Vetter, Alt-Augsburg, Augsburg 1928, Bd. 2, S. 34. – *Die Realität...:* Der Gedanke bei Camporesi, S. 11; auch Roeck 1991/2.

Seite 35
Jacob Burckhardt: Gemeint ist dessen berühmtes Buch «Die Cultur der Renaissance in Italien. Ein Versuch» von 1860. – *Es gab auch nicht...:* gegen Muchembled. – *Innerhalb der Eliten...:* vgl Roeck 1988. – *Reizarmut:* Roeck 1991/2.

Seite 36
... *der vergleichsweise hohe Preis:* Eine zusammenfassende Untersuchung gibt es nicht, wichtige Informationen geben die zu Hunderttausenden erhaltenen Inventare mit Schätzpreisen. Vgl. bisher etwa H. Flörke, Der niederländische Kunsthandel im 17. und 18. Jahrhundert, Basel 1901; S. Alpers, Rembrandt als Unternehmer. Sein Atelier und der Markt, Köln 1989 (amerik. 1988); reiches Material für den oberdeutschen Raum in: H. Rott, Quellen und Forschungen zur südwestdeutschen und schweizerischen Kunstgeschichte im XV. und XVI. Jahrhundert..., Stuttgart 1933–38. – ... *als einziges Bild:* StadtA, EWA 354. – ... *ihre Umwelt direkt erfuhren:* Roeck 1989, S. 368 f.

Seite 37
... *gegen «papistische» Götzenbilder:* 2 Cod. S. 43, fol. 8v.; Roeck 1989, S. 187. – ... *Die Schwelle:* Roeck 1991/2. – ... *Typisch, wie Kölderer:* SStBA, 2 Cod. S. 42, fol. 6. – *Das Augsburger Archiv überliefert:* Urg. 265, zu Feb. 6, Apr. 3 (Lucas Schultes); vgl. Roeck 1989, S. 367 ff.

Seite 38
Campanella: Del senso delle cose e della magia. Testo inedito italiano con le varianti dei codici e delle edizioni latine, ed. A. Bruers, Bari 1925, S. 192. – ... *ein Fingerzeig Gottes:* Blumenberg. – ... *pädagogischer Mantel:* M. Schilling, 1985. – *Ein ganzes Literaturgenre:* Wittkower 1983 (wie oben), S. 120–131. Vgl. u. a. auch R. Schenda, Das Monstrum von Ravenna. Eine Studie zur Prodigienlitera-

tur, in: Zeitschrift für Volkskunde 56 (1960), S. 209–225; Habermas 1988; K. Park/L. J. Daston, Unnatural Conceptions: The Study of Monsters in 16th and 17th Century France and England, in: Past and Present 92 (1981), S. 20–54; W. Hess, Himmels- und Naturerscheinungen in Einblattdrucken des 15.–18. Jahrhunderts, Leipzig 1911 (ND 1975); E. Holländer, Wunder, Wundergeburt und Wundergestalt in Einblattdrucken des 15. bis 18. Jahrhunderts, Stuttgart 1921; Bruno Weber, Wunderzeichen und Winkeldrucker 1543–1586. Einblattdrucke aus der Sammlung Wickiana in der Zentralbibliothek Zürich, Dietikon/Zürich 1972.

Seite 39
Lycosthenes: so der Untertitel seines Werkes «Prodigiorum ac ostentorum chronicon».

Seite 40
Man hat daran erinnert...: Wittkower, S. 126. – *Augustinus...:* Aurelius Augustinus, Vom Gottesstaat, hg. v. W. Thieme, eingel. und komm. v. C. Andresen, ³München 1978, 16. Buch, Kap. 8, S. 293 f. – *... erzaigung und straff:* SStBA, 2 Cod. S. 42, fol. 114 (hierzu Roeck 1989, S. 85). – *«Bilderrätsel Welt»:* Blumenberg.

Seite 41
Das schönste Beispiel: Roeck 1989, S. 76 f. – *... für jeden einigermaßen gebildeten Protestanten:* vgl. M. Luther, Werke II, 11,2, S. 380. – *Zahlreiche Prophezeiungen:* Delumeau; hierzu und zum «Danziger Hering» Roeck 1989, S. 71 ff.

Seite 42
... erschien ein Buch: hierzu Bücking. – *Auch für ihn...:* alle Zitate nach Bükking; hier S. 25–27. *... an einer schönen Stelle:* SStBA, 2 Cod. S. 39, fol. 71v. – *Die Sonne...:* ebd., vgl. auch 2 Cod. S. 39, fol. 6. – *Zu Guarinonius' Weltbild:* Bücking, ebd.; hier differenziert...: Faust (vgl. oben, zu S. 9), S. 97 f.

Seite 44
Kepler vertrat die Auffassung...: vgl. zuletzt N. Jardine, The Birth of History and Philosophy of Science. Kepler's Defence of Tycho against Ursus..., Cambridge 1984. – *Kunst, Verstand und Glauben...:* Bücking, S. 27. – *... des Johannes Coler:* Calendarium oeconomicum & perpetuum (...), Wittenberg 1591, ND Weinheim 1988 (unpaginiert). – *Blüte der Astrologie...:* zuletzt P. Zambelli (Hrsg.), Astrologi hallucinati. Stars and the End of the World in Luther's Time..., Berlin 1986; zur Astrologiegläubigkeit Guarinonius': Bücking, S. 178 ff.

Seite 45
... schreibt Kölderer: Roeck 1989, S. 82 f. – *Dessen Diarium...:* Herz; *... Ort des Steinbocks:* Welser 1595, Vorrede. – *... der Handschuhsticker Jacob Muscheler:* Roeck 1989, S. 79 f.

Anmerkungen 331

Seite 46
Sonntagskinder...: Roeck 1989, S. 81; Handwörterbuch Bd. VIII, Sp. 115–117.
– ... eine kausalem Denken fremde Art: M. Mauss, Soziologie und Anthropologie, 2 Bde., Frankfurt a. M. 1978 (zuerst 1950), z. B. Bd. I, S. 173. *– Eine Augsburger Krämersfrau:* StadtA, Urg. 238, 1612, Okt. 8, Euphrosina Knöpfle (vgl. Roeck 1989, S. 81).

Seite 47
... ungeheurer Zeichenkomplex: Blumenberg. *– Kriege und andere schreckliche Ereignisse:* vgl. unten, S. 174. *– Melanchthon erkundigte sich...:* Vgl. A. Warburg, Heidnisch-antike Weissagung in Wort und Bild zu Luthers Zeiten, Heidelberg 1920, S. 68. *– ... als Schwert:* ebd. *– Was bedeutete...:* entsprechend auch Imhof 1984.

Seite 48
Eschatologische Erwartung: SStBA, 2 Cod. S. 39–44, passim; auch Delumeau. Vgl. die Übersicht von P. Blickle: Unruhen in der ständischen Gesellschaft, München 1988; W. Schulze 1983. *– ... höchst begrenzte Ziele:* vgl. allerdings auch R. Wohlfeil/T. Wohlfeil, Verbildlichungen ständischer Gesellschaft: Bartholomäus Bruyn d. Ä. *– Petrarcameister,* in: W. Schulze (Hrsg.), Ständische Gesellschaft und soziale Mobilität, München 1988, S. 269–331; Grimmelshausen, S. 95 (grundsätzlichere Infragestellung der ständischen Ordnung).

Seite 49
Sündenböcke: vgl. unten, S. 195 ff. *– Minderheiten...:* vgl. unten, S. 111–116. *– ... jene bedauernswerten Zeitgenossen:* Anstelle ausführlicher Literaturverweise vgl. den Forschungsbericht von W. Behringer: Erträge und Perspektiven der Hexenforschung, HZ 249 (1989), S. 619–640. *– Kölderer meinte...:* SStBA, 2 Cod. S. 43, fol. 91 f. *– ... und von einem Unwetter:* SStBA, 2 Cod. S. 42, fol. 184. *– Auf dem Dachboden...:* StadtA, Urg. 172 (1597, Feb. 12), Anna Hauser (auch zum Folgenden).

Seite 50
... stammten aus derselben sozialen Schicht: eine Beobachtung, die nicht nur für Augsburg gilt. Vgl. u. a. K. Thomas, Religion and the Decline of Magic, London 1970, S. 535–569; H. C. E. Midelfort, Witch Hunting in South Western Germany 1562–1684. The Social and Intellectual Foundations, Stanford 1972; J. P. Demos, Entertaining Satan. Witchcraft and the Culture of Early New England, New York 1982; A. D. Macfarlane, Witchcraft in Tudor and Stuart England, London 1970; R. Walz, Der Hexenwahn vor dem Hintergrund dörflicher Kommunikation, in: Zeitschr. f. Volkskunde 82 (1986), S. 1–18.

Seite 51
Fall des Metzgers Onophrius Hefele...: StadtA, Urg. 208. *– Raben...:* vgl. S. 113. *– Agatha Eckhart:* StadtA, Urg. 208 (Agatha Eckhart).

Seite 52

Aus der Seife...: Roeck 1991/2. – *... von der Guarinonius schreibt:* Bücking, S. 25. – *... wird es für höchst gefährlich gehalten:* vgl. – zum Folgenden – Handwörterbuch Aberglauben, Stichwort «Nacht», Bd. 6, Sp. 767–794; auch Camporesi, S. 116–130 m. weit. Lit. – *... mit besonderer Härte:* L. Goglin, Les misérables dans l'Occident médiéval, Paris 1976, S. 204. – *... den Augsburger Scharwächtern:* StadtA, Ordnungen und Statuten 3, 123, Scharwachter Aid (1533). – *Gryphius' Sonett...:* Gryphius, Gedichte. Eine Auswahl. Text nach der Ausgabe letzter Hand von 1663, hrsg. von A. Elschenbroich, Stuttgart 1987, S. 12.

Seite 53

... Raum des Bösen...: Camporesi, S. 126f. – *Aborte:* Handwörterbuch des Aberglaubens, Sp. 91–95. – *... Indiz des Geruchs:* ebd.; *Gerüche nach Nektar...:* Beispiele bei J. de Voragine, Legenda Aurea, ed. R. Benz, Heidelberg 1979, S. 470 (St. Alexius), S. 553 (St. Dominicus). – *Hexensabbat:* Das Folgende nach den Quellen des StadtA und der Literatur; vgl. insbesondere die Schilderung bei M. Kunze, Der Prozeß Pappenheimer, Ebelsbach 1981 (auch in der «populären» Fassung dieses vorzüglichen Buches, u. d. T. «Straße ins Feuer»). Ferner C. Ginzburg, Storia notturna. Una decifrazione del sabba, Torino 1989.

Seite 54

Den Theologen...: vgl. etwa M. Delrio, Disquisitionum Magicarum libri sex, ³Mainz 1603 (ein besonders perverses Beispiel); das Muster gibt ab: J. Sprenger/H. Institoris, Malleus Maleficarum, Straßburg 1584 (dt. Berlin 1906, hg. v. J. W. R. Schmidt), ND Darmstadt 1974 u. ö. – *... hat erst die Aufklärung diskutiert:* zusammenfassend G. Schwaiger, Das Ende der Hexenprozesse im Zeitalter der Aufklärung, in: ders., Teufelsglaube und Hexenprozesse, München 1987, S. 150–179. – *... wie es Kölderer ausdrückte:* SStBA, 2 Cod. S. 43, fol. 75; vgl. Roeck 1987, S. 18.

Seite 55

Die Anwendung magischer Riten...: Mauss (wie oben, S. 337). – *... auf dem Land:* Roeck 1989, S. 447f. und passim. – *... namens Els:* ebd., S. 80f. – *«Volkskultur»:* vgl. H. Bausinger, Volkskultur und Sozialgeschichte, in: W. Schieder/ V. Sellin (Hrsg.), Soziales Verhalten und soziale Aktionsformen in der Geschichte, Göttingen 1987, S. 32–49. Der Gegensatz Volkskultur–Elitekultur zugespitzt in den Arbeiten von Muchembled, vgl. insbesondere Muchembled 1987. – *Der Vagabund Hans Griß...:* StadtA, Urg. 231, 1611 (Hans Griß).

Seite 56

... auf dem traditionellen Begriff: Roeck 1987, S. 10–14. – *Ein Weberknapp...:* StadtA, Urg. 220 (Stefan Jäger). – *... das riet 1599...:* StadtA, Urg. 180, zu 1599, 5.3. (Georg Streler); vgl. Roeck 1989, S. 105. – *... Gewiß gibt es Texte...:* etwa Camporesi, S. 122–124; vgl. auch C. Ginzburg, Die Benandanti..., Frankfurt 1980 (ital. ³1974), über Feldkulte.

Anmerkungen

Seite 57
... *Welt der Bauern:* Camporesi, S. 125. – ... *Distanz:* Roeck 1991/2, S. 113–118. – *Nachfolger der Satyrn...:* A. Warburg, Arbeitende Bauern auf burgundischen Teppichen, in: Zeitschr. f. bildende Kunst NF 18 (1907), S. 41–47. – ... *Raum der Rationalität:* schon bei W. H. Riehl, Land und Leute, ⁶Stuttgart 1867, S. 81–122; vgl. auch H. Gerndt, Kultur als Forschungsfeld. Über volkskundliches Denken und Arbeiten, München 1981, S. 53. – ... *etwa beim Scharfrichter:* Beispiele bei Roeck 1989 (S. 109). – *Diebeskerze:* Handwörterbuch des Aberglaubens, Bd. II, Sp. 232–234. – ... *intensivere Christianisierung:* Roeck 1989, S. 106 f.

Seite 58
Als ein im Augsburger Lechviertel...: das Folgende nach Roeck 1989, S. 95–107. – ... *apotropäische Wirkungen:* Handwörterbuch des Aberglaubens, Bd. VI, Sp. 385–388; zur Dreizahl noch H. Meyer/R. Suntrup, Lexikon der mittelalterlichen Zahlenbedeutungen, München 1987 («3»). – ... *psychische Stabilität:* vgl. auch H. Dienst, Lebensbewältigung durch Magie. Alltägliche Zauberei in Innsbruck gegen Ende des 15. Jahrhunderts, in: Kohler/Lutz, S. 80–116. – ... *gewisse Formen der Magie...:* zum entsprechenden Paradigmenwechsel W. Behringer, Scheiternde Hexenprozesse. Volksglaube und Hexenverfolgung um 1600 in München, in: R. van Dülmen (Hrsg.), Kultur der einfachen Leute, München 1984, S. 42–78.

Seite 60
... *Wenn Hans Ehemann:* nach Roeck 1989, S. 95–107. – ... *die Vita:* ebd., S. 99 f. (rekonstruiert nach den Verhörprotokollen).

Seite 61
... *zog mit Zigeunern:* über Z. im frühneuzeitlichen Reich E. Schubert, Mobilität ohne Chance: Die Ausgrenzung des fahrenden Volkes, in: Schulze 1988, S. 113–164, hier S. 134. – *Tausende und Abertausende:* vgl. Abel 1977. – *Ein Schneider...:* vgl. StadtA, Reichsstadt-Akten 1074, Stadtbedienstete – Baumeisteramt, Bauamt... 39, zu 1579, März 17 (auch Roeck 1989, S. 157. – *Schon 1553:* ebd.

Seite 62
Nahezu zehntausend Ausweisungen...: Roeck 1989, S. 156 f. – ... *eine eigene Subkultur:* diese und andere Spitznamen in den Urgichten des StadtA. – *Quellen aus vielen Regionen...:* Abel 1974, Jütte 1984 und 1986, Fischer 1982. Zu Augsburg Clasen 1984. – ... *der besonders schlimmen:* Roeck 1987, S. 24 f.; M. Radlkofer, Die Teuerung zu Augsburg in den Jahren 1570 und 1571, in Versen beschrieben von Barnabas Holzmann, Maler und Bürger zu Augsburg, in: ZHVS 19 (1892). – ... *spektakuläre Firmenzusammenbrüche:* zusammenfassend Zorn 1972, S. 203; Kellenbenz 1984, S. 287 f.

Anmerkungen

Seite 63
Nun lassen die Quellen...: grundlegend Saalfeld. – ... *So hat man errechnet...:* ebd. – *Weber: Bauhandwerker, Taglöhner:* Roeck 1984/1; *Weber:* Clasen 1981; ... *der überwiegende Teil:* StadtA, Almosenamt – Fasz. 10, Nr. 40. – ... *so bei Metzgern, Bäckern und...:* Roeck 1989, S. 146–150 (zum Folgenden).

Seite 64
Allein in der Zeit...: wie oben (Kellenbenz 1984, S. 287f.) – ... *Marx und Matthäus Welser:* J. Müller, Der Zusammenbruch des Welserischen Handelshauses im Jahre 1614, in: VSWG 1 (1902), S. 196–234. – ... *enorme Bevölkerungszunahme:* Neben Saalfeld grundlegende Angaben bei Mols und in den Handbüchern. – ... *Seuchen und Hungersnöte:* J. Meuvret, Les crises de subsistances et la démographie de la France d'Ancien Regime, in: Population I (1946), S. 643–650 (die klassische Studie, Entdeckung der «Krise alten Typs»). – ... *Energiekrise:* H. Lehmann, Frömmigkeitsgeschichtliche Auswirkungen der ‹kleinen Eiszeit›, in: W. Schieder (Hrsg.), Volksreligiosität in der modernen Sozialgeschichte (= Geschichte und Gesellschaft, Sonderh. 11), Göttingen 1986, S. 31–50, und C.-L. Holtfrerich, Die ‹Energiekrise in historischer Perspektive›, in: Beiträge zu Wirtschafts- und Währungsfragen 19 (1982), mit der älteren Lit. – ... *höchst kuriose Vorschläge:* StadtA, Handwerkerakten, Fasz. 3, Erfindungen..., zu 1579, 8. 1., 1624, 24. 11. und passim; auch Baumeisteramt, Bauamtsberichte 1570–1601, zu Feb./März 1595. Über Holzmangel Cipolla/Borchardt, S. 160, 248.

Seite 65
... *über 90 Prozent der Vermögenssteuern:* vgl. unten, S. 97. – ... *die Krise zu meistern:* Roeck 1987, passim. – ... *Die Zahl der Menschen...:* Schätzungen diskutiert bei Roeck 1989, S. 481f. – ... *dichtes soziales Netz:* vgl. insbesondere Jütte 1984 und 1986, Fischer 1982; Augsburgs Armenordnung: M. Bisle, Die öffentliche Armenpflege der Reichsstadt Augsburg mit Berücksichtigung der einschlägigen Verhältnisse in anderen Reichsstädten Süddeutschlands, Paderborn 1904. – ... *düstere Zeitstimmung:* Delumeau, Kamen; Roeck 1990.

Seite 66
... *den Grundton...:* vgl. Roeck 1989, S. 76. – *Türkenkrieg* (auch zum Folgenden, mit weiterer Lit.): Schulze 1978, K. Vocelka, Die politische Propaganda Kaiser Rudolfs II., 1576–1612, Wien 1981. – ... *gefesselte Gefangene...:* H. Schlosser, Tre secoli di criminali bavaresi sulle galere veneziane, secoli XVI–XVIII, Venezia 1984.

Zweites Kapitel

Seite 67
Keine gewöhnliche Auseinandersetzung...: Vocelka, Schulze 1978. – *Der Augsburger Religionsfrieden...:* der Text ediert von K. Brandi, Der A. R. vom 25. September 1555. Kritische Ausgabe des Textes und der königlichen Deklaration, ²Göttingen 1970; Warmbrunn; G. Pfeiffer, Der A. R. und die Reichsstädte, in: ZHVS 61 (1955), S. 213–321.

Seite 68
Bereits in den letzten Jahrzehnten...: immer noch F. Stieve, Der Ursprung des Dreißigjährigen Krieges, München 1875, Aachen: H. Schilling, Bürgerkämpfe in Aachen zu Beginn des 17. Jahrhunderts: Konflikte im Rahmen der alteuropäischen Stadtgesellschaft, in: ZHF 1 (1974), S. 175–231; zusammenfassend Friedrichs 1982.

Seite 69
1582 wurde ein Reichstag...: W. Schulze, Augsburg und die Reichstage im späten 16. Jahrhundert, in: AK Welt im Umbruch I, S. 43–49; ders., Augsburg 1555–1648: Eine Stadt im Heiligen Römischen Reich, in: Gottlieb 1984, S. 433–447, hier S. 436f. – *Neue Konfliktphase:* ebd., S. 436; auch R. Aulinger, A. und die Reichstage des 16. Jh., in: AK Welt im Umbruch Bd. III, S. 9–24. – *...Konflikt um Köln:* G. v. Lojewski, Bayerns Weg nach Köln. Geschichte der bayerischen Bistumspolitik in der zweiten Hälfte des 16. Jahrhunderts, Bonn 1962. – *...Streit um die Magdeburger Session:* s. unten, S. 168. – *...Hans Fugger schrieb...:* vgl. Lenk, S. 15 (nach G. Lill, Hans Fugger und die Kunst, Leipzig 1908, S. 33).

Seite 70
Lebensverhältnisse: Abel 1974, 1977, Saalfeld. – *Anwachsen der unteren Steuergruppen:* Roeck 1989, S. 140ff. – *Die Zahl der pro Ehe gezeugten Kinder:* M. W. Paas, Population Change, Labor Supply and Agriculture in Augsburg 1480–1618: A Study of Early Demographic-Economic Interactions, New York 1981. – *Kurz nach dem Reichstag...:* vgl. Roeck 1989, S. 164 (auch zur Todesrate).

Seite 71
Haushalt Augsburgs: Roeck 1989, S. 270–300 (auch zum Folgenden, mit Einzelnachweisen). – *Über das Vermögenssteuersystem:* ebd., passim; C. P. Clasen, Die Augsburger Steuerbücher um 1600, Augsburg 1976. – *...wie andere Finanzverwaltungen:* vgl. zuletzt E. Maschke/J. Sydow (Hrsg.), Städtisches Haushalts- und Rechnungswesen, Sigmaringen 1977. – *Proviantamt:* Roeck 1987. – *Baumeisteramt:* Roeck 1984/1.

Anmerkungen

Seite 72
Spione: O. Brunner, Souveränitätsproblem und Sozialstruktur in den deutschen Reichsstädten der frühen Neuzeit, in: VSWG 50 (1963), S. 329–360, hier S. 341. – ‹Spitzenverdiener›...: Roeck 1989, S. 297–299. – ... *einen Teil ihres Lohnes in Naturalien*...: Roeck 1984/2, S. 77; grundlegend Dirlmeier.

Seite 73
Langfristig...: Roeck 1989, S. 588–603. – ... *wie der Bierbrauer Jerg Siedeler*...: StadtA, Chroniken 29, fol. 241 (zum Zusammenhang Roeck 1989, S. 131 f.) – *Ein besonderer Kritikpunkt:* Roeck 1989, S. 135; vgl. auch SStBA 2 Cod. H. 18, fol. 153. – *Verflechtung der Oligarchie:* Sieh-Burens.

Seite 74
Institutionelle Zentren...: Bátori 1969, Roeck 1989, S. 239 ff.

Seite 75
Plutokratie: Roeck 1989, S. 242 f. (auch zum Folgenden). – *Bürgermeister:* Bátori 1969, S. 66.

Seite 76
... *der Große Rat:* Roeck 1989, S. 255–262, Zitat («verbotne rotungen») nach StadtA, Schätze 54, fol. 10. – *Aufstand des gemeinen Mannes:* W. Schulze 1983. – *Institutionen der Versorgung:* Roeck 1987. – *Almosenwesen:* Clasen 1984.

Seite 77
... *privateste Angelegenheiten:* zahlreiche Fälle in der Urgichtensammlung des StadtA. – *Heilsgemeinschaft:* vgl. K. Frölich, Kirche und städtisches Verfassungsleben im Mittelalter, in: Zeitschr. d. Savigny-Stiftung für Rechtsgeschichte, Kan. Abt. 22 (1933), S. 188–287, auch Roeck 1988. – ... *ein Goldschmied:* vgl. StadtA, Handwerkerakten, Goldschmiede 4 (1591–1599), fol. 287. – ... *am Rande der Gesellschaft:* unten, S. 111–115.

Seite 78
Ein solches Argument...: Statt Einzelnachweisen vgl. zum Folgenden Warmbrunn; auch der Forschungsbericht von D. Blaufuß, Das Verhältnis der Konfessionen in Augsburg 1555 bis 1648. Versuch eines Überblicks, in: Jb. des Vereins für Augsburger Bistumsgeschichte 10 (1976), S. 27–56; Roeck 1989, S. 133 ff.

Seite 79
... *die Errichtung des Jesuitenkollegs St. Salvator:* Einzelheiten unten, S. 141–143.

Seite 80
... *neben den Kapuzinern:* Warmbrunn, S. 247–251. Übersicht über katholische Institutionen: P. Rummel, Katholisches Leben in der Reichsstadt A. (1605–1806), in: Jb. des Vereins für Augsburger Bistumsgeschichte 18 (1984). – *Die Situation*...: zusammenfassend Roeck 1989, S. 125–133. – *Auf unserer Karte*...: vgl. S. 10 f.

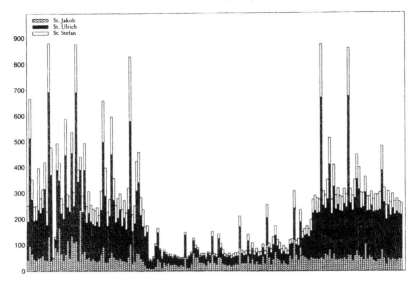

Kirchenspenden in den Augsburger Stadtdritteln 1583 bis 1596

Seite 81
In der Jakober Vorstadt: zur Sozialtopographie unten, S. 107 ff.

Seite 82
... ein anonymer Pasquillant: Zitat nach Warmbrunn, S. 367, Anm. 4. – *Obwohl man...:* Warmbrunn, S. 270. – *... der Weber Adam Bach:* StadtA Urg. 216, Adam Bach (1608 a).

Seite 83
Nach dem Aufstand...: neben Warmbrunn Roeck 1989, S. 171–188. – *Das Diagramm...:* nach Roeck 1989, S. 172 (zum Folgenden S. 172 ff.). – *So wurde 1590...:* StadtA, Urg. 146, 1590, 28. 9. (Barbara Nestele).

Seite 84
Im Sommer 1589...: der Fall in Urg. 177, 1589, 29. 7. (Hans Strehle); vgl. Roeck 1989, S. 177. – *Erst 1591...:* Warmbrunn, S. 373 f.

Seite 85
Noch 1584...: hierzu Warmbrunn, S. 368 f. (mit weiterer Lit.), auch Roeck 1989, S. 133–137, hier auch die Belege zum Folgenden. – *... Eifersucht des eingesessenen Patriziers:* vgl. auch O. Mörke, Die Fugger im 16. Jahrhundert. Städtische Elite oder Sonderstruktur?, in: Archiv für Reformationsgeschichte 74 (1983), S. 141–162.

Anmerkungen

Seite 86
Wenn gelegentlich gesagt wurde...: die Protokolle der Umfrage StadtA, Kalenderstreitsakten Nr. 27 (unfoliiert). – *... viele Metzger und... Weber:* Roeck 1989, S. 140f.

Seite 87
Der Weber Georg Kappel...: StadtA, Urg. 168, 5.1.1596, (Georg Kappel); vgl. Clasen 1981, S. 261–270; Roeck 1989, S. 143–145. – *Der wirtschaftsgeschichtliche Hintergrund...:* Clasen 1981. – *... ein erneutes Mandat:* ebd., S. 263. – *... selbst die Ehre:* Brunner/Conze/Koselleck Bd. 2, S. 61–63; A. Grießinger, Das symbolische Kapital der Ehre..., Frankfurt a. M. u. a. 1981; A. Lutz, Handwerksehre und Handwerksgericht im alten Zürich 1336–1798, in: Zürcher Taschenbuch für das Jahr 1962, 22. Jg. (1961), S. 35–60; P. Münch, Grundwerte der frühneuzeitlichen Ständegesellschaft? Aufriß einer vernachlässigten Thematik, in: W. Schulze (Hrsg.), Ständische Gesellschaft und soziale Mobilität, München 1988, S. 53–72; P. Bourdieu, Sur le pouvoir symbolique, in: Annales E. S. C. 32 (1977), S. 405–411.

Seite 88
... eine günstige Entwicklung: Roeck 1984/1. – *... wie noch zu berichten sein wird:* S. 187f. – *... so verbot man:* Roeck 1989, S. 474f. – *Spektakuläre Ausmaße...:* Roeck 1984/1, Roeck 1984/2, S. 172ff. (jeweils mit den Einzelbelegen zum Folgenden).

Seite 89
In den Jahren des Rathausbaus...: Roeck 1987, S. 66–82. – *... anhand einiger wichtiger Quellen:* StadtA, Schätze 37, I, III; Musterungsbücher; Steuerbücher. – *... so klar und eindeutig:* zur Problematik der Augsburger Steuerbücher Clasen 1976 und 1981, Roeck 1989, S. 52–64 (mit Einzelbelegen zum Folgenden). – *Der Begriff Habnit...:* Clasen 1976, S. 9f.

Seite 93
Um das Problem zu verdeutlichen...: nach Roeck 1989, S. 387–390; die einschlägigen Quellen: StadtA, Baumeisteramt, Bauamtsberichte 1570–1601, zu 1600, Juli 24; Steuerbücher, 1583 (fol. 34c), 1590 (35a/50b), 1597 (37d). – *... Von Gabeln ist nicht die Rede...:* vgl. auch Roeck 1991, S. 26f. – *... mit Pergament oder öltränktem Papier...:* Braudel, S. 317. – *Talgkerzen...:* Ein Pfund «liecht» kostete 1571 5 kr. (vgl. Roeck 1987, S. 25). Weitere Hinweise bei Dirlmeier, S. 414f., 419. – *Das Tagwerk...:* vgl. das grundlegende Werk von W. Nahrstedt, Die Entstehung der Freizeit. Dargestellt am Beispiel Hamburgs. Ein Beitrag zur Strukturgeschichte und zur strukturgeschichtlichen Grundlegung der Freizeitpädagogik, Göttingen 1972.

Seite 94
Ochsen und Rinder weideten...: Hinweise darauf in StadtA, Handwerkerakten, Metzger passim. – *... der unteren Mittelschicht:* nach den von Clasen 1976 und

F. Blendinger entwickelten Kategorien (Versuch einer Bestimmung der Mittelschicht in der Reichsstadt Augsburg vom Ende des 14. bis zum Anfang des 16. Jahrhunderts), in: E. Maschke/J. Sydow (Hrsg.), Städtische Mittelschichten, Stuttgart 1972, S. 32–78. – *... eine Reihe von Verfahren...*: E. Fügedi, Steuerlisten, Vermögen und soziale Gruppen in mittelalterlichen Städten, in: I. Bátori (Hrsg.), Städtische Gesellschaft und Reformation. Kleine Schriften 2, Stuttgart 1980, S. 58–96. – *Ein gutes Beispiel...*: hierzu B. Roeck, Arme in Augsburg zu Beginn des 30jährigen Krieges..., in: ZBLG 46 (1983), S. 151–558.

Seite 95
Wieviele Arme...: Roeck 1989, S. 480 ff. – *Steuerleistungen...*: die Tabelle ebd., S. 398 (Tab. 28).

Seite 96
... gewerbliche Monostruktur: Clasen 1981, insbesondere S. 24. – Die folgenden statistischen Angaben wurden aus dem Steuerbuch von 1618 und dem Musterungsbuch von 1619 gewonnen; die EDV-Verarbeitung erfolgte im Leibniz-Rechenzentrum der Bayerischen Akademie der Wissenschaften mit Unterstützung der Deutschen Forschungsgemeinschaft. – *Die Millionen von Barchenttuchen...*: Kellenbenz 1984, S. 281. – Vgl. zum Folgenden die vorzügliche Studie von Clasen (1981). – *... schlechte private Baukonjunktur:* Roeck 1984/1.

Seite 97
... wanderten ins Umland: vgl. Mandrou; G. Lutz; K. Merten, Die Landschlösser der Familie Fugger im 16. Jahrhundert, in: AK Welt im Umbruch, Bd. III, S. 66–81. – *Versorgung:* J. Sydow (Hrsg.), Städtische Versorgung und Entsorgung im Wandel der Geschichte, Sigmaringen 1981. – *Erträge der Dreifelderwirtschaft:* Abel 1978, S. 111 f. – *... wie Max Weber:* Wirtschaft und Gesellschaft. Grundriß der verstehenden Soziologie, ⁵Tübingen 1972, S. 732. – *Kaufleute, Mehrer...*: Roeck 1989, S. 426 ff. (mit Einzelnachweisen auch zum Folgenden).

Seite 98
Es fällt schwer...: ein erster Versuch von Blendinger; Einzelheiten zum Folgenden bei Roeck 1989, S. 484–489 (mit weit. Lit.). – *... so wiesen die Goldschmiede...*: vgl. ebd., S. 346. – *Goldschmiede:* Seling; S. Rathke-Köhl, Geschichte des Augsburger Goldschmiedehandwerks vom Ende des 17. bis zum Ende des 18. Jahrhunderts, Augsburg 1964. – Zu den übrigen Handwerken und anderen Berufen Roeck 1989, S. 406 ff. – *Die Ordnung der Gesellschaft...*: R. Wohlfeil/T. Wohlfeil, Verbildlichungen ständischer Gesellschaft: Bartholomäus Bruyn d. Ä...., in: W. Schulze (Hrsg.), Ständische Gesellschaft und soziale Mobilität, München 1988, S. 269–331; zu Kleiderordnungen: V. Baur, Kleiderordnungen in Bayern vom 14. bis zum 19. Jahrhundert, München 1975; L. C. Eisenbart, Kleiderordnungen der deutschen Städte zwischen 1350 und 1700, Göttingen 1962. – *Ordnungsmodelle:* O. Mayr, Uhrwerk und Waage, München 1987; H. Eichberg, Geometrie als barocke Verhaltensnorm..., in:

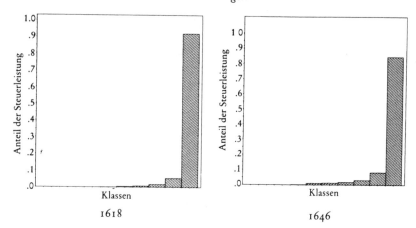

Steuerleistungen der Augsburger Bürger: Anteil der von jeweils 10% der Steuerzahler aufgebrachten Steuerleistung an der Gesamtsteuersumme

ZHF 4 (1977), S. 17–50; H.-W. Kruft, Städte in Utopia, München 1989; P. v. Naredi-Rainer, Architektur und Harmonie..., Köln 1982.

Seite 100

Die Ordnung von 1583...: StadtA, Ordnungen und Statuten 14/342. – *... des 18. Jahrhunderts:* ebd. – *... über ihre verfassungsmäßigen Rechte verglichen:* StadtA, Augsburger Geschlechter, Statuta der herren stuben allhie..., vgl. Roeck 1989, S. 341 f.

Seite 101

Gegen diese Modetorheit...: vgl. E. W. Zeeden, Deutsche Kultur in der frühen Neuzeit, Frankfurt a. M. 1968, S. 176. – *... unser Chronist Siedeler:* StadtA, Chroniken 20, fol. 267; Holl: Roeck 1984, Abb. 48 b. – *Mode des ausgehenden 16. und beginnenden 17. Jahrhunderts:* M. v. Boehn, Die Mode. Eine Kulturgeschichte vom Mittelalter bis zum Barock, bearb. v. Ingrid Koschek, München 1976 (Überblick S. 171 ff.), spanische Vorbilder: S. 285 f.

Seite 102

Geschlechtertanz: AK Welt im Umbruch, Bd. 1, S. 217 f.

Seite 103

... ein Gemälde von Elias Schemel: AK Welt im Umbruch, Bd. 1, S. 302 f.

Seite 104

... trugen einfache Gewänder: Braudel, S. 336. – *... ein Kupferstich von Etienne Delaune:* AK Welt im Umbruch, Bd. 2, S. 240 f. (mit weit. Lit.).

Seite 105
... von der Hand Joseph Heintz': J. Zimmer, Joseph Heintz d. Ä. als Maler, Weißenhorn 1971, Abb. 69; S. 112, Kat. Nr. 28. – ... *Während der Kriegszeit:* vgl. auch unten S. 266 f.

Seite 106
Zeugen von Distanzierungsprozessen ...: im Sinne von Elias. – ... *eine Sache der Oberschichten:* entsprechend Braudel, S. 336; auch eine grundsätzliche Überlegung bei W. Sombart, Luxus und Kapitalismus, ²Berlin 1922.

Seite 107
... «Nichts verleidet den Edelleuten ...»: zit. nach der Übersetzung bei Braudel, S. 337. – ... *Sozialtopographie Augsburgs:* Roeck 1989, S. 489–510 (zum Folgenden, hier die Einzelbelege).

Seite 109
Weberhäuser, überhaupt zu Augsburger Bürgerhäusern: Pfaud. – ... *man hörte Psalmensingen:* Roeck 1989, S. 181 f. – *Kornspeicher:* Übersicht bei Zimmer, S. 59; vgl. auch Stetten I, S. 260.

Seite 110
Gießhaus: Roeck 1984/2, S. 70–72. – ... *Wertachbrucker Tor:* ebd., 112 f. – *Fuggerei:* Tietz-Strödel, Ropertz. – ... *von jeher Einwanderungsgebiet:* Einzelheiten bei Roeck 1989, S. 829–844. – *Märkte:* ebd., S. 509, Tab. 66.

Seite 111
Randständige: van Dülmen 1990, mit der älteren Lit.; insbesondere Schubert, Mobilität (S. 118–124, Diskussion der neueren Forschung). Wichtig schließlich U. Danker, Räuberbanden im Alten Reich um 1700. Ein Beitrag zur Geschichte von Herrschaft und Kriminalität in der Frühen Neuzeit, Frankfurt a. M. 1988. – *So gab ein ‹Magier› zu ...:* StadtA, Urg. 144, 21.3.1590 (Christian Hieber).

Seite 112
... ein Augsburger Büchsenmacher ...: SStBA, 2 Cod., S. 68, fol. 76v. (vgl. Roeck 1989, S. 437 f.). – *Als während des Dreißigjährigen Krieges ...:* ebd., S. 435. – ... *der Augsburger Scharfrichter:* ebd., S. 441. – ... *sie Verhören unterzog:* zahlreiche Beispiele im StadtA, Urg. – *Das geschah ...:* StadtA, Urg. 220, 1609 (Stephan Jäger). Einzelheiten und weitere Belege bei Roeck 1989, S. 447–450.

Seite 113
Das Ende der Lebensgeschichte ...: StadtA, Strafamt, Strafbücher 1608–1615, fol. 77v.

Seite 114
Interessant in diesem Zusammenhang ist ...: vgl. Roeck 1989, S. 454, Tab. 51. – *... die Prostituierten:* Roper, S. 89–131, Roeck 1989, S. 456. – *Laux Wetzer:* StadtA, Urg. 218, 1608 c. – ... *ob sie «unzucht» treibe:* Beispiel eines solchen

Durchschnittliche Steuerleistungen in den Augsburger Steuerbezirken 1618

Verhörs bei Roeck 1987, S. 68 f. – ... *einen Stadtpyr aus Blech:* Clasen 1984, S. 67 f.

Seite 115
Ethische Grundlagen des frühneuzeitlichen Armenwesens: Jütte 1984, S. 32; G. Schmoller, Entstehung, Wesen und Bedeutung der neueren Armenpflege, in: Sitzungsberichte der Königlich Preußischen Akademie der Wissenschaften, Berlin 1902, S. 916–925. – ... *dieser Singsang:* nach StadtA, Almosenamt, Bittschriften und Berichte 1529–1741, 18. 4. 1630. – ... *Heterodoxe:* vgl. unten, S. 144 ff. – *Juden:* zusammenfassend Roeck 1989, S. 446–476 (mit den Belegen für das Folgende).

Seite 116
... *jene sozialen Netzwerke:* aus der reichen Lit. zur historischen Familienforschung wären etwa zu nennen M. Mitterauer/R. Sieder, Historische Familienforschung, Frankfurt a. M. 1982; I. Weber-Kellermann, Die deutsche Familie, ⁶Frankfurt 1981; demographiegeschichtlich: E. A. Wrigley, Family Reconstitution, in: ders. (Hrsg.), An Introduction to English Historical Demography..., London 1966, S. 96–159; Imhof 1984; J. Hoffmann, Die ‹Hausväterliteratur› und die ‹Predigten über den christlichen Hausstand›, Weinheim/Berlin 1959; G. Frühsorge, Die Begründung der ‹väterlichen Gesellschaft› in der europäischen oeconomia christiana. Zur Rolle des Vaters in der ‹Hausväterliteratur› des 16. bis 18. Jahrhunderts in Deutschland, in: H. Tellenbach (Hrsg.), Das Vaterbild im Abendland I, Stuttgart 1978, S. 110–123. – ... *weit über 500 Frauen:* EDV-Auswertung des Steuerbuches von 1618. – ... *eine Funktion der wirtschaftlichen Situation:* Roeck 1983, und ders. 1989, S. 309–311.

Seite 117
... *aus einer Quelle stammen:* «Ordenliche beschreibung, in welcher die viertl- und gassenhaubtleüth, auch wievil jeder under seiner haubtmannschaft mitburger und wie starckh jeder in sein haußhaben uber sein tüsch gewesen, so in der anno 1622 eingefallenen schweren theürung meiner herren hilff genomen» (StadtA, Musterungsbücher). – *Es liegt in der Natur der Sache...:* vgl. vor allem die «klassischen» Arbeiten von J. L. Flandrin: Contraception, mariage et relations amoureuses dans l'occident chrétien, in: Annales E.S.C. 24 (1969), S. 1370–1390; ders., Familles. Parenté, maison, sexualité dans l'ancienne société, Paris 1976; mit einem Beitrag Flandrins auch der Sammelband von P. Ariés/A. Béjin/M. Foucault u. a., Die Masken des Begehrens und die Metamorphosen der Sinnlichkeit. Zur Geschichte der Sexualität im Abendland, ²Frankfurt 1984. Wichtig auch L. Henry, Anciennes familles genevoises. Étude démographique: XVIIe–XXe siècle, Paris 1956, S. 180 ff.; C. Lévy/L. Henry, Ducs et pairs sous l'Ancien Régime, in: Population 15 (1960), S. 807–830; A. Perrenoud, Malthusianisme et protestantisme, in: annales E.S.C. 29 (1974), S. 975–988, und J. Dupáquier/M. Lachives, Sur les débuts de la contraception en France ou les deux malthusianismes, in: Annales E.S.C. 24 (1969), S. 1391–1406. – ... *der Bader*

Michael Brodkorb: StadtA, Urg. 171, 13. 11. 1596 (Jacob Hasler); Roeck 1989, S. 311 f. – *Anna Weilbach:* StadtA, Urg. 218 (1608 c). –... *bis in die jüngere Zeit:* Nach Hagers Handbuch der pharmazeutischen Praxis, Heidelberg, New York etc. 1976, S. 336, wurden Wacholderbeeren als Abortiva gebraucht.

Seite 118
... *gemäß der Galenischen Lehre:* O. Temkin, Galenism. Rise and Decline of a Medical Philosophy, Ithaca/London 1973. – *Die Magd Maria Pfleger...:* StadtA, Urg. 218, 1608 c (Maria Pfleger).

Seite 119
Maria Schmelzeisen: StadtA, Urg. 218, 1608 c. – *Alleinstehende Frauen...:* Roper 1989 (m. weit. Lit.). – ... *Das ‹ganze Haus›:* Brunner 1968. – ... *Christliche Hausordnung:* SStBA, Einblattdrucke nach 1500.

Seite 120
... *gewöhnlich nicht aus Liebe:* Roper; auch R. Lenz, ‹Ehestand, Wehestand, Süßbittrer Stand›? Betrachtungen zur Familie der Frühen Neuzeit, in: AKG 68 (1986), S. 371–405; ders., Emotion und Affektion in der Familie der frühen Neuzeit..., in: P.-J. Schuler, Die Familie als sozialer und historischer Verband. Untersuchungen zum Spätmittelalter und zur frühen Neuzeit, Sigmaringen 1987, S. 121–146. – *Der Seidensticker Ulrich Raidel...:* StadtA, Urg. 218, 1608 c.

Seite 121
... *Feuerstellen als Besteuerungseinheiten:* A. Higounet-Nadal, Haus und Familie im Périgeux im ausgehenden Mittelalter. Eine Fallstudie, in: A. Haverkamp (Hrsg.), Haus und Familie in der spätmittelalterlichen Stadt, Köln/Wien 1984, S. 244–256, hier S. 247. –... *Hausarme:* Roeck 1989, S. 610 f., 784 f. und passim. – ... *Nachbarschaft:* vgl. P. Münch, Kirchenzucht und Nachbarschaft..., in: E. W. Zeeden/P. T. Lang, Kirche und Visitation..., Stuttgart 1984, S. 216–248 (Lit.!); N. Zemon Davis, Glaube und nachbarschaftliche Beziehungen, in: dies., Frauen und Gesellschaft am Beginn der Neuzeit, Berlin 1986, S. 52–63. – ... *Gassenhauptleute:* Roeck 1983, S. 517 ff.

Seite 122
Stephan Jäger: vgl. oben, S. 112–114. – *Freundschaft:* Sieh-Burens, Roper passim, Roeck 1989, S. 322–324. – *Pflegschaften:* Sieh-Burens; Roeck 1989, S. 351–355 (zum Folgenden, mit dem Fall Bameier). – *Überlebensstrategien:* Imhof 1984.

Drittes Kapitel

Seite 125
Guido Bentivoglio...: vgl. H. Dussler, Reisen und Reisende in Bayerisch-Schwaben..., Weißenhorn 1980, S. 123–125.

Seite 126
Tanzhaus: Roeck 1984/2, S. 177. – *Montaigne:* Über seine Notizen und die Eindrücke anderer Zeitgenossen vgl. E. Gebele, A. im Urteil der Vergangenheit, in: ZHVS 48 (1928), S. 1–165. – ... *miraculum Germaniae:* Roeck 1984/2, S. 88. – ... *weniger Kehrseite als Konsequenz:* Roeck 1984/1.

Seite 127
... *Bauprogramm der Holl-Epoche:* Roeck 1984/1. – ... *Glied eines Reiches:* N. Hammerstein, Imperium Romanum cum omnibus suis qualitatibus ad Germanos est translatum. Das vierte Weltreich in der Lehre der Reichsjuristen, in: J. Kunisch (Hrsg.), Neue Studien zur frühneuzeitlichen Reichsgeschichte (ZHF Beih. 3), Berlin 1987, S. 187–202 (mit der älteren Lit.). – ... *nach der Anticen:* vgl. B. Roeck, Anmerkungen zum Werk des Elias Holl..., in: Pantheon 14 (1983), S. 221–234 (Quellenanhang!). – ... *aus den Vitruv-Kommentaren:* Etwa des Walter Rivius (Ryff), Nürnberg 1547 (Reprint Hildesheim/New York 1981). – Hierzu und zum Folgenden Roeck 1984/2, S. 103 f.

Seite 128
... *der heidnische Herkules:* Friedel, S. 84f.; Larsson, S. 143. – ... *heftige Diskussionen:* F. Roth, Der Augsburger Jurist Dr. Hieronymus Fröschel und seine Hauschronik von 1528–1600, in: ZHVS 38 (1912), S. 1–82; auch B. Bushart, Die junge Heidenschaft oder die Rezeption der Antike in der Augsburger Kunst, in: Nachrichtenblatt der Societas Annensis e. V. 25 (1977), S. 3–19 (danach die folgenden Zitate).

Seite 130
Auf einem anderen Blatt steht...: Roeck 1989, S. 187f. – *Zur gleichen Zeit...:* ebd., S. 185 f. – *Fronleichnamsprozession:* 2 Cod. S. 44, fol. 51 (auch Roeck 1989, S. 184).

Seite 131
... *der Weber Hans Daniel...:* Roeck 1989, S. 181. – *Finsternis und Unkultur...:* vgl. Justi Lipsii epistolarum selectarum centuria singularis ad Germanos et Gallos, Antwerpen 1602, S. 57; vgl. Roeck 1990, S. 115. – ... *Die intelligente Umsetzung...:* J. Zimmer, Das Augsburger Rathaus und die Tradition, in: Münchner Jb. der bildenden Kunst 28 (1977); Roeck 1987, S. 94f. – ... *das 1600jährige Gründungsjubiläum:* Blendinger/Zorn, S. 77, Kat. Nr. 200. – *Die Tradition...:* Stadtlexikon, S. 282 (mit Lit. über C. Peutinger) R. Pfeiffer, C. P. und die humanistische Welt, in: Rinn, S. 179–186 (auch zum Folgenden); Lenk.

Seite 132
... *als letzte der Weltmonarchien:* neben Hammerstein (s. oben) auch A. Klempt, Die Säkularisierung der universalhistorischen Auffassung. Zum Wandel des Geschichtsdenkens im 16. und 17. Jahrhundert, Göttingen 1960.

Seite 133
... das Sammeln antiker Münzen...: Übersicht bei H. Kellenbenz, Augsburger Sammlungen, in: Welt im Umbruch, Bd. 1, S. 76–88; zusammenfassend zu frühneuzeitlichen Sammlungen und Wunderkammern Roeck 1991/1, S. 48–50. – *... So ‹lebte› man in der Antike:* E. König, Peutingerstudien, Freiburg 1913, S. 4–7, 13 f. – *Marcus Welser...:* Roeck 1990.

Seite 134
... den Baronius-Übersetzer Marx Fugger: G. Lutz. – *Gymnasium bei St. Anna:* Köberlin. – *Stadtbibliothek:* zuletzt J. Bellot/I. Salzbrunn, Staats- und Stadtbibliothek A., in: Regionalbibliotheken in der Bundesrepublik Deutschland (1971), S. 277–285; auch Lenk und R. Schmidbauer, Die Augsburger Stadtbibliothekare durch vier Jahrhunderte 1537–1952, Augsburg 1963. – *Sixt Birck:* Köberlin, S. 23–41, H. Levinger, Augsburger Schultheater unter S. B., Berlin 1931; J. Lebeau, S. B.'s ‹Judith›, in: Daphnis 9 (1980), S. 679–698; Stadtlexikon, S. 49; am ausführlichsten E. Messerschmidt, Sixtus Birk, ein Augsburger Humanist und Schulmeister zur Zeit der Reformation, Diss. phil. Erlangen 1923.

Seite 135
Über Wolf: Schmidbauer, S. 58–75; H.-G. Beck in Lebensbilder aus dem Bayerischen Schwaben, Bd. 9, München 1966, S. 169–193. – *... 1545 hatte der Rat:* Lenk, S. 154. – *... einen astronomischen Turm:* Roeck 1984, S. 162 f. – *... bewegte Wanderjahre:* seine Autobiographie in J. J. Reiske, Oratores graeci, Bd. 8, Leipzig 1773, S. 772–876.

Seite 136
... eine ‹deliberatio›: Köberlin, S. 78; *... 1576 verfaßte er...:* ebd., S. 80; zum Folgenden S. 77–105.

Seite 137
So sah der Lehrplan aus...: Köberlin, S. 80 ff. – *Neubau der Schulgebäude:* Roeck 1984/2, S. 163 ff.; auch ders., Der Holl-Bau des Gymnasiums bei St. Anna: sozial- und geistesgeschichtliche Implikationen eines Kunstwerkes, in: Nachrichtenblatt der Societas Annensis 1985, S. 5–22.

Seite 138
Simon Webelin kritisierte...: SStBA, 2 Cod. Aug. 53, fol. 353 (auch Roeck 1984/2, S. 31). – *Noch 1563...:* Köberlin, S. 90. – Über Henisch unten, S. 149–153. – *Schon Wolf hatte geklagt...:* Köberlin, S. 83. – *So gibt es Nachrichten...:* ebd., S. 98.

Seite 139
«Ich habe viel Muße...»: nach Köberlin, S. 77. – *Instruktion der Oberschulherren...:* ebd., S. 101.

Seite 140
... *Leben als ‹Pilgramschafft›:* Roeck 1989, S. 753.

Seite 141
... *wie es ein Chronist formuliert:* SStBA, 2 Cod., Aug. 53, fol. 265. – *Das Gymnasium der Jesuiten...:* zum Folgenden vgl. Lenk, S. 135-139, Warmbrunn passim; P. Braun, Geschichte des Kollegiums der Jesuiten in Augsburg, München 1822; A. Layer, Musik und Theater in St. Salvator, in: W. Baer/H.-J. Hecker (Hrsg.), Die Jesuiten und ihre Schule St. Salvator in A. (Ausstellungskatalog), München 1982, S. 67-75 (mit der neueren Lit.); Rummel, S. 40-42, 112-119; P. Rupp, Aufbau und Ämter des Jesuitenkollegs St. Salvator, ebd., S. 23-34.

Seite 142
... *wohl prominentester Hörer:* Lenk, S. 137. – *Pontan:* B. Bauer, Jacob Pontan SJ, ein oberdeutscher Lipsius, in: ZBLG 47 (1984), S. 77-120; dies., Jesuitische ‹ars rhetorica› im Zeitalter der Glaubenskämpfe, Frankfurt a. M./New York 1986. – ... *in Augsburg uraufgeführt:* Lenk, S. 84. – *Jesuitentheater:* grundlegend J.-M. Valentin, Le Théâtre des Jésuits dans les pays de langue allemande (1554-1680), Tome I-III, Bern u. a. 1978.

Seite 143
... *geblitzt und gedonnert:* Lenk, S. 144. – *Heiligenlegenden...:* vgl. das Verzeichnis bei Layer (Musik und Theater...), S. 71-74. – *David Altenstetter...:* das Folgende nach Roeck 1989, S. 117-119.

Seite 145
... *einer der fähigsten Augsburger Goldschmiede:* Seling, Bd. I, S. 53. – *Schöpfer der österreichischen Hauskrone:* Thieme-Becker 1, S. 350. – *Hainhofer:* nach Seling I, S. 53 (dort auch weitere Lit.-Hinweise); vgl. insbesondere noch AK Welt im Umbruch II, S. 284 f.

Seite 146
Der Begriff grottesco...: W. Kayser, Das Groteske. Seine Gestaltung in Malerei und Dichtung, ²Oldenburg/Hamburg 1961, S. 22 (dort auch das Zitat). – *Das Groteske entsteht...:* C.-P. Warncke, Die ornamentale Groteske in Deutschland 1500-1650, Berlin 1979, S. 11. – ... *Aby Warburgs...:* dazu umfassend E. Gombrich, Aby Warburg. Eine intellektuelle Biographie, Frankfurt a. M. 1989. – ... *Keramik der Wiedertäufer:* vgl. etwa H.-G. Stephan, Die bemalte Irdenware der Renaissance in Mitteleuropa. Ausstrahlungen und Verbindungen der Produktionszentren im gesamteuropäischen Rahmen, München 1987, S. 67 f. – ... *kein Täufer war:* Zum geistesgeschichtlichen Hintergrund vgl. etwa H. Guderian, Die Täufer in A.: ihre Geschichte und ihr Erbe..., Pfaffenhofen 1984; C. P. Clasen, Die Wiedertäufer im Herzogtum Württemberg und in benachbarten Herrschaften. Ausbreitung, Geisteswelt und Soziologie, Stuttgart 1965; P. C. Erb (Hrsg.), Schwenckfeld and Early Schwenckfeldianism..., Pittsburg/Pa. 1986.

Seite 147
Marcus Welser: mit der wichtigsten Lit., zugleich zum Folgenden: Roeck 1990.

Seite 148
... *im Auftrag Herzog Maximilians:* P. Joachimsen, Marx Welser als bayerischer Geschichtsschreiber, München 1905. – ... *commercium litterarium:* vgl. C. Arnold, Marci Welseri ... opera omnia historica et philologica, sacra et profana..., Nürnberg 1682. – Zum Folgenden Roeck 1990, Lenk, S. 165–175 (über *pinus*). – *David Hoeschel:* NDB 9, S. 368 f.; Köberlin, S. 121–138; R. Schmidbauer, Die Augsburger Stadtbibliothekare..., S. 101–112.

Seite 149
Dr. Georg Henisch: NDB 8, S. 524f.; Köberlin, S. 114–120, Schmidbauer, S. 87–100; weit. Lit. in Stadtlexikon, S. 160. – ... *collegium medicum:* G. Gensthaler, Das Medizinalwesen der freien Reichsstadt Augsburg bis zum 16. Jahrhundert, Augsburg 1973.

Seite 150
Die Astrologie...: Köberlin, S. 117. – ... *das gregorianische Werk favorisierte:* Warmbrunn, S. 282.

Seite 151
In der Augsburger Bibliothek...: Graph. 31 a.

Seite 152
A. als Zentrum der Rezeption...: vgl. I. Keil/K.-A. Keil, Astronomie am Gymnasium bei St. Anna, in: 450 Jahre Gymnasium bei St. Anna in A., A. 1981, S. 12 ff. – *Erhard Ratdolt:* Lit. in Stadtlexikon, S. 296. – ... *astronomisch-astrologische Instrumente:* M. Bobinger, Alt-Augsburger Kompaßmacher, Sonnen-, Mond- und Sternuhrenmacher..., Augsburg 1966. – Ders., Kunstuhrmacher in Alt-Augsburg, A. 1969. – *Steuerleistungen:* nach StadtAA, Steuerbücher. – *Elias Ehinger:* Köberlin, S. 139–154; Schmidbauer, S. 113–124.

Seite 153
... *ging das Welsersche Handelshaus in Konkurs:* Lit. 340. – *Welsers Tod:* Roeck 1990, S. 141, m. Lit. – *Bemerkenswerterweise...:* Roeck 1984/1; G. Lutz (Baronius).

Seite 154
Eine Spitzengruppe...: Roeck 1989, S. 426–433. – *In der zweiten Hälfte...:* u. a. G. Lutz, Baronius, und Mörke 1983 (über die Fugger). – ... *solche Statuskonflikte...:* nach StadtAA, Schätze 37/I. – ... *für 300 000 fl.:* Roeck 1984/2, S. 34 f.

Seite 155
... *bescheidenes Haus:* Abb. bei B. Roeck, Humanistische Geschichtsschreibung im konfessionellen Zeitalter..., Kommentar zur Faksimile-Ausgabe der Welser-

Chronik, A. 1984, S. 31. – *Andere Reiche...:* zum Folgenden zusammenfassend H. Kellenbenz, Augsburger Sammlungen, in: AK Welt im Umbruch, Bd. I, S. 76–88; zu den Büchersammlungen: E. Gebele, Augsburger Bibliophilen, in: ZHVS 52 (1936), S. 9–59 (beides zum Folgenden).

Seite 156
... *Benimmbücher des 16. Jhs.:* Nachweise bei Roeck 1990, S. 126–130, zu Bernardino Cagli: S. 95.

Seite 157
... *allein das Haus Fugger:* Mörke. – ... *Brief des... Beatus Rhenanus:* nach Gebele 1928, S. 28. – ... *einen Zoo mit exotischen Tieren:* Stadtlexikon, S. 123; die Schilderung bei Montaigne, S. 98 f.

Seite 158
Die Fugger besaßen...: Lieb 1958, 1980. – Inventarauszug des Octavian Secundus nach Lieb 1980, S. 234.

Seite 159
... *mit einem aufmerksamen Verhältnis...:* Lieb 1980, S. 153. – ... *Elsbeerenholz:* Handwörterbuch Aberglauben, Bd. V, S. 575, VI, S. 1725, VIII, S. 91, IX, S. 243; vgl. Lieb 1980, S. 125. – ... *signum solis:* ebd., S. 68, 126, 240.

Seite 160
... *Daemonomania Magorum:* Lieb 1980, S. 314. – ... *Marcus Welser zählte ebenfalls...:* Roeck, Hum. Geschichtsschreibung, S. 17; über Bodins Buch C. Baxter, Jean Bodin's De la Démonomanie des Sorciers: The Logic of Persecution, in: S. Anglo (Hrsg.), The Damned Art. Essays in the Literature of Witchcraft, London 1977. – *Bibliothek Hans Jakob Fuggers:* Kellenbenz, Sammlungen, S. 79 f. (auch zum Folgenden). – *Ulrich Fuggers Bibliothek:* ebd., S. 80.

Seite 161
Annales ecclesiastici: G. Lutz. – *Occonen:* ADB 24, S. 126 f.; G. Gensthaler, Das Medizinalwesen der freien Reichsstadt A. ..., A. 1973, passim; AK Welt im Umbruch II, Nr. 333–336; Lenk.

Seite 162
Jakob Pontan: vgl. die Lit.-hinweise oben zu S. 142. – *Grandiosen Ausdruck:* vgl. AK Elias Holl m. weit. Lit. – *Rader:* L. Koch, Jesuiten-Lexikon, Paderborn 1934, S. 1490 f.; Johannes Müller, Das Jesuitendrama in den Ländern dt. Zunge..., Bd. 2, Augsburg 1930, S. 11–30; ... *detailliertes Konzept:* AK Elias Holl, S. 377 ff.; zum nachstehenden Zitat Roeck 1984/II, S. 219.

Seite 163
Aus dem Briefwechsel...: AK Elias Holl, S. 377 ff. – ... *so jedenfalls wollte es...:* Brief vom 3. 8. 1619, ebd., S. 381.

Viertes Kapitel

Seite 165
... *der Streit um Donauwörth:* Spindler, Bd. II, S. 370–373; III, S. 931; R. Breitling, Der Streit um D. 1605–1611, in: ZBLG 2 (1929), S. 275–298 (zum Folgenden).

Seite 166
Zur Gründung der Liga (m. weit. Lit.): F. Neuer-Landfried, Die katholische Liga. Gründung, Neugründung und Organisation eines Sonderbundes 1608–1620, Kallmünz 1968.

Seite 166
Jülich-Clevischer Erbfolgestreit: Hans Schmidt, Pfalz-Neuburgs Sprung zum Niederrhein. Wolfgang Wilhelm von Pfalz-Neuburg und der Jülich-Klevische Erbfolgestreit, in: AK Um Glauben und Reich, Bd. I, S. 77–89 (m. d. weit. Lit.).

Seite 167
... *die Konversion Wolfgang Wilhelms:* B. Bauer, Das Regensburger Kolloquium 1601, ebd., S. 90–99. – *Im Heiligen Römischen Reich...:* das Folgende nach den Handbüchern und Gesamtdarstellungen; vgl. u. a. Wedgwood 1976 (1938), H. Lutz 1982, Schulze 1978 und 1987, Barudio 1985 und Schormann 1985, Parker 1987.

Seite 168
Auslieferung des Georg Kuhn: StadtA, Urg. 215 (Nov. 1607–Aug. 1608). – *Lebensmittelversorgung:* Roeck 1987. – *Kunstkäufe, Goldschmiedearbeiten:* M. Bachtler, Goldschmiedearbeiten im Auftrag Herzog Maximilians von Bayern, in: AK Um Glauben und Reich, Bd. I, S. 323–329. – *Waffen- und Munitionslieferungen:* Roeck 1989, S. 296 f., 585–588.

Seite 170
... *gegen Wolf Dietrich von Raitenau:* umfassend AK Fürsterzbischof Wolf Dietrich von Raitenau, Gründer des barocken Salzburg, Salzburg 1987. – *Es war ein außenpolitisches Kunststück...:* Neuer-Landfried, S. 45 f. – *... in mehreren Abschriften«* nach Roeck 1989, S. 519 f.

Seite 172
... *sehr oft in zeitgenössischen Flugschriften:* M. Schilling 1985; auch Vocelka 1981 und Schulze 1978, S. 22 ff.

Seite 173
... *Öffentlichkeit:* Zusammenfassend Brunner/Conze/Koselleck, Bd. 3, S. 413; vgl. weiterhin die Hinweise oben zu S. 29.

Seite 174
Musterungsbücher: StadtA, Schätze 37, I–III. – *Für alle Fälle...:* Stetten I,

S. 814; vgl. – auch zum Folgenden – Roeck 1989, S. 522 ff. – ... *wie der Bierbrauer Jerg Siedeler... notierte:* StadtA, Chroniken 20, fol. 327 f. – *Elias Ehinger... meinte:* Roeck 1989, S. 523. – *Kölderer berichtet...:* SStBA, 2 Cod. S. 44, fol. 100 f., vgl. Roeck 1989, S. 84. – ... *nit vil guets...:* StadtA, Chroniken 29. – Über Kometen und ihre Deutung zuletzt H. Lehmann, Die Kometenflugschriften des 17. Jahrhunderts als historische Quelle, in: W. Brückner u. a. (Hrsg.), Literatur und Volk im 17. Jahrhundert, Wiesbaden 1975, S. 683–700; E. Gebele, Augsburger Kometeneinblattdrucke, in: Das Schwäb. Museum 26, S. 89–94; zum Kometen von 1618 u. a. Barudio 1985, S. 29 f., und M. Scharfe, Wunder und Wunderglaube im protestantischen Württemberg, in: Bll. für württ. Kirchengeschichte 68/69 (1968/69); Roeck 1989, S. 522–524.

Seite 175
... *Debatte um das Geburtsdatum...:* A. Warburg, Heidnische Weissagung in Wort und Bild zu Luthers Zeiten, Heidelberg 1920, auch in: Aby M. Warburg, Ausgewählte Schriften und Würdigungen, hrsg. von D. Wuttke, Baden-Baden 1980, S. 199–304, hier S. 231 ff. – ... *Ausbruch des... Bauernkrieges:* G. Franz, Der deutsche Bauernkrieg, ¹²Darmstadt 1984, S. 92 f. ... *Auch in Augsburg:* vgl. vor allem Gebele, Kometeneinblattdrucke. – ... *mit Recht darauf hingewiesen:* R.J.M. Olson, ... And They Saw Stars: Renaissance Representations of Comets in Pretelescopic Astronomy, in: Art Journal 44 (1984), S. 216–244, hier 218.

Seite 177
Inzwischen war der... Krieg ausgebrochen: Barudio 1985, S. 82 f., Parker 1987, S. 113–129, und J. V. Polišenský, War and Society in Europe, 1618–48, Cambridge u. a., 1978, S. 36–65 (jeweils zum Folgenden).

Seite 178
... *in der Chronik Jerg Siedelers:* StadtA, Chroniken 20, fol. 329; Roeck 1989, S. 524.

Seite 179
Der Rat sah allen Anlaß: zum Folgenden Roeck 1989, S. 524 f. – Zitat nach StadtA, Geheime Ratsbücher 1614–28, fol. 166 f. – *Weitere Truppen angeworben...:* Roeck 1989, S. 525. – *Der neue Kaiser...:* vgl. zum Folgenden die Lit. S. 356 f; über Kaiser Ferdinand: H. Haan, Kaiser F. II. und das Problem des Reichsabsolutismus, in: HZ 207 (1968), S. 297–345; G. Franz, Glaube und Recht im politischen Denken Kaiser Ferdinands II., in: Archiv für Reformationsgeschichte 49 (1958), S. 258–269; H. Sturmberger, Kaiser F. II. und das Problem des Absolutismus, München 1957; R. Bireley, Religion and Politics in the Age of the Counterreformation. Emperor Ferdinand II., William Lamormaini and the Formation of Imperial Policy, Chapel Hill 1981 (m. d. älteren Lit.).

Seite 180
Oberösterreich...: AK Der oberösterreichische Bauernkrieg 1626. Ausstellung des Landes Oberösterreich, Linz 1976. – *... die Übertragung der Kurwürde:* vgl. A. Dürrwächter, Christoph Gewold, Freiburg/Br. 1904.

Seite 181
... seine teuren Söldner abgedankt: Roeck 1989, S. 527 (auch das Zitat). – Zur Kipper- und Wipper-Inflation in Oberdeutschland Altmann; F. Redlich, Die deutsche Inflation des 17. Jahrhunderts in der zeitgenössischen Literatur. Die Kipper und Wipper, Köln/Wien 1972, auch R. Gaettens, Inflationen. Das Drama der Geldentwertungen vom Altertum bis zur Gegenwart, München 1952, ND 1982. – Zitat Hoechstetter: Hoechstetter (gedruckte Quellen), S. 195 f.

Seite 182
Bernhard Heupold: vgl. M. Radlkofer, B. H., Praeceptor an der Studienanstalt St. Anna zu Augsburg..., in: ZHVS 20 (1893), S. 116–135, 165–168; AK Welt im Umbruch, Bd. 1, S. 327 f., Köberlin passim; Zitate nach StadtA, EWA 354, fol. 51–65.

Seite 183
... kaum Volksbewegungen: vgl. allerdings unten, S. 263 f. – *In einer anonymen Chronik...:* SStBA, 2 Cod. Aug. 53, fol. 376; vgl. Roeck 1987, S. 159.

Seite 184
... Brot war das wichtigste Nahrungsmittel...: Dirlmeier, S. 420–425. – *... unendlich viel Rüben:* Roeck 1987, S. 24 ff. – *Montaigne:* S. 105. – *Eier...:* Roeck 1987, S. 24 ff. (auch zum Folgenden, zu Fisch- und Getränkekonsum); grundlegend hierzu Dirlmeier.

Seite 185
Schmalz: Roeck 1987, S. 27. – *Budget eines Handwerkerhaushaltes:* ebd., S. 28.

Seite 186
Wenn die Getreidepreise...: Roeck 1987, S. 215, Kurve 12. – *Nach der Höhe der Getreidepreise...:* ebd., S. 136–151. – *... im Kindbettstibl oder im Kuechen Kästle:* StadtA, Bäcker 1621–1640, zu 1622, Apr. 16 (vgl. Roeck 1987, S. 157). – *... beim ersten Umgang:* ebd. – *Letzteres geschah...:* StadtA, Urg. 284 (und Roeck 1987, S. 155, hier auch Nachweise für das Folgende).

Seite 187
Kornverteilungen: Roeck 1983. – *... kleine Kupferplaketten:* Abbildungen bei Roeck 1987, S. 208 f. – *... ein Holzkessel von etwa 220 Liter...:* ebd., S. 75, Anm. 35.

Seite 188
... umfangreiche Getreidekäufe: Roeck 1987, S. 83–93. – *Gesandte in München:* StadtA, Proviantamt, Fruchtsperre in Bairn..., fasc. 1, zu 1622, Apr. 30; Schie-

berring: Roeck 1987, S. 90. – ... *ausschlaggebend:* ebd., S. 94–97. – *Die Finanzkrise:* Roeck 1989, S. 565 ff. (zum Folgenden).

Seite 189
... *der Schwedenkönig:* vgl. unten, S. 257. – *Elias Holl:* Roeck 1984/2, S. 228 ff., Zitat: S. 232.

Seite 190
Das Spital zum Heiligen Geist...: P. Lengle, Spitäler, Stiftungen und Bruderschaften, in: Gottlieb 1984, S. 202–207; R. Kießling, Bürgerliche Gesellschaft und Kirche in Augsburg im Spätmittelalter, A. 1971, S. 159–167; ... *deß ungeziefers halben:* Roeck 1984/2, S. 232. – *Die Zunahme der Unterschichten:* Clasen 1984, Roeck 1989, S. 604–630 (mit den Belegen zum Folgenden).

Seite 191
Der ‹gemeine Mann›...: StadtA, Almosenamt Fasc. 10, Nr. 54; *Nachforschungen...:* ebd., Nr. 40.

Seite 192
... *solche leütt...:* StadtA, Almosenamt Fasc. 10, Nr. 68. – *Da gab es den ‹Gratzi›...:* Diese und andere Beispiele in StadtA, Urg. – *Ir werd schweren...:* nach StadtA, EWA 186, fol. 123 f. (auch Jütte 1986, S. 107 f.).

Seite 193
... *ein blechernes Stadtwappen:* EWA 316, Art. 17 der Almosenordnung. – *Andererseits erfüllten...:* hierzu u. a. Jütte 1984, S. 31–39, Roeck 1989, S. 612–614 (mit Einzelbelegen). – *Dann unser getreuer lieber gott...:* StadtA, Almosenamt, Das Pilgerhaus betreffend 1564–1599, tom. 1, zu 1586. – ... *so hat Schmoller...:* Entstehung, Wesen und Bedeutung der neueren Armenpflege, in: Sitzungsberichte der Königlich Preußischen Akademie der Wissenschaften, Berlin 1902, S. 916–925 (vgl. auch Jütte 1984, S. 32). – *Das Nötigste:* Roeck 1989, S. 619 (Einzelbelege).

Seite 195
Barbara Gegler: Clasen 1981, S. 338. – *Waisenhaus:* Lit. in Stadtlexikon, S. 399. – *Fuggerei:* Ropertz, Tietz-Strödel; H. Kellenbenz/M. Gräfin v. Preysing, Jakob Fuggers Stiftungsbrief von 1521, in: ZHVS 68 (1974), S. 95–116 (zum Folgenden). – ... *Kulisse einer furchtbaren Tragödie:* das Folgende nach Roeck 1989, S. 539–553 (mit Einzelbelegen; die Hauptquelle: StadtA, Urg. 301).

Seite 200
Auffällig ist ja...: Roeck 1989, S. 836 f. – ... *eine Enklave relativer Rationalität:* entsprechend W. H. Riehl, Land und Leute, ⁶Stuttgart 1867, S. 81–122.

Seite 201
... *wie in der Hexenforschung betont wurde:* vgl. – statt weiterer Lit. – den Forschungsbericht von W. Behringer in HZ 24, (1989).

Seite 202

... das Verhör Jerg Rappolts: StadtA, Urg. 217, 11. Juli 1608, auch Urg. 214, 1607 c., Anna/Heinrich Müller: Defloration eines siebenjährigen Mädchens.

Seite 203

... sie verfolgten keine ‹weise Frau›: entsprechend die unhaltbare These von G. Heinsohn/O. Steiger, Die Vernichtung der weisen Frauen..., Herbstein 1985. – *... keine Vertreterin der Volkskultur:* so Muchembled. – *... Opfer des Staatsdenkens:* Roeck 1988 (zum Folgenden), das übrige nach Roeck 1989.

Fünftes Kapitel

Seite 204

Augsburg zählt...: Rajkay 1984; *das Hochzeitsbuch:* StadtA, Hochzeitsamt, Hochzeitsbuch 1484–1700. – *... eine solche Mortalitätskrise...:* zum Folgenden Roeck 1989, S. 630–653 (Einzelbelege), das Zitat nach StadtA, Chroniken 27 a. – *Die Situation der... Weber:* Kellenbenz 1984, S. 281 (hier die Zahlen).

Seite 205

... den größten Teil der Unterstützungsempfänger: Roeck 1989, S. 604. – *Der vierte Reiter...:* ebd., S. 649, Tab. 87. – *Die Krankheit kündigte sich an...:* vgl. H. P. Becht, Medizinische Implikationen der historischen Pestforschung am Beispiel des ‹Schwarzen Todes› von 1347/51, in: B. Kirchgässner/J. Sydow, Stadt und Gesundheitspflege, Sigmaringen 1982, S. 78–94; K. Bergdolt, Die

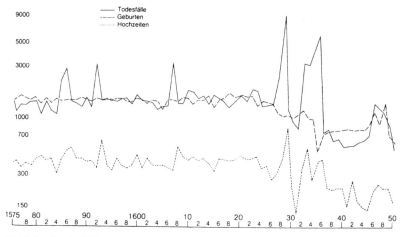

Zahl der Todesfälle, der Geburten und Hochzeiten in Augsburg von 1575 bis 1650 (nach *Gottlieb* 1984, S. 253).

Pest 1348 in Italien. Fünfzig zeitgenössische Quellen, Heidelberg 1989, hier S. 11–13.

Seite 206
... die Ärzte sprachen von...: vgl. Kurtzer Bericht/Wie sich die Gemain allhie/in Sterbens Läuffen... verwahren solle, Augsburg 1628; zum Folgenden Roeck 1989, S. 639 ff. – *Zum Steuerbezirk «Kappenzipfel»* ebd., S. 650 f.

Seite 208
... ein Pesttraktat: s. oben. – *... die Speisen des gemeinen Mannes:* Roeck 1987, passim; zur galenischen Medizin vgl. die Lit.-Hinweise oben zu S. 118.

Seite 209
Eine Eigenheit der frühneuzeitlichen Körperkultur...: G. Vigarello, Wasser und Seife, Puder und Parfüm. Geschichte der Körperhygiene seit dem Mittelalter, Frankfurt a. M./New York 1988 (zuerst Paris 1985). – *... sollten sich mit kräftigen Duftstoffen...:* Bergdolt, passim; *... die düstere Kunst des Pflasterns:* vgl. A. Corbin, Pesthauch und Blütenduft. Eine Geschichte des Geruchs, Berlin 1982 (auch Paris 1982), S. 122. – *Es fällt auf...:* Roeck 1989, S. 630 f.

Seite 210
Ein Kupferstich von Raphael Custos: vgl. Blendinger/Zorn, S. 84, Nr. 240.

Seite 211
Ein Verruf...: StadtA, Ratserlässe 1600–1668, zu 1627, Nov. 6. – *... So verwundert es nicht...:* Roeck 1989, S. 652; *... eine Inschrift:* ebd., S. 608.

Seite 212
... neunzig Prozent Namensschwund...: Roeck 1989, S. 785–788 (nach StadtA, Steuerbücher 1618–1646). – *Gryphius:* Zitate nach A. G., Gedichte (1987), S. 106, und A. G., Gesamtausgabe der deutschsprachigen Werke. Hrsg. v. M. Szyrocki/H. Powell, Bd. II: Oden und Epigramme, Tübingen 1964, S. 182 f. (Nr. LXXVI).

Seite 213
vanitas: Ariès 1976, 1980; J. Białostocki, Kunst und vanitas, in: ders., Stil und Ikonographie. Studien zur Kunstwissenschaft, ²Köln 1981, S. 269–316.

Seite 214
Es gibt eindrucksvolle Belege...: Roeck 1989, S. 760–762 (zum Folgenden).

Seite 215
Es gab Strategien...: Białostocki; Imhof 1984. – *Trauerordnung von 1611:* StadtA, Ordnungen und Statuten, Karton 7, Nr. 199. – *Wer das erste Lebensjahr überstanden hatte...:* vgl. Imhof 1981, S. 33; ders. 1984, S. 19.

Seite 216
Endzeitstimmung: vgl. oben, S. 48, 66.

Seite 217
... *der qualvolle Tod:* StadtA, Chroniken 27 a, S. 338. – ... *über einen katholischen Patrizier:* SStBA, 2 Cod. Aug. 41, fol. 2r; vgl. auch A. E. Imhof, Ars moriendi. Die Kunst des Sterbens – einst und heute, Wien/Köln 1991; P. R. Blum (Hrsg.), Studien zur Thematik des Todes im 16. Jahrhundert, Wolfenbüttel 1983; R. Lenz (Hrsg.), Leichenpredigten als Quelle historischer Wissenschaften, Marburg 1975–1984. – ... *Petrarca:* F. Petrarca, De rebus familiaribus, Epistola 8,VII, in: Francisci Petrarcae Epistolae De Rebus Familiaribus et Variae, hrsg. v. G. Fracassetti, Firenze 1859, Bd. I, S. 437–442; übers. v. K. Bergdolt (s. o.), S. 141. – ... *Vorzeichen:* SStBA, 2 Cod. Aug. 80, S. 576 (vgl. Roeck 1989, S. 753 f.). – ... *das Klopfen der Totenuhr, Erlöschen von Kerzen:* Handwörterbuch Aberglauben, Bd. VIII, Sp. 974, 994–1010. – *mors improvisa:* vgl. Roeck 1989, S. 753 (mit Belegen).

Seite 218
Hinrichtungen: R. van Dülmen, Theater des Schreckens. Gerichtspraxis und Strafrituale in der frühen Neuzeit, München 1985; ... *grausame Hinrichtung eines Homosexuellen:* SStBA, 2 Cod. S. 42, fol. 178 f. – ... *und eine Frau:* SStBA, 2 Cod. S. 44, fol. 25 (hierzu Roeck 1989, S. 755). – ... *der Tote nie völlig tot:* Delumeau 1985, Bd. 1, S. 111; E. Morin, L'homme et la mort, Paris 1980, S. 132–156.

Seite 219
Selbstmord: M. Schär, Die Seelennöte der Untertanen. Selbstmord, Melancholie und Religion im alten Zürich 1500–1800, Zürich 1985; Belege für das Folgende bei Roeck 1989, S. 756. – *Peter Ferchtner:* StadtA, Urg. 216–219, 1608 (Peter Ferchtner). – ... *in ein Faß zu schlagen:* SStBA, 2 Cod. Aug. 99, fol. 249.

Seite 220
... *an den Rand seiner Aufzeichnungen:* StadtA, Chroniken 27 a, S. 58. – *Schwarzer Beck:* StadtA, Urg. 300 (Hans Mayr, genannt Gallmair).

Seite 221
Thomas Kern: nach Roeck 1989, S. 372–374 (Belege zum Folgenden).

Seite 224
Das erste Jahrzehnt...: das Folgende nach den Handbüchern und Gesamtdarstellungen, vgl. die Lit. oben zu S. 64 ff., S. 165 ff.

Seite 225
Das sahen wenige so klar...: Mann, S. 646; auch zum Folgenden.

Seite 226
Modernem Denken ist fremd...: hierzu F. Redlich, The German Military Enterpriser and His Work Force. A Study in European Economic and Social History, 2 Bde., Wiesbaden 1964/65, zur weiteren Entwicklung: Hans Schmidt, Staat und Armee im Zeitalter des ‹miles perpetuus›, in: J. Kunisch (Hrsg.), Staatsverfas-

sung und Heeresverfassung in der europäischen Geschichte der frühen Neuzeit, Berlin 1986, S. 213–248.

Seite 227
Zum Restitutionsedikt: M. Heckel, Autonomia und Pacis Compositio. Der Augsburger Religionsfrieden in der Deutung der Gegenreformation, in: Zeitschrift der Savigny-Stiftung für Rechtsgeschichte Kan. Abt. 76 (1959), S. 141–248; H. Urban, Das R. Versuch einer Interpretation, Diss. Berlin 1966; Bireley 1981, und ders., The Thirty Years War as Germany's Religious War, in: K. Repgen (Hrsg.), Krieg und Politik 1618–1648, München 1988, S. 85–106. *Man hat das Restitutionsedikt...:* vgl. Roeck 1989, S. 658, Anm. 11.

Seite 228
Man drängte...: oben, S. 114f. *Die Hexenverbrennungen...:* Roeck 1988.

Seite 229
Aus diesen Denkkategorien: vgl. die Lit.-Hinweise oben zu S. 226. – *... Macht, an sich böse...:* J. Burckhardt, Über das Studium der Geschichte..., hrsg. v. P. Ganz, München 1982, S. 239, 260, 302, 328. – *«Hyr gheet die ohnruhe...»:* StadtA, Chroniken 27a, S. 69. – *... die «gemeine Red»:* nach Blaufuß 1976, S. 34.

Seite 230
Heinrich V. v. Knöringen: Über ihn – mit der wichtigsten Lit.: F. Zoepfl, H. v. K., Bischof von Augsburg (1570–1646), in: L. Schrott (Hrsg.), Bayerische Kirchenfürsten, München 1964, S. 168–179, und O. Bucher, Der Informativprozeß des Augsburger Bischofs H. v. K. (1570–1646), in: Jb. des Vereins f. Augsburger Bistums-Geschichte 2 (1968), S. 63–68. – *Schon 1628...:* Hierzu und zum Folgenden Roeck 1989, S. 659ff. – Zur Mission Theissers ebd., S. 663 f.

Seite 231
Erste Aufgabe war...: Roeck 1989, S. 664ff. (auch zum Folgenden).

Seite 232
‹Ein spott ist es...›: SStBA, 4 Cod. S. 8, fol. 62, Roeck 1989, S. 666. – *... eine gespannte... Ruhe:* ebd., S. 668ff.

Seite 233
An Babels Strömen...: StadtA, Urg. 313, 1630, 1. 3. (Christoph Glatz); die Bibelstelle Ps. 137, 1–3. – *Am Ende des 16. Jahrhunderts...:* Roeck 1989, S. 180–183. – *Der Psalm wurde...:* vgl. P. Burke, Helden, Schurken und Narren. Europäische Volkskultur in der frühen Neuzeit, Stuttgart 1981, S. 50, 238.

Seite 234
Ein zur Zeit der Restitution...: SStBA, 2 Cod. Aug. 123 (= «Singularia Augustana»), Dok. Nr. 14; Roeck 1989, S. 671 f. – *... der Weber Wilhelm Pfandler:* ebd., S. 671 f. (nach StadtA, Urg. 312, 1629, 18. 9.); der Fall Schulers Urg. 313,

1630, 30. 10. – *Da kommt es zu einer merkwürdigen Szene...:* StadtA, Chroniken 32, zu Herbst 1629; Roeck 1989, S. 674.

Seite 235
Gabriel Mehlführer: StadtA, Urg. 313, 1630, 8.7. (Roeck 1989, S. 672).

Seite 236
Der Rat, unter dem Druck...: Roeck 1989, S. 674 ff. (zum Folgenden, mit Belegen). – ... *Das Gutachten:* Stetten II, S. 126 f. – *Nicht einer der evangelischen Ratsherren...:* Roeck 1989, S. 675.

Seite 237
... *daß der Staat nicht da sei, um Seelen zu retten...:* W. Wiebking, Recht, Reich und Kirche in der Lehre des Christian Thomasius, Diss. jur. Tübingen 1973, S. 175.

Sechstes Kapitel

Seite 239
Viele Augsburger...: zum Folgenden Roeck, S. 676 ff. – «... *wie ich dan ein medicus...*»: nach StadtA, Religionsakten 1574–1793, zu 1630, 2. Sept.; über Hoechstetter Herz. – ... *bitterer Höhepunkt:* Stetten II, S. 122 f. – *Vor dem Hintergrund...:* vgl. z. B. Parker, S. 187 ff.

Seite 240
Geheimverhandlungen: Spindler II, S. 393–396; D. Albrecht, Die auswärtige Politik Maximilians von Bayern 1618–1635, Göttingen 1962, S. 211–262; G. Fagniez, Le père Joseph et Richelieu, I, Paris 1894; W. Dorsch, Der Bündnisvertrag zwischen Bayern und Frankreich 1631, Diss. masch. München 1920; Überblick: P. C. Hartmann, Bayern als Faktor der französischen Politik während des Dreißigjährigen Krieges, in: AK Wittelsbach und Bayern II,1, S. 448 ff. – Zum Regensburger Kurfürstentag: Spindler II, S. 395 f. mit der weit. Lit.

Seite 241
... *ausländische Beobachter:* Parker, S. 199. – *Magdeburg:* AK Wittelsbach und Bayern II,2, S. 403 f.

Seite 242
Zitat: Parker, S. 204. – *Flugschriften:* z. B. AK Wittelsbach und Bayern II,2, S. 404 f. – *Breitenfeld:* ebd., S. 405 ff. – *Vertrag von Fontainebleau:* Spindler II, S. 396.

Seite 243
Eine letzte Verteidigungslinie...: zum Folgenden Barudio 1982, S. 564; A. Beierlein, Die Schlacht bei Rain a. Lech 14. und 15. April 1632, in: W. v. Reichenau (Hrsg.), Schlachtfelder zwischen Alpen und Main, München 1938,

Anmerkungen 359

S. 43–50; Roberts 1958, S. 699 ff. (auch zum Folgenden). – *Der Rat hielt zu strenger Zucht an:* Roeck 1989, S. 681 ff. (auch zum Folgenden); grundlegend zu den Schwedenfeldzügen in Bayern und Schwaben: W. Zorn, Wichtige Feldzüge des Dreißigjährigen Krieges in Schwaben..., in: Historischer Atlas von Bayerisch-Schwaben 35, Karte 29; ders., Der Dreißigjährige Krieg im schwäbischen Land. Feldzüge der Schweden und Franzosen, in: Schwäbische Blätter 5 (1954), S. 73–80; G. Rystad, Die Schweden in Bayern während des Dreißigjährigen Krieges, in: AK Wittelsbach und Bayern II,1, S. 424 ff. – *Erst Anfang 1632...:* Roeck 1989, S. 681. – *Der Rat verhängte eine Ausgangssperre...:* ebd., S. 682 ff. (auch zum Folgenden).

Seite 244
Er soll geseufzt haben...: nach StadtA, Chroniken 28, fol. 7. – *... das eindrucksvolle Bild:* SStBA, 2 Cod. S. 64, S. 31, auch Roeck 1989, S. 684. *... wie Johan Huizinga sagt:* J. Huizinga, Homo ludens. Vom Ursprung der Kultur im Spiel (1938), dt. Reinbek b. Hamburg 1987, hier S. 110 f. – *Religionskriege und ihr Ende:* J. Burkhardt, Abschied vom Religionskrieg. Der Siebenjährige Krieg und die päpstliche Diplomatie, Tübingen 1985. – *Völkerrecht:* E. Reibstein, Völkerrecht. Eine Geschichte seiner Ideen in Lehre und Praxis, Bd. 1, Freiburg 1958; W. Janssen, Die Anfänge des modernen Völkerrechts und der neuzeitlichen Diplomatie. Ein Forschungsbericht, Stuttgart 1965.

Seite 247
Die Kriegsführung...: Hans Schmidt, Miles perpetuus; H. Eichberg, Geometrie als barocke Verhaltensnorm. Fortifikation und Exerzitien, in: ZHF 4 (1977), S. 17–50. – *... eine Armee von recht ungewöhnlicher Art:* Roeck 1989, S. 686 (Zitate aus StadtA, Chroniken 27 a, S. 144; Johann Georg Mayr: Staatsbibliothek München, Cgm. 3313, unfoliiert).

Seite 248
... hielt König Gustav Adolf Einzug: zum Folgenden Roeck 1989, S. 687 f. – *Flugschriften-Panegyrik:* ebd., S. 695–708.

Seite 249
... ein ‹guter Orator›: Roeck 1989, S. 686 (mit den Zitaten: SStBA, 2 Cod. S. 68, fol. 16; StadtA, Chroniken 30, fol. 13, 15 f.).

Seite 251
... die eine größere Konzeption ahnen lassen: zu den administrativen Maßnahmen des Königs, Roeck 1989, S. 715–727 (mit Einzelbelegen zum Folgenden).

Seite 253
... ein wichtiger strategischer Punkt: Roeck 1989, S. 714; Zitat nach H. O. Laber, Die Schweden in A. 1632–35, A. 1932, S. 19. – *Die schwedische Okkupation galt...:* so SStBA, 2 Cod. Aug. 318, fol. 50r.

Seite 254

‹... *ach Gott durch deine gnad*›: SStBA, 2 Cod. Aug. 479 a, fol. 67. – ‹... *mich bedunckht*...›: StadtA, Chroniken 27 a, S. 135. – *Die Bürgerkompanien*...: zum Folgenden J. Kraus, Die Fahnen und Uniformen der Reichsstadt A. 1545–1806, Ingolstadt 1987, S. 32–42; *Moehner:* Archiv des Bistums Augsburg, Hs. 53.

Seite 255

Über Caspar Augustin: M. Praz, Studies in Seventeenth Century Imagery, ²Roma 1964, S. 263.

Seite 256

Die eigentlichen militärischen Aufgaben...: Roeck 1989, S. 687.

Seite 257

Nicht einmal die Fuggerei: das Folgende nach EWA 73,1, 10. Dez. 1635. – *Schanzarbeiten:* Roeck 1989, S. 720–722. – *Gewiß, am 16. Mai*...: Rystad, Schweden in Bayern, S. 425 (mit Lit.).

Seite 258

«... *dem feinde seine nervos*»: Spindler II, S. 400. – *Bei Zirndorf:* H. Mahr, Wallensteins Lager bei Zirndorf und die Schlacht an der Alten Veste 1632, in: Gustav Adolf, Wallenstein und der Dreißigjährige Krieg in Franken (AK), München 1972, S. 67 ff. – *Lützen:* Roberts II, S. 763 ff.; J. Seidler, Untersuchungen über die Schlacht bei Lützen 1632, Memmingen 1954; K. Deuticke, Die Schlacht bei Lützen 1632, Diss. Gießen 1917, AK Wittelsbach und Bayern II,2, S. 431–436. – *Ein ungewöhnliches Dokument*...: ebd., S. 434 (Kat. Nr. 697) mit Lit.-Hinweisen.

Seite 259

... *geradezu zum Heiligen:* Roeck 1989, S. 730; Zitat: Archiv des Bistums Augsburg, Hs. 53, fol. 94. – ... *ein Augsburger Handwerker:* ebd.; vgl. Urg. 318, zum 1. Apr. 1633 (Martin Kurz). – *Ein Spottgedicht*...: SStBA, 2 Cod. S. 65, S. 289–294 (Roeck 1989, S. 708); zum Folgenden ausführlich ebd., S. 708–711 («schwedische» Vornamen).

Seite 260

... *daß sich die Kirchen... wieder füllten:* Roeck 1989, S. 723–725.

Seite 261

Die Lasten...: Roeck 1989, S. 731 f.

Seite 262

... *eine einfachere Methode:* zu München Rystad, S. 425. – ... *die Notiz Jakob Wagners:* StadtA, Chroniken 27 a, S. 166. – ... ‹*erbermliches spectackel*›: ebd. – *Nur unter Lebensgefahr*...: Roeck 1987, S. 62 f. – *Getreideversorgung:* Roeck 1989, S. 738, zum Folgenden S. 736. – ... *schreibt Jakob Wagner:* StadtA, Chroniken 27 a, S. 156.

Anmerkungen

Seite 263
Eroberung Friedbergs: StadtA, Chroniken 28, fol. 11. – ... *die später angefertigten Berichte...:* Bayerisches Hauptstaatsarchiv München, Kurbayern, Äußeres Archiv, fol. 75–77. Zu den Auswirkungen des Krieges auf Bayern: Schlögl, mit der älteren Lit., hier vor allem S. 70 ff. – *Die Bauern... versteckten sich:* ebd., S. 62 f.; zum Folgenden: S. Riezler, Der Aufstand der bayerischen Bauern im Winter 1633 auf 1634, in: Sitzungsberichte... München 1900, S. 34–95; G. Grüll, Bauer, Herr und Landesfürst. Sozialrevolutionäre Bestrebungen oberösterreichischer Bauern von 1650–1848, Köln/Graz 1963, S. 604 f.; P. Bierbrauer, Bäuerliche Revolten im Alten Reich. Ein Forschungsbericht, in: P. Blickle (Hrsg.), Aufruhr und Empörung? Studien zum bäuerlichen Widerstand im Alten Reich, München 1980, S. 1–67; Langer 1982, S. 122 f. – R. Blickle, Rebellion oder natürliche Defension. Der Aufstand der Bauern in Bayern 1633/34 im Horizont von gemeinem Recht und Naturrecht, in: R. van Dülmen (Hrsg.), Verbrechen, Strafen und soziale Kontrolle..., Frankfurt a. M. 1990, S. 56–84. – ... *im Dezember 1633:* Schlögl, S. 107 f.

Seite 264
Die Heere...: Redlich; Langer, S. 61 ff.

Seite 265
Musterung eines spanisch-italienischen Regiments: Schlögl, S. 107. – ... *ein katholischer Augsburger Chronist...:* Bayerische Staatsbibliothek München, Cgm. 3313. – *Den Typus des ‹soldatischen Renommisten›:* Langer, S. 64; Roeck 1989, S. 746.

Seite 267
Als Simplicius Simplicissimus: Grimmelshausen, S. 251. – *Wandel der Ziele:* S. Lundkvist, Die schwedischen Kriegs- und Friedensziele 1632–48, in K. Repgen (Hrsg.), Krieg und Politik..., München 1988, S. 219–240 (m. d. älteren Lit.).

Seite 268
Bestrafungsmethoden: StadtA, Chroniken 22, 12. Mai 1634; vgl. auch H. Sturmberger, Der oberösterreichische Bauernkrieg von 1626 im Rahmen der Landesgeschichte, in: AK Der oberösterreichische Bauernkrieg von 1626, Linz 1976, S. 1–14, hier S. 9. – *Die Chronik... Hainzelmann:* StadtA, Chroniken 32, zum 24. November 1632, 26. April, 18. Juni, 13. Juli, 26. August und 27. Oktober 1633 und zum 12. Mai 1634. – ... *wie Johann Georg Mayr schreibt:* München, Bayerische Staatsbibliothek, Cgm. 3313, zum 1. Okt. 1633. – ... *mit der blanken Waffe:* so Stetten II, S. 258.

Seite 269
... *ein «Verruf»:* StadtA, Ratserlasse 1600–1668, zu 1632, Okt. 26 (Roeck 1989, S. 739). – ... *einige Gerüchte:* ebd., S. 734. – ... *schreibt der katholische Chronist...:* Archiv des Bistums Augsburg, Hs. 53, fol. 248. – ... *gemeinsame Initiativen:* zusammenfassend Rystad 1980, S. 426 f.

Seite 270
Schlacht bei Nördlingen: Rystad 1980, S. 427–433; Spindler II, S. 401–403; viel Material in: Frieden ernährt – Krieg und Unfrieden zerstört (= 27. Jb. des Historischen Vereins für Nördlingen und das Ries), Nördlingen 1985. – ... den Kanonendonner: Roeck 1979, S. 15. – Augsburg im September 1634: Roeck 1989, S. 742–745.

Seite 271
Wie dieser massenhafte Tod...: StadtA, Reichsstadt-Akten, Die Gottesaecker betr. 1579–1772, zu 1634, 5. Sept. – Kurfürst Maximilian von Bayern...: das Folgende nach Roeck 1989, S. 748–751, 763 ff.

Seite 272
Anonyme Pasquille: Roeck 1989, S. 15 f.; Zitat: StadtA, Chroniken 27 a, S. 195; vgl. auch Archiv des Bistums A., Hs. 53, fol. 300. – Zur weiteren Entwicklung, Roeck 1989, S. 745 ff.

Seite 273
Besondere Motive...: Zitate nach StadtA, Chroniken 28, fol. 17. – Im Laufe des Winters...: Roeck 1989, S. 763–767. – Donationen: ebd., S. 692 f. – ‹... überal frome und böse›: SStBA, 2 Cod. S. 68, fol. 67v. – Philipp Hainhofer: Über ihn Lit. in Stadtlexikon, S. 148 f.

Seite 274
... Hainhofers Physiognomie: Abb. der Kilian-Zeichnung zuletzt in AK Elias Holl, S. 309. – ... wurde der Große Rat zusammengerufen: Roeck 1989, S. 748–750. – ... in einer Predigt am 11. Februar: Archiv des Bistums Augsburg, Hs. 53, fol. 340. – ... ein Flugblatt: W. Harms/J. R. Paas/A. Wang (Hrsg.), Illustrierte Flugblätter des Barock. Eine Auswahl, Tübingen 1983, S. 132 (hier auch der Hinweis auf das Kirchenlied).

Seite 275
... kursierten Pasquille: vgl. SStBA, 2 Cod. S. 65, S. 293. – ... ein schauerliches Szenarium: zum Folgenden Roeck 1989, S. 15 ff.

Seite 276
‹Ist auch gar nit ohn...›: StadtA, Chroniken 27 a, S. 198. – ‹... wie eingeschnurpfet...›: Archiv des Bistums Augsburg, Hs. 53 (Reginbald Moehner), fol. 356 f.

Seite 277
Augsburg – «Angstburg»: Bayerische Staatsbibliothek München, Cgm. 3313. – Ein Soldat raubt...: Chronik Moehner, fol. 341. ‹... leiber der lebendigen...›: Bayerische Staatsbibliothek München, Cgm. 3313, zu 1635, Jan. 18. – Wie diesem Gespenst...: entsprechend Camporesi.

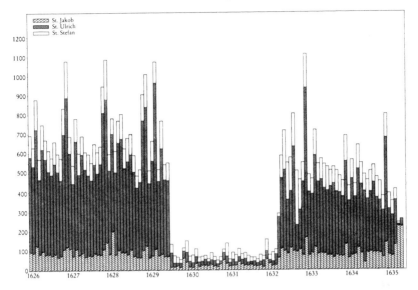

Das Restitutionsedikt im Spiegel der Statistik: Höhe der Kirchenspenden in den Augsburger Stadtdritteln St. Jakob, St. Ulrich und St. Stephan zwischen 1626 und 1635

Seite 278
... wurde ... nochmals gespendet ...: Roeck 1989, S. 748. – *Leonberger Akkord, Verhandlungen darüber:* das Wichtigste in Stetten II. – *Der «Leonberger Rezeß»:* nach Stetten II, S. 349–368.

Seite 279
... auf Drängen Dr. Forstenheusers: StadtA, Chroniken 30, S. 34.

Siebentes Kapitel

Seite 280
Zum Prager Frieden: Barudio 1985, S. 466–469 (m. weit. Lit.); R. Bireley, The Peace of Prague (1635) and the Counterreformation in Germany, in: The Journal of Modern History 48,1 (1976); H. Haan, Kaiser Ferdinand II. und das Problem des Reichsabsolutismus, in: HZ. 207 (1968), S. 297–345; K. Bierther, Zur Edition von Quellen zum Prager Frieden, in: K. Repgen (Hrsg.), Forschungen und Quellen zur Geschichte des Dreißigjährigen Krieges (1981), S. 1 ff.; Dickmann, S. 70 ff.; A. Wandruszka, Reichspatriotismus und Reichspolitik zur Zeit des Prager Friedens von 1635, Graz/Köln 1955.

Seite 281
... so deutete Lamormaini...: Parker, S. 224 f. – *... entscheidender Wendepunkt:* ebd., S. 225. – *Noch im April...:* das Folgende nach Roeck 1989, S. 770 f. – *Lamormaini meinte...:* SStBA, 2 Cod. Aug. 102, S. 138.

Seite 282
... eine Zeit der Unterdrückung...: Roeck 1989, S. 774 f.

Seite 284
Ottheinrich Fugger: Stetten II, passim; Blendinger/Zorn, S. 85, auch Abb. 248; NDB 5, S. 722; ADB 8, S. 184 f. – *... unter den Lasten des Krieges zu leiden:* Roeck 1989, S. 592; zum Folgenden, ebd., S. 577 ff. – *... Verwaltungsgeschichte der Stadt...:* Bátori.

Seite 286
Eine Volkszählung...: Roeck 1989, S. 775–779; die Quelle: StadtA, EWA 448/II (danach die Tabelle).

Seite 287
... spezifisch protestantische Rationalität: vgl. vor allem A. Perrenoud, Malthusianisme et protestantisme: ‹un modèle démographique weberien›, in: Annales E.S.C. 29 (1974), S. 975–988; Imhof 1984, S. 108–111. – *... Genf:* A. Perrenoud, La population de Genève..., Genève/Paris 1979. – *Vergleicht man die Steuerbücher...:* zum Folgenden Roeck 1989, S. 782–789.

Seite 288
... so berichtet ein Chronist 1639: StadtA, Chroniken 27 a, S. 276. – *Besitzumschichtungen:* Roeck 1989, S. 790. – *Zu innerstädtischen Wanderungen:* ebd., S. 785–789.

Seite 290
... geschlossene protestantische und katholische Wohngegenden: Roeck 1989, S. 892–896; der Fall Wegelins, ebd., S. 896. – *Der Krieg hat zwar Flüchtlinge...:* ebd., S. 794 ff. (zum Folgenden, mit Einzelbelegen. Hauptquellen sind die Bürgerbücher, die Beisitz-Consens-Gesuche, die Urgichten und die Musterungsbücher des Augsburger Stadtarchivs).

Seite 292
Flachs: E. Nübling, Ulms Baumwollweberei im Mittelalter..., Leipzig 1890; Clasen 1981, passim.

Seite 293
... mindestens wohl bis ins 14. Jahrhundert: vgl. R. Kießling, Augsburgs Wirtschaft im 14. und 15. Jahrhundert, in Gottlieb 1984, S. 241–251, hier S. 243, 248. – *... Kontakt zur ländlichen Umwelt Augsburgs:* Roeck 1989, S. 836–844 (hier auch zum generativen Verhalten). – *... Rhythmus von Geschlechtsleben...:* A. E. Imhof, Die gewonnenen Jahre. Von der Zunahme unserer Lebensspanne oder

Anmerkungen

Durchschnittliche Steuerleistungen in den Augsburger Steuerbezirken 1646

Verteilung der Katholiken über die Steuerbezirke der Reichsstadt Augsburg

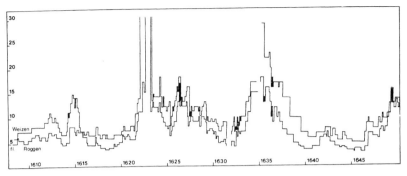

Entwicklung des Brotpreises (Weizen, Roggen) in Augsburg in der ersten Hälfte des 17. Jahrhunderts

von der Notwendigkeit einer neuen Einstellung zu Leben und Sterben, München 1981, S. 54.

Seite 294
Abgrenzungsdynamik: E. François, Das System der Parität, in: Gottlieb 1984, S. 514–519; hier S. 517; vgl. auch ders., Die Parität im reichsstädtischen Alltag (= Förderverein Augsburger Parität), A. 1984. – *Mentalitätsgeschichte:* vgl. zum Begriff R. Reichard, ‹Histoire des Mentalités›. Eine neue Dimension der Sozialgeschichte am Beispiel des französischen Ancien Régime, in: Internationales Archiv für Sozialgeschichte der deutschen Literatur 3 (1978), S. 130–166; V. Sellin, Mentalität und Mentalitätsgeschichte, in: HZ. 241 (1985), S. 555–598; F. Graus, Mentalität – Versuch einer Begriffsbestimmung, in: ders., Mentalitäten im Mittelalter. Methodische und inhaltliche Probleme, Sigmaringen 1987, S. 9–48. – *Wahl der Vornamen:* Roeck 1989, S. 858 ff.

Seite 296
... kommt es zu verschärfter Polemik: Roeck 1989, S. 847 f.; *der Fall Raiffingers:* StadtA, Urg. 322, zu 1636, Aug. 21; *Schandzettel:* StadtA, Chroniken 32, zum 6. Dez. 1643. – *Der Wandel der Verhältnisse...:* Roeck 1989, S. 849–853, mit Einzelbelegen zum Folgenden; der Fall Borsts ebd., S. 850.

Seite 297
Ein katholischer Konvertit: vgl. Warmbrunn, S. 270 f. – *Mischehen waren noch Montaigne...:* vgl. S. 95: «Heiraten zwischen Katholiken und Protestanten finden (in Augsburg) täglich statt, und der Teil, der am meisten Verlangen hat, nimmt den Glauben des anderen an; solche Ehen bestehen zu Tausenden...» – *Der Krieg war... fortgezogen:* Parker, S. 226 ff., 246 ff. – *... die Kurve der Brotanschläge:* Roeck 1987, S. 145. – *Jakob Wagner kommentiert...:* StadtA, Chroniken 27 a, S. 317 (zum 31. März 1643).

Seite 298

... Denkschrift von 1640: StadtA, EWA 77/I, 22.2. – *Gerade bayerische Truppen...:* vgl. Zorn 1954, S. 73–85; *Schlacht bei Alerheim:* S. v. Riezler, Die Schlacht bei Alerheim (3. Aug. 1645), in: Sitzungsberichte der philosophisch-philologischen und der historischen Classe der königlich bayerischen Akademie der Wissenschaften IV (1901), S. 477–548; über Jan van Werth H. Lahrkamp, J. v. W., Köln 1962. – *Kurz nach dem Alerheimer Treffen:* Roeck 1989, S. 878 f.; *die «Beschreibung»:* StadtA, Schätze 37/I.

Seite 299

Im süddeutschen Raum: Übersicht bei Roeck 1989, S. 880 f. – ... *eine These des amerikanischen Historikers...:* S. H. Steinberg, The Thirty Years War. A New Interpretation, in: History 32 (1947), S. 89–102. – *Der Bevölkerungsrückgang...:* zum Folgenden Roeck 1989, S. 881 ff.

Seite 301

Daß das allhieige beckhenhandtwerckh...: hierzu Roeck 1987, S. 77. – ... *Nivellierung der Steuervermögen...:* vgl. das statistische Material bei Roeck 1989, S. 905 ff.

Seite 302

... die soziale Struktur Augsburgs...: Roeck 1989, S. 948 f. – Berechnung der Getreidevorräte nach StadtA, Schätze 37/I.

Seite 303

Steuerleistungen im Vergleich: Roeck 1989, S. 905, Tab. 120. – Das Folgende, ebd., S. 908 f.; zur Sozialtopographie, S. 910 ff.

Seite 305

Belegung der Häuser mit Haushalten: Roeck 1989, S. 887 f.

Seite 308

Trotz der Niederlage...: vgl. die Literaturhinweise oben zu S. 298 (vor allem Zorn 1954); ... *daß der sparsame Rat:* Stetten II, S. 654. – *Der Rat verhandelte...:* ebd., S. 638–640, 643–646. – *Johann David Herwart:* NDB 8, S. 720–722; P. v. Stetten, Geschichte der adelichen Geschlechter in der freyen Reichs-Stat Augsburg..., A. 1762, S. 101–107; AK Welt im Umbruch I, S. 412 f. – Das Folgende weitgehend nach Vogel und Stetten II, daneben auch Dickmann. – *Zuerst wurde erreicht...:* Stetten II, S. 664. – ... *zur ‹restabilirung gutes vertrawens...›:* nach StadtA, EWA 73/I, vgl. insbesondere fol. 21–29. – ... *daß seit 1644...:* grundlegend Dickmann.

Seite 309

... war die Lage nicht so: StadtA, Schätze 37/I, Roeck 1989, S. 957. – *Gerade noch...:* Stetten II, S. 679. – ... *am 26. September...:* ebd., S. 683 f. – *Wer sich zur Verteidigung...:* ebd., S. 688. – ... *machten die Belagerer ernst:* ebd., S. 698; zum Folgenden mit Belegen Roeck 1989, S. 957–960. – *Die Lutherischen, so hieß es...:* SStBA, 2 Cod. Aug. 99, fol. 231. – ... *Plünderungen:* Roeck 1989, S. 959.

Anmerkungen

Seite 310
... zumindest erwogen, die Stadt zu übergeben: Stetten II, S. 690. – *Der Feind schien entschlossen:* ebd., S. 694. – *Am 11. Oktober:* ebd.

Seite 311
... weitere Versuche: Stetten II, S. 695 f. – *Katholische Chronisten...:* SStBA, 2 Cod. S. 66, S. 124, 126; Bayerische Staatsbibliothek München, Cgm. 3313. – Zum Folgenden mit Belegen Vogel; Stetten II; Roeck 1989, S. 960 ff.

Seite 312
Valentin Heider: G. Pfeiffer, Das Ringen um die Parität in der Reichsstadt Biberach, in: Blätter für württembergische Kirchengeschichte 56 (1956), S. 3–75, hier S. 68; Dickmann, S. 200, 389, 463; *Zacharias Stenglin:* Charakterisierung Vogel S. 8; über *Leuxelring:* ebd., passim.

Seite 313
Immerhin meinte der schwedische Gesandte...: Vogel, S. 32. – *... meinte... Graf Trauttmannsdorff:* ebd., S. 30. – *Die alliierten Armeen...:* Parker, S. 366 ff. (zur militärischen Entwicklung 1647–1650). – *Abschluß eines Waffenstillstandes...:* Spindler II, S. 407; J. Bender, Der Ulmer Waffenstillstand 1647 (Programm Neuß) 1903; Dickmann, S. 396 ff. – *Wohl ein Effekt...:* vgl. – neben Vogel – J. G. v. Meiern, Acta Pacis Westphalicae..., 6 Bde., Hannover 1734–1740, hier S. 158. – *... näherte sich der Bayernfürst...:* Spindler II, S. 407 f. – *Die ultima der Schweden...:* Vogel, S. 57 f.

Seite 314
Zwar habe es gute Ernten...: StadtA, Chroniken 27 a, S. 374. – *Angesichts der verzweifelten Situation:* nach SStBA, 2 Cod. Aug. 52, S. 198. – *Aufzeichnungen der Müller:* hierzu Roeck 1987, S. 77–79. – *Im Mai 1648...:* Stetten II, S. 858–861; auch Roeck 1989, S. 972–974 (zum Folgenden).

Seite 315
Fern im Westfälischen...: Vogel, S. 62–65. – *Das katholische Regiment...:* vgl. StadtA, EWA 85/II, 1648, 16. April. – *... niemand mehr zuständig...:* Roeck 1989, S. 972. – *Firmund von Nörß:* Stetten II, S. 759, 863. – *... rückte eilig bayerisches Militär ein:* ebd., S. 870.

Seite 316
‹*... Dahero die freüd:* StadtA, Chroniken 32, zu 1648, Nov. 1. – *... der Frieden aller Frieden:* zusammenfassend zuletzt H. Duchardt, Altes Reich und europäische Staatenwelt 1648–1806, München 1990, S. 12.

Seite 317
Zur weiteren Entwicklung in Augsburg: François (1991). – *... die Kirche von Hl. Kreuz wurde wiedererrichtet...:* vgl. H. Jesse, Die Geschichte der evangelischen Kirche in A., Pfaffenhofen/Ilm 1983, S. 243–245. – *Die wohl bissigsten Äußerungen...:* W. L. Wekhrlin, Anselmus Rabiosus Reise durch Oberdeutschland, Nördlingen 1778, hier Ausgabe München 1988, S. 47.

Verzeichnis der häufiger zitierten Literatur

Das Verzeichnis enthält nur die in den Anmerkungen mehrfach zitierten Werke. Weitere Literatur zu Einzelfragen wird in den Anmerkungen genannt. Eine umfassende Bibliographie und eine Auflistung der wichtigsten Quellenbestände zur Geschichte des Dreißigjährigen Krieges aus Augsburger Sicht enthält *Roeck* 1989. Auf zusätzlich zu den dort genannten Quellen verwendete Archivalien wird in den Anmerkungen hingewiesen.

Abel, Wilhelm, Massenarmut und Hungerkrisen im vorindustriellen Deutschland, ²Göttingen 1977.
Ders., Massenarmut und Hungerkrisen im vorindustriellen Europa. Versuch einer Synopsis, Hamburg/Berlin 1974.
Aberglauben s. *Handwörterbuch des deutschen Aberglaubens*
Altmann, Hans Christian, Die Kipper- und Wipper-Inflation in Bayern (1620–1623). Ein Beitrag zur Strukturanalyse des frühabsolutistischen Staates, München 1976.
Ariès, Philippe, Geschichte der Kindheit, ⁵München 1982 (L'enfant et la vie familiale sous l'ancien régime, Paris 1960).
Ders., Geschichte des Todes, München 1980 (L'homme devant la mort, Paris 1977).
Ders., Studien zur Geschichte des Todes im Abendland, München 1976 (Essais sur l'histoire de la mort en Occident. Du Moyen Age à nos jours, Paris 1975).
(Ausstellungskatalog) Um Glauben und Reich. Katalog der Ausstellung in der Münchener Residenz (= Wittelsbach und Bayern, Bd. 2), hrsg. von *H. Glaser,* München 1980.
(Ausstellungskatalog) Elias Holl und das Augsburger Rathaus, hrsg. von *W. Baer/ H.-W. Kruft/B. Roeck,* Regensburg 1985.
(Ausstellungskatalog) Welt im Umbruch. Augsburg zwischen Renaissance und Barock, 3 Bde., Augsburg 1980.
Baer, Wolfram/Bellot, J. u. a. (Hrsg.), Augsburger Stadtlexikon. Geschichte, Gesellschaft, Kultur, Recht, Wirtschaft, Augsburg 1985.
Barudio, Günter, Gustav Adolf der Große, Frankfurt 1982.
Ders., Der Teutsche Krieg 1618–1648, Frankfurt 1985.
Bàtori, Ingrid, Die Reichsstadt Augsburg im 18. Jahrhundert. Verfassung, Finanzen und Reformversuche, Göttingen 1969.
Behringer, Wolfgang, Hexenverfolgung in Bayern. Volksmagie, Glaubenseifer und Staatsräson in der Frühen Neuzeit, München 1987.
Bireley, Robert, Religion and Politics in the Age of the Counterreformation.

Emperor Ferdinand II, William Lamormaini S. J. and the Formation of Imperial Policy, Chapel Hill 1981.
Birlinger, Anton, Die Schweden in Augsburg, in: Zeitschrift für deutsche Kulturgeschichte NF 2 (1873), S. 631–646, 708–729.
Blaufuß, Dietrich, Das Verhältnis der Konfessionen in Augsburg 1555 bis 1648. Versuch eines Überblicks, in: Jahrbuch des Vereins für Augsburger Bistumsgeschichte 10 (1976), S. 27–56.
Blendinger, Friedrich/Zorn, Wolfgang (Hrsg.), Augsburg. Geschichte in Bilddokumenten, München 1976.
Blumenberg, Hans, Die Lesbarkeit der Welt, Frankfurt 1981.
Böttcher, Diethelm, Propaganda und öffentliche Meinung im protestantischen Deutschland 1628–1636, in: ARG 44 (1953), S. 181–203, 45 (1954), S. 83–99; auch in: *H. U. Rudolf* (Hrsg.), Der Dreißigjährige Krieg. Perspektiven und Strukturen, Darmstadt 1977, S. 325–377.
Braudel, Fernand, Sozialgeschichte des 15.–18. Jahrhunderts. Der Alltag, München 1985 (Civilisation matérielle, économie et capitalisme, XVe–XVIIIe siècle, Paris 1979).
Brunner, Otto, Das ‹ganze Haus› und die alteuropäische ‹Ökonomik›, in: Zeitschrift für Nationalökonomie 13 (1950), auch in: Ders., Neue Wege der Verfassungs- und Sozialgeschichte, ²Göttingen 1968, S. 103–127.
Ders./Conze, Werner/Koselleck, Reinhart (Hrsg.), Geschichtliche Grundbegriffe. Historisches Lexikon zur politisch-sozialen Sprache in Deutschland, Bd. 1–5, Stuttgart 1972–1984.
Buchstab, Günther, Reichsstädte, Städtekurie und Westfälischer Friedenskongreß. Zusammenhänge von Sozialstruktur, Rechtsstatus und Wirtschaftskraft, Münster 1976.
Bücking, Jürgen, Kultur und Gesellschaft in Tirol um 1600. Des Hippolytus Guarinonius, ‹Grewel der Verwüstung menschlichen Geschlechts› (1610) als kulturgeschichtliche Quelle des frühen 17. Jahrhunderts, Lübeck/Hamburg 1968.
Camporesi, Piero, Il pane selvaggio, Bologna 1980 (dt. Das Brot der Träume. Hunger und Halluzinationen im vorindustriellen Europa, Frankfurt a. M./New York 1990).
Cipolla, Carlo M./Borchardt, Knut (Hrsg.), Europäische Wirtschaftsgeschichte, Bd. 2: Sechzehntes und siebzehntes Jahrhundert, Stuttgart/New York 1983 (The Fontana Economic History of Europe, London 1983).
Clasen, Claus Peter, Armenfürsorge in Augsburg vor dem Dreißigjährigen Kriege, in: ZHVS 78 (1984), S. 65–115.
Ders., Die Augsburger Steuerbücher um 1600, Augsburg 1976.
Ders., Die Augsburger Weber. Leistungen und Krisen des Textilgewerbes um 1600, Augsburg 1981.
Costa, G., Die Rechtseinrichtung der Zensur in der Reichsstadt Augsburg, in: ZHVS 42 (1916), S. 3–129.

Delumeau, Jean, Angst im Abendland. Die Geschichte kollektiver Ängste im Europa des 14. bis 18. Jahrhunderts, 2 Bde., Reinbek bei Hamburg 1985 (La peur en Occident [XIVe–XVIIIe siècles]. Une cité assiégée, Paris 1978).

Dickmann, Fritz, Der westfälische Frieden, hrsg. von K. Repgen, ^{5}Münster 1985.

Dirlmeier, Ulf, Untersuchungen zu Einkommensverhältnissen und Lebenshaltungskosten in oberdeutschen Städten des Spätmittelalters. Mitte 14. bis Anfang 16. Jahrhundert, Heidelberg 1978.

Diwald, Helmut, Wallenstein, München/Eßlingen 1969.

van Dülmen, Richard, Der infame Mensch. Unehrliche Arbeit und soziale Ausgrenzung in der Frühen Neuzeit, in: Arbeit, Frömmigkeit und Eigensinn. Studien zur historischen Kulturforschung Bd. II, Frankfurt a. M. 1991, S. 106–140.

Egelhaaf, Gottlob, Gustav Adolf in Deutschland, 1630–1632, Halle 1901.

Elias, Norbert, Die höfische Gesellschaft, ^{4}Darmstadt/Neuwied 1979.

Ders., Über den Prozeß der Zivilisation. Soziogenetische und psychogenetische Untersuchungen, 2 Bde., ^{8}Frankfurt 1981.

Engelsing, Rolf, Die Perioden der Lesergeschichte in der Neuzeit. Das statistische Ausmaß und die soziokulturelle Bedeutung der Lektüre, in: Archiv für die Geschichte des Buchwesens 10 (1970), Sp. 945–1002.

Fischer, Wolfram, Armut in der Geschichte. Erscheinungsformen und Lösungsversuche der ‹sozialen Frage› in Europa seit dem Mittelalter, Göttingen 1982.

Franz, Günther, Der Dreißigjährige Krieg und das deutsche Volk. Untersuchungen zur Bevölkerungs- und Agrargeschichte, ^{4}Stuttgart/New York 1979.

Friedel, Helmut, Bronzebildmonumente in Augsburg 1589–1606. Bild und Urbanität, Augsburg 1974.

Friedrichs, Christopher R., German Town Revolts and the Seventeenth-Century Crisis, in: Renaissance and Modern Studies XXVI (1982), S. 27–51.

Ders., Urban Society in an Age of War: Nördlingen, 1580–1720, Princeton 1979.

Fügedi, Erik, Steuerlisten, Vermögen und soziale Gruppen in mittelalterlichen Städten, in: *I. Bátori* (Hrsg.), Städtische Gesellschaft und Reformation. Kleine Schriften 2, Stuttgart 1980, S. 58–96.

Gebele, Eduard, Augsburg im Urteil der Vergangenheit, in: ZHVS 48 (1928), S. 1–165.

Gottlieb, Gunther (Hrsg.), Geschichte der Stadt Augsburg von der Römerzeit bis zur Gegenwart, Stuttgart 1984.

Grimmelshausen, Hans Jacob Christoph von, Der abenteuerliche Simplicissimus Teutsch (1668/69), Stuttgart 1986.

Habermas, Rebekka, Wunder, Wunderliches, Wunderbares. Zur Profanisierung eines Deutungsmusters in der frühen Neuzeit, in: *Richard van Dülmen* (Hrsg.), Armut, Liebe, Ehre. Studien zur historischen Kulturforschung, Frankfurt a. M. 1988, S. 38–66.

Handwörterbuch des deutschen Aberglaubens, hrsg. von H. Bächtold-Stäubli unter Mitwirkung von E. Hoffmann-Kreyer, Bde. 1–10, Berlin 1928–1940, Neudruck Berlin/New York 1987.

Herz, Josef s. Hoechstetter (Gedruckte Quellen).

Heyne, Moritz, Fünf Bücher deutscher Hausaltertümer, Bd. 1: Das deutsche Wohnungswesen von den ältesten geschichtlichen Zeiten bis zum 16. Jahrhundert, Leipzig 1899.

(*Hoechstetter, Philipp*) *Herz, Josef*, Das Tagebuch des Augsburger Arztes und Stadtphysikus Dr. Philipp Hoechstetter 1576–1635, in: ZHVS 70 (1976), S. 180–224.

Imhof, Arthur E., Die gewonnenen Jahre. Von der Zunahme unserer Lebensspanne oder von der Notwendigkeit einer neuen Einstellung zu Leben und Sterben, München 1981.

Ders., Die verlorenen Welten. Alltagsbewältigung durch unsere Vorfahren – und weshalb wir uns heute so schwer damit tun..., München 1984.

Jütte, Robert, Disziplinierungsmechanismen in der städtischen Armenfürsorge der Frühneuzeit, in: *Sachße, C./Tennstedt, F.* (Hrsg.), Soziale Sicherheit und soziale Disziplinierung. Beiträge zu einer historischen Theorie der Sozialpolitik, Frankfurt 1986, S. 101–118.

Ders., Obrigkeitliche Armenfürsorge in deutschen Reichsstädten der frühen Neuzeit. Städtisches Armenwesen in Frankfurt a. Main und Köln, Köln/Wien 1984.

Junkelmann, Marcus, Feldherr Maximilians: Johann Tserclaes Graf von Tilly, in: AK *Um Glauben und Reich I*, München 1980, S. 377–399.

Kamen, Henry, The Iron Century. Social Change in Europa 1550–1660, ²London 1976.

Kellenbenz, Hermann, Augsburger Sammlungen, in: *AK Welt im Umbruch I*, S. 76–88.

Ders., Wirtschaftsleben der Blütezeit (Augsburgs), in: *G. Gottlieb u. a.* (Hrsg.), Geschichte der Stadt Augsburg von der Römerzeit bis zur Gegenwart, Stuttgart 1984. S. 258–301.

Köberlin, Karl, Geschichte des Humanistischen Gymnasiums bei St. Anna in Augsburg von 1531–1931. Zur 400Jahrfeier der Anstalt, Augsburg 1931.

Kohler, Alfred/Lutz, Heinrich (Hrsg.), Alltag im 16. Jahrhundert. Studien zu Lebensformen in mitteleuropäischen Städten, Wien 1987.

Kraus, Jürgen, Das Militärwesen der Reichsstadt Augsburg 1548–1806. Vergleichende Untersuchungen über städtische Militäreinrichtungen in Deutschland vom 16.–18. Jahrhundert, Augsburg 1980.

Laber, Hans Oskar, Die Schweden in Augsburg 1632–1635, Augsburg 1932.

Langer, Herbert, Hortus Bellicus. Der Dreißigjährige Krieg, ³Gütersloh 1982.

Larsson, Lars Olof, Die großen Brunnen und die Stadterneuerung (Augsburgs) um 1600, in: *AK Elias Holl und das Augsburger Rathaus*, Regensburg 1985, S. 135–147.

Lehmann, Hartmut, Frömmigkeitsgeschichtliche Auswirkungen der ‹kleinen Eiszeit›, in: W. Schieder (Hrsg.), Volksreligiosität in der modernen Sozialgeschichte, Göttingen 1986, S. 31–50.

Lenk, Leonhard, Augsburger Bürgertum im Späthumanismus und Frühbarock, Augsburg 1968.

Lieb, Norbert, Die Fugger und die Kunst im Zeitalter der hohen Renaissance, München 1958.

Lutz, Georg, Marcus Fugger (1529–1597) und die Annales Ecclesiastici des Baronius. Eine Verdeutschung aus dem Augsburg der Gegenreformation, in: Baronio storico e la controriforma, Sora 1982, S. 421–545.

Lutz, Heinrich, Reformation und Gegenreformation, ²München/Wien 1982.

Mandrou, Robert, Les Fugger, propriétaires fonciers en Souabe, 1560–1618. Étude de comportements socio-économiques à la fin du 16e siècle, Paris 1969.

Mann, Golo, Wallenstein, Frankfurt a. M. 1971.

Mörke, Olaf, Die Fugger im 16. Jahrhundert. Städtische Elite oder Sonderstruktur? Ein Diskussionsbeitrag, in: ARG 74 (1983), S. 141–162.

Mols, Roger, Introduction à la démographie historique des villes d'Europe du XIVe au XVIIIe siècle, T. 1–3, Louvain 1954–56.

Muchembled, Robert, Culture populaire et culture des élites dans la France moderne. XVe–XVIIIe siècles, Paris 1978.

Ohler, Norbert, Reisen im Mittelalter, München/Zürich 1986.

Parker, Geoffrey, Der Dreißigjährige Krieg, Frankfurt/New York 1987 (The Thirty Years' War, London/Boston/Melbourne/Henley 1984).

Pfaud, Robert, Das Bürgerhaus in Augsburg, Tübingen 1976.

Polišenský, Josef V., The Thirty Years' War, London 1971 (Třicetiletá Válka a evropske krise 17. století, 1970).

Rabb, Theodore K., The Effects of the Thirty Years' War on the German Economy, in: The Journal of Modern History 34 (1962), S. 40–51.

Radlkofer, Max, Die volkstümliche und besonders dichterische Literatur zum Augsburger Kalenderstreit, in: Beiträge zur bayerischen Kirchengeschichte 7 (1901), S. 1–32, 49–71.

Rajkay, Barbara, Die Bevölkerung (Augsburgs) von 1500–1648, in: G. Gottlieb u. a. (Hrsg.), Geschichte der Stadt Augsburg von der Römerzeit bis zur Gegenwart, S. 252–258.

Repgen, Konrad, Artikel ‹Dreißigjähriger Krieg›, in: Theologische Realenzyklopädie 9 (1982), S. 169–188.

Ders. (Hrsg.), Krieg und Politik 1618–1648, München 1988, S. 1–84.

Rinn, Hermann (Hrsg.), Augusta 955–1955. Forschungen und Studien zur Kultur- und Wirtschaftsgeschichte Augsburgs, Augsburg 1955.

Roberts, Michael, Gustavus Adolphus. A History of Sweden 1611–1632, London/New York/Toronto 1958.

Roeck, Bernd, Bäcker, Brot und Getreide in Augsburg. Studien zur Geschichte des Bäckerhandwerks und zur Versorgungspolitik der Reichsstadt im Zeitalter des Dreißigjährigen Krieges, Sigmaringen 1987.

Ders., Christlicher Idealstaat und Hexenwahn. Zum Ende der europäischen Verfolgungen, in: HJb 108 (1988), S. 379–405.
Ders., Elias Holl. Architekt einer europäischen Stadt, Regensburg 1984 (= Roeck 1984/2).
Ders., Geschichte, Finsternis und Unkultur. Zu Leben und Werk des Marcus Welser (1558–1614), in: Archiv für Kulturgeschichte 72 (1990), S. 115–141.
Ders., Katzen auf dem Dach, Seife in der Truhe. Zu wahrnehmungsgeschichtlichen Aspekten des Hexenwahns, in: Historisches Jahrbuch (voraussichtlich 1991; Roeck 1991/2).
Ders., Kollektiv und Individuum beim Entstehungsprozeß der Augsburger Architektur im ersten Drittel des 17. Jahrhunderts, in: AK Elias Holl und das Augsburger Rathaus, Regensburg 1985, S. 37–54.
Ders., Kultur und Lebenswelt des Bürgertums in der frühen Neuzeit, München 1991 (= Roeck 1991/1).
Ders., Eine Stadt in Krieg und Frieden. Studien zur Geschichte der Reichsstadt Augsburg zwischen Kalenderstreit und Parität, 2 Bde., Göttingen 1989.
Ders., Wirtschaftliche und soziale Voraussetzungen der Augsburger Baukunst zur Zeit des Elias Holl, in: architectura 14 (1984), S. 119–138 (= Roeck 1984/1).
Roper, Lyndal, The Holy Household. Women and Morals in Reformation Augsburg, Oxford 1989.
Ropertz, Hans Peter, Kleinbürgerlicher Wohnbau vom 14. bis 17. Jahrhundert in Deutschland und im benachbarten Ausland, Diss. Aachen 1976.
Rummel, Peter, Katholisches Leben in der Reichsstadt Augsburg (1605–1806), Sonderdruck aus dem 18. Jahresband des Vereins für Augsburger Bistumsgeschichte 1984, Augsburg 1984.
Rystad, Göran, Die Schweden in Bayern während des Dreißigjährigen Krieges, in: *AK Um Glauben und Reich*, II, 1, S. 424–435.
Saalfeld, Dieter, Die Wandlungen der Preis- und Lohnstruktur während des 16. Jahrhunderts in Deutschland, in: Beiträge zu Wirtschaftswachstum und Wirtschaftsstruktur im 16. und 19. Jahrhundert (= Schriften des Vereins für Socialpolitik Neue Folge Bd. 163 (1971), S. 9–28.
Schilling, Michael, Das Flugblatt als Instrument gesellschaftlicher Anpassung, in: *W. Brückner/P. Blickle/D. Boener* (Hrsg.), Literatur und Volk. Probleme populärer Kultur in Deutschland, 2 Bde. Wiesbaden 1985, S. 601–626.
Schlögl, Rudolf, Bauern, Krieg und Staat. Oberbayerische Bauernwirtschaft und frühmoderner Staat im 17. Jahrhundert, Göttingen 1988.
Schormann, Gerhard, Der Dreißigjährige Krieg, Göttingen 1985.
Schremmer, Eckart, Die Wirtschaftsmetropole Augsburg, in: Handbuch der bayerischen Geschichte III, 2, S. 1080–1096.
Schubert, Ernst, Mobilität ohne Chance: Die Ausgrenzung des fahrenden Volkes, in: *W. Schulze* (Hrsg.), Ständische Gesellschaft und soziale Mobilität, München 1988, S. 113–164.

Schulze Winfried, Deutsche Geschichte im 16. Jahrhundert, 1500–1618, Frankfurt 1987.

Ders., Aufstände, Revolten, Prozesse. Beiträge zur bäuerlichen Widerstandsbewegung im frühneuzeitlichen Europa, Stuttgart 1983.

Ders., Reich und Türkengefahr im späten 16. Jahrhundert. Studien zu den politischen und gesellschaftlichen Auswirkungen einer äußeren Bedrohung, München 1978.

Seling, Helmut, Die Kunst der Augsburger Goldschmiede 1529–1868, 3 Bde., München 1980.

Sieh-Burens, Katharina, Oligarchie, Konfession und Politik im 16. Jahrhundert. Zur sozialen Verflechtung der Augsburger Bürgermeister und Stadtpfleger 1518–1618, München 1986.

Spindler, Joseph, Heinrich V. von Knöringen, Fürstbischof von Augsburg, in: Jahrbuch des Historischen Vereins Dillingen 24 (1911), S. 1–138; 28 (1915), S. V–X, 1–254.

Spindler, Max (Hrsg.), Handbuch der bayerischen Geschichte, 4 Bde., München 1967–75, ²1979 ff.

Stadtlexikon s. Baer, Wolfram

Stetten, Paul von, Geschichte der Heil. Röm. Reichs Freyen Stadt Augspurg (...), 2 Bde., Frankfurt/Leipzig 1743/58.

Tietz-Strödel, Marion, Die Fuggerei in Augsburg. Studien zur Entwicklung des sozialen Stiftungsbaus im 15. und 16. Jahrhundert, Tübingen 1982.

Vocelka, Karl, Die politische Propaganda Kaiser Rudolfs II., 1576–1612, Wien 1981.

Vogel, Hermann, Der Kampf auf dem westfälischen Friedenskongreß um die Einführung der Parität in der Stadt Augsburg, Diss. München 1900.

Warmbrunn, Paul, Zwei Konfessionen in einer Stadt. Das Zusammenleben von Katholiken und Protestanten in den paritätischen Reichsstädten Augsburg, Biberach, Ravensburg und Dinkelsbühl von 1548 bis 1648, Wiesbaden 1983.

Wedgwood, Veronica C., Der Dreißigjährige Krieg, München 1976.

Welser, Marcus/Gasser, Achill Pirmin, Chronica Der Weitberuempten Keyserlichen Freyen und deß H. Reichs Statt Augspurg in Schwaben..., Frankfurt 1595 (Neudruck 1984).

Zimmer, Jürgen, Die Veränderungen im Augsburger Stadtbild zwischen 1530 und 1630, in: AK Welt im Umbruch III, S. 25–65.

Zorn, Wolfgang, Augsburg. Geschichte einer deutschen Stadt, ²Augsburg 1972.

Ders., Der Dreißigjährige Krieg im schwäbischen Land. Feldzüge der Schweden und Franzosen, in: Schwäbische Blätter 5 (1954), S. 73–80.

Personenregister

Kursive Seitenzahlen verweisen auf Abbildungen.

Afra, hl. 143
Äsop 137
Albrecht V., Herzog von
  Bayern 160 f.
Aldringen, Johann von 258, 283
Altenstetter, David 115, 143 ff., *145*,
  146
Arcimboldo, Giuseppe 158
Aristoteles 42, 136 ff.
Augustin, Caspar 255 f.
Augustinus 40, 148
Augustus, röm. Kaiser 13, 129, 163

Bach, Adam 82
Baden, Markgraf von *siehe* Georg
  Friedrich
Bagno, Guidi di 240
Bair, Jeremias 117 f.
Bameier, Hans 123
Bameier, Johannes 122
Bameier, Paulus 122 f.
Bameier, Susanna 122
Banér, Johan 263
Baronius, Caesar 134, 161
Basilius 142
Beck, Hans-Georg 136
Bentivoglio, Guido 125 f., 131
Bernhard, Herzog von Sachsen-
  Weimar 242, 269
Bidermann, Jacob 142
Bimmel, Hans 155
Birck, Sixt (Xystus Betulejus) 134 f.
Boccaccio, Giovanni 212
Bodin, Jean 160, 182
Borst, Sebastian 296
Bosch, Hieronymus 34

Brant, Isabella 266
Braun, Dorothea 196–203
Braun, Jakob 198
Braun, Maria 196 f., 201 f.
Braun, Paulus 196 f., 202 f.
Brodkorb, Michael 117
Brunner, Otto 119
Bruno, Giordano 46
Burckhardt, Jacob 35, 183, 195,
  229
Burckhardt, Leonhardt 186
Burkhart, Euphrosina 93 f.
Burkhart, Matthes 93 f., 97, 111

Caesar, Gaius Julius 30, 137, 250
Cagli, Bernardino 156
Callot, Jacques 20
Calvin, Jean 228
Camerarius d. J., Joachim 148
Camerarius, Ludwig 47
Campanella, Tommaso 38
Camporesi, Piero 33 f., 53
Candid, Peter 162
Casaubon, Isaak 148
Cato 137
Catull 142
Choniates, Niketas 135
Christian IV., König von Däne-
  mark 225 ff.
Christian von Braunschweig 180,
  225
Chrysostomus 142, 149
Cicero, Marcus Tullius 135 ff., 139,
  142
Clenardus 137
Coler, Johannes 44

Cortez, Hernando 135
Cranach, Lucas 159
Custos, Raphael 210, *210*, 211, *251*, *280*

Daniel, Hans 130
Delaune, Etienne 104, *104*
Delrio, Martin 53
Demosthenes 135 f.
Dernschwam, Hans 160
Diodorus Siculus 39
Drake, Francis 25

Eber, Valentin 161
Eckhart, Agatha 51
Eckhart (Ehemann von A. Eckhart) 51
Eggelhof, Jacob 276
Ehemann, Hans 58–61, 65, 218
Ehinger, Elias 152, 174, 176 f.
Elchinger, Peter 300
Els, Magierin 55
Elsheimer, Adam 176
Endorfer, Friedrich 301
Eparchos, Antonius 135
Erasmus von Rotterdam 134, 144
Erhart, Gregor 108
Ernst, Herzog von Bayern 69

Fabritius, Sekretär 177
Faust, Dr. Johann 9, 11 f., 19, 42 f., 319 f.
Ferchtner, Peter 219
Ferdinand II., Kaiser 179 f., 224–231, 236 f., 239 f., 243, 280 f., 297, 313, 315
Ferdinand, König (später Kaiser Ferdinand I.) 67
Feria, Gómez Suárez de Figueroa, Herzog von 270
Forstenheuser, Johann Georg 278 f., 281
Franck, Hans Ulrich 20, *264*, *265*
François, Etienne 294

Friedrich II., Kaiser 148
Friedrich III., Kurfürst von der Pfalz 161
Friedrich V., Kurfürst von der Pfalz 178, 180
Fröschel, Hieronymus 128 ff., 163
Fugger, Familie 74 f., 85, 92, 134 f.
Fugger, Anton 157
Fugger, Anton II. 102
Fugger, Hans 69 f., 157
Fugger, Hans Jakob 160
Fugger, Jakob, der Reiche 110, 158, 195
Fugger d. J., Jacob 155, 157
Fugger, Marx (Marcus) 134, 161
Fugger, Octavian Secundus 158 ff.
Fugger, Ottheinrich 282, 283
Fugger, Raymund 158
Fugger, Ulrich 160
153 ff., 157 f., 161, 292

Galilei, Galileo 148
Gallas, Graf Matthias 270, 278 f.
Gallmayr (Hans Mayr) 222 f.
Gasser, Achill Pirmin 45
Gegler, Barbara 195
Georg Friedrich, Markgraf von Baden-Durlach 180
Giovanni da Bologna 129, 155
Glatz, Fischer 233
Goebel, Johann Konrad von 235 f., 274 f.
Gossembrot, Sigmund 161
Gregor XIII., Papst 78
Gregor von Nazianz 142, 149
Gregor von Nyssa 149
Grimm, Gebrüder 150
Grimm, Simon *14*, *140*
Grimmelshausen, Hans Jakob Christoffel von 267
Griß, Hans 55 f.
Grotius, Hugo 246
Gryphius, Andreas 52, 212 f.

Personenregister

Guarinonius, Hippolytus 19, 42 f., 52
Gustav Adolf, König von Schweden 189, 240 f., *241*, 242–245, 248, *248*, 249 ff., *251*, 253–260, 265, 272, 278 f., 283
Habsburg, Haus 166, 177 f., 225, 240, 297
Hainhofer, Philipp 145, 155, 273
Hainzelmann, Ludwig 268
Haintzel, Johann Baptist 155
Haintzel, Paulus 155
Hauser, Anna 49 ff., 55
Hefele, Onophrius 51
Hegele, Matthias 123
Heider, Valentin 312 f.
Heinrich IV., König von Frankreich 148, 166 f.
Heintz d. Ä., Joseph 105
Henisch, Georg 138, 149 ff., *151*, 152 f., 176
Henning, Marx 153
Herodes, König 217
Herodot 25
Herold, Johann 39
Herward, Johann David 308, 312
Herwarth, Hans Heinrich 155
Heucheler, Apollonia 196 ff.
Heupold, Bernhard 152, 182 f., 188
Hoë, Matthias 236
Hoechstetter, Philipp 45, 181, 239
Hoeschel, David 148 f., 152 f.
Holbein d. J., Hans 108
Holl, Elias 15, *74*, 90 f., 101, 103, 108, 110, 126 f., *133*, 137, 162, 189, *189*, 190, 195, 210, *210*, 284
Hollar, Wenczeslaus 27
Holzapfel (Melander), Peter Graf von 314
Homer 136
Horn, Gustav Carlsson von 269
Hoser, Daniel 304
Huizinga, Johan 245 f.

Ilsung, Christoph 129
Imhof, Arthur E. 293
Isokrates 135, 137, 142

Jäger, Stephan 112 ff., 122
Jochum, Hans 186
Johann Georg, Kurfürst von Sachsen 242, 280, 295
Johann Sigismund, Kurfürst von Brandenburg 166
Johann Wilhelm, Herzog von Jülich-Cleve-Berg 166
Joseph, Père 240

Kager, Matthias 15, 162 f.
Kappel, Georg 87, 97
Karl d. Gr., Kaiser 30
Karl V., Kaiser 70, 74
Kaut, Peter Paul 289
Kayser, Wolfgang 146
Kepler, Johannes 44
Kern, Thomas 221 ff.
Kilian, Lucas 89, 90, *133*, 265 ff., 274, *282*
Kilian, Wolfgang 10, 12–17, 19, 64, 107 f., *110*, 111, 194, 316
Klesl, Melchior 178
Knöringen, Heinrich V. von 230 f., 236, 239, 297
Koch, Matthias 252
Kölderer, Georg 18 f., 22, 24–27, 30 ff., 34, 36 f., *39*, 40 ff., 45 f., 48, 54 f., 66, 78, 82, 88, 90, 130, 152, 174, 217 f.
Konstantin d. Gr., röm. Kaiser 135, 250
Kopernikus, Nikolaus 42
Kraus, Johann Jakob 235
Kraus, Johann Ulrich 235
Ktesias 25
Kuhn, Georg 169

Lactanz 135

Lamormaini, Wilhelm 231, 281
Larsson, Lars Olof 128
Lemble, Pfarrer 60
Leopold Wilhelm, Erzherzog 311
Leto, Pomponio 133
Leuxelring, Johann 312
Lidel, Jeremias 256
Lieb, Norbert 159
Lipsius, Justus 148, 156
Luther, Martin 14, 66, 83, 134, 175, 234, 237, 296
Lycosthenes siehe Wolffhart, Conrad

Maior, Johann 138
Manlich, Hans 155
Mansfeld, Ernst von 20, 180, 225 f.
Manutius, Aldus 148
Martinitz, Graf Jaroslaw 177
Matthias, Kaiser 178
Maximilian I., Kaiser 132
Maximilian I., Herzog (später Kurfürst von Bayern) 131, 148, 165 f., 169 f., 173, 180, 240, 242 ff., 258, 263, 269, 271, 308, 313, 315
Mayr, Hans siehe Gallmayr
Mayr, Johann Georg 247, 268, 277
Megasthenes 25
Mehlführer, Gabriel 235
Meisterlin, Sigismund 161
Meiting, Hans 304
Melanchthon, Philipp 47
Mercy, Franz von 298
Moehner, Reginbald 33, 253 f., 269
Montaigne, Michel de 126, 158, 184, 297
Montfort, Barbara 102
Müller, Christof 186
Müller, Georg 79 ff., *81*, *85*
Münster, Sebastian 38 f.
Müntzer, Thomas 175
Muscheler, Jacob 45 f.

Nickhlin, Jacobina 82

Nörß, Firmund von der 315

Obermaier, Maria 56
Occo, Adam 289
Occo, Adolph 161
Occo, Adolph II 161
Occo, Adolph III 161
Occo, Pompejus 161
Oesterreicher, Hans Ulrich 281
Ökolampad, Johannes 134
Olivares, Don Gaspar de Guzman, Graf von 281
Oporin, Johannes 136
Origenes 149
Ott, David 160
Ovid 137, 142
Oxenstierna, Axel Graf 315

Pappenheim, Gottfried Heinrich Graf von 258
Parker, Geoffrey 242, 281
Pelagius 148
Perrault, Charles 31
Petel, Georg 283
Petrarca, Francesco 217
Petrus, Hans 304
Peutinger, Conrad 132 ff., 147, 158
Pfandler, Wilhelm 234
Pfleger, Maria 118
Photius, Patriarch von Konstantinopel 149
Pietro d'Abano 152
Platon 136, 142
Plinius 136, 138
Plutarch 142
Polišensky, Josef 177
Pommern, Herzog von 145
Pontan, Jakob 142, 162
Presbyter Johannes 26
Properz 142

Rader, Matthäus 142, 162 f.
Raiffinger, Abraham 296

Raitenau, Wolf Dietrich von   170
Rappolt, Jerg   202
Ratdolt, Erhard   152
Rauwolff, Leonhard   25
Rehlinger, Hieronymus   301
Rehlinger, Matthäus   179
Rehlinger, Quirinus   149
Rehlinger-Familie   154
Rembold, Jacob   218, 309
Rhenanus, Beatus   157
Richelieu, Armand Jean du Plessis, Herzog von   167, 225, 239–242, 269, 297
Rimele, Dr.   235
Rivius   137
Rouyer, Franz   309
Rubens, Peter Paul   266
Rudolf II., Kaiser   18, 66, 67, 69, 145, 148, 166–169, 173, 177

Sallust   137
Salm, Graf von   69
Salvius, Adler   313
Scaliger, Joseph Justus   148
Schedel, Hartmann   39
Schedel, Melchior   160
Scheffler, Jonas   123
Schelhas, Abraham   102, *102*
Schemel, Elias   *68*, 103
Scheurl, Christoph   28
Schmelzeisen, Maria   119
Schmoller, Gustav von   193
Schubart, Christian Friedrich Daniel   317
Schuler, Thomas   234 f.
Schultes, Lucas   38
Schulze, Winfried   69
Schwenckfeld, Caspar von   144
Seitz, Familie   74
Seld, Jörg   12
Serlio, Sebastiano   127
Seutter, Matthäus   *189*
Seybold, Conrad   122 f.

Siedeler, Jerg   26, 73, 82, 101, 174, 178
Slavata, Wilhelm Graf   177
Stadion, Christoph von   128, 272
Stark, Michael   123
Steinberg, Sigfrid Henry   299
Stenglin, Jeremias Jakob   273, 278, 281
Stenglin, Marx   304
Stenglin, Zacharias   312
Synesius   142

Tauler, Johannes   144
Tausch, Thomas   118
Terenz   137
Theisser, Georg   231
Thevet, André   38
Thomas von Kempen   144
Thompson, James A.   21
Tilly, Johann Tserclaes, Graf von   20, 180, 226, 242 ff.
Trauttmannsdorf, Maximilian Graf   281, 313
Treberey, de, Oberstleutnant   245
Turenne, Henri von La Tour d'Auvergne, Herzog von   308, 311

Urban VIII., Papst   225, 240

Vergil   137, 142
Veronese, Paolo   159
Vitruv   127
Vliet, Jan Georg van der   *221*
Volmar, Isaak   313
Vries, Adrian de   15, 17

Wagner, Jakob   200, 204, 229, 262, 275, 297, 314 f.
Waldburg, Gebhard Truchseß von   69
Wallenstein, Albrecht von   20, 226 f., 241 f., 243, 249, 258, 269
Walter, Hieronymus   301
Warburg, Aby   146

Webelin, Simon 138
Weber, Max 97
Wegelin, Marx 290
Weilbach, Anna 117f.
Weis, Handelshaus 18, 24
Weiß, David 85
Wekhrlin, Wilhelm Ludwig 317
Welser, Familie 74, 153
Welser, Anton 148, 155
Welser, Hans Bartholomäus 163
Welser, Marcus (Marx) 64, 129, 131, 134, 142f., 147–150, 153, 155f., 160ff., 170, 273
Welser, Matthäus 64
Werth, Johann von 298, 311
Wetzer, Laux 114

Wilhelm, Landgraf von Hessen-Kassel 281
Wilhelm V., Herzog von Bayern 141
Winckel, Johann Georg aus dem 265f., 266, 267, 273
Wolf, Hieronymus 135–139, 149, 153
Wolffhart, Conrad (Lycostenes) 39
Wolfgang Wilhelm von Pfalz-Neuburg 166f., 173
Wrangel, Carl Gustav, Graf von 308f., 311

Zech, Marcus 155
Zimmermann, Wilhelm Peter 173
Zonaras, Joannes 135
Zwingli, Ulrich 134

Ortsregister

Kursive Seitenzahlen verweisen auf Abbildungen.

Aachen 68 f.
Abessinien 26
Acapulco 31
Afrika 26 f., 31, 157
Alerheim 298, 308
Allgäu 112
Amerika 319
Amsterdam 161, 205
Ansbacher Land 60 f.
Antwerpen 24, 161
Anzenhofen 297
Apfeltrach 61

Augsburg
Annastraße 13
Barfüßerbrücke 18, 91
Blatterhaus 110, 195, 288
Brunnen
– Augustusbrunnen 13, 45, *68*, *74*, 88 f., *89*, 103, 129, 131
– Herkulesbrunnen 17, 45, 90, 131, *251*
– Merkurbrunnen *14*, 15
Dombezirk 107
Frauenvorstadt 13, 108 f., *109*, 112, 132, 147, 155, 188, 203, 288 f., 309
Friedhof am Stephinger Tor 234
Fuggerei 93, 110, *194*, 195 f., 201, 203, 206, 257, 296
Fuggerpalast 17, 34, 107, 129, 157, *251*, 289, 319
Fuggersche Lustgärten 110, 158
Gießhaus 110
Gymnasium bei St. Anna 14, 72, 79, *133*, 134 ff., 138, 141, 147 ff., 152 f.,

Augsburg (Gymnasium bei St. Anna) 174, 177, 182, 255, *280*, 282, 296
– Astronomischer Turm *133*, 135
– Bibliotheksbau 14, *133*, 135
Hl.-Geist-Spital *189*, 190, 195, 239, 288
Jesuitenkolleg St. Salvator 79 ff., *140*, *141*
Judenbastei *199*, 200
Judenberg 290
Jakober Vorstadt 13, 18, 81, 84, 86, 93, 109 f., *110*, 111 f., 157, 198, 206, 243, 270, 288 f., 291, 293, 305 f.
Kirchen
– Barfüßerkirche 279, 282, 293, 295, 319
– Dom 107 f., 290, 293 ff., 319
– Hl. Kreuz 235, 236, 317
– St. Anna 80, 91, 143, 235, 248, *248*, 251, 260 f., 274, 319
– St. Georg 236
– St. Jakob 83, 94, 110, 195
– St. Moritz 15, *15*, 16, 293 ff.
– St. Salvator 50, 143
– St. Sebastian 210, *210*
– St. Stephan 83
– St. Ulrich und Afra 83, 88, 107, 126, *251*, 261, 279
Lazarett (Pestkrankenhaus) 210, *210*
Lechviertel 13, 18, 50, 58, 107 f., *108*, 112, 196, 270, 291, 305 f.
Leihhaus 88
Märkte
– Brotmarkt 15, 185
– Fischmarkt 15, *68*, 232

Augsburg (Märkte)
- Heumarkt 14
- Kornschranne 14, 14, 15
- Roßmarkt 111
- Saumarkt 111
- Weinmarkt 14, 17, 90, 126, 157 f., 247, 279

Metzg 68, 88, 93
Oberstadt 13, 74, 81, 107 f., 207, 288 f., 291, 306
Perlachplatz 68, 74, 93, 103, 129
Perlachturm 13, 15, 68, 74, 88, 309, 319
Pfründhaus 18, 195
Rathaus 13, 15, 68, 74, 81, 91 f., 107, 126, 162 f., 185 f., 188, 190, 197, 232, 284, 319
Richtstätte 199
Rosenau 114, 121
Salzstadel 17
Seneca Schreibers Gasthaus 14, 16 f.
Siechenhaus 130, 195
Siegelhaus 90, 126 ff., 251
St. Anna-Kloster 13, 137 f., 239
St. Jakobs-Pfründe 195
Stadtbibliothek 134 f., 147
Steuerbezirke
- Am Kitzenmarkt 123
- An der Wierin Bielbrugg 296
- Ausserhalb St. Gallen 290
- Des Geigers Garten 112
- Im Kappenzipfel 206 f., 288
- In St. Ulrichs Garten 123
- Kauzengäßle 288
- Rathaus 288
- Sachsengasse 112
- Schongauers Gaß 288
- Schusterhaus 289
- St. Anthonino 290
- St. Georgen Gaessle 109
- Undern fischern 110
- Unser Frauen Brüder 13
- Vom layenpriester 288

Augsburg (Steuerbezirke)
- Vom Michael Mair 109
- Vom rappolt 288
- Vom rohr 289

Tanzhaus 16, 126
Tore
- Barfüßer Tor 81
- Gögginger Tor 13, 80
- Jakober Tor 17, 93 f., 111, 305
- Oblattertor 209
- Rotes Tor 190, 245
- Wertachbrucker Tor 110, 279

Ulrichsviertel 51
Wallanlagen (Fortifikationen) 189, 257, 269, 271, 279, 284, 309, 319
Weberzunfthaus 14, 15
Weinsiegelhaus *siehe* Siegelhaus
Zeughaus 90, 90, 127, 129 f.

Babylon (Babel) 233
Basel 134, 136
Bayern 15, 17, 25, 69, 111, 154, 169, 171, 180, 233 f., 230, 239 f., 242, 244, 257 f., 263, 269, 279, 281, 292, 299, 309, 313
Biberach 317
Böhmen 61, 167, 179 f., 224, 258, 269, 283
Breda 245
Breitenfeld 242, 270, 297
Bremen 205
Bruck (Fürstenfeldbruck b. München) 184
Brüssel 125 f.

Candia 31
Colmar 143
Constantinopolitanisches Meer 9

Dänemark 9, 11, 225 f.
Danzig 24, 41, 205
Deutschland 9, 17, 20, 61, 65, 67, 125 f., 171, 250, 299, 318

Ortsregister

– Norddeutschland 180, 226, 242, 269, 299
– Süddeutschland 12, 166, 224, 229, 242, 269 f., 297 ff., 313
Dillingen 50
Dinkelsbühl 188, 317
Donauwörth 165 f., 169 f., 243

Ebersberger Forst 263
Eger 269
Eichstätt 61, 274
England 18, 166 f., 225, 239 f.
Erfurt 134
Erlingen 51
Ettringen 55
Europa 20, 24, 27, 42, 46, 54, 61 f., 65, 131, 152, 168, 292, 316, 320

Fontainebleau 240, 242
Franken 138
Frankfurt 27
Frankreich 18, 24, 48, 64, 166 f., 225, 239 f., 242, 281, 297
Freiburg 298
Friedberg 263

Generalstaaten 166, 225, 297
Genf 287
Gießen 308
Gunzenhausen 61

Haag 225
Hall 42
Hamburg 24, 299
Hanau 308
Hannover 205
Heidelberg 148
Heilbronn 262
Heiliges Römisches Reich Deutscher Nation 12, 61, 131 f., 161, 165–168, 171, 182, 225, 227, 229, 240, 283, 320
Herrsching a. Ammersee 264

Hiroshima 24
Holland 224

Indien 25, 27
Ingolstadt 244 f., 283
Inningen 291
Italien 9, 12, 31, 138, 225 f., 270, 320

Jaffa 31
Jütland 226

Kaufbeuren 299
Köln 21, 24 f., 69, 91
Konstantinopel 9, 135, 160
Kriegshaber 115

Landshut 25
Lauingen 253, 262
Lechhausen 244
Leipzig 149
Leonberg (Leonberger Vertrag) 278 f., 281
Lindau 312
Linz 25, 180
London 205
Lübeck 205 ff.
Lützen 258 f.
Lutter am Barenberg 226
Lyon 24

Mähren 146, 178, 180, 224
Magdeburg 69, 205, 242
Mainz 205, 242, 294
Manila 31
Mantua 225, 241
Mecklenburg 226
Memmingen 27, 296
Mergentheim 298
Metz 30
Mexiko 135
Mittelmeer 31, 320
München 129, 160, 166, 169 f., 188, 257, 263, 266, 274, 279, 299
Münster 308, 312, 314, 316

Nagasaki 24
Neuburg 166
Neusohl 160
Niederlande 18, 24, 27, 64, 78, 138, 225, 270, 281
Niederösterreich 167, 178
Nördlingen 60, 84, 188, 270–273, 280 f., 283, 297
Norwegen 32
Nürnberg 24, 27 f., 30, 91, 136, 170, 258, 283, 308

Oberösterreich 178, 180, 224
Osnabrück 308, 312, 314 ff.
Ottobeuren 292, 321

Paris 11, 107, 240
Passau 227
Persisches Meer 9, 11
Perugia 283
Pfaffenhofen 61
Pfalz 166, 168, 171, 180, 224, 242 f.
Philippinen 31
Polen 9, 240
Pommern 226, 241
Prag 24, 105, 177 f., 180, 280 f., 283, 297
Preußen 9

Rain 244
Ravensburg 317
Regensburg 240, 269, 308
Roggenburg 292
Rom 125, 161
Rügen 242

Sachsen 166, 242, 269, 281, 299
Salzburg 170
Sankt Gallen 25

Savoyen 166
Schlesien 269
Schongau 263
Schwaben 12, 15, 138, 154, 253, 263, 269, 278, 298 f., 314
Schweden 227, 240 f., 297, 312
Schweiz 224
Sizilien 9
Soest 267
Spanien 18, 103, 166, 225, 239, 297
Stadtbergen 311
Stockholm 11
Stralsund 226
Straßburg 84, 136, 299

Tirol 43, 162, 185
Trier 30
Tübingen 134, 136
Türkei, Türkisches Reich 24, 41
Tuttlingen 298

Ulm 253
Ungarn 67, 146
Usedom 241

Venedig 24, 30 f., 135, 148, 160, 319

Weingarten 320
Weißer Berg (bei Prag) 180, 283
Wien 11, 24, 170, 231, 258, 281
Wittenberg 136, 149
Wolfenbüttel 274
Württemberg 30, 196
Würzburg 242

Zirndorf 258
Zusmarshausen 314
Zypern 31

Bildnachweis

Die Zahlen sind Seitenangaben.

Augsburg, Staats- und Stadtbibliothek   Frontispiz, 14, 22, 39, 74, 81, 89, 140, 151, 173, 210, 235, 241, 244, 248/249, 254, 255, 266, 280, 282, 310, 316; Stadtarchiv 16/17, 28/29; Stadtbildstelle   10, 108–110, 194; Städt. Kunstsammlungen, Graphische Sammlung   90, 91, 133, 189, 199, 241, 264, 265
Budapest   145
Coburg, Kunstsammlungen der Veste   221
Lauingen, Heimathaus   253
Schloß Weißenstein b. Pommersfelden, Slg. Schönborn-Wiesentheid   105
Stuttgart, Staatsgalerie, Graphische Sammlung   104

Die Abbildungen auf den Seiten 108, 109 wurden entnommen aus: Robert Pfaud, Das Bürgerhaus in Augsburg, Tübingen 1976, Taf. 38a, 46a

Die übrigen Abbildungen stammen aus dem Archiv des Verfassers.